Jean-Pierre Dubost
Eros und Vernunft

Jean-Pierre Dubost

Eros und Vernunft

Literatur und Libertinage

athenäum

Remerciements

An dieser Stelle möchte ich den Herren Professoren Heinz Schlaffer und Gerhart Schröder für ihre wertvollen Ratschläge und ihre hilfreiche Unterstützung sowie Frau Gisela Böttcher und Frau Jutta Legueil für die aufmerksame Lektüre des Manuskripts meinen Dank aussprechen.

CIP-Kurztitelaufnahme der Deutschen Bibliothek

Dubost, Jean-Pierre:
Eros und Vernunft : Literatur d. Libertinage / Jean-Pierre Dubost. – Frankfurt am Main : Athenäum, 1988
　　ISBN 3-610-08512-6

© 1988 Athenäum Verlag, Frankfurt am Main
Alle Rechte vorbehalten.
Ohne ausdrückliche Genehmigung des Verlages ist es auch nicht gestattet, das Buch oder Teile daraus auf fotomechanischem Wege (Fotokopie, Mikrokopie) zu vervielfältigen.
Umschlagmotiv: Histoire de Dom B***, »L'auteur rempli de son sujet«, Enfer de la Bibliothèque Nationale 328
Satz: Fotosatz Froitzheim, Bonn
Druck und Bindung: Caro Druck GmbH, 6000 Frankfurt
Printed in West Germany
ISBN 3-610-08512-6

Inhalt

Vorbemerkungen

Wer heute Erscheinungsformen des Begehrens reflektieren will, ist nahezu gezwungen, in der Sprache von Freud oder in einem ihrer Derivate zu sprechen. Die Macht des psychoanalytischen Diskurses, dessen Dominanz und hermeneutische Wirkungskraft sind nicht zuletzt darauf zurückzuführen, daß jede Theorie des Begehrens, in welcher Form auch immer, der Tautologie des Begehrens Rechnung tragen muß. Entwirft das Begehren – das sich selbst nur begehren kann – alle denkbaren Szenarien seines Rätsels, so werden seine Metasprachen unweigerlich zu dessen »Meta-Szenarium«. Was psychoanalytische Interpretationen aufdecken können, ist jedoch nicht das Rätsel selbst, sondern dessen List, dessen Masken und Strategien. Damit bewahren sie es nicht nur, sie verschärfen dessen Resistenz und Gesetzlichkeit. Andererseits enthüllen sie aber dessen Theatralität. Die ihnen innewohnende Tendenz, bei dieser ambivalenten Demaskierung den Unterschied zwischen der »Umschrift« des Unbewußten und dem fiktiven Entwurf möglicher Welten außer acht zu lassen, macht in ihrer Sicht eine »Kritik der reinen Fiktion« überflüssig. Fiktive Szenarien, narrative Konfigurationen erscheinen somit notgedrungen entweder als Formen des (in essentia polymorphen) Begehrens oder als Andeutung einer Urverdrängung, von der sie zwar *zeugen*, deren Undarstellbarkeit sie aber nie darstellen werden können. Der Platz, der damit einer Analytik der Textualität zugewiesen wird, ist gleichzeitig sehr breit und nahezu inexistent.

Insofern nämlich narrative Konfigurationen als Maskenball des Begehrens betrachtet werden, sind sie als Symptome abzulesen. Aufgrund einer immanenten Rekurrenz erscheinen dann die Regeln ihrer Gestaltung (rhetorischer und poetischer Natur) als Momente dieser Symptomatik. Damit eröffnet sich der Analyse ein endloses Feld – bis hin zur restlosen Involvierung der textuellen Repräsentation in die Symptomatik. Diese Erweiterung der psychoanalytischen Theorie geht bekanntlich auf Kosten der textuellen Analytik.

Eine andere, genuin metaphysische Hypothese besteht

darin, die Intensität des Begehrens per se zu verabsolutieren. Wir haben es dann mit einer »Metaphysik der Energie« zu tun, die eine noch radikalere Tautologie des Begehrens voraussetzt. Hier verschwindet das Rätsel zugunsten einer bejahenden Lektüre des Willens, die allerdings fähig ist, die Erkundung einer »Mechanik der Begierde« – samt allen ihren Qualitäten und Quantitäten – unendlich zu erweitern. Diese Erweiterung ist insofern grenzenlos, als die Beschreibung selbst ein Moment dieser Bejahung ist.

Hier wird der waghalsige Versuch unternommen, diese zwei konträren und heute besonders zwingenden Hypothesen auszuklammern – und dies gerade in einer Untersuchung, deren Interesse einer Form von Literatur (der libertinen nämlich) gilt, die wie kaum eine andere die Szenarien des Begehrens erkundet und exponiert hat. Nichts würde diese Arroganz rechtfertigen, wenn die Texte selbst die Alternative nicht außer Kraft setzen würden. Denn sie sind als das Epos des Willens sowie als Theater des Begehrens zu lesen. Mehr noch: sie verdeutlichen die Ambivalenz von Willen und Begehren, indem sie mit ihr (mehr oder weniger geschickt) spielerisch und listig umgehen. Daß dem so ist, liegt in erster Linie daran, daß das Epos des modernen Begehrens und die rationale Emanzipation ein einziger Prozeß sind. Die libertine Literatur, die sowohl ein Moment der modernen Souveränität als auch ihr Schatten (und sogar mit Sade ihre Hölle) ist, muß also als eine grundsätzlich ambivalente Erscheinung betrachtet werden: als *ars erotica* spiegelt sie die Obsession des modernen Menschen, nämlich das Glück wider; als *scientia sexualis* tendiert sie dazu, die moderne Eudämonie zum Wissen zu erheben.

Ist der Hedonismus per se in der Unmittelbarkeit der Lust eingefangen, so sprengt die Libertinage als hedonistischer Exzeß die Ruhe der Wollust. Als Exzeß der Lust *und* ökonomisches Kalkül schwebt sie notwendigerweise zwischen Eros und Ratio, Gleichgewicht und Unruhe, Ökonomie und Verschwendung. Die diskursiven Programme, die das moderne Begehren zugleich entwirft und reguliert (ob hedonistisch, epikureisch oder genuin ökonomisch), streben hingegen eine rationale Steuerung von Interessen und Leidenschaften an. Ihre Szenarien – die ebenso unlegitimierbar sind wie die Affekte, die sie zu regulieren trachten, bemühen sich um eine lückenlose Rationalisierung von Lust und Leid. Die libertine Literatur, als narrative Exposition einer grundsätzlich instabilen Haltung, kennt diese Sicherheit nicht. Sie bezahlt nicht nur ihre Textwerdung mit dem Verlust dieser Sicherheit, sie verwehrt sich sogar grundsätzlich (im Gegensatz zur gleichzeitig aufsteigenden realistischen Schreibweise) jede narrative Stabilität. Anstatt Programme und Projekte zu entwerfen und die Welt perspektivistisch zu erfüllen, anstatt auch diese erschlossenen Räume illusionistisch zu füllen, verirrt sie sich in Darstellungsaporien, die nicht nur die Lücken der Diskurse zum Vorschein bringen, sondern auch von vornherein die Zukunft des Genres vereiteln. Die libertine Literatur konnte nur an ihrer eigenen Entropie zugrunde gehen. Ein Ziel dieser Arbeit ist gerade, die Geschlossenheit dieses Universums und die Gesetzmäßigkeit seiner Aporie historisch zu entfalten.

Scheitert die libertine Literatur an der Möglichkeit ihrer internen Infinitisierung (im Gegensatz eben zur realistischen Schreibweise), so bedeutet jedoch paradoxerweise dieses Scheitern ihre Kraft. Indem sie sich sozusagen in den Lücken des Wissens ansiedelt und das Verdrängte der rationalen Steuerung exponiert, bekommt sie nolens volens, ob konformistisch oder revoltierend, eine kritische, demaskierende Funktion. Diese kritische Kraft ist dennoch nicht diskursiver Natur: die libertine Literatur ist kein perverses Anhängsel der Moralistik. Ihre immorale »Moral« besteht darin, daß sie gleichsam »weiß«, daß der Diskurs »lügt«.

Was »weiß« aber genau diese Literatur von ihrem »Gegenstand«, d. h. vom Widerspruch zwischen Unbewußtem und rationalem Entwurf, zwischen der immanenten Artikulation des Begehrens (seiner Sprachen und Masken) und dem bewußten Kalkül seiner ökonomischen Optimierung? Und wenn sie tatsächlich darum »weiß«, *wie* verhält sich dann dieses »Wissen« zu den Diskursen, in deren Territorien sie sich als Textualität (und nicht als bewußte Rede) konstituiert? Der Versuch, diese Fragen zu beantworten, verlagert die Problematik auf eine ganz andere Ebene. Die Frage, die eine »Kritik der reinen Fiktion« zu stellen hat, wird nämlich dann folgende sein: welche »Sprache« muß ein Text »sprechen«, damit die durch die diskursive Semantisierung erzeugte Darstellung des Begehrens eingekreist und überlistet werden kann?

Tatsache ist, daß es sich um eine Art »Darstellungskrieg« handelt, um einen Krieg mit zwei Hauptfronten – einer religiösen und einer profanen. Auf der religiösen Seite geht es darum, die Bilder des Begehrens durch rein geistige Ikonen auszutauschen: eine Repräsentation kämpft gegen eine andere – jede mit ihren eigenen Masken.

So wie die christliche Rhetorik den Versuch unternimmt, die Aleatorik des Begehrens zu regulieren und den Fluß der Bilder einer einzigen *narratio* zu subsumieren, entwirft der moderne Eudämonismus regulative Szenarien, deren stabilisierende Finalität nicht weniger Anweisungscharakter hat, als die Machtdispositive, die er abzulösen trachtet.

Die libertine Entwertung droht also jederzeit zum bloßen Machtwechsel zu regredieren. Um dem zu entgehen, muß sie die Stabilität solcher Wertformen (ob profan oder religiös) als gleichwertige Chimären bekämpfen. Es handelt sich dann nicht mehr um den Kampf einer »hohen« (sublimierten) Repräsentation gegen eine »niedere« (und als solche »böse«) Repräsentation, sondern um den Kampf der »bösen Repräsentation« gegen die Hypotypose des Bösen (im Fall der religiösen Manipulation der Affekte) bzw. des Guten (im Fall der modernen Anweisung zum Glück). Dies bedeutet eine aggressive Erstürmung diskursiver Territorien. Die »böse Darstellung« belagert und umzingelt nicht nur die Strategien der diskursiven Intrige, sie macht potentiell den Gebrauch einer diskursiven Aneignung des Begehrens unmöglich.

Die »Kritik der reinen Fiktion« wird sich hüten, diese Gegensätzlichkeiten zu radikalisieren. Nie wird es dem Text gelingen, der diskursiven Aneignung des Begehrens (einschließlich der diskursiven Reduktion jeder Textualität auf eine Manifestation des Begehrens) zu widerstehen. Das Dilemma des Begehrens läßt sich nicht oppositionell denken. Die unvermeidlichen und unersetzlichen Polaritäten, die das Dilemma zu nennen ermöglichen (Darstellung vs. Undarstellbarkeit, Diskursivität vs. Textualität) sind lediglich diskursive Marken. Sie wiegen angesichts der Potenz des Textes, deren Inkompossibilität in textuelle Zusammenhänge überzuführen, recht wenig. Diese Arbeit stellt deshalb den Versuch dar, die Fähigkeit textueller Konfigurationen weiter zu denken, als die diskursive Aneignung es tun kann, Fall für Fall zu reflektieren. Dies impliziert eine

Kritik im Kantischen Sinne – d. h. die Hinterfragung der Bedingungen und Grenzen einer bestimmten Fähigkeit (die allerdings in diesem Fall keiner Problematik der Subjektivität zugehört). Diese Kritik ist also mehr als ein Plädoyer. Zwar geht es darum, Sades Texte etwa gegen ihre moralische Verteufelung (aber auch gegen ihre psychoanalytische Aneignung) zu »verteidigen« bzw. die literaturwissenschaftliche Relevanz einer Auseinandersetzung mit libertinen Texten entgegen ihrer Verbannung im Namen des Geschmacksurteils zu rehabilitieren, diese »Verteidigung« beruht jedoch gänzlich auf der soeben angedeuteten Analytik.

Diese methodischen Prämissen bestimmen zwar ganz und gar die Beschreibungsmethode, sie sind jedoch kein Selbstzweck. Die Leser, die mit dem hier gesprochenen textologischen Jargon nicht vertraut sind, werden zu ihrer Orientierung auf den methodischen Anhang (S. 233 ff.) verwiesen. Dies wird die Verfolgung einer Argumentation erleichtern, die neben den soeben dargestellten texttheoretischen Ansprüchen eine literaturhistorische Rekonstruktion anvisiert.

Letztere will keineswegs erschöpfend sein. Diese Publikation ist ohnehin die stark reduzierte Fassung einer Habilitationsschrift (Textuelle Ökonomie der libertinen Literatur im Frankreich des XVII. und XVIII. Jahrhunderts von L'Ecole des filles, [1655], bis zum Werk des Marquis de Sade, Stuttgart 1987. Hier weiterhin als Manuskript 1987 vermerkt), die ursprünglich 183 Titel umfaßte. Auch wenn dadurch notwendigerweise ein großer Darstellungsverlust entstand, hat dies jedoch die Hypothesen und Ergebnisse der Untersuchung in keiner Weise entstellt. Wie in der ursprünglichen Fassung werden hier bekannte Texte eher am Rande behandelt, während andere, die der Vergessenheit anheimgefallen sind (bzw. zweitrangige oder mediokre Texte, deren Analyse sich als wichtig erwiesen hat), privilegiert wurden. Solche unerwarteten Gewichtungen gehören zur bereits erwähnten Ehrenrettung einer literarischen Episode, die als solche nur vergessen werden konnte, da diese Texte zum größten Teil seit dem 18. Jahrhundert nicht mehr (oder nur in geringeren Auflagen) publiziert wurden. Laclos' *Liaisons dangereuses*, Crébillons *Egarements du cœur et de l'esprit*,

Mirabeaus *Rideau levé,* Sades Werk oder sogar Nerciats *Mon noviciat* mögen noch, insofern deutsche Übersetzungen vorliegen – die allerdings zum Teil recht mangelhaft und sogar unvollständig sind –, einem bestimmten Publikum bekannt sein. Die Lektüre dieser Texte reicht jedoch nicht aus, um den soeben formulierten methodischen Fragestellungen gerecht zu werden. Diese Untersuchung beruht gerade auf der Erfahrung, daß erst eine möglichst differenzierte Darstellung (vom »Infra-Literarischen« bis zu den Grenzen des Literarisch-Möglichen hin) die Fähigkeit des Textes, mit der Potenz des Diskurses zu konkurrieren, in adäquater Weise zu hinterfragen und die formalen Schwellen, die einen irreversiblen Abschied von der Diskursivität markieren, zu bestimmen ermöglicht.

Um den Darstellungsverlust, der sich aus der Reduktion der ursprünglichen Fassung ergeben hat, zu kompensieren, wurde eine Anthologie von Textauszügen angeschlossen. Diese wird auch nicht zuletzt ermöglichen, die Intertextualität, die den Kontext der Sadeschen Intervention bildet, konkreter erscheinen zu lassen. Die Illustrationen werden es erst recht tun.

Die gewählte Methode verlangt oft, wie bereits erwähnt, einen gewollten Verzicht auf das literarische Geschmacksurteil. Vielleicht empfiehlt es sich, den Leser im voraus zu warnen. Und wenn zuletzt noch von Geschmack die Rede sein soll: Im Gegensatz zu den Literarhistorikern des vorigen Jahrhunderts, die sich bei ihrem Leser immer zuerst entschuldigen mußten, ein derartig anstößiges Material zu behandeln, brauchen wir die Relevanz einer ernsthaften Auseinandersetzung nicht nur mit dem Erotischen, sondern sogar mit dem Obszönen nicht mehr zu beweisen. Die intensive Beschäftigung mit den Texten überzeugte mich zunehmend von ihrer erstaunlichen Aktualität. Manche Züge unserer modernen Sozialität sind in ihnen schon gänzlich vorhanden, als würde die materielle Realität der Zeit, die uns von ihnen trennt, weniger wiegen als die Fähigkeit ihrer damaligen Fiktionalität, die Simulationen von heute darzustellen. Das wäre in anderer Form noch einmal die Frage der Sphinx. Weit davon entfernt, sie zu enträtseln, wollte ich sie wenigstens hörbar machen. Der Leser allein möge entscheiden, ob dies mir gelungen ist.

Diskursivität und Textualität in der französischen Literatur des 18. Jahrhunderts

1. Zur Entnarrativisierung der Aufklärung

Es ist noch heute eine gängige Methode, die Literatur der französischen Aufklärung aus dem dialektischen Muster einer Opposition zwischen Öffentlichkeit und Privatheit abzuleiten. Die Geschichte wäre jenes Fortschreiten einer »funktionalen Front«, die Geschehnisse, Erlebnisse und Vorstellungen, einem Grundschleppnetz gleich, mit sich nach vorne zieht.[1] Die literarischen Phänomene wären im Prozeß der bürgerlichen Emanzipation restlos eingefangen, jeder Text wäre ein Moment dieser *dominanten* Zeit. Was außerhalb ihres Sogs wäre, würde in die historische Irrelevanz zurück- und somit dem historischen Vergessen anheimfallen. Mehr noch: innerhalb des Netzes würde uneingeschränkt Isotropie herrschen. Versteht man unter Aufklärung qua Emanzipation des bürgerlichen Subjekts das, was innerhalb des Prozesses der Aufklärung zum narrativen Anteil des Geschichtlichen gehört (denn das Epos dieser Emanzipation ist nur auf der Ebene der *histoire événementielle* beschreibbar und erzählbar), so stellt sich jedoch immer noch das Problem des Verhältnisses zwischen politischen Ereignissen und der Komplexität des *diskursiven Widerstreits* dieser Epoche. Nur in bestimmten Fällen kann man die Textualität der Aufklärung als ein manifestes Moment der emanzipatorischen Metaerzählung des bürgerlichen Subjekts betrachten, wobei die historische Selektion, die aus einer Masse von Texten nur diejenigen berücksichtigt, die diese Entsprechung manifestieren, zur Konstitution und zur Perpetuierung dieser Metaerzählung beiträgt. Die Skepsis, die wir heute einer narrativen, epischen Geschichte entgegenbringen, dispensiert uns aber keineswegs von einer Überprüfung unserer (post?) modernen Zugehörigkeit zur Historizität des aufklärerischen Prozesses. Vielmehr könnte aus der Erkenntnis unserer andauernden Zugehörigkeit zur Legitimationskrise der Aufklärung eine Idee der Geschichte gewonnen werden, die, von der Last einer metanarrativen Hypothese befreit, die Historizität textueller Erfindungen in ein ganz neues Licht zu bringen vermag. Eine erste Voraussetzung dafür wäre allerdings, daß die Texte dieser Zeit nicht mehr grundsätzlich als »lisibles«, sondern auch als »scriptibles« betrachtet werden – was ein notwendiges Korrelat dieser Annäherungsweise ist. Die hermeneutische Verlagerung, die hier geschieht, ergibt sich von selbst, von dem Moment an, da narrative Erfindungen keine nur sekundären »plotstructures« sind, und ihre Intrigemuster nicht von vorneherein aus einer narrativen Metaebene abgeleitet werden können. Ist keine Gesamtzeit gegeben, die als historische Zeit die dramatische Abfolge von abgrenzbaren Sequenzen organisiert, so ist kein bestimmendes Urteil mehr anwendbar, das textuelle Gebilde als Momente dieser Gesamtzeit behandeln, und somit über die Regeln der Ableitbarkeit vom historisch Universellen zur textuellen Singularität verfügen würde. Ist die historische Kontinuität (die Ablesbarkeit von Interaktionen auf der Linie der Zeit) nur der narrative Anteil einer komplexeren Struktur, so ist jedoch die Geschichte deswegen keine leere Hülle geworden. Gegeben ist eine Unzahl von »Transversalien«, d. h. von materiellen und diskursiven Fluchten, die quer durch das chaotische Kontinuum von Texten und Diskursen hindurchlaufen und Verbindungslinien ermöglichen. Ihre Historizität kann deswegen nur durch den Gebrauch »reflektierender Urteile« konstruiert werden, weil die qualitativen Unterschiede der durchquerten Regionen ungleicher Natur sind. Verzichten wir auf eine globale »mise en intrigue« der Aufklärung, die aus einem filzartigen Geflecht von Phänomenen eine einzige Metaerzählung werden läßt, so verfallen wir nicht deswegen in den Nihilismus. Diese Arbeit betrachtet im Gegenteil die Aufklärung als einen Nexus, der die Genese ästhetischer und sozialer Werte und Aporien, die unsere problematisch gewordene Modernität prägen, erneut zu hinterfragen ermöglicht. Möchte man das komplexe Wechselverhältnis zwischen diskursiven Formationen (im Sinne Foucaults) und intertextuellen Konstellationen aufzeigen, so ist zuerst das gewohnte Bild, das uns die Literaturgeschichte von der französischen Literatur der Aufklärung bis heute vermittelt, an strategischen Punkten grundlegend in Frage zu stellen.

Nicht nur die Inadäquatheit des Klassensubjekts steht nämlich am Ursprung der literarischen Produktion der französischen Aufklärung, sondern auch die zutiefst empfundene Legitimationskrise, die die Sozialität in all ihren

Dimensionen betrifft: Inadäquation von Werten und Begehren, Denken und Vorstellungen, Intellektualität und Gefühl, Projekt und Darstellung. Die ambivalente Stellung der *philosophes* zwischen Literatur und Philosophie, die fruchtbaren inneren Widersprüche aller großen Werke, bringen in krasser Form die Duplizität zum Ausdruck, in der die Legitimationskrise sich manifestiert. Auch wenn Rousseau und Diderot sie in verschiedener Form erlebt haben, konnten jedoch ihr Denken und ihre Werke für ihre Zeitgenossen und für die Nachwelt einen historischen Weisungscharakter bekommen. In anderen Werken hingegen hat sich die gleiche Spannung zwischen Denken und Schreiben auf eine katastrophale Art zugespitzt, namentlich im Werk von Sade. Alles ist dabei eine Frage von Schwellen, die es formalanalytisch zu bestimmen gilt. Eines ist sicher: *mouvance* und *inquiétude* haben zweifelsohne dieses Jahrhundert in einem ganz anderen Maße geprägt, als die didaktische, selbstsichere Doxa mancher »Dix-huitièmistes« es oft erscheinen läßt.

Auch wenn die Literatur (z. B. mit Sade) oder die Philosophie (z. B. mit Kant) erst gegen Ende des Jahrhunderts in sich die Antinomien und die Antworten am weitesten entwickeln, bedingt die Krisenhaftigkeit durch und durch aufgrund einer unaufhaltsamen Zersetzung klassischer Regularitäten jede Form von textueller Variation. Mißt man die »Geschichte« (d. h. die sukzessiven Erscheinungen) der narrativen Fiktion an einem vermeintlichen »Fortschritt« der mimetischen Potenz, so erscheint die innerliterarische Geschichte als der Schatten einer emanzipatorischen Bewegung, die selbst zum historischen Vektor dekretiert wird. Ungeachtet der Tatsache, daß die daraus resultierende Selektierung jene kohärente (aber nicht deswegen berechtigte) Hierarchisierung erzeugt, die bis heute noch die Grundlage der literarischen Kanonisierung liefert, geht sie an der historischen Realität vorbei, insofern diese sich nicht auf die Entwicklungsformen bürgerlicher Werte reduzieren läßt. Es ist und bleibt ein bürgerliches Urteil, die mimetische Kraft eines Textes nach seiner Fähigkeit zu messen, die Realität als Referenten zu fixieren. Einer solchen Erzählung des Fortschritts wird hier eine Analyse der narrativen Fiktion entgegengesetzt, die nicht unbedingt nach dem gerichtet ist, was an der Fiktionalität schöner Schein ist. Diese Analyse impliziert nämlich eine *Analytik textueller Qualitäten,* die sich weder ausschließlich auf die »Literarität« konzentriert, noch von außen her soziologisch argumentiert. Eine gewaltige Überkodierung ist nötig, um die Unreinheit von Fiktion und Diskurs, Literatur und politischem Projekt, die für das 18. Jahrhundert offenkundig ist, zugunsten eines globalen Signifikats zu verdrängen.

Andererseits kann auch die Diskursanalyse den für die Zeit zentralen Konflikt von Diskursivität und Textualität unterschätzen und zwischen der Zersetzung der dogmatischen Regeln der französischen Klassik und dem Entstehen des Literarisch-Absoluten in der deutschen Frühromantik ein bloß embryonales Stadium des Literarischen postulieren. Erst das 19. Jahrhundert würde die Geburt der Literatur erleben. So konnte Foucault in *Les mots et les choses* schreiben:

Das Interesse, das das klassische Zeitalter der Wissenschaft zuwendet, die Publizität seiner Auseinandersetzungen, sein stark populärer Charakter, seine Öffnung hin zum Profanen, die von Fontenelle beeinflußte Astronomie, der von Voltaire gelesene Newton, alles das ist wahrscheinlich nicht mehr als ein soziologisches Phänomen. Es hat nicht die geringste Veränderung in der Geschichte des Denkens hervorgerufen, hat das Werden des Wissens nicht um eine Daumenbreite modifiziert. Es erklärt nichts, außer auf doxographischer Ebene, auf die man es in der Tat stellen muß. Aber die Bedingung, unter der es möglich wurde, liegt in jener reziproken Zugehörigkeit des Wissens und der Sprache. Das neunzehnte Jahrhundert wird sie später lösen, und es wird ihm widerfahren, ein in sich geschlossenes Wissen und eine reine, in ihrem Sein und ihrer Funktion rätselhaft gewordene Sprache einander gegenüberstehen zu lassen – etwas, was man seit jener Epoche *Literatur* nennt. Zwischen diesen beiden werden sich bis ins Unendliche die dazwischenliegenden Sprachen, abgeleitete oder, wenn man will, gefallene, des Wissens ebenso wie der Werke, entfalten.[2]

Die endlosen Regionen dieser Zwischensprachen sind aber viel mehr als die Derivate großer diskursiver und textueller Regelmäßigkeiten. Sie sind der »Ort« des Austauschs, die Kluft und die Brücke, die die Diskursivität von der Textualität trennt und beide zugleich verbindet; der Ort ohne Ort ihrer Differenz und ihrer Artikulation. Betrachtet man die analytische Differenz zwischen Text und Diskurs vom absoluten Blickpunkt ihrer gegenseitigen Autonomie her, so wird in der Tat der Raum, den beide leer lassen, zur kulturellen Deponie, gefüllt mit Abfällen und Derivaten. Diese Sicht ist allerdings von einer Auffassung bedingt, die in den Widerspruch gerät, die Akribie der Diskursanalyse mit dem Ideal eines unendlichen – unendlich reversiblen – Textes einhergehen zu lassen.[3] Die Literatur als »pur langage« würde deswegen jede genaue Textanalyse überflüssig machen, da die reine Unendlichkeit der Sprache den Beweis erbringt, daß die Kluft überwunden ist. Die Hoffnung, die der Avantgardismus des 20. Jahrhunderts in eine solche absolute Reversibilität der Schrift legte, bedingte seit dem Surrealismus die Lektüre der Texte von Sade. Diese Sakralisierung hat nicht nur zur Folge gehabt, daß die textuelle Maschinerie dieser Texte nicht in ihrem realen Umfang eingeschätzt werden konnte; sie hat vor allem die Qualität und Bedeutung der textuellen Intervention in den Schatten gestellt. Die Rekonstruktion dieser Intervention kann aber erst erfolgen, wenn die Analyse über ein adäquates Beschreibungsmodell des Verhältnisses von Text und Diskurs zur Zeit der Aufklärung verfügt. Aus diesem Grunde soll nunmehr versucht werden, die methodischen Grundsätze eines solchen Modells darzustellen, bevor die Textanalyse deren konkrete Anwendung schrittweise entwickelt.

2. Diskurs und Text in der französischen Aufklärung

Die Aufklärung wird noch weitgehend als eine Schachpartie aufgefaßt, deren Hauptfiguren mit eindeutigen Namen und deren Hauptmomente mit wohlbekannten Episoden belegbar sind: die aufklärerische Front, mit ihren großen Namen – Diderot, Rousseau, Voltaire u. a.; die großen diskursiven Vorstöße (angefangen mit Locke und Bayle bis hin zu d'Holbach, la Mettrie etc.); die militanten Gruppierungen (lokalisierbar, mit Namen versehen: als Hauptfigur die Encyclopédie, aber auch die Freimaurerlogen, in Deutschland die Illuminaten etc.)... Zuerst die Ouvertüre, die ins andere Jahrhundert tief hineinreicht, dann das Mittelspiel, zum Schluß das buchstäbliche Schachmatt von 1793. Die literaturhistorische Analyse besteht nicht zuletzt darin, die komplexen sozialen und politischen Vermittlungen herzustellen, die den Stellenwert textueller Initiativen im Aufrücken einer »funktionalen Front« zu verdeutlichen ermöglichen werden. Die vorhin erwähnte narrative These findet hier ihren klarsten Ausdruck. Man kann Anfang und Ende, Mitte und Rand definieren und schließt alles aus, was mit dieser Schachpartie nichts zu tun hat. Es kann nicht darum gehen, die Existenz einer solchen Schachpartie zu leugnen, wohl aber müßte man von ihrer allzu großen Evidenz Abstand nehmen. Versuchen wir nun, uns eine andere Partie vorzustellen, die die erstere überdeckt und diesmal eher nach den Spielregeln des Go ablaufen würde. Klare Angriffslinien und Fronten verschwinden; die eigentlichen Momente der Veränderung, die entscheidenden Schwellen, scheinen sowohl viel abstrakter als auch viel einfacher zu sein – in ihrer scheinbaren Einfachheit jedoch unendlich subtiler. Die Reduktion, die zu dieser Hypothese notwendig ist (sie erscheint hier eindeutig genug mit dem Gegensatz von Text und Diskurs), ermöglicht im Endeffekt eine Verfeinerung in der Verfolgung von Variablen, die das dramatische Modell der Schachpartie nicht bietet. Das Medium, innerhalb dessen sich die Historizität ablesen läßt – die Sprache –, erweist sich als viel multipler, als im Umgang mit soziologischen Kategorien erkennbar war. Vor allem aber läßt diese Perspektive in den Vordergrund treten, was ansonsten unscharf beleuchtet bleibt, nämlich die *transsoziale* Natur literarischer Spielzüge und ihre Arbeit am Limit von Codes. Die Absage an eine Dialektik von Öffentlichkeit und Privatheit läßt sich aus der Überzeugung erklären, daß die Mikrophysik der Diskurse (in dem Sinne, den Foucault solchen Phänomenen gegeben hat) mit einer Problematik der Unmeßbarkeit innerhalb der verschiedenen Regionen der diskursiven Praxis konfrontiert werden müßte.[4] Eine solche Aufmerksamkeit für Diskontinuitäten und Instabilitäten, die Überzeugung, daß die Regionalität unterschiedlicher Sprachmodi keinem homogenen Gesamtcode untergeordnet werden kann, scheinen uns eher in der Lage zu sein, den Ambivalenzen dieser Epoche gerecht zu werden, als die vorher erwähnte und heute noch unter Literaturhistorikern weit verbreitete Narrativierung der Aufklärung.

Die These, daß ein solches »Go-Spiel« von Text und Diskurs in eminentem Maße die Literatur des 18. Jahrhunderts prägt, untermauert die hier vorgeschlagene Lektüre der libertinen Literatur. Wenn hier von »Diskursen« die Rede ist, so in Anlehnung an die Bedeutung, die der Terminus in den Arbeiten von Foucault bekommen hat.[5] Das Kriterium, das die Opposition von Textualität und Diskursivität generiert, ist in erster Linie zeitlicher Natur. Diskurse präsentieren und gestalten die Welt als praktische Szene. Ihr Aufrollen breitet sich als die unendliche Ausdehnung des Praktisch-Möglichen aus. Diskurse sind Entwürfe. Sie eröffnen, insofern sie denotativen Charakter haben, neue Räume für Denken und Handeln. Insofern ihre praktische Absicht – ihr Verlangen nach Realisierung – mit ihren deskriptiven und präskriptiven Vorentscheidungen zusammenfällt, entscheiden sie im voraus über mögliche Welten, deren mögliche Zeitlichkeit (deren praktisch-politischer Kalender) als realisierbar erscheinen muß, damit ihre Absicht glaubhaft wird. Als Prospekte tendieren sie dazu, die Welt durch rationale Eingriffe zu verräumlichen, als Projekte tendieren sie dazu, die entworfenen möglichen Welten einem solchen Kalender unterzuordnen. Maßgebend für die Aufklärung ist die Dominanz des politisch-ökonomischen Projekts, das ungeachtet »reaktionärer« oder »fortschrittlicher« Intentionen auf fundamentale Schemata angewiesen ist, die seine unersetzlichen, aber leeren, imaginären Grundoperatoren sind: travail, peine, plaisir, besoins, véritables objets du désir etc.... sind die Grundbegriffe, an deren Aporien die libertine Literatur arbeiten wird. Mit den verschiedenen Entwürfen der politischen Ökonomie, dem überall gegenwärtigen »discours des passions«, mit allen moralischen, politischen, anthropologischen, ethokratischen Traktaten dieser Epoche, wird der Mensch unter einer Lawine von Beweisen, Beispielen, Axiomen so überdefiniert, daß aus dem Verlangen des Diskurses, die Realität zu erschöpfen, nur noch das wildeste Chaos entstehen kann. Erst mit Sade und mit dessen ironischer Absicht, »alles zu sagen«, wird die Arroganz des Diskurses die grausame textuelle Antwort bekommen, die sie verdient hatte. Nachdem die dogmatische Regelung des textuellen Ausdrucks durch die »doctrine classique« ihre Autorität immer weniger durchsetzen konnte und bevor die frühromantische Neugründung des Literarischen die Krise zu überwinden versuchte (und eine neue auslöste), stellt die Aufklärung jene Epoche dar, in der die Expansion des Wissens und die zunehmende Installation der modernen Regulation dem freien Spiel der literarischen Formen anscheinend nur noch wenig Raum übrigläßt. Die Poesie wird daran einfach sterben, die Tragödie wird nur noch epigonal sein; nur der Roman erfährt jenen unverkennbaren Aufstieg, den man allzusehr geneigt ist, mit dem Aufstieg des Bürgertums restlos zu identifizieren.

Betrachtet man die Epoche aufgrund des hier nunmehr skizzierten Modells, so stellt man fest, daß die ganze Eudämonie der Modernität in der Literatur des 18. Jahrhunderts, und in erster Linie in den libertinen Texten, nicht nur ihre narrative Übersetzung erfährt, sondern auch ihre Ironisierung, ihre Perversion und den Ausdruck ihrer Aporien. Der hedonistische, epikureische Diskurs wird in diesen Texten verraten und verführt; die Definierbarkeit, Katalogisierung und Stereotypie, die das Diskursive kennzeichnet, wird im Experiment der Schrift der Zone des Unnennbaren angenähert. Beruht einerseits der Diskurs über den Körper (über das Körperlich-Mögliche) auf der Leere der Schemata, so beruht die textuelle Übersetzung diskursiver Schemata auf der Artikulation des Unnennbaren. Während der bürgerliche Roman sich seinem hyperfiktionalen Nullpunkt nähert (und dabei das Recht beansprucht, die Aufgabe zu vollziehen, die die Zeit von ihm erwartet), scheitert der libertine Roman am Entwurf einer adäquaten textuellen Ökonomie. Er schwankt zwischen allen Modellen, verfährt sich ins Stereotype, bastelt seine Hypotaxen mit der denkbar größten Ungeschicktheit, verliert sich im Labyrinth seiner Briefe, führt die Andeutung bis zu einem solchen Paroxysmus, daß mancher heute noch fest davon überzeugt ist, daß die Romane von Crébillon-fils »das Scheitern der galanten Liebe« zum Ausdruck bringen; erschöpft er sich doch in seinen Masken und Verstellungen so sehr, daß erst seit einigen Jahrzehnten die literaturwissenschaftliche Forschung sich wieder an ihn erinnert. Aber *dieser* Roman, der keineswegs der »Form Realismus« zugeschrieben werden kann (was wiederum nicht heißt, wie wir es sehen werden, daß er nicht in der Lage wäre, realistisch zu werden), dieser »galante« oder »libertine« Roman, was tut er anderes, als den Tausch der Liebhaber und Geliebten zu inszenieren, den Tausch des Interesses gegen das Begehren, der Lust gegen das Leiden, der Angst gegen die Sorglosigkeit. Er artikuliert, was der Mensch laut den Anweisungen der Zeit artikulieren sollte, indem er zeigt, daß diese diskursiven Anweisungen zu keiner haltbaren *systasis ton pragmaton* vereint werden können, daß die textuelle Ökonomie die diskursiven Schemata der politischen Ökonomie (und namentlich den Imperativ der *jouissance*[6]) nicht textualisieren kann, ohne die narrative Stabilität dieser Texte zu gefährden. Während der bürgerliche Roman zur gleichen Zeit die Transformation der menschlichen Existenz durch den Willen zum Willen des ökonomischen Projekts narrativ verdoppelt *und dadurch einen narrativen Mehrwert* einkassiert, übersetzt der libertine Roman die bürgerliche Forderung einer euphorischen Einheit mit dem Sein und die Evidenz des Wertes (d. h. zu wissen, was der Mensch, das Begehren, der *mérite* wert sind, was ein Haus oder eine Frau kostet, schließlich was der Wert des Wertes ist) *in problematische narrative Wertformen.*

Betrachtet man den bürgerlichen Roman als den Schatten des Aufstiegs der bürgerlichen Klasse, so könnte man hingegen den libertinen Roman als den Schatten dieses Schattens betrachten. Die Relation zwischen Stabilität und Instabilität in der jeweiligen *Wertform* kehrt sich symmetrisch um: Der bürgerliche Roman gewinnt Stabilität aus der Instabilität, der libertine Roman macht aus dieser Ruhe eine Unruhe. In beiden Fällen verliert in der französischen Literatur des 18. Jahrhunderts der Roman das klassische Gleichgewicht von *parcours* und *discours*; er konstituiert sich sogar aufgrund dieser Zersetzung. Gleichermaßen zersetzt sich auch das klassische Ideal einer restlosen Übersetzung der *maxime* in die *fable*. Die daraus resultierende Auswucherung des Diskursiven im Narrativen, eine unkontrollierte Erweiterung diegetischer Inhalte, die destabilisierende Dominanz der narrativen Maschinerie und ähnliche Phänomene prägen im besonderen Maße eine Intertextualität, innerhalb derer die gängigen Kategorisierungen nicht in der Lage sind, klare Grenzen zu ziehen. Dies liegt nicht zuletzt daran, daß die Metamorphose der narrativen Fiktion einen hohen Grad an Komplexität und Überdeterminiertheit aufweist und besonders komplexe Beschreibungsmodelle erfordert. Darüber hinaus leidet die Problematik der Intertextualität daran, daß die Wechselbeziehungen zwischen diskursiven und textuellen Elementen in den wenigsten Fällen wahrgenommen wurde. Die Literaturhistoriker haben sich daher meistens darauf beschränkt, manifeste evolutive Linien nachzuzeichnen, anstatt im Chaos der Texte und der Diskurse das Diagramm von Transformationen zu konstruieren, das eine Verfeinerung von Unterscheidungskriterien ermöglichen würde. So wurde aus der wolkenartigen Masse von Texten und Diskursen, die diese Epoche produziert hat, eine kleine Gruppe von Meisterwerken herausgezogen, deren kanonischer Wert dann nicht mehr in Frage gestellt wurde. Dabei sind die eingehaltenen Kriterien der historischen Selektion völlig unzusammenhängend: teilweise die Vervollkommnung der narrativen Maschinerie, teilweise die Auffüllung diegetischer Inhalte mit dem »petit fait vrai«, teilweise noch die Integration ethisch-politischer Inhalte etc.... Im Falle einer unüberwindbaren Schwierigkeit bietet das Geschmacksurteil immer noch die letzte Rettung, wie etwa für das Werk von Sade. Diese Situation hat zum guten Teil in der vorher kritisierten retrospektiven Sicht ihren Grund (die, *post festum*, die Kriterien der historischen Relevanz eben von jener Narrativierung der Aufklärung ableitet). So hat die Literaturgeschichte in hohem Maße dazu beigetragen, ein Bild der Aufklärung zu tradieren, das so lange akzeptiert werden konnte, als die Einsicht noch nicht entstehen konnte, daß die Literatur der Aufklärung die Probleme unserer Zeit nicht nur vorskizziert, sondern immer noch definiert. Die libertine Intertextualität, insofern sie die Unruhe des Wissens in einem eminenten Maße »formuliert hat«, bietet deswegen heute für uns nicht nur ein reiches Material, dessen Untersuchung uns helfen könnte, manche literaturhistorischen Postulate zu revidieren. Sie ist aufgrund ihres spezifischen Scheiterns (aber auch in ihren gelungenen Momenten) die Manifestation dessen, was das Wissen von seinem Nicht-Wissen nicht wußte. Sie verdeutlicht nicht nur die Krise, die, wie Reinhard Koselleck es in *Kritik und Krise* auf souveräne Art gezeigt hat, aus der immanenten Logik der Kritik ablesbar ist. In den Brüchen übernommener narrativer Syntagmen (meist unter der Form eines Verlustes der narrativen Hypotaxe und einer Autonomisierung der narrativen Parataxe) ereignet sich in katatonischer Form ein Schwinden des Subjekts, das mit der Selbstsicherheit der bürgerlichen Figuren auf die deutlichste Art kontrastiert. Oder, am anderen Pol, beweist die Logik der Souveränität ihre unumgängliche Selbstzerstörung – und zwar nicht nur bei Sade. Diese *grundsätzliche Unstimmigkeit* kann nicht ohne dubiose Vereinfachungen auf den Ausdruck von Klassenkonflikten reduziert werden. Die tiefere Archäologie der Aufklärung zu entwerfen, die heute not tut, erfordert ganz andere Methoden.

Aus der Perspektive einer nicht mehr narrativen Geschichte erscheint die fiktive Libertinage weder als die bloße Ausdrucksform einer herrschenden Klasse, wie Horkheimer und Adorno es in der *Dialektik der Aufklärung* behauptet hatten, noch als ein bloßes Moment des revolutionären Prozesses, und somit als ein notwendiges – und zweideutiges Vorstadium des revolutionären Bewußtseins, wie Peter Nagy es dargestellt hatte[7], sondern sie bedeutet auch eine »Fluchtlinie«, die das, was zu jeder Form rationaler Regulation gehört (ob religiöser oder profaner Natur) – nämlich die rationale Antizipation der Zeit – mit der »Glorie des Willens« kollidieren läßt. Was die »Form Realismus« neurotisch löst – insofern sie als eine Kompromißbildung betrachtet werden kann, deren Finalität darin besteht, diese Kollision zu vermeiden bzw. deren Verdrängung im schönen Schein aufzuheben – wird in der libertinen Literatur im Prinzip dazu tendieren, sich sozusagen »psychotisch« zu manifestieren. Aber eben nur »im Prinzip«: Wir werden später nämlich zeigen, daß die libertine Schreibweise immer wieder versucht sein wird, in die realistische Kompromißbildung zurückzuverfallen, und daß das Werk von Sade zum guten Teil eine kompromißlose Lösung darstellt, wovor manche libertine Texte zurückschrecken. Auch wenn die libertine Literatur manchmal versucht war, ihre unbequeme Position zu verlassen, behielt sie jedoch naturgemäß eine ironisierende, zersetzende Kraft. In dem Maße, wie die Kleider zu Boden fallen, fallen auch die Marken der Kultur. Die Erotisierung des Intellekts, die Intellektualisierung des Eros, die Verwandlung des Lesers zum Voyeur, ja der Appell an die Umsetzung in die Praxis, öffnen das Buch zum Körper, den Buchstaben zum Begehren und siedeln den Text an jenen Leerstellen an, wo die Kluft zwischen dem Ideal und der Empfindung im Gegensatz zum bürgerlichen Roman nicht mehr formal überbrückt werden kann. Die Auswucherung parataktischer Strukturen (im Gegensatz zur Beherrschung der *systasis,* die ansonsten der »garde fou« des Romans ist), der Verlust der Kontrolle über *discours* und *parcours,* die Absage an die Andeutung in allen anonymen Texten (aber auch bei Mirabeau, Fougeret de Montbron, Rétif u. a. und natürlich auch bei Sade), oder umgekehrt der bis zum Schwindel getriebene Gebrauch der Andeutung (wie z. B. bei Crébillon-fils) sind Symptome einer für alle libertinen Texte, ungeachtet ihrer Unterschiede, geltenden Destabilisierung. Diese Katastrophe des Narrativen trägt aber paradoxerweise eine viel höhere mimetische Kraft in sich als die seit Robert Challes' *Illustres françaises* (1700) sich in Frankreich anbahnende Entwicklung eines wahrhaft bürgerlichen Romans, der im nächsten Jahrhundert zu seiner konservativen und restaurativen Finalität – dem Triumph des Illusionismus – gelangen wird, bevor mit Flaubert die Leere des bürgerlichen Scheins mit einem Zusatz an Schein auf eine irreversible Art ironisiert wird. Dieser Entwicklung entgegen kündigt eher der libertine Intertext, seit Molières *Dom Juan,* die Mutation der narrativen Mimesis zum »*Improbable*« an, das sich in seiner Unwahrscheinlichkeit als viel treffender erweisen wird, viel realitätstüchtiger in der Tat, als die mit der bourgeoisen Neutralisierung der Schrift verbundene Praxis der *belle écriture*. Zu behaupten, daß Auschwitz und sogar die »Peep-Shows« schon bei Sade sind[8], ist nur für jemanden ein Anachronismus, der unter Geschichte bloß eine lineare Sukzessivität von Sequenzen versteht und dabei vergißt, daß nicht nur »Grundworte« geschichtlich sind, sondern auch die stumme Dauer und Kraft von anonymen Figuren. Das Kapital ist in der Figur Don Juans vorhanden, Manon Lescaut bleibt für uns heute noch die Sphinx, die sie für Musset war, Sade präfigurierte Möglichkeiten der Literatur, die erst in unserem Jahrhundert realisiert werden konnten. Von Jacques und seinem Herrn sind wir hingegen nicht mehr die Zeitgenossen, und wenn wir bei der Lektüre über den Jacob des *Paysan parvenu* lächeln, so ist dieser Genuß mit einer Nachvollziehbarkeit des Vergangenen verbunden und nicht mit der Hyperevidenz jener Moderne, die uns die zu exakte, zu grausame Darstellungsform libertiner Texte vermittelt. Eine solche »Hyperevidenz« hat mit der vorher erwähnten »Hyperfiktionalität« der bürgerlichen Schreibweise nichts zu tun, sie ist sogar deren genaues Gegenteil. Mit dem Paroxysmus der realen Simulation hat die Literatur archaische Wertformen abgelegt und ihre ganze Ambition in die Produktion eines halluzinatorischen Doubles investiert. Der Unterschied zwischen einem ironischen und einem naiven Gebrauch einer solchen Neutralität ist so minimal, daß die Ironisierung dieser naiven wahren Lüge nur noch mit minimalen Marken zu arbeiten hat (wie es eben bei Flaubert der Fall sein wird). Gleichermaßen wird der Übergang von jener naiven Grausamkeit der libertinen Literatur zum systematischen Programm ihrer radikalen Vollendung bei Sade dank dem Einbau versteckter Kleinmaschinen stattfinden. Oft genug – aber nicht immer – wird der Verlust der schönen Form der Preis sein, der für eine solche Exaktheit zu bezahlen ist. Aber auch in ihren naivsten Formen wird der erotischen Literatur des 18. Jahrhunderts eine Zersetzungskraft innewohnen, deren Grundregeln noch weitgehend zu untersuchen sind. Insgesamt haben diese Texte die Aporien der Modernität mit einer solchen Schärfe ausgedrückt, daß sie endlich verdienen, entgegen jeder Form von literaturhistorischem Darwinismus und »akademischer Amnesie« im realen Umfang ihrer komplexen Vielfalt anerkannt zu werden.

FRÜHE LIBERTINE FLUCHTLINIEN

1. Rückblende. Die drei Libertinagen: von Rabelais zu Sade

Die libertine Literatur, die uns hier beschäftigt, ist zwar die entscheidendste, aber auch die spätere Phase der libertinen Tradition. Was Frankreich betrifft, erstreckt sich der libertine Intertext von der Zeit der französischen Renaissance bis zur Französischen Revolution. Diese zwei Eckpfeiler markieren deutlich den Beginn und das Ende einer Literatur, die nicht von ungefähr das Abenteuer der Modernität begleitet und mit deren historischem Rhythmus pulsiert. Der Weg, der vom Humanismus bis zum Terror führt – von der Geburt des abendländischen Individuums bis zur Morgenröte der politischen Massenmorde, ist irreversibel, und die Entropie des textuellen Universums der Libertinage antwortet auf diese Entropie der Modernität wie ihr Echo. Dem lustvollen, unschuldigen Feuerwerk von Sprachen, die die Texte von Rabelais und Pietro Aretino kennzeichnen, antwortet, am anderen Ende, die vitale, aber letale Explosion der Texte von Sade. Es sind zwei gegensätzliche, symmetrisch entgegengesetzte Formen der textuellen Verausgabung, Morgenröte und Abenddämmerung des modernen Menschen. Zwischen dieser ersten und dieser letzten Phase des libertinen Intertextes liegt das, was wir geneigt wären, als »zweite Libertinage« zu benennen. Ihr Ansatz liegt gleichermaßen im 16. Jahrhundert. Diese geistige Bewegung, die man nach Calvin als solche zu bezeichnen begann, diese »libertins spirituels« (siehe hierzu insb. Antoine Adam, *Histoire de la littérature française au 17e siècle*, Del Duca 1968, Bd. 5; Gerhard Schneider, *Der Libertin. Zur Geistes- und Sozialgeschichte des Bürgertums im 17. und 18. Jh.*, J. B. Metzlersche Verlagsbuchhandlung, Stuttgart 1972; Pierre Clair, *Libertins et incrédules [1665–1715]. Journaux, témoignages, textes*, Editions du C.N.R.S. 1983), unterscheiden sich von Rabelais oder Aretino einerseits und von allen Autoren andererseits, mit deren Texten wir uns hier beschäftigen, durch den fast ausschließlich *diskursiven* Aspekt ihrer Militanz. Ihre Zielscheiben sind die gleichen wie für Rabelais und Aretino (die christlichen Orthodoxien, die Unterdrückung durch Dogmen und Institutionen etc.) aber ihre Ausdrucksweise ist die des kritischen, offensiven Traktats. Als Vorläufer der Aufklärung plädieren sie für die Emanzipation des Geistes, die Freiheit des Wissens. Auf der Seite der Textualität ist diese Epoche (d. h. ab etwa Mitte des sechzehnten Jahrhunderts bis Mitte des siebzehnten) durch den Rückzug der libertinen Textualität auf kleine Genres gekennzeichnet: Chansons, Epigramme, einfache Sonette, Contes en vers etc. Das ist die Blütezeit der Textsammlungen: *La Muse folâtre* (1600), *Le Recueil des plus excellents vers satyriques* (1617), *Le cabinet satyrique* (1618), usw.[9] Man übernimmt Boccaccio, wie etwa La Fontaine in seinen Contes, schreibt hier und da einige kleine Gedichte im krudesten Ton, wie La Fontaine es auch tat, aber meistens liegt zwischen diesen kleinen Genres und der Militanz des libertinen Diskurses eine Kluft. Die gleichen Autoren, die in ihren Pamphleten ideologische Kämpfe gegen die christliche Theologie führen und dafür verfolgt werden, verlagern den sinnlichen Aspekt ihres Kampfes auf solche kleinen Ausschweifungen und hüten sich davor, die Brisanz des einen und des anderen miteinander zu verbinden.[10]

Die Geburtsstunde dessen, was man als »dritte Libertinage« bezeichnen könnte, ist in die Mitte des 17. Jahrhunderts anzusetzen. Sie wird, wie etwa der *Meursius français*, an die erste Libertinage anknüpfen müssen – genauer gesagt: an Pietro Aretinos *Ragionamenti* –, um die diskursive und textuelle Energie wiederzugewinnen, die das eigentliche *take-off* der libertinen Literatur ermöglichen wird. Wie hier schon mehrmals angedeutet, ist diese dritte Libertinage deswegen mit Abstand die wichtigste Phase, weil sie die komplexeste Interferenz bedeutet, insofern sie alle bisherigen Formen der libertinen Literatur wiederaufnimmt und sie in einen Kontext neu einschreibt, in dem sich zwei fundamentale Arten der modernen Simulation möglicher Welten begegnen und verschränken: die Beschleunigung der narrativen Innovation einerseits (die Explosion der narrativen Formen durch die Vielfalt neuer Experimente, die Entstehung des bürgerlichen Romans etc.) und die Autonomisierung ökonomischer und politischer Kategorien andererseits. Auf diese dritte Phase beschränkt sich diese Arbeit. Eine *skizzenhafte* Rekonstruktion der ersten Phase ist jedoch zum besseren historischen Verständnis erforderlich.

In seinem Rabelais-Buch erinnert Bachtin an die historisch einmalige Situation der Renaissance – als historischen Knotenpunkt unterschiedlicher und gegensätzlicher kultureller Sprachen:

»In der Geschichte der europäischen Literaturen und Sprachen steht die Renaissance einzigartig da. Sie ist die Epoche der auslaufenden Zweisprachigkeit, die Epoche des Sprachwechsels. Bestimmte sprachliche Vorgänge waren nur in der Renaissance und später nie wieder möglich.«[11]

Hatte schon die letzte Phase des Mittelalters das Herannahen einer neuen Epoche in einem ersten Karnevalismus der Sprachen erlebt – wie es in Frankreich die Strömung der »Grands Rhétoriqueurs« schon deutlich dokumentiert –, so kam zur Zeit der Renaissance, namentlich in Frankreich mit dem Werk von Rabelais, diese sprengende Kraft voll zum Ausdruck. Auch wenn es gewagt wäre, Rabelais als den ersten libertinen Autor zu bezeichnen, so enthalten doch seine Texte eine Reihe von Zügen, die über zweihundert Jahre typisch libertine Merkmale bleiben werden und uns berechtigen, von einem libertinen Intertext zu sprechen. Wie Bachtin es in bezug auf Rabelais unterstreicht, bedeutet die Entfesselung der sprachlichen Potenz im Augenblick des Sprachwechsels gleichzeitig die Befreiung eines *Gegentextes,* einer »Sprache von unten«:

»Die Grenze der Volkskultur und der offiziellen Kultur deckte sich stellenweise mit der Grenze der beiden Sprachen: der Volkssprache und des Lateinischen. Indem sich die Volkssprache nach und nach aller Sphären der Ideologie bemächtigte und das Lateinische daraus verdrängte, brachte sie neue Standpunkte, neue Denkformen, neue Bewertungen mit sich. Sie war die Sprache der »niederen« Gattungen, die zugleich Lachgattungen waren (Fabliau, Farce, Cris de Paris u. a.), sie war endlich die Sprache der freimütigen Rede.«[12]

Die gleichzeitige Entfesselung der figuralen Potentialität der Sprache und einer unterdrückten Rede, die nichts anderes war als die Rückkehr der durch den christlichen Dualismus bedingten Verdrängung sinnlicher Ansprüche – und damit auch sinnlicher Sprachen – taucht sicherlich nicht erst in der Renaissance auf. Das Mittelalter kannte schon dieses kulturelle Doppelregister, und die Existenz eines burlesken und obszönen mittelalterlichen Gegentextes (etwa als ironisches Pendant zum hohen Text der Troubadour-Lyrik) steht außer Zweifel.[13] Die Möglichkeit dieses Gegentextes, die kulturellen Grenzen seiner Epoche zu durchbrechen, war aber per definitionem begrenzt (oder mit anderen Worten: diese Begrenzung selbst definiert jene kulturelle Stabilität, die uns heute berechtigt, von einem »Mittelalter« zu sprechen). Zwar ist der Unterschied zwischen der Ambivalenz der Troubadour-Lyrik und der kruden Form ihrer Negation im erotischen Gegentext unverkennbar;[14] jedoch berechtigt uns diese Form von Negation nicht, in diesem Fall schon von Libertinage zu sprechen. Der Verlust der Andeutung manifestiert im Gegentext die Ambivalenz des hohen Textes, aber die Relation zwischen Wissen und Nicht-Wissen, die diese Negation definiert, funktioniert innerhalb einer stabil bleibenden kulturellen Relation zwischen Ordnung und Subversion. Sobald aus der Manifestation des Verbotenen noch kein positives Wissen entsteht (das in sich das Projekt einer Übertretung solcher traditioneller Regulationen impliziert) kann sich diese Negation nicht destabilisierend auswirken. Diese Schwelle heißt Renaissance, insofern die Anamnese des antiken Substrats die christliche Kohäsion der mittelalterlichen Kultur grundsätzlich in Frage stellt und somit die Modernität als Selbsterzeugung des Menschen eröffnet. Auch wenn es durchaus nicht üblich ist, im Fall von Rabelais von einer libertinen Literatur zu sprechen, so ist es jedoch offenkundig, daß in der Monumentalität seines Werks zum ersten Mal in diesem Ausmaße die Befreiung des unterdrückten Registers (die Entstehung einer »Sprache von unten«) mit einem universalistischen, gnoseologischen Anspruch zusammentrifft. Damit kündigt sich auch eine textuelle Ökonomie (eine bestimmte Relation von Textualität und Diskursivität) an, die spätere Formen vorwegnimmt. Die Ähnlichkeit zwischen dem Werk von Sade und dem von Rabelais liegt in dieser Bedeutung, die der *Stimme* im Text zukommt. So blüht in dieser humanistischen Summa zum ersten Mal auf, was am anderen Ende des libertinen Intertextes, im Programm von Sade, »alles zu sagen«, ein letztes Mal aufflammen wird. Was aber andererseits dieses erste Anzeichen einer sinnlichen Gnoseologie von der eigentlichen Libertinage *absolut unterscheidet* – und sogar zu ihrem Gegenteil werden läßt – ist, daß diese erste Form von

Libertinage eine expansive Inanspruchnahme des Mensch-
lich-Möglichen bedeutet, während die Libertinage, die uns
beschäftigt, aus notwendigen, immanenten Gründen in
den Horror münden, und *durchgehend aporetischen Charakter haben wird*. Die komische Kraft des Werks von
Rabelais zelebriert die glückliche Geburt des Menschen.
Die Endlichkeit der Existenz und die bald eintretende
Erkenntnis eines offenen Universums sind noch von der
unbekümmerten Freiheit einer kindlichen Spiellust
geprägt: Der Tod kann noch lyrisch angeredet werden,
seine moderne Akzeptanz kann noch an antike Traditionen anknüpfen und reaktiviert sie oft literarisch.[15] Die
Libertinage des 18. Jahrhunderts weiß zuviel über diese
Endlichkeit und ihre immanenten Unendlichkeiten, um
immer noch so sorglos zu bleiben. Dieses Wissen hat seine
Unschuld verloren, und auch wenn die grotesken und burlesken Elemente, die bei Rabelais noch ohne Schatten sind,
sich in den Texten des 18. Jahrhunderts wiederfinden, so
sind sie dort nie ohne Unruhe, ohne Wissen um die Leere
und die Aporien, um die herum sich ihre Schrift dreht.
Diese Gegensätze allein würden ausreichen, um die
»Libertinage« des 16. Jahrhunderts von der des 18. grundsätzlich zu unterscheiden. Andere fundamentale Gegensätze kommen aber noch hinzu, auf die wir erst im Laufe
der Darstellung eingehen werden. Dazu gehört u. a. die
ökonomische Dimension: Wenn gegen Mitte des 17. Jahrhunderts, namentlich mit der *Académie des dames*, die
libertine Literatur an Pietro Aretino neu anknüpfen wird,
um ihren letzten und entscheidenden Anlauf zu nehmen,
wird es nicht mehr darum gehen, gegen die Repression des
Körpers den befreiten Körper zu behaupten und ihn zu
zelebrieren, *sondern ihn als performativen Körper im Text
zu gebären*. Die Frage wird nicht mehr das Ausleben des
Möglichen sein, sondern sein (letzten Endes ökonomischer) *Entwurf*. Daher wird die »Sprache von unten« nunmehr zugleich eine Offensive des Wissens sein. Zum einen
wird es darum gehen, den durch die Konsequenzen des
Calvinismus und der Gegenreform erfolgten territorialen
Verlust zurückzugewinnen, zum anderen wird es gleichzeitig darum gehen, ein neues Territorium zu erobern (den
modernen, performativen Körper zu entwerfen).

Es ist kein Zufall, wenn Aretinos Werk im Laufe des
18. Jahrhunderts ständig neue Übersetzungen erleben und

zu dauernden Variationen Anlaß geben wird. Denn viel unmittelbarer noch als Rabelais können Aretinos Texte, und namentlich die *Ragionamenti,* als eine Quelle der libertinen Literatur der Aufklärung betrachtet werden: nicht nur weil die Tradition der Dialoge im Stil der *Ragionamenti* sich vom *Meursius français* bis zur *Philosophie dans le boudoir* ununterbrochen fortsetzen wird, sondern auch, weil das Werk des Italieners eine Anzahl von Elementen enthält, die für die libertine Literatur der dritten Phase paradigmatischen Charakter haben. Wir müssen uns hier mit einer skizzenhaften Aufstellung begnügen. Folgende Aspekte seien also hervorgehoben:

1. Wie bei Rabelais ist die Sprache von Aretino eine kraftvolle, freudige und listige Konsumption von Sprachen. Aber der »Sprachwechsel«, von dem Bachtin in bezug auf Rabelais spricht, bekommt bei Aretino einen spezifischen Aspekt, der ihn viel näher an die libertine Literatur der Aufklärung bringt: Die Maskerade ist hier immer zugleich ein *Duell,* und zwar ein Duell mit dem christlichen Dualismus, dessen Vokabular, dessen Dogmen und Rituale in dem Maße zermalmt und verführt werden, wie die Sprache, die diese Zerstörungsarbeit vollzieht, davon zehrt. Dieses Verhältnis zwischen ideologischem Angriff und sprachlicher Verausgabung ist ganz anders artikuliert als bei Rabelais: weniger verschlüsselt, weniger wissend, auf eine unmittelbare, sinnliche Art militant. Diese Selbstkonsumption der Sprache ist aber bei Aretino von der tragischen Dimension der Texte von Sade weit entfernt. Der Körper ist hier vor allen Dingen ein glücklicher Körper, wie die *Sonetti lussuriosi* es am deutlichsten dokumentieren. Neben der Zelebration des profanen Körpers geht es ihm auch darum, die kirchliche Institution einer karnevalistischen Parodie zu unterziehen, ihre Dogmen und Rituale ins Groteske und Burleske zu verwandeln. Aber die Kirche ist bei Aretino nicht die einzige Zielscheibe der Schreibstrategie: alle Formen des Ideals – namentlich der Neo-Platonismus und der Petrarkismus – werden mit angegriffen. Wie Johannes Hösle es formuliert: »Die Originalität der *Ragionamenti* beruht gattungsgeschichtlich auf der parodistischen Verwendung der im cinquecento immer blutleereren Form des

platonischen Traktats und Dialogs.«[16] Diese unerbittliche Bekämpfung von Idealen nimmt manches vorweg, was im nachhinein zum festen Bestand libertiner Texte gehören wird. Während aber über ein Jahrhundert lang die kritische (mit den Libertins des 17. Jahrhunderts in Frankreich sogar teilweise offenkundig atheistische) Militanz die Textualität – mit wenigen Ausnahmen – brach liegen lassen wird (bzw. die textuelle Ausdrucksform auf unbedeutende kleine Genres reduzieren wird), wird sich erst ab der Mitte des 17. Jahrhunderts (also ein Jahrhundert nach den Hauptwerken von Rabelais und Aretino) eine vergleichbare Qualität des Schreibexperiments wieder in den Dienst der libertinen Militanz stellen.

2. Die *Ragionamenti* werden nicht nur als Dialog eine bedeutende Anlehnungsform werden, sie werden darüber hinaus bestimmte Typen hinterlassen. Daher können sie als genuine libertine »Hypotexte« betrachtet werden. Aufgrund dieser Vorlage wird, sowohl diegetisch wie der *narration* nach, ein bestimmtes textuelles Schema entstehen, das man mit der Formel definieren könnte: »Ein libertiner Text ist (in vielen Fällen) ein Text, in dem die erotische narrative Perspektive mit einer narrativen Stimme zusammenfällt, die ihr adäquat ist.« Oder, mit anderen Worten: die libertine »Bevölkerung« spricht (seit den *Ragionamenti*) die Sprache ihrer Erfahrung. Diese Konstituierung eines literarischen libertinen Universums, das einerseits rhetorisch-formalen Charakter hat, andererseits eine Fülle sozialer Referenzen enthält und durch beides sich in die Lage versetzt, gesellschaftliche Spielregeln (manchmal auf eine geradezu visionäre Art) zu benennen, wird für die Entwicklung der libertinen Literatur, wie wir sehen werden, enorme Konsequenzen haben.

3. Dieser unerbittliche Enthüllungscharakter wird zu einer der wichtigsten Qualitäten der libertinen Schrift. Wie J. Hösle es in bezug auf Aretino formuliert: »Die Gesetze, die die Welt der Kurtisanen beherrschen, sind so unerbittlich wie die Welt von Machiavellis *Principe*.«[17] Hierin wird nunmehr die große Kraft der libertinen Textualität liegen: sie verdeutlicht auf eine rigorose Art die Realität der Macht, namentlich die Macht des Geldes in allen ihren Formen. Die weiblichen Figu-

ren des Aretino bieten von ihrer unteren und externen Position aus die ideale Perspektive für ein schonungsloses Tableau der Sozialität. Sie enthüllen nicht nur die Gewalt der sozialen Institutionen, sondern auch das radikal Böse im Menschen. Wie Machiavelli gehen sie nicht mehr vom Postulat eines transzendenten Ideals aus, das sie anzuwenden und zu befolgen hätten, sondern von einem konkreten Kräfteverhältnis, das List und Vorsicht erfordert. So präsentiert sich die Gesellschaft im permanenten Kriegszustand. Am Ende der 3. giornata ist Antonia so wissend geworden, daß sie nunmehr weiß, daß eine Dirne wie ein Soldat ist, »che è pagato per far male«. Die Abkapselung der libertinen Welt, die textuelle Konstitution einer geschlossenen Gegengesellschaft von Kurtisanen, Dirnen, Zuhälterinnen (oder vertragsmäßig gebundenen Libertins), sowie auch die geschlossene Welt der Mönche und Nonnen sind die textuelle Bedingung einer *mimetischen Reduktion,* an die sich später fast alle libertinen Texte (ungeachtet ihres Tonunterschieds: ob galant oder pornographisch) halten werden. In dieser Hinsicht können die Texte des Aretino – viel mehr als die von Rabelais – als Ausgangspunkt des »libertinen« Universums betrachtet werden.

4. Ein anderes Merkmal ist die *didaktische Dimension* der *Ragionamenti*. Sie inszenieren die typische Lehrer-Schüler-Relation, die nicht nur die Grundlage der libertinen Erotologie in Dialogform (d. h. insb. *L'Ecole des filles, Le Meursius Français* [od. *Académie des dames*], *Thérèse philosophe, Vénus dans le cloître, La philosophie dans le boudoir*), sondern über diese Reihe hinaus ein notwendiges Element der libertinen Literatur sein wird. Die didaktischen und pädagogischen Elemente werden sowohl diskursiv wie textuell artikuliert sein. Die Rolle des Lehrers wird oft die liederliche Mutter (wie in den *Ragionamenti*) übernehmen (so z. B. in *Anti-Pamela*), oder eine Tante (so z. B. in Dorvignys *Ma tante Geneviève*), oder etwa eine andere Nonne in libertinen Klosterromanen etc.... Die didaktische Lektion wird aber ebensogut von der Hauptfigur erteilt werden, wie etwa im Fall eines in Ich-Form erzählten libertinen Lebenslaufs. Die Figur der »putain institutrice« (die Nanna der *Ragionamenti*) ist ihre ursprüng-

liche Erscheinungsform. Der Schulmeisterton, die rigorose Einstellung zu den Gesetzen des Berufs werden in vielen späteren Texten weiterhin bestehen. Die Integration der Sexualität in die *ratio* ist also nicht nur eine »volonté de savoir«[18] im positiven Sinne, sie ist auch eine perverse Umkehrung der didaktischen Urszene der Philosophie: die Rolle des Erziehers besteht darin, dem »Schüler« zur Auffindung der in ihm gefangen gehaltenen Wahrheit zu verhelfen.[19]

5. Diese *libido sciendi* als *scientia sexualis* wird verschiedene Formen der Textwerdung annehmen. Die Dialogform wird bis zum Ende bestehen, quantitativ aber nicht dominant sein. Die libertine Literatur, mit der wir uns hier zu beschäftigen haben, wird vorwiegend *narrativen* Charakter haben. Wir haben bisher deutlich genug unterstrichen, welche Bedeutung dem beizumessen ist. Wenn die *Ragionamenti* in dieser Hinsicht notwendigerweise gattungsmäßig nur teilweise weiterwirken werden, so wird noch ein letztes Element dieses Hypotextes für die Zukunft des libertinen Intertextes richtungweisend sein: nämlich seine sehr spezifische Scharnierposition zwischen »hoher« und »niederer« Sprache. Hier wie bei Rabelais löst zwar die Parodie des Ideals eine innere Entwertung der Wertform aus, aber in beiden Fällen reguliert sich diese Entwertung auf die souveränste Art. Das Herabsinken in die Infra-Literatur wird dafür später eine ständige Gefahr sein; diese wird sogar mit der Zeit zunehmen und während der Französischen Revolution die Entstehung einer regelrechten Pornographie zur Folge haben. Es geht hierbei um ein besonders komplexes Problem, das nur unter Verzicht auf jede Art von Geschmacksurteil angegangen werden kann, nämlich um die narrative Katastrophe, die die Darstellung des Körpers – und des Bösen – aufgrund einer immanenten Logik herbeiführt. Wenn z. B. in den *Ragionamenti* Nanna und Antonia über den *Decamerone* folgendes austauschen:

»Antonia: Perdonimi il cento Novelle, egli si puo andare a riporre.

Nanna: Questo non dico io. Ma voglio, che egli confesso almeno *che le mie son cose vive e le sue dipinte*...«

41

so nennt die Antwort der Nanna im voraus den Ort der libertinen Aporie – nämlich die mimetische Leere, die sie bedroht, sobald sie den Anspruch erhebt, das Erlebte gegen das Dargestellte auszuspielen.

Aber Aretino ist dieser Leere ebenso fern geblieben wie Rabelais. Dafür war es noch zu früh. In der französischen Literatur des sechzehnten und siebzehnten Jahrhunderts wird diese gebärende Leere vor allem die erotische Lyrik kennzeichnen. Sie wird aber auch auf eine grundsätzlich andere Art die Romane bewohnen, und namentlich diejenigen, die man »romans sentimentaux« nennt. Von Helisenne de Crennes' *Angoysses douloureuses* zur *Princesse de Clèves* wird es dieser Form von Text zustehen, sich der Aporie des Unnennbaren anzunähern: nämlich den *sentiments*. Die libertine Literatur wird verhältnismäßig spät den gleichen Weg begehen, und sie wird ihn bis zum Ende gehen, bis dorthin, wo sich erweisen wird, daß die *fines homini* nicht nur ein Holzweg ist, sondern auch das tragische Rätsel einer Frage. Damals ging es nur noch darum, sich für die Eleganz der Konfiguration oder für die Aufnahme der Intensität zu entscheiden.

2. Erfindung des Unauffindbaren: die Geburt des libertinen Körpers

Die drei Dialoge, die zwischen 1655 und etwa 1680 die libertine Literatur des nächsten Jahrhunderts um einige Jahrzehnte vorwegnehmen, sind für unsere Erforschung in mehrfacher Hinsicht interessant. Sie markieren alle drei, trotz aller Elemente, die sie voneinander unterscheiden, eine irreversible Schwelle der libertinen Schreibweise. Den Körper, den sie durch ihre Schreibstrategie herzustellen trachten, hat die glückliche Leiblichkeit der Renaissance verlassen. Diese Texte bilden ein eklatantes Beispiel für das, was Michel Foucault »volonté de savoir« genannt hat. Denn mit ihnen geht es nicht mehr darum, wie es etwa noch mit Montaigne der Fall war, gegen die Tabuisierung der Sexualität zu protestieren[20], sondern darum, die positive Existenz des glücklichen Körpers durch rhetorische Strategien hervorzurufen. Ihre Inauguralität besteht nicht nur darin, daß sie die Initiative dieser Hervorbringung übernehmen: das physische Wissen wiederholt in ihnen die Inauguralgeste der cartesianischen Metaphysik. Wie diese streben sie eine radikale *tabula rasa* an, um deren Ausrichtung aber in der Wiederholung umzukehren. In einer 1984 erschienenen Sammlung von Aufsätzen zum libertinen Diskurs der Aufklärung erinnert René Démoris daran, daß diese libertine Anfangsgeste eine Einstellung ist, die die libertine Position ebensogut mit der Metaphysik wie mit der Ästhetik verbindet. Roger de Piles' *Conversations sur la connaissance de la peinture* (1677) – auch ein didaktischer Dialog – bieten tatsächlich ein gutes Beispiel für diese enge Relation an. Hier geht es um die Initiation des Kunstliebhabers. Die Figur, die die Rolle des Wißbegierigen trägt (Damon), bittet den Initiator (Pamphile) darum, ihn von der »Krankheit des Geschmacks« zu heilen. Diese bestünde darin, daß Damon sich zu sehr an bestimmte Maler gebunden fühlte, so daß ihm diese Präferenz in der Entwicklung des guten Geschmacks im Wege stehe (ihm den Zugang zur Normalität des Geschmacks versperre). Aus diesem Grunde verlangt Damon von Pamphile, dieser möge ihm Geist und Seele ausleeren: »Il faut me mettre quelque chose de bon dans la tête à la place de ce que vous dites qu'il en faut chasser.«[21] Die Methode ist genuin modern: es handelt sich darum, mit allen irrtümlichen Vorstellungen abzubrechen, um ganz neu anzufangen. Nun die Antwort des Lehrers: »Tâchez donc si vous le pouvez de vous défaire de toute préoccupation et d'être comme si vous n'aviez jamais entendu parler de peinture, ou que vous n'en eussiez rien vu.« Démoris kommentiert die Anweisung mit folgenden Worten:

»Die geistliche Übung, zu der Roger de Piles auffordert, hat ein Vorbild. In dieser gänzlichen Beseitigung erworbener Gewißheiten, in diesem Gestus des systematischen Zweifelns, der den Zugang zur wahren, unvoreingenommenen und vorurteilsfreien Erkenntnis ermöglichen soll, erkennen wir die Denkart wieder, die die erste der Cartesianischen *Meditationes* beherrscht. Allerdings sind weder Gegenstand noch Ergebnis des Vorgehens die gleichen. Descartes stellt nämlich geistige Gewißheiten in Zweifel, und das Cogito wird andererseits den Zugang zu einer gewißen Anzahl von Wahrheiten verschaffen, die von der sinnlichen Erfahrung unabhängig sind. Bei Roger de Piles befindet man sich in einem Gebiet, in dem das Gefühl und der Geschmack immer noch für legitim gehalten werden, während nicht nur Meinungen, sondern auch die ihnen zugrundeliegenden Affekte verworfen und vernichtet werden. Am Ende dieser Erfahrung der Selbstentäußerung begegnet der Kunstliebhaber keinen ewigen, in ihn von Gott gesetzten Prinzipien, wohl aber einer allgemeinen Meinung, einer Doxa, die indikativen Wert hat, dennoch bar jedes Prinzips ist.«[22]

Diese Substitutionsgeste ist nicht nur für Descartes charakteristisch. Ignatius von Loyola verfuhr nicht anders, als er vom Exerzitanten eine absolute Verfügbarkeit verlangte, deren Voraussetzung eine vergleichbare Ausleerung des Geistes und der Seele war. Zwar ist die jesuitische Ikonolatrie, als Reaktion auf die protestantische Bilderfeindlichkeit, der Gegenpol des cartesianischen Ikonoklasmus, aber in beiden Fällen ereignet sich die gleiche absolute Inauguralität. Die *Méditations métaphysiques* streben eine Reinigung von Affekten und unklaren Vorstellungen an und wollen an ihrer Stelle den Zugang zu der in uns gelegten göttlichen Wahrheit ermöglichen, die *Exerzitien* von Loyola strebten etwa 150 Jahre früher dieselbe Art von Beseitigung von Phantasmen an und wollten an ihrer

Stelle die Halluzinierung der Schrift in frommen Vorstellungen hervorrufen. Die drei Dialoge, mit denen wir uns zu beschäftigen haben, wiederholen die gleiche Substitutionsgeste. Verglichen mit der cartesianischen Intention ist die libertine Wahrheit sicherlich eine pervertierte Wahrheit, da es mit ihr um eine sensualistische Universalität geht, um einen gemeinsamen Wert der Körperlichkeit, ja um ihre Evidenz, die für Descartes das *immundum* an sich ist. Andererseits ist sie ebensogut die Gegenfigur der jesuitischen Ikonologie, da die *Exerzitien,* die die libertinen Dialoge vorschlagen, keine geistigen sind (beileibe nicht!). Die libertine Erotologie fundiert auch das Wissen um den Körper in der gegenseitigen Erzählung der Aufdeckung angeborener Begierden – durch eine menschliche *narratio,* die universalen, kommunikablen und austauschbaren Charakter hat. Und dieses Wissen verlangt, wie bei Descartes oder Loyola, adäquate Methoden und Technologien, die sich nur über eine ihnen angemessene Praktik vermitteln lassen. Es wird sich also bei diesen Dialogen wie bei jeder dialogischen Mantik um eine direktive Doxa handeln. Was hier darzustellen und vorzuzeigen ist, kann sich jedoch nur in der Beziehung des Diskurses zu seinem Gegenstand – nämlich dem Körper – ausdrücken. Die Evidenz dieses Gegenstandes läßt sich aus dem Diskurs ableiten, der ihn wiederum fundiert, und sich selbst nur in dieser Evidenz fundieren und begründen läßt. Dieser wahre und zugleich reale Gegenstand ist damit gleichzeitig die universale Unmittelbarkeit der Sinne und das Gemeinsame ihres Sinns, ihr in der Erfahrung der ungeteilten und unmittelbaren Gemeinschaft der Körper beruhender *sensus communis.* So wird die Libertinage zu einem Problem der gegenseitigen Anerkennung. Diese wird ihre Formulierung in jenem Vertrag finden, dessen Unterschrift das Aufrollen des Textes ist. Die libertine Gemeinschaft wird sich also von Anfang an im Austausch der Sätze stiften. Denn der libertine Körper ist von Beginn an ein geschriebener, die Einschreibfläche eines Kommentars und eines Wissens – aber auch gleichzeitig der Referent des Wertes und sogar der einzig wertvolle Referent. Als Objekt der Begierde, Gegenstand des Tauschs, Objekt des Tauschbegehrens, Austausch der Begierde durch die Vermittlung der Sätze, löst sich letzten Endes der Körper als Referent im Netz der Sätze auf, in den Richtungen ihres Austauschs. Man kann ihn darauf reduzieren, ohne seinen Verlust befürchten zu müssen, denn er erscheint nur in diesen Sätzen und durch ihre Vermittlung. Durch diese zugleich inaugurale wie katastrophale Geste wird der Körper von jenen Verhüllungen befreit, die die religiöse Rhetorik ihm verliehen hatte, um ihn besser verbannen zu können. Daher kommt die libertine *tabula rasa* einer listigen Entwendung gleich, die Wort und Sache permutiert: rhetorische Figuren verwandeln sich, im Maskentanz ihrer leeren Hüllen, zu erotischen. Eine neue Figuralität, jedoch ohne Halt. Denn die libertine Darstellung gerät notwendigerweise in die Spirale einer nach immer neuen Figuren verlangenden Intensivierung. Die sich aus dieser Perversion ergebende Verdrehung der Beziehung zwischen dem Referenten und seiner Darstellung bewirkt viel mehr als eine Aufdeckung des Reverses der rhetorischen Ornamentik. Sie beweist sie, indem sie sie nach außen dreht, und verstärkt dadurch ihre Ambivalenz. Die Decodierung, die hierdurch stattfindet, verändert weniger einen Code, als daß sie dessen potentielle Unentscheidbarkeiten erhöht. Denn die Bewegung, die die rhetorische Figuralität dazu bringt, ihre reine Supplementarität in den Vordergrund zu stellen, wird durch die libertine Reversion der christlichen Hypotypose aufrechterhalten. In diesem unabschließbaren Anpassungsprozeß des Codes erschöpft sich die Sprache in der Territorialisierung des Körpers, in der ständigen Erfindung neuer Landkarten. Eine ganze Topographie (immer notwendigerweise metonym)[23] wird an der Stelle der Topographie des narrativen Wegs zum Ideal erscheinen, wie der Umweg der Preziosität ihn darstellen konnte, dessen unnennbare Ränder (die *terrae incognitae* der *Carte du tendre*) sich nun auf die ganze Strecke ausdehnen – als wäre die Irrung des Codes jetzt auf eine diffuse Art auf die ganze Fläche der Sprache verteilt, im Netz ihrer Sätze gelöst und aufgelöst. Daher werden sich nunmehr die erotische Atopie und deren Topographie nicht mehr voneinander unterscheiden, und das libertine Abwerfen der Kleider wird sich in dieser anderen Verkleidung nur noch erschöpfen: der Ort wird sich ununterbrochen in der Schrift auflösen. Hierin liegt ein wesentlicher Grund für die libertine Parataxe, in der die gegenseitige Potenzierung der libidinösen Flucht und der Flucht der Wörter auf der Jagd nach ihrer ungreifbaren Beute ihren Ausdruck finden.

Das bedeutet, daß die Bewegung, die die Einschreibung des Körpers gleichzeitig vorantreibt und vereitelt, sich im gleichen Zuge als das physische Moment des Tauschs – und als Angelpunkt des Werts – konstituiert. Der Körper wird damit zu einem notwendigen, aber unhaltbaren Artikulationspunkt des Diskurses, zum Ort einer immer höheren Falschheit. An der Schwelle einer libertinen Textualität, deren katastrophale Entwicklung im Ansatz schon voraussehbar ist, wird die Libertinage sich zuerst sowohl als Diskurs wie als Schreibweise entwerfen müssen. So unscheinbar einem diese ersten Momente auch vorkommen mögen, ihre aporetischen Grundstrukturen haben nicht weniger universalen Charakter als die großen Konstruktionen der modernen rationalen Metaphysik. Sie sind aber weitaus mehr als deren Schatten, denn ihre Aporien versetzen sie von vornherein jenseits des Dualismus (oder genauer in dessen innerstes Labyrinth). So manifestieren sie schon, viel deutlicher als die metaphysische Inauguralität, ihre letale Natur. Denn nachdem die Grenze überschritten wurde (oder besser gesagt: nachdem die libertine Schreibweise die Alternative der modernen Inauguralität – das Bilderverbot des Protestantismus und der Metaphysik einerseits, die jesuitische Ikonolatrie andererseits – abgelehnt haben wird), wird die libertine Literatur im nachhinein nur noch zwischen zwei entgegengesetzten Lösungen schwanken: entweder wird der Text durch innere Regulationen versuchen, die verursachte Leere zu umgehen (in diesem Fall wird er vor der Leere, die er zugleich ausbreitet, gleichsam zurückschrecken), oder er wird sich in der Inflation seiner Reversion erschöpfen und durch ein unzumutbares Zuviel oder Zuwenig an Form, in der höchst elaborierten Frivolität ebensogut wie in der schlampigsten Schnodderigkeit seine Entwertung zu überbieten versuchen. Oft werden sich beide Momente vermischen, und diese Interferenz wird auf eine unverkennbare Art den libertinen Text erkennen lassen – auch bei sehr unterschiedlichen Autoren.[24] Aber auch dort, wo der libertinen Schrift das Verschwinden in der Inkonsistenz droht, wird immer ein Wert gerettet: der Wert des Frivolen, jenes geschickte Spiel mit der Reversion, bei welchem die Wörter eins nach dem anderen wie die Steine des Reversi-Spiels umgedreht werden. Hier wird nicht viel mehr erhofft werden als ein lustvolles Zuendespielen ohne irgendeine Form von Gewinn. Oft wird der libertine Text hingegen, um Wertformen zu retten, die Frivolität der Entwertung um jeden Preis wettzumachen versuchen. Nur wenige werden dabei nicht verlieren, indem sie es wagen werden, noch mehr zu riskieren. Aber das alles ist zu früh verraten. Kehren wir nunmehr zu den drei inauguralen Dialogen zurück, von denen soeben die Rede war.

3. Entstehung der liberinen Akademie: L'Ecole des filles, Le Meursius français, Vénus dans le cloître (1655–1680)

Der erste von ihnen, *L'Ecole des filles ou la philosophie des dames*, erschien 1655.[25] Er ist von allen drei mit Abstand der am wenigsten literarisch ausgearbeitete, dafür aber derjenige, der den deutlichsten technischen Charakter aufweist. Da dieser Text in erster Linie ein technisches Traktat in Dialogform ist und daher vor allem danach strebt, ein Wissen und ein Können zu vermitteln, ist der Dialogteil, ganz im Gegensatz zur *Académie des dames*, wenig auf rhetorische Effekte angelegt. Die Diskrepanz zwischen dem Gegenstand und dem Diskurs, zwischen Erotik und Erotologie, ist hier offenkundig. Es handelt sich im wahrsten Sinne des Wortes um eine *scientia sexualis*, kaum um eine *ars erotica*. Die Repliken sind im Ton alles andere als verführerisch, der Ausdruck ist oft schwer und pedantisch, und manchmal bewirkt dieser Widerspruch einen ungewollten, aber unfehlbar komischen Effekt, wobei der Anteil an List, der in der Naivität des Tons steckt, schwer einzuschätzen ist. Wie zum Beispiel in folgender Passage:

»Fanchon: Es wundert mich nicht mehr, liebe Kusine, daß Sie so geschickt in Angelegenheiten der Liebeskunst sind, da sie so gut die Gründe hierfür kennen; aber ich wundere mich, wo und wie sie letztere erfahren konnten.

Suzanne: Mein Freund hat sich daraus eine Freude gemacht, mich zu unterweisen, allerdings zu seinem größten Vergnügen, und darüber hinaus sagte er mir noch, er sei – bevor er angefangen hat, mit mir zu schlafen – jedesmal, wenn er spürte, daß meine Liebe zu ihm ihn zu sehr bedrängte, gegen seinen Willen zu irgendeinem Mädchen gegangen, um seinen Spaß mit ihr zu haben und sich an ihr auszulassen, bis er befriedigt und erleichtert war – somit also einen Zweck verfolgend, der seinem Begehren konträr war, um dem Ziel seiner Liebe nachzustreben; denn, wie ich es schon sagte, hat die Liebe an sich die feine und wunderbare Eigenschaft, das Denken vom Vögeln abzuwenden, obwohl es ihr einziges Ziel ist, wonach sie eben von sich aus strebt, denn dies allein kann ihren Eifer befriedigen. Dieser Punkt wäre nun hiermit geregelt.

Fanchon: Sehr gut, er konnte nicht besser behandelt werden.

Suzanne: Nun, der Grund, warum du mich gefragt hast, weshalb die Männer währenddessen grobe und schlechte Worte aussprechen, ist, daß sie Vergnügen daran finden, uns durch Dinge zu benennen, die den größten Anteil an ihrer Lust haben und die sie am meisten mögen; und da beim Vögeln alle ihre Gedanken unserem Unterleib gelten, können sie sich nur durch Worte ausdrücken wie »Ach, mein Möschen, oh, meine Säckchen«, samt allen ähnlichen Bezeichnungen, die sie uns je nach dem Gedanken, der sie gerade beschäftigt, zuschreiben; und die Zunge, die es anders sagen könnte, wird des öfteren durch eine zu hohe Aufmerksamkeit des Geistes daran gehindert, welche sie verwirrt und sie die Wörter verwechseln läßt.«[26]

Vermeidet hier die Sprache, »qui pourrait le dire autrement« die Verführung des Ausdrucks aus irgendeinem Kalkül? Die Art und Weise, wie innerhalb eines im Ton linearen Textes (denn der Text ist ständig bemüht, neues Wissen zu bringen, auf Fragen im voraus zu antworten; er erklärt peinlich und monoton alle erdenklichen Kausalitäten) der kategoriale Raster mit der Hypotypose der Repliken zusammenspielt, würde eine sehr detaillierte semantische Analyse verdienen. Eines steht jedoch fest: Sowohl die Syntax wie der rhetorische Code verhindern hier die figurale Innovation. Die notwendigen narrativen, rhetorischen und dramatischen Elemente des Dialogs werden unaufhörlich zugunsten einer monotonen, explikativen Sprache unterdrückt. Die Textualität wird dabei auf ein theatralisches Minimum reduziert. Ein unkundiger Leser wird es eventuell nicht sofort feststellen, aber ein schneller Vergleich mit dem *Meursius français* genügt, um den enormen qualitativen Unterschied zu bemerken. Als ob die *Ecole des filles* potentielle textuelle Elemente mit dem pädagogischen Ton nur deswegen mischen würde, weil die Dialogform als rhetorische Norm respektiert wird. So wird man schließlich Mühe haben, zu entscheiden, ob der naive Realismus der eingeschobenen Anekdoten, ob die exakt wissenschaftlichen, umständlichen erotologischen Ratschläge und Enthüllungen eher im Sinne einer realistischen Intention zu interpretieren oder nur einer klassischen Ausdrucksstrenge zuzuschreiben sind. Sicherlich stimmt beides zugleich. Wie für kaum andere Texte gilt daher für diesen, was Foucault über die abendländische *scientia sexualis* schreibt, wenn er sie als eine »intensifica-

L'ACADEMIE
DES
DAMES.

Chez Pierre Arretin

tion des plaisirs liée à la production de la vérité sur le sexe« nennt. Was der Text an Wissensvermittlung gewinnt, verliert er an Kraft und Reiz. Den sicherlich ungewollten, aber unübersehbaren Schatten dieses erotologischen Genusses stellt die Wirkung dar, die die »Table mystique et allégorique« auf den modernen Leser ausübt: sie strahlt nämlich eine unbestreitbare komische Kraft aus:

»Seltsame und hervorragende Methode, die den Mädchen das Reiten in genau einer Viertelstunde beibringt, wodurch sie auch dabei dreierlei machen; samt der sicheren und unfehlbaren Art, auf einer Truhe zu reiten, wenn man es eilig hat... Wie man sich zu dieser seltsamen Methode vorbereiten kann ... Ausführung derselben ... Schlußfolgerung aus besagter Methode, samt einigen Anweisungen hierzu... Einige Nachforschungen über die unterschiedlichsten Temperamente der Männer, in erster Linie derjenigen, die beim Reiten schreien, samt den dazugehörenden Erklärungen... Wie es kommt, daß sie so laut schreien; von den Nachteilen, die sich daraus ergeben können, und wie dem abzuhelfen ist... Über diejenigen, denen man auf die Hinterbacken klopfen muß, um sie zum Spannen zu bringen... über die Kastrierten... usw....«[27]

Kann man sich eine noch weniger entscheidbare Beziehung zwischen einer ungewollten und einer wohl ausgeklügelten Komik ausdenken? Der Unterschied zwischen der *Ecole des filles* und dem *Meursius français* ist ebenso groß wie der zwischen einer »nouvelle galante«, die noch in ihren steifen Wendungen und narrativen Mechanismen eingefangen bleibt, und den besten Texten von Madame de Villedieu oder Madame de la Fayette. Es ist viel mehr als eine Frage des Stils, es geht um das Verhältnis von Text und Diskurs überhaupt, um die Beziehung zwischen der Darstellung des Wissens und seinem Gegenstand, also schlichtweg um die Form an sich.

Der *Meursius français* (Académie des dames) ist in mancher Hinsicht der Schreibweise von Sade schon sehr nahe. Der Ton, die Argumentationsweise, die Themen und die Situationen nehmen schon sehr viel von der *Philosophie dans le boudoir* vorweg. Obwohl *Vénus dans le cloître* und *Thérèse philosophe* den militanten Ton aufklärerischer Propaganda weitaus mehr aufweisen, werden sie dem Text von Sade nicht so nahe stehen wie dieser frühere Text. Dieser macht aus seiner Inspirationsquelle keinen Hehl: als fiktiver Erscheinungsort wird »A Venise, chez Pierre

Arétin« angegeben. Vergleicht man den *Meursius* mit *Vénus dans le cloître*, so ist der Unterschied in der Form der Verstellung auffallend. Der Abbé du Prat schreibt einen kritischen, reaktiven Anklagetext, der Ton ist schon der von Voltaire. Die Kritik gegen die Macht der Kirche verbindet sich mit der Erotologie ganz anders als z. B. bei Aretino: es ist keine Maskerade mehr, sondern schon der Protest der Unterdrückten, während die *Académie des dames* eine (im Sinne von Nietzsche) wahrhaftige »aktive Kraft« darstellt. Hier geht es nicht vorwiegend darum, die kirchliche Institution anzuklagen, sondern darum, einen offensiven Vorstoß libertiner Werte durchzusetzen. Diese Eroberung erfolgt in der größten Gesundheit. *Vénus dans le cloître* beginnt zum Beispiel mit einer Beichtsituation: eine der beiden Nonnen versucht, aus der anderen die Gedanken und Wünsche herauszulocken, die diese noch geheimhält. Aber im Laufe des Dialogs wird sich die Relation gänzlich ändern: die Lehrerin und die Schülerin werden allmählich die gleiche Wissensstufe erreicht haben und beide werden sich gemeinsam gegen den Feind wenden – dessen Rituale sie aber ebensogut anwenden. Zwei Opfer machen Front gegen den Unterdrücker, und der Text versteht sich als militantes Pamphlet gegen die Mißbräuche der Kirche. Hier geht es also schon um das, was Voltaire mit dem Motto »Ecraser l'infâme« resümieren wird. Nichts dergleichen jedoch beim *Meursius français*: von vornherein braucht die Verstellung nicht gespielt zu werden, die Körper sprechen eine unmittelbare Sprache:

»Ach, Tullie, wie wenig kann ein verliebtes Mädchen das äußerlich verbergen, was in ihrem Inneren vorgeht! Du magst dich in deinen Reden noch so sehr verstellen, ich lese die Bewegungen deiner Seele in deinen Augen, und die Sympathie, die zwischen beiden herrscht, hat mir die Wahrheit entdeckt. Ein andermal sei aufrichtiger und weniger zurückhaltend gegen mich; mißbrauche die Leichtgläubigkeit eines jungen Mädchens nicht. Wenn du es verlangst, so will ich dir, als meiner innigsten Freundin, mein Herz eröffnen, und, damit du nicht zweifelst, dir gleich eine Probe davon zu geben und dir erzählen, was zwischen Pamphile und mir vorgegangen ist.«[28] (Die Frauenzimmer-Schule in sieben Gesprächen nach Meursius, aus *Priapische Romane*, II. Band, Boston, bei Reginald Chesterfield, o. D.; B. N. Enfer 749, S. 9)

Da der Körper transparente Botschaften sendet, ist hier jede Verstellung unnötig. Diese Evidenz des Körpers und seiner Zeichen, womit der Dialog ansetzt, muß aber noch diskursiv legitimiert werden, und der ganze Dialog wird tatsächlich auf dieses Ziel hin zugespannt sein. Die diskursive *monstratio und demonstratio* wird in dem Text zum Teil durch illustrierende Erzählungen erfolgen (sie werden dann als solche nichts anderes als die Illustration der Evidenz des Körpers sein), aber auch aus Szenen bestehen, die viel elaborierter sein werden als die fingierte Naivität der Anekdoten in der *Ecole des filles,* in der die Hypotypose sich nie über die Grenzen konventioneller rhetorischer Mittel hinauswagen wird. *Vénus dans le cloître* wird diesbezüglich gleichsam mit narrativen »Bremsen« versehen, die vor allem aus dem ständigen Gebrauch von »*résumé de récit*« und »*résumé de discours*« bestehen – aus zwei narrativen Strukturen also, die den Text von jedem *ornatus* befreien.

Während diese beiden Dialoge die Autonomisierung libertiner Szenen mit unterschiedlichen Mitteln verhindern, kann man in der *Académie des dames* die ersten Anzeichen dieser genuin libertinen Schreibweise bemerken. Dies fängt damit an, daß die Bemühung, Dekorationen anzudeuten, einen konkreten Rahmen zu umreißen, in diesem Text unverkennbar ist. Man sieht hier etwas erscheinen, das bald, und namentlich mit den *Illustres françaises* von Robert Chasles (1700), zu den wesentlichsten Merkmalen der realistischen Schreibweise gehören wird: nämlich den Einbau von Realitätseffekten in der Form des »petit fait vrai«. Der Stellenwert des Verfahrens ist hier, wo das Wissen die Simulation der Körper und ihrer Begierde erprobt, selbstverständlich ein ganz anderer. So zum Beispiel diese Zeilen:

»Tullie: Du hast recht, Octavie, ich will dir sogleich willfahren, und du müßtest so kalt wie Marmor sein, wenn du bei dem Gemälde, das ich dir von unseren Freuden und von dem Spiel, das ich mit Oronte spielte, als er mich entjungferte, machen werde, nicht einige Bewegungen empfändest. O ihr Götter, welches Vergnügen genoß ich diese Nacht! Das Andenken davon ist zu süß, um es je vergessen zu können. Ich werde mich dessen ewig erinnern.

Octavie: Fang doch an, Tullie, ich bin in der größten Ungeduld von der Welt, deine Erzählungen zu hören. Du kannst ohne

Furcht sprechen; alles im Hause liegt in tiefem Schlafe, die Natur ruht, überall herrscht Stillschweigen; mit einem Worte, alles begünstigt unsere Freuden und unsere Scherze.«[29] (a. a. O. S. 29)

Die Replik von Tullie dient dazu, Warten und Erinnerung gleichzusetzen: »Ist mein Tableau wahr, so wird es dich bewegen, so wie ich wahr spreche, wenn ich sage, daß ich mich immer an die Vergangenheit erinnern werde, die die jetzt reaktivierte Ursache deines baldigen Begehrens ist.« Vergangenheit, Zukunft und Gegenwart vereinigen sich in einem als hörbaren, greifbaren, sinnlich erfaßten und erzählten Augenblick. Die Wirkung geht über die rhetorische Figuralität hinaus und tendiert zum atmosphärischen Wert der romanhaften Schreibweise. Man könnte auf diese Zeilen die Sätze anwenden, die Frédéric Deloffre zu Robert Chasles formuliert, wenn er schreibt, daß »das Gefühl für die Realität jedes Zwischenfalls durch die Suggerierung einer Atmosphäre erweckt, die ihm gleichsam als Träger dient. Die Jahreszeit, die Uhrzeit, sogar die Witterung selbst werden fast immer aufgezeichnet.«[30]
   Man wird vergeblich in der *Ecole des filles* oder in *Vénus dans le cloître* nach vergleichbaren Beispielen suchen. Dies bedeutet natürlich nicht, daß der *Meursius français* als »realistischer Text« einzuschätzen wäre, sondern daß die lebendige Präsentation der diskursiven Intention einen viel höheren Anteil an textueller Simulation aufweist als die beiden anderen Dialoge, die sich noch mit der traditionellen Anwendung der Hypotypose begnügen.
   Wie die soeben kommentierten Zeilen es schon zeigen, weist also der *Meursius français* eine sehr elaborierte Schreibweise auf. Von der narrativen Maschinerie zu den Erzählinhalten, von den Dialogstimmen zum angesprochenen *narrataire*, von den rhetorischen oder narrativen Figuren zu seinem referentialen Draußen – dem Körper – bildet der Text ein ausgearbeitetes Netz von Interdependenzen. Seine narrative Ökonomie ist dabei ebenso gebieterisch, wie die Maschinerie der Exerzitien es gewesen ist, und das ist kein Zufall. Der Dialog folgt in jedem Augenblick dem Rhythmus des evozierten Gegenstands: Er beschleunigt sich, intensiviert sich plötzlich, verliert manchmal den Atem, vergeudet seine Energie und fängt immer wieder bei Null an. Je weiter man in den Text hin-

eindringt, desto mehr erlebt man diese Intensivierung, diese steigende Halluzinierung erotischer Szenen:

»Wie, Tullie, wird Pamphile meine Brüste auch so fassen? Wird er mir auch so viele Küsse geben wie du? Mir auch so sanft die Lippen, den Hals und den Busen beißen?«[31] (a. a. O. S. 29)

Oder auch z. B.:

»O Himmel! was willst du anfangen, daß du dich so auf mich legst? Wie? Mund auf Mund, Brust auf Brust, Leib auf Leib! Sage mir nur, was du bei diesen Possen für eine Absicht hast? Muß ich dich umarmen, so wie du mich an dich drückst?«[32]

Vergleicht man solche Passagen mit Predigten der Zeit, so wird man bemerken, wie sehr die christliche Hypotypose, der insistente Gebrauch des jesuitischen *ornatus* wieder-aufgenommen und verführt wird. Denn der Gegenstand dieser rhetorischen Halluzinierung ist eben, was die religiöse »Sophistik« der Zeit verbannen wollte. Je lebendiger die *peinture* sein wird, desto mehr wird sie ihre Wirkung intensivieren müssen. Der Leser, der von dieser Reversion kontinuierlich angeredet wird, ist deren Steigerung notgedrungen ausgeliefert. Eine solche Theatralisierung des erotologischen Dialogs (namentlich durch den vielfältigen Einbau von rhetorischen, dramatischen und narrativen »*shifters*«[33]) bezweckt letzten Endes eine »negative Seelenführung«. Diese erfordert vom Adressaten eine ebenso rückhaltlose Disponibilität, wie sie die geistlichen Übungen dem Exerzitanten abverlangen. Immer wird die Erzählung die Phantasie übereilen und Perspektiven auf den wahren Körper einbauen. Aus solchen Perspektiven präsentiert die Erzählung die wahre *narratio* – den Weg als Wahrheit. Im Unterschied zur Zeichenmaschinerie der *Exerzitien* ist allerdings der Inhalt dieser *narratio* nicht die Vita Christi – und alle bildhaft vergegenwärtigten christlichen Dogmen –, sondern das *hic et nunc des Körpers*. Was die libertine Gegenmaschinerie zu präsentieren anstrebt, ist also die ewige, aber unmittelbare und momentane Wahrheit des Begehrens. Hier wie dort wird die Erzählung schließlich schneller als die Phantasien gewesen sein und Octavie wird die Wahrheit des Körpers schließlich anschauen:

»Tullie: Laß uns wieder auf deinen Traum kommen. Sahst du nicht noch etwas, das Pamphile betraf?

Octavie: Nicht das geringste. Während du im tiefen Schlaf lagst, brachte ich meine Zeit sehr angenehm damit zu, daß ich alles das in meinem Gedächtnis wiederholte, was du mir von den verborgensten Geheimnissen der Liebe erzählt hattest.«[34] (a. a. O. S. 56 f.)

Aber im Unterschied zur Gegen-Verführung der religiösen Rhetorik wird sich die Libertinage ironisch verdoppeln: sie wird ihre eigene Rhetorik und ihr Wissen ironisieren:

»Dieser Theil liegt bei den Männern an eben dem Ort, wo der unsrige liegt. Man nennt ihn gewöhnlich den Speer, die Ruthe, das männliche Figur und figürlich (im franz. Text »mittels Antonomase«) die Natur...«[35] (a. a. O. S. 42)

Ein solcher Humor wäre in *L'Ecole des filles* nicht möglich. Hier wird er dagegen willentlich eingesetzt – ganz im Einklang mit dem sehr subversiven Ton dieses Textes, der dem Autor von *Vénus dans le cloître* nicht entgangen ist. Du Prat wird nämlich sehr stark fühlen, daß hier ein Vorstoß stattfindet, der seine eigenen Kompromisse anklagt:

Angélique: Ach Gott, ich glaube, daß du träumen mußt, um so zu reden, und daß du mit mir sicherlich darüber einig sein mußt, daß ganze Teile bestimmter Bücher gar nichts wert sind, da deren Anweisungen der guten Moral und der rechten Ausübung der Tugend grundsätzlich zuwiderlaufen. Was würdest du überhaupt von der *Ecole des filles* und von deren verruchten Philosophie sagen, bei der alles fade und geschmacklos ist, deren starke Argumente nur die niederen und die groben Seelen überzeugen können und nur diejenigen treffen, die schon halb verdorben sind oder von selbst allen denkbaren Lastern zum Opfer fallen?

Agnès: Ich gebe zu, daß dieses Buch zu den unnützlichsten zählt, ja den verbotenen Lektüren zuzuordnen ist. Ich möchte sogar die Zeit wieder abkaufen können, die seine Lektüre mich gekostet hat. Es gibt nichts, was mir an ihm gefallen hätte oder das ich nicht verurteilen würde. Der Abbé, der es mir zu sehen gegeben hat, hat mir noch ein anderes gegeben, das fast dasselbe Thema hat, es aber viel geschickter und viel geistreicher behandelt.

Angélique: Ich weiß, von welchem Buch du reden möchtest, was die Sitten betrifft, ist es nicht viel mehr wert als das andere, und obwohl die Reinheit seines Stils und seine geschickte Rhetorik etwas Angenehmes an sich haben, ist es nichtsdestoweniger unendlich gefährlich, insofern das Feuer und die Brillanz, die an manchen Stellen in ihm glänzen, nur noch dazu gut sein können, das Gift, das in ihm steckt, angenehmer fließen zu lassen, damit es sich unbemerkt in die Herzen einschleicht, die einigermaßen aufnahmefähig sind. Es hat zum Titel *L'Académie des dames* oder *Les sept entretiens satyriques d'Aloisia*.[36]

Etwas trennt noch den *Meursius français* von den zwei anderen Dialogen: die Progression der textuellen Ökonomie. Je mehr man vorankommt, desto mehr gewinnen die Szenen an Bedeutung. Am Anfang des Dialogs haben wir es noch oft mit einem »résumé de discours« zu tun, aber fünfzig Seiten weiter wird die Deflorierungsszene 18 Seiten beanspruchen. Wenn auch der ganze Text wahrhaft erotologisch ist und in erster Linie den *Diskurs* über den Körper illustriert, so transzendiert jedoch die Einbildungskraft die illustrative Funktion. Der Abbé du Prat wird wohl verstanden haben, wieviel Gefahr hier liegt; denn der Text beschränkt sich nicht darauf, im Gegensatz zur *Ecole des filles*, das Tableau des erotischen Wissens in der Zeit, Szene für Szene, aufzurollen und seine diskursive Artikulation mit einem Minimum von Darstellung zu illustrieren. Er versucht auch nicht, wie *Vénus dans le cloître*, eine Solidarität der Unterdrückten unter dem Deckmantel der erotischen Aufklärung vorzutäuschen. Im Gegenteil behält er bis zum Ende den Rollenunterschied zwischen Lehrerin und Schülerin bei, und er gewinnt daraus die stärkste Dynamik. Bei jedem Rollenwechsel (wenn Tullie zur *narrataire* wird und Octavie zur *narratrice*) steigert sich die erotische Spannung. So wird jede Umkehrung dialektisch in die Spirale der textuellen und sexuellen Intensität hineingebracht. Anfänglich subvertiert noch die Erotik die Rhetorik, am Ende wird sich die Situation umgekehrt haben: die Rhetorik ist die willige Dienerin des Erotischen. Das Erotische gewinnt dadurch sowohl quantitativ wie qualitativ immer mehr an Boden, und namentlich durch die Erweiterung des Diskussionskreises, der sich sehr früh unmittelbar daran macht, die frisch gewonnenen neuen Wahrheiten anzuwenden. Es sind zunächst zwei Figuren, dann drei, am Ende vier. Wodurch die dialogische Grundlage zu einer ganz anderen Art von Figuren erweitert wird, und zwar zu schon elaborierten Körperkombinationen. So gelangt man allmählich zu Situationen, die späteren Texten in nichts nachstehen:

»Tullie: Nun, was sollen wir beide denn tun?

Cléante: Ich wünschte, daß Octavie, während ich mich mit ihrem reizenden Busen beschäftige, ihre Hinterbacken in einer schnellen und gleichen Bewegung in die Höhe hebe, und wieder zurück ziehe; und daß Sie, Tullie, mit Ihrer schönen Hand mich sanft an dem Behältnis kitzeln möchten, das den wohltätigen Schatz in sich verschließt. Ich verlange dies blos deswegen von Ihnen, damit dieses schöne Kind mit reichen Strömen überschüttet werde, und in langen Zügen die Süßigkeit des entzückenden Vergnügens genießen könne.«[37] (a. a. O. S. 297)

Es kann dem Humor dieses Textes nur noch zugute kommen, daß dieser Ton, der schon sehr starke Sadesche Züge aufweist, manchmal in den Dienst eines Codes gestellt wird, der noch sehr nahe an dem preziösen Ausdruck ist, wie etwa hier:

»Strecken Sie sich ganz aus, Médor, und halten Sie ihren Speer so gerade wie möglich. Und du, Octavie, kehre ihm den Rücken, als wolltest du ihm deine Hinterbacken zeigen; laß nun diesen Liebesbarren in deine Schatzkammer eindringen.«[38] (Übers. J.-P. D.)

Genauso wie Sade (im Gegensatz etwa zur Linearität der Schreibweise von Rétif) vom galanten Ton Gebrauch machen wird, wenn es ihm gelegen kommt, spielt nämlich der *Meursius français* abwechslungsweise diesen oder jenen Code aus. Für die libertine Schreibweise sind ja die bestehenden Codes (rhetorische Figuren und Stereotypen, Liebescodes, erotische Stereotypen) lediglich Anlehnungsregister für eine Definalisierungsstrategie. Sie werden vielleicht manchmal einheitlich verwendet werden (wie zum Beispiel im Fall der »galanten Variante« der Libertinage), aber niemals etwas anderes sein als *Ausdrucksmaterial*. Und da die Idealisierung der Leidenschaften sich in unzähligen Codes aussagen kann, wird sich die Zersetzungskraft der libertinen Literatur notwendigerweise in der Destabilisierung von mindestens einem Code äußern. In diesem Anfangsstadium der aufklärerischen libertinen Literatur (denn der *Meursius français* ebenso wie Molières *Dom Juan* dürfen mit Recht, dem Zweck und der Formarbeit nach, als deren Vorboten betrachtet werden) ist für die libertine Schreibweise das erst viel später explizierte Programm eines »Tout dire« (und das hieße: alles sagen, was zur Zerstörung idealisierender Formen notwendig ist) zwar noch nicht formulierbar, aber wir haben es trotzdem schon mit einer ehrenvollen Jagdtafel zu tun: neben der Pervertierung religiöser Rhetorik, der Entwertung des preziösen Codes nun die Travestie der cartesianischen Methode (in der Form eines – selbstverständlich pervertierten – philosophischen »*examen de conscience*«):

»Sobald ich verheiratet war, bemühte ich mich noch vor allen Dingen, das Temperament meines Mannes zu erforschen, ich untersuchte seine Gemüthsart und Neigungen und vergaß nichts, um zu einer vollkommenen Kenntniß davon zu gelangen. Alsdann zog ich dreierlei in Erwägung: daß, was über mir, außer mir und in mir war. Ich betrachtete die Religion als dasjenige, was über alle anderen Gegenstände erhaben ist, und da sie in der Politik den ersten Rang einnimmt, ungeachtet sie in der Natur gar keinen hat, so dachte ich sehr ernstlich über die Pflichten nach, zu denen sie mich verband. Hierauf erwog ich, was ich mir selbst schuldig war. Ich sah also ein, wie nöthig es für eine verheiratete Frau sei, fromm und den Vorschriften der Religion getreu zu sein oder wenigstens so zu scheinen; denn du mußt wissen, daß diejenige, die im Grunde nicht tugendhaft ist, sich aber so zu stellen weiß, vor derjenigen den Vorzug verdient, die es wirklich ist, ohne es jedoch zu scheinen.«[39] (a. a. O. S. 164)

So gewinnt der Text aus der libertinen Methode eine sowohl provisorische wie zynische Moral und stellt in dieser Hinsicht noch einmal eine Präfiguration der libertinen Doktrin dar. Man findet in der Tat im *Meursius français* ständig Stellen vor, die auf eine turbulente und facettenreiche Art eine Reihe künftiger Topoi vorwegnehmen. Man höre nur z. B., wie Octavie gegenüber den gewagten Aussagen ihrer Lehrerin Widerstand vortäuscht:

»Ich fange nun an, in den Sinn dieser Moral einzudringen, liebes Mühmchen, aber diese große Verstellung in unserem Betragen finde ich anstößig.«[40] (a. a. O. S. 165).

Oder noch:

»Wie? Ein Weib sollte sich also allen Arten von Lastern überlassen dürfen, und gar keine Achtung für die Tugend haben?«[41]

Hier wie später in so vielen libertinen Texten haben derartige vorgetäuschte kleine Widerstände keine andere Funktion, als die unaufhaltsamen Reden der libertinen Vernunft zu provozieren. Gleichermaßen wird später Eugénie, jene ungeduldige Schülerin in der *Philosophie dans le boudoir* (die selbstverständlich in ihrer Unschuld tausendmal perverser sein wird als Octavie) ihre »Bedenken« (von denen sie immer sehr schnell abgehen wird) nur ausdrücken, um Madame de Saint-Ange die Gelegenheit zu geben, ihre endlosen Reden zu führen. Octavie ist natürlich ebenso schnell von den einleuchtenden Argumenten ihrer Lehrerin überzeugt, wie später Eugénie.[42] Man könnte noch weiterhin aufzählen: die Peitschszenen, die schon elaborierten Körperkombinationen, die Befehle des Regisseurs, die mit unzähligen historischen Beweisen belegten Reden, die Rügen der Lehrerin, wenn die Schülerin Dummheiten sagt, etc.... Wenn man z. B. auch diese Zeilen liest:

»Um dich von dieser Wahrheit, die dir so paradox scheint, zu überzeugen, muß ich dir zuvor sagen, daß die Menschen des jetzigen Zeitalters neue Gesetze gemacht und eine religiöse Verehrung in der Welt eingeführt haben, die von der des Alterthums gänzlich verschieden ist. Die Tugenden der vorigen Jahrhunderte sind in unseren Zeiten Laster, und Handlungen, die sonst nie ohne Belohnung blieben, kann man jetzt nicht unbestraft begehen.«[43]

so hört man schon die Rhetorik des Sadeschen Libertins. Und wenn Tullie sich über die Ehre in folgenden Worten ausdrückt:

»Glaube ja nicht, Octavie, daß sie etwas Wirkliches sei; nein, sie besteht blos in unserer Einbildung und du würdest dich sehr betrügen, wenn du dächtest, sie wäre ihrer Natur nach wesentlich von jenen abstrakten Vernunftbegriffen verschieden, von welchen die Philosophen reden, die ihren Ursprung unserer Phantasie danken und nichts mit der ächten gegründeten Wahrheit gemein haben. Man hat dieses schöne Unding erfunden, um unser Geschlecht zu den strengsten Pflichten anzuhalten; es ist aber ein bloßes Hirngespinst und eine Chimäre, der wir in unserem ausgearteten Zeitalter zu gehorchen gezwungen sind, während uns die Klugheit zuruft, uns nicht daran zu kehren.«[44]

bräuchte man nur das Wort »Ehre« durch »Gott« zu ersetzen, und nichts würde diese Rede von denjenigen unterscheiden, die wir bei Sade vorfinden. Was allerdings nicht bedeutet, daß die Substitution von *Ehre* durch *Gott* kein

bedeutender Unterschied wäre. Man könnte die Liste der vorgreifenden Elemente endlos fortsetzen.

Der qualitative Sprung, der diesen Text von seinem italienischen Hypotext trennt, ist unverkennbar. Man könnte ihn in der Formulierung zusammenfassen: Aretino versuchte, durch die Parodie der christlichen Dogmen und Rituale diese sozusagen einzuäschern, während der *Meursius français* die christliche Rhetorik auf eine subtilere und weitaus effizientere Art subvertiert. Bei Aretino wollte der Wille die Lust, anderthalb Jahrhunderte später will der Wille den Willen selbst. Dieser Wille zum Willen markiert eine irreversible Schwelle der libertinen Literatur. Mit ihm fängt die »militärische«, offensive Phase der Libertinage an, insofern es nunmehr um den Gewinn oder Verlust von Territorien geht. Es ist jedoch noch zu früh, als daß es um mehr als eine erste Form von Eroberung gehen könnte. Auch wenn der *Meursius français* ein eindeutiger Hypotext der *Philosophie dans le boudoir* ist, bleibt er immer noch vorsichtig dort stehen, wo ein paar Schritte genügen würden, um in den Abgrund zu fallen. Denn zu dieser Zeit ist die libertine Schreibweise noch viel zu sehr in der Diskursivität eingefangen, um sich in die Fluchten ihrer Aporien zu begeben – oder mit anderen Worten: um sich mit der Unauffindbarkeit ihres Gegenstands direkt zu konfrontieren. Hierzu kommen präzise diskursive Grenzen, die weitere Schritte verhindern. Dazu gehört namentlich die Vorstellung eines libertinen *Maßes,* wobei die Idee des »amour honnête« eine wichtige Rolle spielt. Die Sodomie wird als ein Verbrechen gegen die Natur angesehen: »sa fin est la génération et non pas l'accomplissement seul de notre sensualité«[45], und die Lust erscheint als eine Kompensation der Leiden, die mit der Geburt verbunden sind.[46] Neben solchen Argumenten spielen politische Gründe eine ebenso große Rolle: der Respekt gegenüber der bestehenden Ordnung knüpft direkt an die Argumente von Descartes an. Er fundiert sich aber auch in einer teleologischen Auffassung einer als friedlich gedachten natürlichen Zweckmäßigkeit. Mit keinen anderen Argumenten wird jener andere didaktische Text abschließen, der in mancher Hinsicht die Tradition der erotologischen Dialoge fortsetzt, nämlich *Thérèse philosophe.* Auch er wird die Libertinage auf die *lumières naturelles* gründen und diese mit einem politischen Konservatismus verbinden:

Jeder genieße bloß in Frieden! Wenn Boyer d'Argens acht-zig Jahre später an die didaktische Tradition anknüpfen wird, wird er aus einem am Anfang stark diskursiv beton-ten Texttypus eine immer breitere Erzählung entwickeln, indem er den Diskurs (durch die Multiplizierung der Figu-ren, die Addierung von Szenen, die ständige Verlagerung des Ortes) von innen öffnen wird, indem er also die Zeit-und-Raum-Einheit, die diesen drei Texten noch zugrunde liegt (und die dem Dialog-Genre eigen ist), sprengen wird – während Sade mit der *Philosophie dans le boudoir* auf den ersten dialogischen »Chronotop« zurückkommen wird, wobei allerdings hier der Diskurs, nämlich *Français encore un effort,* die Definalisierung verstärken wird.

Dies zeigt uns, daß die Schwellen, von denen wir hier reden, mit der rein linearen Irreversibilität der historischen Zeit nichts zu tun haben. Die Libertinage ist eine Figur, eine Spielregel. Sie entfaltet sich nach keinem Kalender, obwohl aus immanenten Gründen das textuelle Univer-sum seinen eigenen physischen Gesetzen unterworfen ist. Die Schwelle, die der *Meursius français* nicht überschrei-tet, werden viele andere libertinen Texte auch nicht über-treten. Betrachtet man insgesamt die Möglichkeiten der libertinen Schreibweise, so wird man von *Thérèse philoso-phe* z. B. sagen, daß der Text eine Kompromißbildung bedeutet zwischen der narrativen Metamorphose einer-seits, die sich in diesem Fall durch die Auswucherung der narrativen Parataxe samt allen ihren fiktiven Potenzen aus-drückt, und einem regulativen Ideal andererseits, das eine breite durchschnittliche politische Ökonomie der liberti-nen Texte kennzeichnen wird: Nichts sagt dies deutlicher als das Ende des Textes.[47] Der narrative Verstoß von *Thé-rèse philosophe* wird gegenüber dieser diskursiven Restau-ration wenig wiegen. So läßt sich sehr gut erklären, warum Sade, der diese Textreihe mit *La philosophie dans le bou-doir* abschließt, eine andere Form auswählen wird. Anstatt die liederlichen Szenen durch narrative Auswucherungen zu verlängern, deren divertierender Charakter bei d'Ar-gens mit der Abschlußrede im Einklang steht, wird er zur Umkehrungsstrategie greifen, die darin besteht, das dis-kursive Labyrinth zu verschlimmern, das die Texte dieser Reihe bis dahin zu verbannen bemüht waren. Dies wird eben durch den Einbau einer zusätzlichen implexen Rela-tion zwischen Textualität und Diskursivität stattfinden.

Keine andere Rolle wird in Sades Text *Français encore un effort* zugewiesen. Wie in den Hypotexten erscheint die diskursive Verkündung zum Schluß. Hier aber bekommt die Relation zwischen Text und Diskurs eine ganz besondere Dimension. Dieser »Diskurs-im-Text« setzt an, nachdem der Text selbst grausam genug abgeschlossen wird (oder eher gesagt: zugenäht!). Die dargestellte Grausamkeit, die das Geschehen krönt (das Zunähen der Mutter) mündet in eine interne diskursive Neueröffnung, die das Verhältnis von Diskurs und Fiktion auf eine listige Art gleichzeitig aufzeigt und verbirgt. Denn, wie wir sehen werden, tendiert die Rede in *La philosophie dans le boudoir* zum Paroxysmus ihrer Hypotypose: die Spirale von rhetorischer Argumentation und erotischer Erregung, die mit der *Académie des dames* zum ersten Mal praktiziert wird, wird hier ein letztes Mal intensiviert. Und zwar im Augenblick ihrer *conclusio,* in dieser grausamen Okklusion des Mutterkörpers dort, wo die Sätze sich in den Körper einnähen wie in der primitiven Einschreibung des Gesetzes in die Haut (aber hier handelt es sich eben um ein Anti-Gesetz). So wird der (weitaus elaboriertere) Text von Sade in dieses angeblich zufällig vorgefundene Pamphlet münden (oder mit ihm zusammen zugenäht werden), was seine Pseudo-Diskursivität nur noch steigern kann – oder präzise gesagt: die *Virtualität* des Diskurses nur noch intensivieren kann. Weder Text noch Diskurs, weder fiktiv noch politisch eindeutig präskriptiv, wird *Français encore un effort si vous voulez être républicains* die adäquate paradoxe, ja atopische Form sein, die aus der Reihe gewonnen werden konnte, wenn es an ihrem Ende darum gehen wird, die problematische Sozialität zu entwerfen (oder noch mehr: die unmögliche Gemeinschaft zu evozieren), die alle seine Hypotexte ausnahmslos als natürlich und evident hingestellt haben.

Der strategische Eingriffsort ist dabei ebensowenig zufällig, wie das Pamphlet »zufällig« vorgefunden worden ist. Oder eher gesagt: der nicht zufällige Rekurs auf den literarischen Trick des zufällig gefundenen anderen Textes (d. h. des zufällig im Text gefundenen Anderen des Textes) entspricht auf eine sehr adäquate Art dem nicht zufällig diskursiven Status dieses Textes im Text. Denn gerade dieser Trick (nämlich dem Ganzen einen letzten diskursiven Halt zu geben) wurde von den Hypotexten verwendet.[48]

Genauso, wie der *Dom Juan* von Molière den letzten Halt seiner Hypotexte sprengen wird, indem er dadurch einen Wertübergang garantiert, der eine Ökonomie jenseits der göttlichen eröffnet, wird bei Sade die libertine Entwertung (erst aber in ihrer vollendeten – d. h. katastrophalen Form) ihren letzten diskursiven Halt sprengen – und zwar den politischen. Damit wird aber der soziale Körper (das Organon der Gemeinschaft) in die Falle einer problematischen, nicht lokalisierbaren Sozialität fallen, nämlich in eine Sozialität, die dazu aufgefordert wird, die unüberbrückbare Kluft zwischen Begehren und Ideal offen zu lassen. Mit anderen Worten: wenn mit dem *Meursius français* der erste Vorstoß zur libertinen Literatur des achtzehnten Jahrhunderts stattfindet, so wird er doch schon, wie so viele libertine Texte nach ihm, im letzten Augenblick vor dem Abgrund Halt machen, den er selbst produziert hat. So eng wird der Spielraum der libertinen Schreibweise sein. Wir müssen uns nunmehr daran gewöhnen, daß die Analyse es mit Texten zu tun hat, in denen die entscheidenden Differenzen nicht anders als in eine Art von *petites perceptions* zu registrieren sind. Hierin auch gehören sie gänzlich zu ihrer Epoche.

4. Anagramme des Begehrens: Histoire du Prince Apprius (1729)

L'Histoire du Prince Apprius gehört zu jenen Texten, die sich im Grenzgebiet zwischen Libertinage und Galanterie bewegen. Was ihn zur Libertinage gehören läßt, ist, wie wir sehen werden, das Thema selbst; was ihn zur Galanterie zurechnen ließe, ist die Dominanz des Codes. Die libertine Reversion (die Herauskehrung des Verdrängten im Medium des Verdrängenden) kristallisiert sich hier in einer leicht decodierbaren Verschlüsselung, die die Präsenz des Codes ständig löscht und zugleich wachruft. Galant ist das Spiel, woraus der Text besteht: die Codierung der Körper und ihrer Spiele, genuin galant die Semantik seines Liebescodes. Keine libertine Mechanik, kein libertiner Wille. Die Reversion, die diesen Text bedingt, der sich auf der diegetischen Ebene wie ein galanter Abenteuerroman liest, bezieht sich ausschließlich auf den Buchstaben des Gesetzes, denn, wie jeder es ahnen kann, ist die Geschichte des Fürsten Apprius nichts anderes als die Geschichte des Fürsten ... Priapus! Durch die Evidenz dieses sprachlichen Schleiers wird der Text doppelt: man kann ihn wie ein leichtes spielerisches Märchen lesen; dessen Zauber enthüllt sich aber unmittelbar als schiere Obszönität. Ist der Code einmal decodiert, so verschwindet seine Doppelheit sofort. Nehmen wir zum Beispiel das – für einen solchen »galanten Roman« obligate – Portrait des Fürsten:

»Die lebhafteste Feder würde seine Farben nur ungenau wiedergeben, die Einbildungskraft würde eher deren Wirkung als deren Mischung darstellen. Er trug ein prachtvolles, schwarzes Haar, dessen natürliche Farbe durch nichts Künstliches erhöht war; dieses Haar bildete Locken auf eine natürliche Art und gehörte ihm ganz und gar (...) Als Gegner von Pracht und Luxus trug er eine einfache Kleidung. Diese bestand lediglich aus einem hellgrauen Atlasmantel, der am Revers mit rosafarbenem Taft gefüttert war und durch eine kleine feuerrote Schleife zusammenhielt. Diesen Mantel konnte er so tragen, daß er ihm an handlungsreichen und feierlichen Tagen weder im Kampf hinderlich war noch ihn daran hinderte, die Eleganz seiner Gestalt erscheinen zu lassen.«[49]

Der Leser wird sich gleichermaßen an der Doppelheit wie an der Transparenz erheitern, am Humor der Verschleierung wie an der Obszönität ihrer nackten Bedeutung. Und was für diese Zeilen gilt, gilt ohne Ausnahme für den ganzen Text: sobald man über die Entschlüsselung verfügt, verrät der Text die Evidenz seines pornographischen Sinns. Vom Signifikant zum Signifikat wiederholt sich dieses Hin und Her durch den ganzen Text hindurch. Die Erzählung ist in sich selbst reversibel, aber in einer Fort-Da-Bewegung, die immer auf der Stelle tritt, in einer kontinuierlichen, jedoch immer etwas verzögerten Enthüllung des Körpers (denn man weiß immer im voraus, daß es nur um eine kurze Verzögerung geht). Dazu verdoppelt noch die Entschlüsselungstabelle, die am Ende des Textes zu finden ist, diese Verzögerung, da die jeweilige Lösung zwar angegeben wird, aber spiegelhaft umgekehrt (z. B. »siders = srised«, »Suna = Suna« oder »Althone = Etnohal« etc.). Eine letzte Verzögerung, eine letzte Umkehrung: die Decodierung funktioniert nach den gleichen Regeln wie denjenigen, die dieses halbe Verstellungsspiel bedingen: es genügt, die Umkehrung umzukehren, um zu entdecken, daß der Text die Umkehrung seines manifesten Registers ist, daß das Verborgene nahezu manifest und jederzeit aufgrund der Anwendung dieser einfachen Umkehrungsregeln zu enthüllen ist. Es wird also sehr schnell manifest, daß der ganze galante Zauber nichts anderes als ein obszöner libertiner Text ist. So kann Priapus, der souveräne Phallus (oder Sallphu?) in der feierlichen Verkleidung seines umgestülpten Reverses erscheinen. Das Spiel ist ein Spiel mit vollen Informationen, dieses Feigenblatt war also keins. Es war also eins. Der ganze Lustgewinn ergibt sich daraus, daß man die Sprache andauernd auf der Kehrseite ihrer Zeichen abliest. Es ist keine erotische Spirale, wie es im *Meursius français* der Fall war; keine komplexe Semiotik, der Einbau komplizierter »shifters« ist hier nicht notwendig. Der Vorstoß der libertinen Schreibweise kommt einer Schrift zugute, die diese Schreibweise diesseits ihrer neuen Territorien wieder einholt. Und dennoch annulliert diese Rückübersetzung den libertinen Vorstoß nicht; die ständige Verkleidung und Entkleidung des ersten Registers durch das zweite verbannt keineswegs die Codes, die sie eines nach dem anderen herbeiholt. Ein Rest bleibt: der Schaum der Zeichen. Und was ununterbrochen gelöscht wird, ohne ausgesagt, aber auch ohne verschwiegen zu werden, ist der Körper selbst. Dieser ist nicht mehr, wie im Fall des *Meursius français*, was der Reversion ihre Kraft verleiht und sie in ihrer Ambivalenz aufrechterhält, denn er wird in diesem Hin und Her zwischen *le mot* und *la chose* ständig entblößt und entkräftet. Die Verkleidung ist unverkleidet, also ist sie wahr. In diesem neuen Schwebezustand der galanten Libertinage hört der Körper auf, ein zu eroberndes Territorium zu sein (und dies genau in dem Maße, wie der Inhalt der Geschichte eben im Sinne des galanten Abenteuerromans die heldenhaften Eroberungen des ... Apprius sind!), als würde die spielerische Naivität dieses galanten Festes der Schrift dem Gegenstand den Zugang zum Fest verbieten. Denn der Körper wird so sehr hin- und hergeschoben, daß er verboten wird. Handelt es sich etwa um eine preziöse Charade? Sein obszönes Register verbietet es. Seine Perversität würde also darin bestehen, an die Stelle des Witzes den Namen zu setzen, an deren Versteckung die geistige Lust arbeitet. Es handelt sich also um einen inneren Spaltungsprozeß der Frivolität. Im »oberen« Register ist der Text aufgrund des Inhalts, der unter dem Feigenblatt liegt, frivol. Sobald man seine Frivolität in Betracht zieht, verschwindet sie aber: die Eindeutigkeit kommt höchstpersönlich zum Vorschein. Diese wäre aber nur die Darstellung dessen, was außerhalb der Szene liegt – des Ob-szönen – wenn diese Obszönität sich vom ersten Register lösen könnte – was aber gerade ständig vereitelt wird. So ruft schließlich die Untrennbarkeit der beiden Register einen maximalen Abstand zwischen ihnen hervor, und gerade die Beibehaltung dieses Abstandes ist es, die unsere Lust und unsere Neugierde aufrechterhält:

»Tagelang starrte er das Meer an in sich hineinseufzend. Plötzlich schlägt das Wetter um, der Himmel bedeckt sich, ein Wind kommt auf, der bald auffrischt und zum Gegenwind wird; der Sturm bricht nun los und tobt, die Lotsen verlieren die Fassung, die Schiffe zerstreuen sich in alle Richtungen, das Gewitter wird noch stärker, Apprius bleibt unbeweglich, in tiefem Schweigen versunken. Die beiden Celulois reizen ihren Herrn, Danbre und Gatimonilia streiten sich nun, die Besatzung schreit zum Himmel hoch, das Schiff öffnet sich, die Fluten versenken es; der

König, von den Menins, die ihm beim Schwimmen helfen und ihn über Wasser halten, wird halbtot auf den Sand zurückgeworfen; er kommt wieder zu sich, fragt nach seinem Günstling, findet ihn nicht, ruft nach ihm, sucht ihn in allen Ecken. Sein Verlust bringt ihn zur Verzweiflung. Gatimonilia findet zu ihm wieder, sie versucht, ihn zu trösten, aber ihre Bemühung sind umsonst.«[51]

So bleibt das »obere« Register eine zugleich frivole wie parodistische Schrift. Die Parodie richtet sich gegen frühere narrative Formen (namentlich den *roman héroïque*) und diskursive Normen (den galanten Liebescode). Da diese Vorlagen als Charade zum Vorschein kommen, entsteht eine Art preziöses Chiffrieren, eine Zweitschrift, die ihre Fragilität negiert und zugleich verstärkt, indem sie, im Gegensatz zum preziösen Sprachspiel, ihren Umweg, ihre Andeutungen und Verzögerungen durch die Präsenz des zweiten Registers zugleich vereitelt und bewahrt. Die Landkarte, das Palimpsest narrativer Landschaften (denn der Fürst erfährt alles, was der Held eines *roman héroïque* erleben kann: Kriege, Reisen, Schiffbrüche, alle Irrungen der Liebe etc.) sind nichts anderes als ein leichter sprachlicher Flor, der, ganz im Sinn der Peudoverschleierungen der libertinen Texte, immer nur die dünne, durchsichtige Wand einer anderen Form von sprachlicher Andeutung ist – das theatralische Minimum, das die libertine Schreibweise von der Pornographie unendlich entfernt. Denn jeder weiß es: der König Apprius ist nackt! Der Zauber, den dieses Wissen zu bewahren weiß, kennzeichnet eben die libertine Schreibweise.

Besteht grundsätzlich die Narrativität in der Suche nach dem verlorenen (Wert)gegenstand, so bietet das symbolische Fort-Da dieses Textes eine besondere Erscheinungsform der narrativen Katastrophe. Diese besteht darin, daß der »hermeneutische Code« (in der Sprache von Barthes)[52] sich *in der Zeit aufhebt* (d. h. sich unaufhörlich neu bildet und löscht). Diese Form entspricht einer anderen fundamentalen Form der narrativen Katastrophe, die die libertine Literatur kennzeichnet, nämlich der narrativen Parataxe. Was für den »hermeneutischen Code« gilt, würde ebensogut für alle anderen Formen von textuellen »Codes« gelten: Signifikant wie Signifikat, Denotation wie Konnotation, intertextuelle wie kulturelle Referenz werden in Mitleidenschaft gezogen. Solche Kettenreaktionen der narrativen Entwertung bedeuten allerdings nicht, daß jede Art von Bedeutung verschwindet. Im Gegenteil: diejenige, die der Text produziert, ergibt sich aus der adäquaten Beziehung zwischen dieser Entwertung und ihrem Gegenstand. Daß dieser nicht zum Vorschein kommt, jedoch immer gegenwärtig ist, ist mit dem, was hier konstituiert und destituiert wird, völlig kongruent. Denn neben allen Instanzen, die der Text durch seine Anagramme permutiert (wie die Wünsche, den Geist, das Studium, die Reue, die Scham etc....) erscheint auch eine, die einen besonderen Status bekommt, nämlich die Realität (also: talié-daré). Talié-daré ist eine ferne Insel (*»une île flottante«*), und das klingt ein bißchen wie O-tahiti. Es liegt weit von allen Territorien des Körpers entfernt: eine Chimäre, die die »siders« (die Wünsche also) nie erreichen werden:

»Valmor hatte ihm das Königreich der Siders gegeben, ein weites Land, in dem man jeden Tag neue Entdeckungen macht. Die schwimmende Insel Talie dare, die so reizend anmutet, befindet sich mitten im Ozean, von Meeren ringsum umgeben. Die Siders unternehmen alle denkbaren Versuche, um dorthin zu gelangen; durch den mageren Erfolg ihrer Unternehmungen bald entmutigt, behaupten sie alsbald, letztere sei nichts als eine Chimäre; es gibt sie dennoch; die Kunst des Zauberers, der sie gebaut hat, war aber so groß, daß man sie zu sehen und zu berühren wähnt, während man in ihren Buchten fast niemals landet.«[53]

Soweit zum »Wenigen an Realität« in diesem Text, zu seinem »peu de réel«, worüber Lacan sich sicherlich gefreut hätte, wenn er ihn gelesen hätte. Denn damit ist nicht nur die Freudsche Formel avant la lettre geliefert, sondern noch mehr: die Aussage betrifft ebensogut den Status der Realität für das Begehren wie das Verhältnis des Gegenstands par excellence (also des Phallus) zu den symbolischen Operationen seiner Verschleierungen und Hervorbringungen. Dieser Text weiß es: der Fürst Apprius, auf der Suche nach neuen Ratschlägen von Danbre (also: Rednab!)[54], den er in der Verwirrung der Schlacht aus den Augen verloren hat, verirrt sich und gerät vor eine Höhle. Diese weist, so der Text, eine »structure singulière« auf:

»Er kam näher. Als er den Eingang sah, der wie in Flammen stehend erschien, hielt er an, verstand aber bald, daß dieser aus lauter Korallenzweigen bestand; einige weißgekleidete Wächter standen im Hof Spalier und ließen nur einen so engen Durchlauf frei, daß er vergeblich versuchte, durchzukommen. Da dieses Hindernis ihn mißmutig stimmte, richtete er sich an sie. Anstatt ihm zu antworten, gingen sie auseinander, um eine Person hindurchzulassen, die so lebhaft und so glänzend aussah, daß Apprius völlig geblendet wurde.«[55]

Diese hübsche Person verrät ihm auf der Stelle ihre Herkunft: sie sei die Tochter von Prestil (also: vom Geist) und von Vactivelia (also: von der *vivacité*). Sie sei in ihrer frühen Kindheit von ihrem Vater aufgezogen worden, und zwar »par un père à qui la déesse Tudée (also: Etude) avait révélé tous les secrets de la nature«. Wir werden uns nicht wundern, diese Tochter des Geistes gerade hier anzutreffen. Sie verrät dem Fürsten sofort ihren Namen: sie heißt »Lugane«. Übersetzen wir ganz im Sinne von Lacan: *lalangue*... Die Sexualität, sagt der Text, ist in der Sprache, und umgekehrt, und ansonsten könnte Apprius nicht ...*danber*... Manch eine Précieuse hätte dies sehr geschmacklos gefunden. Jedenfalls ist die Frage erlaubt, wie die *Carte du tendre* ausgesehen hätte, wenn sie solche Ortschaften auch integriert hätte. Apprius ist ein tapferer Krieger: der *roman héroïque* ist nicht nur parodiert, es wird auf dessen Kehrseite geschrieben. So können wir in diesem geschickten und völlig unbekannt gebliebenen kleinen Text eine charakteristische Interferenz von Sprachen feststellen und in ihm ein wichtiges Dokument jener ersten Form von Libertinage sehen, die alle Formen von libertiner Entwertung in sich schon potentiell enthält (von der galanten Anspielung zur restlosen Pornographie), ohne mit den sprachlichen Umwegen früherer Codes gebrochen zu haben. Das ganze narrative Arsenal des *roman héroïque* wird zwar entwertet, aber in der Beibehaltung seiner diegetischen Hülle konstituiert sich der libertine Wert: die Verlagerung des Krieges in den Bereich der Sexualität. Andererseits spielt der Text auch mit den Werten des *roman sentimental*. Affekte, Leidenschaften, die langen Umwege der *passion*, die Suche des unruhig Liebenden nach der Ruhe des Herzens werden ständig wachgerufen. Wie *Le Grelot* (1762), *La Reine de Golconde*

(1761), *Angola* (1746), wie auch alle Texte, die in diesem ersten Drittel des Jahrhunderts zwar im galanten Ton geschrieben wurden, jedoch der Semantik nach genuin zur libertinen Entwertung gehören, entscheidet die Schrift, an der Grenze zweier Schreibweisen zu bleiben; in einer frivolen *retentio*, die das Versagen der Codes manifestiert und das Unnennbare verdeutlicht. Das Fest der Sprache läßt die Unruhe in der Dissonanz der Codes nur leicht erklingen. Es ist die leise Ankündigung eines neuen Tons. Aber der Prince Apprius, der den galanten Ruhm und die Glorie des libertinen Kriegs in sich vereint, kennt noch nicht die Glorie des Willens, sondern immer noch die des *ornatus*: eine erotische Rhetorik, die die Katastrophe des Sinns im Stillstand des Codes aussagt (oder eher gesagt, in einer Interlinearität, die zugleich eine Überbeschriftung ist). So finden wir hier noch einmal unsere Hypothese bestätigt, daß die libertine Schreibweise immer die Interferenz heterogener textueller Qualitäten ist und daß diese Qualitäten nicht auf Universalien beruhen, sondern sich immer aus »Transversalien« ergeben. Es gibt nur unterschiedliche Tonarten, keine Gattungen.

5. 1739: Die Undarstellbarkeit Manons

Der *Meursius français* zeigte, daß die Intensivierung der erotischen Hypotypose zur metonymen Auflösung ihres Gegenstands – des Körpers – führte. Die Geschichte des Fürsten Apprius zeigte uns hingegen, daß am Scharnier zwischen Galanterie und Libertinage die aporetische Relation zwischen Enthüllen und Verbergen, Andeutung und Simulation die Intensivierung der Schrift bekräftigt. Dieser Text bekommt in der Übergangsphase zwischen früheren Liebescodes und ihrer libertinen Entwertung insofern einen exemplarischen Charakter, als er die Undarstellbarkeit des Körpers *und* die Andeutung seiner Evidenz miteinander so artikuliert, daß weder das eine noch das andere überwiegen kann. So liefert der Text das Beispiel einer subtilen Verwandlung früherer Elemente in libertine textuelle Qualitäten, unter Beibehaltung hypotextueller Masken. Das frühere narrative Material präsentiert sich unverborgen als reine Maske und produziert in der Eindeutigkeit dieser Maske den Anschein einer hypotaktischen Progression: »larvatus prodeo«. Diese Progression – die an sich wie ein *roman héroïque* lesbar ist – wird aber ständig durch das untere Register unterminiert und als Schein enthüllt. An deren Stelle entwickelt sich aber keine überzeugendere, potentere Simulation, sondern die libertine Parataxe par excellence, nämlich die Wiederholung der libertinen »Heldentat«. So neutralisiert sich zum Schluß die narrative Progression, der Text tritt auf der Stelle und reduziert sich zu einem zeitlosen Hinzeigen auf die eigene Maskierung, das in der Geschicktheit des Spiels die Maske ständig vergessen läßt. Stellt man die Frage nach der Botschaft eines solchen Textes, so merkt man, daß ihr frivoler Gehalt nichts anderes ist als die Zurückführung jeder Semantik auf die neutralisierende Pendelbewegung, die jedes der beiden Register relativiert. Trotzdem privilegiert dieser Pendelschlag das untere Register. Dies bedeutet allerdings nicht, daß das privilegierte Register dadurch autonomisiert werden könnte. Denn der Prince Apprius wäre ohne diesen Pendelschlag dazu gezwungen, die semantische Leere seiner Souveränität zu bekunden.

Oder mit anderen Worten: Die Essenz der libertinen Schreibweise kann keineswegs darin bestehen, aus der Bewegung ihrer figuralen Destitution das endgültige Resultat eines positiven Wertes herauszukristallisieren. Dieser Text beweist uns, daß das libertine Wissen (das Wissen um die sprachliche Dimension des Begehrens) keineswegs bedeuten kann, daß der Gegenstand, der zur Erscheinung zu bringen ist, sprachlos ist. Die Undarstellbarkeit des Körpers ist der Preis, den dieses Wissen zu bezahlen hat. Erst später wird die libertine Schreibweise mit dem Vergessen dieses Wissens selbst zugrunde gehen. Am Anfang des Jahrhunderts aber, solange die libertine Schreibweise ihre Bahn durch verlassene oder obsolet gewordene Codes sucht, ist sie in der Lage, die größte Fülle aus der Leere, die sie ausbreitet, zu gewinnen. *L'Histoire du Prince Apprius* zeigte es uns in der Form des preziösen Rätselspiels. Andere Texte werden aus der semantischen Leere des Gefühls und aus der Tiefe der *sentiments* heraus die neue Epoche ankündigen, die sich durch die Aporie des Liebescodes kennzeichnen läßt.[56]

L'Histoire du Prince Apprius ist letzten Endes eine Charade, und als solche erschöpft sie sich in der Zeit ihrer Enträtselung. Aus der Inkompossibilität von roman sentimental und roman libertin ist jedoch einer der schönsten Texte dieser Epoche entstanden: Prévosts *Histoire du chevalier des Grieux et de Manon Lescaut*. Dieser Text verdient hier insofern eine besondere Behandlung, als in ihm die Frage der Undarstellbarkeit Manons eine zentrale Rolle spielt.

Unter allen Interpretationsversuchen, die diese Geschichte in den letzten Jahren erneut angeregt hat, bietet sicherlich die Analyse von Jacques Proust, die 1971 unter dem Titel *Le corps de Manon* erschienen ist, eine der detailliertesten Analysen des Textes.[57] Jacques Proust unterstreicht hierbei, daß Manons Erscheinen von Anfang an ein Verschwinden ist:

»Ihre erste Bewegung ist, sich zu verstecken, nachdem sie bemerkt hat, daß man sie beobachtet: Nichtsdestoweniger versuchte sie, sich abzuwenden, sobald ihre Kette es zuließ, um ihr Antlitz den Blicken der Gaffenden zu verstecken.« (Manon Lescaut, Reclam Bibliothek Nr. 937 Stuttgart 1977, S. 8)

Der erste Erzähler – der Marquis de Renoncour – wird von Manon nichts anderes gesehen haben, als dieses Gesicht, das sich seinen Augen entzieht. Denn Manon verschwindet nach der Szene ganz aus seinem narrativen Blickfeld. Sie wird erst dank der narrativen Stimme von des Grieux wieder erscheinen, buchstäblich aus dem Tode wieder erweckt, da sie, als Renoncour des Grieux zum zweiten Mal trifft und dieser ihm die Geschichte seines Lebens erzählt, schon gestorben ist. Als Gegenstand von Renoncours Blick ist sie die Verschwindende-Erscheinende, als Gegenstand von des Grieux' Erzählung ist sie ein Gespenst: eine Nicht-Gegenwart, die durch die Stimme ihres Liebhabers nach ihrem Tode zu uns Lebenden und Lesern zurückkommt. Ihre narrative Erscheinung wird also von einem dreifachen Verschwinden geprägt: dem Verstecken ihres Gesichts, ihrem Verschwinden aus der ersten erzählten Zeit, ihrem Tod. Somit ist der ganze Text, wie J. Proust es durch seine Analyse bekräftigt, einer Ästhetik des Verschwindens verpflichtet. Diese zeichnet einen »weißen Fleck« ab, und hat seit jeher die Interpretation neu herausgefordert. Unter Zuhilfenahme psychoanalytischer Erklärungsmodelle versucht J. Proust im genannten Aufsatz, neue Hypothesen aufzuwerfen. Dabei spielt die Todesszene am Ende des Buches die Hauptrolle. Denn aus den symbolischen Konnotationen, die die Darstellung des Todes von Manon enthält, lassen sich die im Körper zersplitterten Attribute des uns ständig entgehenden Körpers semantisch rekonstruieren. Der Aufsatz behandelt also die Todesszene als Urszene und bemüht sich zu zeigen, daß das Bild der Toten das Bild der Lebendigen überbelichtet:

»Das ganze Werk kann als ein Emblem von Manons zersetztem Körper betrachtet werden. Jeder › physische‹ Zug (Wörter, Bilder, beschreibende Sequenzen), der vom Text evoziert wird, bezieht sich direkt oder indirekt auf die Darstellung der bald wieder zu Staub zurückkehrenden Leiche. Die Gesamtheit dieser im Roman verstreuten Züge ist, wenn man so will, wie jene Paragramme, die Saussure gerne aus lateinischen Gedichten herauslas.«[58]

Der Autor erinnert dabei an die biblischen Konnotationen der Todesszene: Manon wird in der *Wüste* begraben, und das Wort sable wäre das »Emblem des Textes«.

Können wir aber wirklich sagen, daß die Auflösung der

Figur Manons in den Metonymien ihres unsagbaren Körpers die zeichenhafte und leichenhafte Zersetzung ihres dargestellten Todeskörpers ist? Auffallend ist jedoch, daß Manons Leiche ebensogut wie ihr lebendiger Körper der Darstellung widerstrebt. Ihr Sterben wird narrativ elidiert (»Verlangen Sie nicht von mir, daß ich Ihnen ihre letzten Worte berichte.« a. a. O. S. 188); der Erzähler verbirgt uns noch einmal ihren Körper und präsentiert sich an dessen Stelle als leidendes Objekt: »Dann setzte ich mich neben sie. Ich betrachtete sie lange.« (a. a. O. S. 189). Mehr wird uns nicht gesagt. Ist die Todesszene die Urszene des ganzen Textes, so muß zugegeben werden, daß der Text uns keine anderen repräsentativen Anhaltspunkte gibt als Metaphern des Verschwindens. Die »représentation du cadavre« ist also unauffindbar.[59] Manon wird nicht einmal erzählerisch fixiert, bevor sie noch zum Staub zurückkehrt, wie die Formulierungen von J. Proust es andeuten lassen, und zwar gerade deswegen, weil der Sand der Schrift (der profanen Schrift) tatsächlich der letzte Boden der Symbolik ist – kein Boden also, sondern vielmehr das Zeichen ihres Urgrunds. Der Sand, könnte man sagen, versagt dem Text seine letzte Ruhe. Manon, als Wiederkehr einer unauffindbaren Gegenwart, hat an der ontologischen Ambivalenz der Gespenster Anteil – was J. Proust selbst hervorhebt: »Im übrigen ist Manons Erscheinungsmodus derjenige, den man den Gespenstern zuschreibt.«[60] Um den Widerstand der Darstellung zu erklären, nimmt die Analyse von J. Proust zu psychologischen Theoremen Zuflucht: es ist von Inzest, Frigidität, narzißtischem Doppel die Rede.[61] Letzten Endes würde der Abbé Prévost hier das Verbot des Fleisches niederschreiben, und da Manon »hypostase de Dieu« wäre, müßte die Leere der Darstellung die Sünde der profanen Schrift ausgleichen. Entfernt uns nicht hier der ganze hermeneutische Apparat der Psychoanalyse von der Realität des Textes? *Manon Lescaut* ist, wie die Geschichte des Apprius, ein Text mit doppeltem Register. Einerseits als *roman sentimental* lesbar, erzählt er die Intensität der Liebe und, von des Grieux' Standpunkt aus, des damit verbundenen Leidens. Andererseits besteht Manons Ambivalenz aus dem Zögern zwischen Liebe und Libertinage, oder eher gesagt aus deren erlebter Inkompossibilität. Durch diese Dualität gewinnt der Text eine ganz spezifische Atmosphäre, die seinen Reiz ausmacht. Zur sowohl psychologischen wie theologischen Verstricktheit, die den Ansatz für J. Prousts Analyse lieferte, kommt diese zweite Dimension hinzu. Unsere Darstellung hat aber bisher gezeigt, daß die libertine Schreibweise die christliche Hypotypose pervertiert und dadurch die Aporie der Präsentation des Begehrens unmittelbar erreicht. Gilt das auch für diesen Text, so wird der Rekurs auf psychologische Postulate unnötig. Die Undarstellbarkeit Manons hätte keine Sünde zu reparieren – oder vielmehr: sie wäre mehr als die symbolische Reparation dieser Sünde, mehr als die psychologische Narbe, die J. Proust in ihr sieht. Sie würde schlichtweg zur Logik der Aporien gehören, die mit der Präsentation des Begehrens verbunden sind und die Inkompossibilität zweier Schreibweisen manifestieren. Um diese Hypothese zu belegen, ist eine Fortsetzung der Textanalyse notwendig.

Nichts hindert uns daran, nicht die Todesszene, sondern die Episode der ersten Begegnung zwischen des Grieux und Manon als symbolische Urszene zu betrachten. Sie entspricht nicht weniger dem narrativen Bildverbot, das den ganzen Text bedingt, hat aber den Vorteil, den Blick des von Manons Erscheinung völlig verdutzten des Grieux zu präsentieren. Man lese die Passage noch einmal. Es geschieht alles sehr schnell:

»Als ich am Tag vor demjenigen, an dem ich diese Stadt verlassen mußte, mit meinem Freund, er hieß Tiberge, spazierenging, sahen wir die Postkutsche von Arras ankommen und folgten ihr bis zu dem Gasthof, wo jene Fahrzeuge einzukehren pflegen. Wir hatten keinen anderen Beweggrund als die Neugier. Es stiegen ein paar Frauen aus, die sich sogleich zurückzogen. Eine jedoch, eine sehr junge (1), blieb allein im Hof stehen, während ein älterer Mann, der ihr als Begleiter zu dienen schien, sich beeilte, ihr Gepäck zwischen den Körben hervorzuziehen. Sie erschien mir so liebreizend (2), daß ich, der ich nie an den Unterschied der Geschlechter (3) gedacht noch je ein Mädchen mit ein wenig Aufmerksamkeit angeschaut hatte, daß ich, sage ich, den alle Welt um seiner Sittsamkeit und Zurückhaltung willen bewunderte, plötzlich bis zur Verzückung (4) entflammt war.«[62] (a. a. O. S. 14 f.)

Der eilige Leser wird nichts gesehen haben. Nichts anderes wenigstens, als die Ummantelung einer Szene, die wie keine andere die narrative Tmesis, die diesen Text prägt, zum Ausdruck bringt. Wer an der Geschwindigkeit des Textes teilhaben möchte, muß einen Augenblick bei der Stelle verweilen und wird sehen: daß Manons Körper durch das, was die erste Erscheinung von ihr umrandet und trägt, sichtbar wird: ihre Einzigartigkeit – und Undarstellbarkeit. *»Il en ressortit quelques femmes, qui se retirèrent aussitôt«*: es ist ein kurzes narratives Aufflackern zuerst. Einige Frauen steigen aus, verschwinden aber sofort. Erst danach steigt *sie* aus: *une, seule*... Dann ihr Halten. Ihr Bild verschwindet unmittelbar danach hinter dem nächsten Satz (ihr Bild? Es hieß aber nur: *»une, fort jeune«*); also: ihre Nicht-Erscheinung wird durch den nächsten Satz überlappt. Dieser zeigt uns nicht Manon, sondern diesen alten Mann, seine Gesten. Man vermutet, er sei der Kutscher. Aber *in der narrativen Zeit* dieser Szene ereignet sich, *unerzählt,* was alles weitere bedingen wird und schon von vornherein dem vorher erwähnten Bildverbot unterliegt: ihre Betrachtung.[63] Wie lange dauert dieser (Augen)blick? Die Korrektur von 1731 sagt nur: »et à qui il n'était jamais arrivé de regarder une fille pendant une minute«, also nur Indirektes. Von dieser ungenannten Dauer kann man sagen, daß sie das ganze Gebäude des Textes trägt wie in *Auf der Suche nach der verlorenen Zeit* von odeur und saveur gesagt wird, daß sie »wenn von einer früheren Vergangenheit nichts existiert nach dem Absterben der Personen« (M. Proust, *Auf der Suche nach der verlorenen Zeit,* Werkausgabe Suhrkamp, Frankfurt 1954–1957, S. 66) *après la mort des êtres«*, als einzige noch »das unermeßliche Gebäude der Erinnerung« (ebenda, S. 67) tragen können: wir *sehen* den Kutscher, wie er sich bemüht, ihre Reisesachen aus der Kutsche herauszuziehen, wir sehen *sie* nicht. Unsere Imagination wird nicht exaltiert, sondern getäuscht, verführt. Wir werden von diesem Augenblick àn bis zum letzten Satz des Textes als Leser wie Tiberge durch des Grieux behandelt. Nicht nur, weil wir Manon nie richtig zu sehen bekommen werden, als würde die Erzählung sie uns eifersüchtig vorenthalten, sondern auch weil ihre Intentionen, ihre Überlegungen, ihr Urteil uns undurchdringlich bleiben werden. Des Grieux, als Liebhaber und Erzähler, ist hier omnipotent, und dies gerade in umgekehrter Proportion zu seiner sentimentalen Entmächtigung. Der narrative Ikonoklasmus, der Manon daran hindert, als Objekt der Begierde dargestellt zu werden, deutet nicht nur auf jene Äußerlichkeit hin, die die Sprache daran hindert, sich zur Information zu reduzieren, sondern auch auf die in der Entrealisierung des Gegenstandes der Begierde sich ereignende Fluchtlinie, die sowohl die religiöse wie die profane Hypotypose verläßt. Dieses Verschwinden des Anderen aus Liebe löst eine mimetische Ausleerung aus, die weder im Sinne der religiösen Rhetorik noch im Sinne des ökonomischen Begehrens Verwendung finden kann. In dieser Hinsicht bildet *Manon Lescaut* den Gegenpol zu Molières *Dom Juan*. Die Originalität des Textes besteht darin, daß – ähnlich wie für den vorher untersuchten – die libertine Fluchtlinie sich in der Interaktion zweier textueller Register ausdrückt.

Die Erzählung Prevosts erreicht ihre seltene formale Qualität dadurch, daß der Pendelschlag, der jedes der beiden Register mit dem anderen verbindet, zur Relation zwischen den beiden Hauptfiguren kongruiert. Denn das Objekt der Begierde ist für Manon wie für des Grieux nicht austauschbar, wie noch zu zeigen ist. Diese Asymmetrie ist die Antriebskraft der Erzählung selbst (mechanisch gesprochen: ihre *Unruh*). Dieser Roman erzählt nicht einfach »die Geschichte einer Leidenschaft«, sondern liefert die narrative Beweisführung der (erlebten?) Unerträglichkeit der Liebe und – Korrelativ – der Unmöglichkeit einer Ökonomie (wenn die Ökonomie ohne die Anweisung, daß das Begehren ein Objekt haben *muß*, und zwar dasjenige, das die religiöse oder profane Hypotypose dem Begehren *vor Augen hält*, nicht denkbar ist). Das Objekt des Begehrens ist aber, wie schon angedeutet, für des Grieux und für Manon nicht das gleiche; jeder erlebt und produziert es anders. Da Manon nur *Objekt* der narrativen Fokalisierung ist, fehlen uns per definitionem Informationen. Wir können nicht wissen, wie des Grieux *in ihren Augen erscheint,* wir wissen bloß, wie er über ihre Liebe zu ihr spricht, und diese Stimme ist, weiß Gott wie, befangen. Verzichtet man darauf, das Unmögliche zu beantworten (ob sie ihn liebe!) – denn die narrative Struktur vereitelt die Frage von vornherein –, so muß die Interpretation dort ansetzen, wo der Text das Unbegreifliche klar und deutlich erhellt. Eines steht fest: die Inadäquatheit zwischen Affekt und Objekt ist gleichmäßig, aber unterschiedlich verteilt. Denn die Unbestimmbarkeit des

Gegenstands, der beide Begehrensformen unterworfen sind, fällt jeweils geradezu konträr aus. Manon verwirklicht eine andere Derealisierung als die, die ihr Erzähler und Liebhaber kennt. Anders als des Grieux, der genausowenig wie Platons Eros einen Ort hat, wo er ausruhen könnte, vollzieht sich Manons Enteignung rein ökonomisch. Denn sie ist durch und durch die Übersetzung der ökonomischen Eudämonologie in eine fiktionale Figur. Leere und Fülle – die beiden Pole, zwischen denen sie oszilliert und durch welche ihr existentieller Spielraum abgesteckt ist – nämlich: Angst vor der Langeweile und Euphorie des *divertissement* – definieren den Schwerpunkt der Figur. Ihre Lust besteht weniger in der Don Juanschen Jagd nach Beuten als in der Vermeidung extremer, schädlicher Intensitäten. Das Prinzip des Variierens, des Wechsels, bedingt ihre libidinöse Ökonomie ganz und gar. Während bei ihr die Leidenschaft (die eine Leidenschaft für den *plaisir* ist) nicht dazu kommen kann, die Position des Subjekts zu bedrohen, wird des Grieux ständig von seinem »évanouissement« bedroht – das tatsächlich stattfindet, als er über die erste Untreue Manons informiert wird. Hier pendeln Subjekt und Objekt zwischen Fading und Verblendung, zwischen einem Zuviel und einem Zuwenig. Zwar taucht bei ihm der Wunsch nach Homöostase immer wieder auf – etwa bevor er Manon in Saint-Sulpice wiedersieht – bevor also die bloße Erscheinung Manons die Ruhe seiner Seele im Nu wieder verschwinden läßt und diese erträumte Homöostase sich als Selbstbetrug entpuppt, für sie hingegen ist die Homöostase rein ökonomischer Natur, als würde sie rein *monetär* funktionieren – denn Raub und Tausch sind bei Manon nur Momente in der Wiederherstellung einer *affektiven Masse*. Die Angst, kein Geld mehr zu haben (ein Auslöser der Textmechanik par excellence) entsteht bei ihr nur aus der Befürchtung, die Bedingungsformen eines konstanten *plaisir* nicht mehr garantieren zu können:

»Kein Mädchen hing weniger am Geld als sie; aber sie hatte keinen ruhigen Augenblick, wenn sie fürchten mußte, es könnte ihr daran fehlen. Was sie brauchte, war Lust und allerlei Zeitvertreib. Nie hätte sie einen Sou anrühren wollen, wenn man sich hätte ergötzen können, ohne ihn abzugeben.«[64] (a. a. O. S. 55 f.)

Die Opposition von Vakuum und Homöostase (Manon kennt einen Verlust der Homöostase, aber im Gegensatz zu des Grieux keine Unruhe) mag sicherlich zu einer Pascalschen Problematik gehören. Daß diese keine religiöse bleibt und keine göttliche Vermittlung anstrebt, liegt einfach daran, daß der Text deren narrativen Pendelschlag ermöglicht. Denn was aus der *angoisse pascalienne* diese wunderbare Geschichte werden läßt, ist die Tatsache, daß eine ontologische Unruhe zur textuellen Mechanik, zur *Unruh* der narrativen Progression wird. Die Pendelbewegung wird dadurch erzeugt, daß die Unterschiedlichkeit der beiden Formen des Begehrens ständig von der finanziellen Katastrophe bedroht wird, und daß die Fortsetzung des im Prinzip unbegrenzten Gangs der Geschichte dank dieser Asymmetrie des Begehrens ständig reaktiviert werden kann. Ihrem Liebhaber sind die Bedingungen eines notwendig iterativen ungleichen Tauschs völlig bewußt:

»Sie hätte mir bei einem mäßigen Vermögen vor aller Welt den Vorzug eingeräumt; aber ich zweifelte durchaus nicht daran, daß sie mich um irgendeines neuen B... willen verlassen haben würde, wenn ich ihr nichts als Beständigkeit und Treue hätte darbringen können.«[65] (a. a. O. S. 56)

Des Grieux weiß also, daß ihm nichts anderes übrig bleibt, als den Besitz Manons (die langfristige Sicherung ihres Besitzes) durch die Inkaufnahme einer zeitweiligen Untreue zu bezahlen (die zugleich beide finanziell wieder rettet), denn im Falle einer unzulänglichen Finanzierbarkeit der »masse de plaisir« ist er weniger wert als diese Masse selbst (»Sie hing allzusehr am Überfluß und an den Freuden des Lebens, um sie mir zu opfern.«[66] a. a. O. S. 47). Gerade die Absolutheit seiner Liebe läßt ihn diesen ungleichen Tausch akzeptieren. Diese widerspricht sowohl dem ökonomischen Prinzip einer Vorrangigkeit der Stabilität der Lust (die sowohl den Ausfall der Intensität wie die Überschreitung der Reizschwelle vermeiden muß), wie dem durch Tiberge vertretenen Prinzip eines Verzichts auf Erdenglück. Genügend Geld haben, bedeutet für ihn einfach, die von ihm wohl eingeschätzte finanzielle Schwelle aufrechtzuerhalten (»Wenn es sich um ein Mehr oder Weniger handelt, halte ich sie nicht für fähig, mich um eines anderen willen zu verlassen.«[67] a. a. O. S. 120). Er weiß, daß die Sicherheitsgrenze relativ niedrig gehalten werden kann, aber daß ihre Regulation unaufhörlich beherrscht werden muß. Welche teuflische Lust mag diesen Abbé dazu geführt haben, eine solche Hölle zu erfinden? Diese enge finanzielle Marge kostet den Liebhaber unendlich viel Leiden, aber als narratives Verhalten ist es nahezu kostenlos. Die kleine Vorrichtung ist raffiniert genug gebaut, der Puppenmeister braucht, wie im Marionettentheater von Kleist, nur kleine Fingerbewegungen, um auf den Schwerpunkt jeder der beiden Figuren einzuwirken. Kommt etwa die Anmut der beiden Liebenden daher? Ist das aufgesetzte Ende des Romans (dieses erbauliche, narrativ unmotivierte, nicht glaubhafte Ende) aus der Notwendigkeit entstanden, den im Prinzip unendlichen, rein mechanischen Pendelschlag zu stoppen? Manon ist die Allegorie des modernen, ökonomisch gelenkten Subjekts. Die Begierde erlebt sie, den Anweisungen der Modernität entsprechend, als das Schillern des neuen, als Stabilität der Lust in der Erwartung eines ständig reaktivierten *divertissement*. Die Unbestimmtheit der Gegenstände des Begehrens liegt nicht in den Gegenständen selber, sondern besteht darin, daß das Objekt der ökonomischen *libido* grundsätzlich substituierbar sein muß, jedoch immer vor-stellbar bleiben muß: *changeant, agréable.* Diese Unbestimmbarkeit des Objekts ergibt sich aus der Logik der ökonomischen libidinösen Besetzung: nicht die Existenz des Objekts an sich ist wichtig, sondern die Sicherheit, daß der Ort seiner Erscheinung besetzt werden kann d. h. libidinös antizipierbar ist.[68] Dort, wo die religiöse Hypotypose das einzige Objekt des Begehrens stellt (Gott, und alle Figuren seiner Inkarnation bzw. die Drohungen ewiger Strafen als deren dialektischer Gegenpol), kann jeder *beliebige* Gegenstand auftreten (bzw. ausgestellt werden). Der *divertissement* (die Motilität der ökonomischen Lust) ist dann jenes Spiel, jenes symbolische »Fort-Da«, das die Gegenstände am Ort der Vor-Stellung oder Aus-Stellung plaziert und wegnimmt. Diese Substitutionsökonomie, die die moderne Ökologie des *sujet de jouissance* bedingt, soll unendlich wiederholen, was der abstrakte Gott der ökonomischen *jouissance* befiehlt: der Mensch sei glücklich im Garten seiner Gegenstände.[69] Für des Grieux besteht die Instabilität des

Objekts darin, daß es *ein für allemal, also außerhalb der ökonomischen Zeitlinie, bis zum Schwinden erschienen ist.* Das extremste Glück wie das extremste Leiden (beide verdankt er seiner Liebe) siedeln sich in diesem einzigen Augenblick an, im *entrevoir* einer neutralen Erleuchtung. Die Intensität des *ravissement amoureux* verhinderte bei der Erzählung der ersten Begegnung mit Manon das Erscheinen ihres Bildes. Später im Text, als Lescaut des Grieux mitteilt, daß Manon zu M. G ... de M ... gegangen ist, setzt er sich unter dem Schock der Nachricht zuerst hin: »Ich setzte mich und grübelte über diese absonderliche Wendung meines Schicksals nach.« (a. a. O. S. 65) Er empfindet eine lähmende Unentschlossenheit, antwortet nicht auf Lescaut. Dann plagen ihn die Gewissensbisse. Das soziale Subjekt kehrt für eine Weile wieder: »(In jenem Augenblick ließen Ehre und Tugend mich noch einmal die Stacheln der Gewissensbisse spüren) und mich seufzend die Blicke nach Amiens werfen, nach meinem Vaterhaus, nach Saint-Sulpice und allen übrigen Stätten, wo ich in der Unschuld gelebt hatte.« (Ebenda) Das Gesetz des Vaters scheint wieder die Oberhand zu gewinnen, die Reue scheint ihn zu übermannen. Er ist fast dabei, sich gegen seine Situation zu empören, bleibt aber mitten im Satz stehen und akzeptiert plötzlich sein Los« Was? Ich sollte teilen ... Aber gibt es ein Schwanken, wenn Manon selber alles geregelt hat und wenn ich sie ohne diese Nachgiebigkeit verlöre? (Ebenda, S. 66) Nach dieser sekundenschnell getroffenen Entscheidung wendet er sich jetzt an Manons Bruder: »»Monsieur Lescaut‹, rief ich und schloß die Augen, wie um so bedrückenden Gedanken auszuweichen, ›wenn Sie beabsichtigt haben, mir gefällig zu sein, dann verzeihe ich Ihnen. Sie hätten einen anständigeren Weg einschlagen können; aber es ist nun einmal geschehen, nicht wahr? Wir wollen also nur noch daran denken, Nutzen aus Ihren Bemühungen zu ziehen und Ihren Plan durchzuführen.‹«[70] (Ebenda)

Und schloß die Augen: was hier *wiegt,* und das ganze Gewicht des Naturgesetzes – Gott, Vater, Tugend, Familie – überwiegt (»Aber gibt es ein Schwanken?«), nämlich die Angst, Manon zu verlieren, muß teuer bezahlt werden. Aber Manon ist eben *hors-prix.*[71] Je höher der Preis, desto unscheinbarer seine Spur im Text. Ein Augenblick enthält in sich eine unbegrenzte Kraft, und ein unbegrenztes Lei-

den: in solchen Zeiten ist kein Platz für die Sätze des Diskurses. Die Zeit, die hier zwischen den Zeilen zu lesen ist,
hat mit der Ewigkeit Gottes nichts zu tun. Vor allem aber
entgeht sie der Zeit des Buchstabens (des religiösen wie
des profanen). Sie ist auch nicht, wie die Vergänglichkeit
des *divertissement,* in der Manon sich bewegt (bevor der
Buchstabe sie einholt), vor-stellbar. Sie fällt eindeutig in
die Kategorie des Poetischen und ist für keine narrative
Syntax verwertbar.[72] Und doch ereignet sich in solchen
Augenblicken etwas, das eher als die sinngebenden Seg-
mente der erzählten Schicksalslinie die Botschaft des Textes trägt (vor allem ab dem zweiten Teil der Geschichte,
die das christliche Segment der Leidensstrecke – *Passio*
und Sühnetod – darstellt und insofern *zu einer anderen
Wertform gehört).* Jenseits der Krise und weit von der Kritik, gehört sie zu einer Ästhetik der Katastrophe; sie manifestiert den Kollaps des Sinns, die gefährliche Nähe der
Empfindung. Sie negiert sowohl die christliche Hypotaxe
(die dem unaufhörlichen Pendelschlag des Textes »ex
machina dei« in aller Eile ein Ende setzt) als auch die Parataxe libertiner Abenteuer. Sie müßte, weil bedeutungslos,
der Frivolität zugerechnet werden, wenn Referent und
Zeichen nicht in einer so immensen Disproportion zueinander stehen würden. Es ist aber nichts da, was darstellbar
wäre. Und es wäre futil, diese dargestellte Undarstellbarkeit irgendeinem Moment des bürgerlichen Epos zuord-
nen zu wollen. Es ist die Leere der Bedeutung und die
Spur der Empfindung. Im Gegensatz zum künstlichen
Einbau der Todesszene funktioniert jedoch diese textuelle
Anomalie nicht *gegen* die Präsentation libertiner Episoden. *Sie ist ihre symmetrisch umgekehrte Figur.* Dieser
Text, der die libertine und die sentimentale Schreibweise
vereint und aus ihrer asymmetrischen Zusammensetzung
seine Dynamik holt, funktioniert wie das sentimentale
Double der libertinen Reversion. Manons Begehren und
des Grieux' Liebe werden sich immer verpassen. Die narrative Maschinerie läßt daraus diese schöne Geschichte
entstehen. Daß Manon undarstellbar bleibt, ist die Marke
dieser Inkompossibilität. Was das Unmögliche erzählbar
werden läßt, ist aber nichts anderes als die technische
Materialisierung dieser Unmöglichkeit im narrativen Verfahren selbst. Oder, mit anderen Worten: Manon ist nichts
anderes als die Aporie des Begehrens *und* der Liebe in

einem. Wäre sie darstellbar – würde sie den Status der narrativen Gegenständlichkeit erreichen – oder wäre sie die Erzählerin selbst, so würde weder diese Imkompossibilität zum Ausdruck gebracht werden können, noch könnte die Leere gerettet werden, um die es sich hier gerade handelt. Diese steht der libertinen Aporie unendlich näher als jede Art christlicher Hypotypose. Diese Enttheologisierung aus Liebe ist zwar der absolute Gegenpol zum Don Juanschen libertinen Prinzip. Es könnte aber auch sein, daß sie ihren Gegensatz bekräftigt und ergänzt – was noch zu zeigen wäre.

6. 1665: Don Juans Apathie oder die libertine Serialität

L'histoire du prince Apprius oder *Manon Lescaut* münden in die Bedeutungslosigkeit des Affektes oder des Körpers, indem sie innerhalb der textuellen Ökonomie zwei konträre Register gegeneinander so lange ausspielen, bis die unruhige Bewegung, die ständig von einem zum anderen führt, die narrative Formulierung einer eindeutigen und definitiven Axiologie vereitelt. Sie haben insofern paradigmatischen Charakter, als sie über die Entwertung früherer Codes und textueller *Modi* hinaus keine neuen Wertformen produzieren. Das hypotextuelle Wertsubstrat (der galante und preziöse Liebescode im ersten Fall, der *roman sentimental* im zweiten Fall) wird neutralisiert, das libertine Register manifestiert hingegen nichts anderes als die Aporie der Undarstellbarkeit von Körper und Empfindung. Dieses Auf-der-Stelle-Treten der Signifikanz fundiert, anders als im Fall des *Meursius français,* die libertine Textualität *ex negativo.* Diese deutet sich nicht als Möglichkeit aufgrund eines diskursiven Vorstoßes an; sie manifestiert sich als axiologische Leerstelle. Die *tabula rasa* mit früheren Formen führt auch nicht zur fiktionalen Fülle der realistischen Simulation, dafür verschärft sie aber um so mehr die Aporie, die sie auf eine a-signifikante Art formuliert. Man wird daher diese frühen libertinen Fluchtlinien nicht nach ihrer formalen Abgeschlossenheit einschätzen können und dürfen, sondern nach ihrer Fähigkeit, textuelle Räume zu eröffnen, deren Besetzung offen und unbestimmbar bleibt. Man wird sie auch nach der Ausdruckskraft beurteilen müssen, mit der sie aus der Zerstörung früherer Codes Ambivalenzen zu formulieren versuchen. Diese sind allerdings nicht ohne Signifikanz. Oder eher gesagt: was im siebzehnten Jahrhundert sich schon anbahnt, ist die Möglichkeit der Literatur, der modernen Wertambivalenz Ausdruck zu verleihen. Kein Text hat dieser Ambivalenz einen so prägnanten Ausdruck verliehen wie Molières *Dom Juan.* Man wird in ihm vergebens, wie in den zwei vorher untersuchten Texten, nach der manifesten Artikulation dieser Ambivalenz suchen.

Diese präsentiert sich nicht durch die textuelle Ambiguität zweier Register, sondern kommt erst auf intertextueller Ebene zum Vorschein. Daher scheint es uns notwendig, wenn auch skizzenhaft, die literarische Kette zu rekonstruieren, an deren Ende die Molièresche Variation steht. Diese literaturhistorische Rekonstruktion wird die antizipierende Kraft des Textes besser erhellen. Sie wird uns auch ermöglichen, den Prozeß der Enttheologisierung, der in diesem Text von zentraler Bedeutung ist und ganz anders ausfällt als bei *Manon Lescaut,* deutlicher hervorzuheben. Wir werden sehen, daß die Ausdrucksform des libertinen Begehrens, die mit Molières Text schon möglich ist, erst wieder mit Sade eine vergleichbare Intensität gewinnen wird, als würden diese zwei Texte, die jeweils das Ende eines Intertextes markieren, eine einzige Eschatologie bedeuten. In diesem Sinne hat Molières *Dom Juan,* mehr als die bisher analysierten Texte, eine inaugurale Funktion. Seine Behandlung wurde aus diesem Grunde der Analyse der *Histoire du prince Apprius* und von *Manon Lescaut* nachgestellt, obwohl er ihnen rein chronologisch voranging und zehn Jahre nach der *Ecole des filles* erschienen ist.

Der spanische Prototyp des Don Juan-Mythos war noch zum guten Teil ein theologisches Drama. Zusammen mit seinem Pendant, dem Drama *El condenado por desconfiado* bildete der *Burlador de Sevilla* den einen Pol einer symmetrischen Problematik: wer von Gottes Gnade zuviel verlangte – wie der Burlador selbst – oder zuwenig Vertrauen in sie setzte, wie sein Gegenpart, verletzte das Gleichgewicht der göttlichen Ordnung und beging die Sünde einer Fehleinschätzung des göttlichen Maßes. Der erste spanische Don Juan – dessen liederliches Leben, voll barocker Turbulenz, von der Apathie der Molièreschen Figur noch weit entfernt ist – wurde im letzten Augenblick noch reuig und verlangte von Gottes Vertreter (Don Gonzalo, dem die Figur des Komturs entsprechen wird) den Erlaß seiner Schuld: *»Erlaub’ mir erst noch / Beichte und Absolution«.* Dadurch besiegelte er nur noch seine Schuld, denn er bewies durch seine Worte, daß er den göttlichen Maßstab des rechten Augenblicks verkannt hatte. »Hier jetzt nicht, zu spät erwachst du«[73], antwortet ihm Don Gonzalo. Diese theologische und eschatologische Dimension, die bei den spanischen Nachfolgern beibehalten wurde (d. h. *La venganza en el sepulcro* von A. de Cordova y Maldonado, Ende des 17. Jhs. und *No hay plaza que no se cumpla, ni deuda que no se pague, y combidado de piedra,* 1714[?]) trat bei den italienischen Varianten (d. h. die drei Varianten von *Il Convitato di pietra* und *L'ateista fulminato*)[74] vor dem Spielerischen zurück. Die Substitution ursprünglicher Figuren durch andere, die den Stereotypen der Commedia dell'arte entnommen wurden, die spezifischen Elemente der italienischen Farce (halbe Improvisation, Mischung von Hochsprache und Dialekt, Pantomime und Groteske etc....), all dies trug dazu bei, aus der religiös bedingten Dramatik des Urmodells Muster zu entwickeln, die von der Übersetzung religiöser Prinzipien Abstand nahmen. Durch diese neuen theatralischen Formen wurde die Logik des Mythos zugleich weltlicher und abstrakter.[75] So konstituierte sich allmählich das Grundmuster, das das Stück von Molière bald voll ausspielen sollte. Diese Verweltlichung des religiösen Dramas leistete viel mehr als die bloße Transposition von einer Problematik der christlichen Treue zu Gott zu einer Problematik weltlicher Treue. Im siebzehnten Jahrhundert war in Frankreich der literarische Prototyp der männlichen Untreue nicht Don Juan, sondern der Hylas der *Astrée* – der innerhalb einer Apologie der absoluten Treue das notwendige Gegenbeispiel lieferte. Damit aber aus dem unsteten Liebhaber ein Don Juan werden konnte, bedurfte es noch, der Logik der Geschichte entsprechend, anderer Grundelemente: des religiösen Hintergrunds (mit der Möglichkeit der atheistischen Affirmation), eines »choreographischen« Spiels von Anweisungen und Positionen (zwischen Herr und Knecht, Mann und Frau, Erde und Himmel, Liebe und Geld, Versprechen und Lüge, Verstellung und Vertrauen etc....) und vor allem eines besonderen Verhältnisses zum Tod. Die Variationen der italienischen Stücke hatten schon ein System von Permutationen, Koalitionen und Oppositionen entwickelt. Es mußte noch dieses bestimmte Verhältnis zum Tode so ausgedrückt werden können, daß die Konsistenz der Don Juanschen Figur ihre paradigmatische Festigkeit erlangen konnte. Dies geschah mit dem Stück von Molière, der die Relation zwischen Begehren, Quantität und Tod – die Verbindung des Verlangens nach Unendlichkeit mit der Gottlosigkeit des libertinen Begehrens – auf eine vor ihm noch nie erreichte (und nach ihm nie wieder hergestellte) Art zur definitiven Formel brachte.

Die Art und Weise, wie der Don Juan von Molière mit der Stimme des Gesetzes dialogiert, hat in den früheren Versionen keinen Vergleich. Was die 8. Szene des IV. Aktes betrifft – in der die von Don Juan eingeladene Statue diesen wiederum für den nächsten Abend einlädt –, spricht Jean Rousset von einem *»sonderbaren Dialog«,* in dem die Sprecher sich nicht begegnen, und *»die Kommunikation ungerade und verschoben stattfindet«.*[76] »Was will uns Molière mit dieser zur Situation so schlecht passenden Abfolge von Rede und Gegenrede suggerieren?« fragt sich Rousset. Die dramatische Verdichtung, die das spanische Modell in dieser Szene erfährt, erhellt auf eine sehr subtile Art den schattenhaften Aspekt einer Struktur, die sich nur von ihren dunklen Momenten her interpretieren läßt. Selbst jemand wie Rousset bleibt vor der rätselhaften Atmosphäre, die die dramatische Asymmetrie der Szene ausbreitet, ratlos. Denn in dieser Begegnung zwischen beiden Figuren interferiert die symmetrische Struktur von Gabe und Gegengabe (Einladung und Gegeneinladung) mit einer asymmetrischen Dreierstruktur: der Komtur richtet seine Worte an Don Juan; dieser antwortet, indem er seinem Knecht Sganarell Anweisungen gibt; auf die Einladung des Komturs antwortet er aber überraschenderweise sofort und direkt. Eine psychologische Erklärung dieses Verhaltens würde uns wenig helfen. Dafür ist die Konfrontation mit dem spanischen Urtext sehr aufschlußreich. Bei Tirso wird nämlich die Herausforderung zugunsten der göttlichen Instanz dramatisiert: Don Juan bekommt allmählich Angst und bittet schließlich in einem anschließenden Monolog um Gottes Hilfe. Nichts dergleichen bei Molière, der hier wie an allen strategischen Stellen das theologische Substrat »par restriction et soustraction«, wie Rousset es betont, subvertiert. Dadurch bekommt die Relation zwischen beiden Antagonisten einen ganz anderen Sinn. Oder vielmehr: die Konfrontation wird enigmatisch, das Verhältnis zwischen Tragik und Komik destabilisiert die religiöse Wertform, und der Text bekommt dadurch eine maximale innere Spannung. Die Komik schleicht sich in das Numinöse und produziert schließlich eine tragischere, beunruhigendere Nuance. Diese liegt nicht zuletzt darin, daß das Moment der Übertretung sich eher indirekt mitteilt. Der Komtur hört auf, lediglich als Vermittler Gottes zu fungieren, die christliche Verinnerlichung verschwindet bei Don Juan, so daß schließlich nichts anderes übrig bleibt als die rätselhafte Konfrontation zweier Stimmen. Die des Komturs repräsentiert das göttliche Gesetz nicht mehr ganz so eindeutig, dafür konkretisiert sie die diffuse, latente Todesthematik auf eine neue, ambivalente Art. Die Stimme Don Juans wird einsamer und souveräner, ohne dadurch die Todesdrohung zu verdrängen. So nähern sich beide ihrem Begegnungsort – dem Tod – jenseits der ursprünglichen dramatischen Konfiguration. Diese Dedramatisierung der religiösen Emphase ist die Bresche, durch welche etwas mehr Tragik und viel mehr Rätsel hineindringt – vor allem, wenn man solche Szenen mit den italienischen Vorlagen vergleicht. Das alles trägt dazu bei, dem Don Juan von Molière einen völlig neuen Ton zu geben. Es handelt sich nunmehr um die Figur eines langen unendlichen Todes, einer *mors immortalis*, die nichts anderes ist als die Überführung des Todes in das Begehren selbst. Dieser andere Tod (dem Sade den Namen *Apathie* geben wird und der die Bedingung der Don Juanschen Indifferenz ist) präsentiert sich im Stück von Molière zusammen mit seiner früheren christlichen Form, und aus der Interferenz beider Todesformen ergibt sich gerade die Ambivalenz, von der wir anfangs gesprochen haben. Die erste christliche Form besteht darin, daß der Sünder, wie schon gesagt, am Ende vom Zorn Gottes getroffen wird. Diese Rache setzt der langen Reihe galanter Abenteuer ein Ende und stellt zugleich die anfangs gestörte Ordnung wieder her. In diesem Sinne funktioniert das ursprünglich religiöse Drama nach dem üblichen Schema narrativer Transformationen. Aber die Figur von Molière, die in sich einen anderen Tod trägt, negiert im voraus das göttliche Gesetz, und die theatralische Aushöhlung der narrativen Lösung in der letzten Szene (namentlich durch den letzten burlesken Zusatz Sganarells) steht mit der kühlen, ironischen Unfrömmigkeit der Molièreschen Figur im Einklang. Wie ein luzider Zeitgenosse es gemerkt hat: Molières Don Juan ist letzten Endes bloß das Opfer eines »*foudre en peinture*«.[77] Zwar sind wir noch nicht bei Sade, in dessen *Histoire de Justine* der der Repräsentation des göttlichen Gesetzes hingegebene fromme Körper ein für allemal, und in der Grausamkeit der Ironie, am Ende vom Blitz getroffen wird, aber Molière weist schon, durch die Transformation des Don Juanschen Intertextes, auf jenen Punkt hin, wo die Figur des Begehrens das theologische Substrat verläßt. Alles, was in der dramatischen Struktur die Übersetzung der göttlichen Schuld in Textform ermöglichte, wird bei Molière entweder mit Ambiguität beladen oder schlichtweg beseitigt (so verschwindet zum Beispiel die Figur Annas, und mit ihr zusammen der wichtiste Einschreibungsort der Schuld und der Rache, während das Libretto Da Pontes die Figur wieder integrieren wird, und mit ihr zusammen die Ehrenrettung der Liebe).[78] Das Fehlen dieses dramatischen Gegengewichts ist für die ungerade Relation zwischen Don Juan und dem Komtur notwendig. Wir sind erst an der Schwelle der libertinen Textualität, aber der erste Schritt ist schon gemacht worden: was mit dem göttlichen Schuldsystem auf dem Spiel steht, wird durch eine andere Form von Theatralisierung der Essenz des Theatralischen angenähert, und zwar dem Simulacrum, wofür die Statue nur noch die immanente Metapher ist. Diese Verwandlung der Repräsentation zum Simulacrum betrifft aber nicht nur die Figur des Komturs, denn Don Juan wird bei Molière zu einem lebendigen Gespenst, zu einer Mischung von Leben und Tod, so daß in dieser ungeraden Relation zwei Tote miteinander reden.

•Die Todesträchtigkeit der Molièreschen Figur drückt sich im wesentlichen in der Geschwindigkeit seines unendlichen Begehrens (aber auch seines Begehrens nach Unendlichkeit) aus. Dies zeigt sich schon in der szenischen Abfolge des Stücks, wie Claude Reichler es in *La diabolie* betont hat: »Das Stück besteht aus einer Unzahl von Verschiebungen und Übergängen. Diese unruhige Beweglichkeit charakterisiert es überhaupt. Die Bühne wird zu einem Theater von Metamorphosen. Kaum wird eine Dekoration aufgebaut, so wird sie durch die nächste ersetzt. All diese Orte befinden sich in einem einzigen Raum und werden durch den subtilen Wechsel beweglicher Leinwände ausgetauscht. Don Juan, der vom einen zum anderen geht, läßt alle sich überlappen, er rollt sie vor seinen Füßen wie einen Teppich auf. Das ist der Don Juansche Raum, ein Raum, der sich in der Sukzessivität entfaltet, ein Raum, in dem die Orte wie Liebesabenteuer addiert werden.«[79] Diese Sukzessivität von Räumen war im spanischen Prototyp schon gegeben, der Text von Molière transformierte wiederum seine Symbolizität im Einklang mit seiner generellen Destitution theologischer Sinngehalte. Wir haben es nicht mit einer Abfolge von Tableaus zu tun, deren Finalität im Sinne der christlichen Hypotypose eine möglichst breite Darstellung der Sünde und ihrer Bestrafung wäre, sondern mit einer *vollkommenen Homologie*: die Addition der Räume wird zum Ausdruck der Don Juanschen Serialität – oder, wie Reichler es ausdrückt: »les lieux s'additionnent comme des amours«. Der Don Juansche »Chronotop« *ist* aber zugleich das Don Juansche Begehren. Reichler hebt in *La diabolie* den Verlust einer symbolischen Zeichenordnung und das Auftauchen einer modernen, rein diskursiven Zeichenökonomie hervor: Don Juan übertritt den göttlichen Vertrag und bietet jeder neuen Frau einen täuschenden Verführungsvertrag an. In dieser neuen Disponibilität der Zeichen eröffne sich aber der sprachliche Raum der modernen Souveränität, die ohne die unendliche Spielstruktur des Signifikanten nicht denkbar wäre. Die Position von Don Juan, seine restlose allegorische Funktion, würde insofern die verführerische »Semiotizität«, die für Reichler die Libertinage definiert, auf eine paradigmatische Art ausdrücken: »Don Juan gibt nichts, und am allerwenigsten sein Wort. Er tauscht nichts, sondern leiht sich lediglich Signifikante aus. Er macht es so, daß das Imaginäre seiner Gesprächspartner sich in diesen Illusionen wieder erkennt und ihnen hingeben kann.«[80] Als Inbegriff des Verführers wäre Don Juan in erster Linie, wie Reichler schreibt, »maître des codes«. Die semiotische Dimension der Don Juanschen Figur verdeutlicht aber nur die eine Seite ihrer Ambivalenz. Sie betont die Souveränität des Verführers, verschleiert aber die Aporie dieser Souveränität. Don Juan (wie später Versac oder jede beliebige andere Figur des Libertins als Strategen) herrscht zwar über das Imaginäre seiner Opfer, er begegnet aber dadurch unmittelbar der symbolischen Leere der abstrakten Äquivalenz. Die Addition von Zeit-Räumen, die im Stück von Molière die Atemlosigkeit Don Juans unterstreicht und intensiviert, vernichtet zugleich jede mögliche Differenzierung. Denn diese ununterbrochene Suche, die dem Begehren nur virtuelle Objekte vorsetzt, macht jeden Unterschied zwischen Wille und Begehren unmöglich: der Wille vernichtet das Begehren und das Begehren den Willen. Die einzige Konsistenz ist die der Geschwindigkeit, und diese herrscht über die Souveränität selbst. Daher manifestiert der Text von Molière auf eine besonders akkurate Art den Übergang von der »zweiten« zur »dritten« Libertinage – den Übergang von der Herausforderung der subjektiven Souveränität zur Indifferenz der Ökonomie. Am Ende des Stücks löscht die göttliche Bestrafung die Schuld nicht. Denn in diesem theatralischen Tod substituiert der Text eine Ökonomie durch eine andere. »Don Juan meurt d'une mort de théâtre, toujours effacée et toujours renouvelable«, so schreibt Reichler.[81] Trotz des Anscheins einer narrativen Lösung (oder eher gesagt: dank ihrem theatralischen Double) stirbt der Held nicht. Er kündigt auch keine profane Soteriologie an. Vielmehr bestätigt der Schluß die Ambivalenz von Leben und Tod, die der Figur innewohnt. Die göttliche Schuld wird im Zeichenspiel restlos vergeudet, und das letzte Wort verdichtet in seiner scheinbaren Futilität die ganze Substitutionsgeste des Stücks. Dieses letzte Wort wird logischerweise Sganarelle zustehen: »*Mes gages! Mes gages!*« schreit der Knecht, der dadurch zweierlei ankündigt: erstens, daß die Komödie die Tragödie überlebt, zweitens daß die Schuld nicht getilgt wird. Keine göttliche Instanz kann Sganarelle entschädigen, weil die Figur einer einzigen Opposition (Herr und Knecht) gehört, während Don Juan am Scharnier zweier Bereiche steht (Himmel vs. Erde; soziale Herrschaft vs. Knechtschaft). Verloren hat der Himmel, Sganarelle verliert seinen Gläubigen. Don Juan, der schon tot war, bevor der Vorhang aufging, lebt sein Scheinleben weiter. Denn für diesen Atheisten ist die abstrakte Zahl sowohl die Bedingung des »Glaubens« (er glaubt ja nur eines: »*que deux et deux font quatre*«) wie des Begehrens. Daher ist er das Emblem einer seriellen libidinösen Ökonomie, wo der Tod und die Zeit in die Serialität münden, die die immanente Unendlichkeit der libertinen Indifferenz definiert. Für Don Juan sind alle Frauen dasselbe im Anderen, dieselbe in der anderen. Im rätselhaften Spiegel der ökonomischen Äquivalenz ist ebensoviel Differenz wie zwischen der Quelle und der Seltsamkeit ihres Bildes notwendig – aber auch nicht mehr. Was das Theater hier verdoppelt, um es zur Ambivalenz zu führen (nämlich die Wertform des narrativen Syntagmas, das ursprünglich die symboli-

sche Tragfläche der göttlichen Schuld war) muß, durch
eine neue, immanente Verdoppelung, sie widerspiegeln:
das Begehren verdoppelt es in der intensiven Überraschung des gleichen. Don Juans Frauen sind nicht austauschbar, um als solche erlebt und gebraucht zu werden
(das Gleiche darf sich nicht erschöpfen, da es das Begehren
eben – seine Wiederholung – bedingt), *sondern weil die
Zeit des Don Juanschen Blicks das Objekt des Begehrens,
das er in seiner Virtualität beläßt, in die »stroboskopische«
Reihe stellt.* Daß das Andere (die andere) das Selbe (dieselbe) bewohnt, und ihm (ihr) den Anschein des Lebens
verleiht, wiegt wenig im Vergleich zu dieser seriellen
Rotation, in der die anonyme und abstrakte Choreo-
graphie der libertinen Begierde alle Posten gleichermaßen
entmächtigt.

Die letzte Paradoxie der Don Juanschen Figur beruht
also in dieser Komplementarität von Äquivalenz und
Ambivalenz, in der sich die Phantasmagorie der modernen
Indifferenz auf eine visionäre Art ankündigt. Die libertine
Fluchtlinie, der letale Horizont eines Begehrens, der keinen anderen Code mehr kennt als die Beliebigkeit der
Codes in der Unendlichkeit eines Spiels, wo der Wille sich
in seiner eigenen Souveränität aufhebt, die semantische
Leere des decodierten Tauschs: alle diese Figuren verdichten sich hier in einer einzigen Ambivalenz. In der symbolischen Fluchtbewegung des Stücks ist der Verführer gleichzeitig eine narrative Funktion, die Metapher seines Begehrens, Herr und Knecht desselben, und Ausdruck der textuellen Entwertung. In seiner Apathie weist er schon auf
die Besonderheit der libertinen Textualität hin, die, ohne
es zu wissen, mehr von der Ökonomie als das ökonomische Wissen von sich selbst weiß. Molières *Dom Juan* ist,
bevor noch Vauban und Boisguilbert in kohärenter Weise
den Übergang zur modernen politischen Ökonomie
anbahnen, das ökonomische Wissen selbst in der reinen
Ausprägung der Allegorie.[82] Der moderne Tod, der jede
Form von Sinnlichkeit entwertet und dadurch die Sinnlichkeit herausfordert, die Abstraktion zu integrieren, um
selbst zu überleben – diese irreversible Flucht, die jede Art
transzendentaler Schuld beseitigt und jede Figur der Lust
und des Leidens zur absolut enträtselten Ausstellbarkeit
verwandelt –, kündigt sich also in diesem inauguralen Text
an, in dem wir mit Recht die textuelle Urszene der neuen

Libertinage betrachten dürfen. In dieser Hinsicht ist dieser Text die präziseste Manifestation eines kulturellen Wertübergangs, einer Ablösung des göttlichen durch das weltliche Kalkül.

Genauso wie die letzte Szene, in der sich die textuelle Werttransaktion entscheidet, der Ort der libertinen Entwertung par excellence ist (namentlich durch den Effekt einer letzten Entriegelung durch das Komische), kann sie Anlaß zu künftigen Restaurationen geben. Man kann Don Juan in die Hölle absteigen lassen, man kann auch durch einen letzten Epilog dieses Ende ohne Ende abschließen. Rousset zeigt uns, daß die Libretti des 18. Jahrhunderts (denn das Thema verläßt ein Jahrhundert lang die autonome Textualität, um solange an der Oper zu verweilen) zwei unterschiedliche Methoden verwenden. Einerseits enden die Libretti mit einem *lieto fine,* mit »jenen Szenen fröhlichen Wiedersehens, wenn jeder nur darauf bedacht ist, möglichst bald mit den Freuden des Lebens und der Liebe wiederanzufangen, nachdem der Störenfried gerade beseitigt wurde«[83] – wobei sie wieder an Tirso de Molina anknüpfen –, andererseits wird wieder auf die Höllenszene zurückgegriffen, die im *Convitato di pietra* des »Pseudo-Cicognini« (1650) zum ersten Mal auftauchte. Die Libretti, die Da Pontes *Don Giovanni* vorangingen (er selbst behielt nur den *lieto fine*) vereinen beides. Die Funktion der Komödie in diesem doppelten Ausgang ist aber eine ganz andere als bei Molière: sie addiert die Bestrafungsszene und den naiven Jubel, während das Non-Finito von Molières Stück jeden definitiven Abschluß verhindert, indem die Asymmetrien des Tauschs offengelassen werden. In seiner Studie über die verschiedenen Variationen des Themas hebt Rousset deutlich hervor, daß die späteren Versionen diese Asymmetrie kompensieren werden. Mit Da Pontes Text erlebt die Figur der Anna einen feierlichen Rückzug (Rousset spricht von deren »Exaltierung«). E. T. A. Hoffmann wird die Tendenz noch verstärken, indem er aus Donna Anna das Pendant von Don Juan werden läßt und die Antinomie zwischen Don Juan und der Statue aufhebt. Goldoni, Grabbe, Puschkin, George Sand: alle werden in die gleiche Richtung hin arbeiten, und mit George Sand wird Anna sogar eine feministische Rehabilitierung erfahren, die durch eine deutliche Wiedereinführung der Religion ergänzt sein wird. Die eigentliche Verdammung der Figur wird also weniger durch den Himmel als durch die spätere Wiederherstellung der Molièreschen Asymmetrien stattfinden. Diese Restaurationen beweisen aber ex negativo, daß der Text von Molière – ähnlich wie später das Werk von Sade – das absolute Ende einer Reihe ist und eine absolute Irreversibilitätsschwelle markiert. Umgekehrt könnte man auch sagen, daß nach diesem Text der neue libertine Intertext des achtzehnten Jahrhunderts wie die Extension der Don Juanschen Irreversibilität sein wird.

Ein wesentliches Merkmal dieser irreversiblen Transformation ist die Intensivierung des Scheincharakters, die in Molières Stück auf eine sehr subtile Art durchkonstruiert ist. Daß letzten Endes die Figur zur Allegorie des Scheins wird, definiert den Status dieses Scheins noch nicht. Im Gegensatz zur dualen Opposition von Sein und Schein bedeutet das Don Juansche Dispositiv, wie schon gesagt, das Auftauchen der Virtualität: da jede Frau nur so lange Objekt des Begehrens ist, bis sie von der nächsten abgelöst wird, wird ihr Objektcharakter jeder Gegenständlichkeit beraubt. Jede ist nur noch ein Moment des Übergangs zur anderen und erhält als solche ihren Platz in der Reihe. Die für jedes narrative Schema unumgängliche Stabilität in der Zirkulation von Wertgegenständen[84] wird auf jene stabile Instabilität hin verlagert, die die Bedingungen der ökonomischen, im Prinzip unendlichen Reihe ist. Oder anders ausgedrückt: das Verschwinden der Individualität jeder neuen Frau (in der Tat ist sie immer nichts anderes als das plötzliche Erscheinen neuer, überraschender *Züge* – neuer Differenzialitäten – und nicht die Begegnung einer radikalen Andersheit) wird durch das Don Juansche Begehren weder beseitigt noch aufbewahrt, sondern in pure Differenzialität verwandelt. Da aber jede neue Differenz nur in der Ephemerität des Übergangs zu anderen, künftig ersehnten ist, verliebt sich Don Juan weder in Bilder noch in Realitäten, sondern in *virtuelle Bilder*. Die dadurch entstehende Relation zwischen »Subjekt« und »Objekt« des Begehrens (aber beide Posten werden eben dadurch rein provisorisch und sekundär) eröffnet dem Begehren Räume, die weder dem »Realen« noch dem »Symbolischen« zuzuordnen sind und auf die ambivalente Fiktivität der neuen sozialen Symbolizität hinweisen. Diese kennzeichnet sich dadurch, daß das Ökonomische und das

Erotische anfangen, auf eine katastrophale Art zu interferieren. Gerade dieser ambivalente Status des sozialen Scheins – und der ihn ausdrückenden Textualität – charakterisiert die libertinen Texte, die uns hier interessieren. In der Präsentation der leeren Unendlichkeit der ökonomischen Immanenz werden diese Texte an Distanz nicht mehr brauchen, als was nötig ist, um mehr als eine ihrer Reihen zu sein. Deswegen widersteht die libertine Allegorie des modernen Scheins der dialektischen Versöhnung von Begriff und Imagination, die nach ihrer letzten Manifestation – den Texten Sades – diese Katastrophe zu überwinden versuchen wird, ohne jedoch in die realistische Kompensation zu verfallen. Diese Distanz wird nicht kritisch sein, sondern visionär: sie ist das Wissen um die Virtualität, die weder Schein noch Metapher ist, sondern das theatralische Minimum, das eine Welt von Doubles noch ermöglicht.

Instabilität der libertinen Schreibweise

1. Verlust des narrativen Schutzes

Das Don Juansche Paradigma hat uns ermöglicht, die symbolische Funktion der textuellen Reversibilität zu erhellen: die Reversibilität der narrativen Wertform besteht darin, daß die mimetische Artikulation den Text zum Analogon vorhandener diskursiver Schemata werden läßt. Die narrative Verwirklichung sozialer Spielregeln beraubt somit letztere ihres willkürlichen und imaginären Charakters und macht gleichzeitig aus der narrativen Fiktion ein Element unter anderen des gesellschaftlichen Tauschs. Dieser blinde Zirkelkreis zwischen der Mimesis des ökonomischen Daseins und der textuellen Übersetzung diskursiver Schemata kann in bestimmten Fällen zu einer internen Selbstaufzehrung des narrativen Prozesses führen: die Banalität des merkantilen Begehrens erreicht in solchen Texten ihren unmittelbaren Ausdruck. Sie erzählen, in der endlosen Parataxe diegetischer und narrativer Transaktionen, die Geschichte der Nivellierung des Diversen, verbinden das Epos des Ökonomischen mit der ruhigen Mediokrität der bürgerlichen Existenz. Die blinde Gewalt, die in ihnen manchmal blitzartig zutage tritt, wird durch die Darstellung von Akkumulation und Transaktion, in der zweifachen Indifferenz von Geld und Erzählen, übertönt. In solchen Fällen ist der literarische Gewinn selbstverständlich gleich null.

Für Texte dieser Art sind die Machenschaften des Geldes und die Maschinerien des Textes eine einzige Einrichtung. Gemessen an der Möglichkeit der textuellen Virtualität, in visionärer Form die Mimesis des modernen Begehrens zu vollziehen (wie etwa Don Juan), bieten solche »récits financiers« das extreme Gegenbeispiel einer textuellen Annullierung der mimetischen Artikulation. Man könnte von ihnen entweder behaupten, daß sie die Darstellung der ökonomischen Existenz mit absoluter Adäquatheit erreichen oder daß sie der Konstitution einer textuellen »Währung« gleichkommen. Sie ergänzen den ökonomischen Diskurs dort, wo seine abstrakte Begrifflichkeit auf den Zusatz der textuellen Simulation möglicher (und gleichzeitig realer) Welten angewiesen ist. Sie simulieren aber nichts mehr und nichts weniger als die fiktive Welt, die die ökonomische Abstraktion dabei ist, einzurichten. Aus diesem Grunde sind sie ebensogut als deren imaginatives Supplement wie als ein Moment dieser Einrichtung zu betrachten. Bezeichnen wir sie als »Pseudo-Texte«, da die von ihnen in Szene gesetzten Intrigen zweitrangigen Charakter haben.[85] Der eigentliche Stratege ist nämlich dann weniger der inszenierte Stratege – die Figur – als die narrative Maschinerie selbst. Ihre Tätigkeit ergibt sich dann nicht aus der Notwendigkeit der Form, sondern aus einem diskursiven Kalkül, das die textuelle Aussage in zwei völlig ungleiche Realitäten teilt: die Maschinerie »weiß« sozusagen, was die diegetische Ebene »nicht weiß«; ihre Relation ist wie die Beziehung des klaren Bewußtseins zu seinen Vorstellungen. Die *narration* benutzt hier das Erzählmaterial, um es für exogene Zwecke einzusetzen. Texte dieser Art können viel reales Material und viele Indizien enthalten. Sie müssen aber auch die Aktualität ihrer Darstellung mit einem sehr konventionellen Gebrauch narrativer Klischees vermengen. Was im allgemeinen unvermeidlich ist – insofern jede aktuelle Darstellungsform immer die Variation früherer Codes ist – erreicht beim »Pseudo-Text« einen extrem hohen Grad an Indifferenz. Eine äußerliche Zielsetzung hat dann den narrativen Prozeß im Griff und steuert ihn von außen, um dabei die textuelle Wertform zu konstituieren, die diese externe Wertigkeit braucht. Dem Text wird in diesem Fall jede Inauguralität verwehrt: er bleibt der Primarität diskursiver Schemata untergeordnet und führt ausschließlich deren Programm aus.

Anders jedoch mit dem realistischen Text, der, wie Ian Watt es betont, an der Unauguralität des bürgerlichen Willens Anteil hat.[86] Aus dieser initiativen Geste der realistischen Schrift ergibt sich jedoch ein neues Paradox: ein aktives, positives Vergessen führt einerseits zur Abkehr von inadäquaten literarischen Codes (der Text riskiert nunmehr sein »In-der-Welt-Sein«, ohne sich dabei auf erprobte Formen stützen zu können); andererseits sollte die textuelle Authentizität ein authentisches Bild der bürgerlichen Identität vermitteln. Mit anderen Worten: der realistische Text soll ein Ideal präsentieren (ein Ideal des bürgerlichen Lebens), als ob dieses Ideal ein Faktum wäre. Daher droht aus immanenten Gründen dem realistischen

Text eine eigene »Heuchelei der Mimesis« – auch wenn diese die umgekehrte Form annimmt, als diejenige, die den »Pseudo-Text« kennzeichnet. Was die Authentizität der textuellen Erfindung definiert, ist (nach repräsentativen Kriterien) das »Unwissen« des Textes – das Risiko, das das Erzählen bereit ist, einzugehen. Jeder realistische Vorstoß, der die Aktualität von Realien in den Dienst einer Einrichtung bürgerlicher Werte stellt, generiert aus diesem Grunde eine eigene Form von textueller Reversibilität: die Gestaltung des Ideals des guten Lebens qua textueller Gestalt. Andererseits löst die realistische Schreibweise das Gegenteil aus: die Simulation einer unbestimmten Zahl möglicher Welten.

Insofern der libertine Text an der modernen individuellen Inauguralität Anteil hat, droht ihm der gleiche Rückfall in die Reversibilität einer normativen Schrift. Im Gegensatz jedoch zum bürgerlichen Roman, deren mögliche Welten die bürgerliche Installation der Welt verdoppeln, ist die Autonomie des libertinen Willens ganz auf sich selbst bezogen. Ihre Möglichkeit erschöpft sich immer in ihrer Aktualisierung. Diese »Ausklammerung« der Welt ist ein besonderes Merkmal der libertinen Schreibweise. Die sich daraus ergebende mimetische Reduktion – der rein zeichenhafte, ja signalartige Charakter des libertinen »Chronotops« – höhlt die realistische Potentialität dieser Texte aus. Es wäre dennoch verfehlt, aus diesem unverkennbaren Faktum den Schluß zu ziehen, daß die libertine Literatur zum Realismus gänzlich unfähig wäre. Dem widerspricht allein die Tatsache, daß eine Menge libertiner Texte mit pikaresken Traditionen verbunden sind, daß ein libertiner Lebenslauf immer in gewisser Hinsicht ein Abenteuerroman ist und daß, last but not least, libertine Texte nicht davor zurückschrecken, das sexuale Leben in allen seinen Formen und mit einem hohen Aufwand an konkreten Details zu evozieren. Richtet man sich ausschließlich nach dem Vorhandensein von Realien im Text, um Realismus zu definieren, dann muß man tatsächlich zugeben, daß die Fähigkeit der realistischen Schrift, die Fülle der Welt in textuelle Mannigfaltigkeit zu übersetzen, größer ist als dies im Durchschnitt für libertine Texte der Fall ist.[87] Bedeutet Realismus hingegen die intuitive Erfassung der Welt ohne Rücksicht auf Wertnormen und Darstellungsklischees, so relativiert sich das qualitative und quantitative Kriterium wesentlich. Alle diese Paradoxien sind nicht neu: sie wurden zur Zeit der Aufklärung nicht nur als solche erahnt, sondern zum Teil schon konsequent ausgedacht – so z. B. durch Diderot. Die Mimesis wird zu ihrer eigenen Paradoxie: beschreibbar ist das Reale nur durch das Supplement der Imagination.[88] Die relative Leere oder Fülle libertiner Darstellungen ist daher kein adäquates Kriterium, um darüber zu urteilen, wie realistisch die libertinen Texte geschrieben worden sind. Wir müssen die Frage anders stellen und die Problematik der erotischen Reduktion grundsätzlich anders reflektieren.

Die Aporie der Authentizität existiert erst mit deren Darstellung. Die herrschenden Diskurse der Aufklärung (damit ist ihre dogmatische, triumphierende Seite gemeint), die von bestimmten anthropologischen Hypothesen ausgehen, die, wie wir mehrmals betont haben, notwendigerweise den Status von diskursiven Schemata haben, lassen per definitionem keinen Zweifel zu. Die Aporie der Selbstdarstellung des Ideals des Menschlichen entsteht erst im Versuch, die Ikonenhaftigkeit des Ideals mit der Plausibilität ihrer narrativen Präsentation in Einklang zu bringen. Der bürgerliche Roman entgeht dieser Aporie, indem er sie verschlimmert: der Versuch, über eine Welt Rechenschaft abzulegen, die das Ergebnis eines souverän gewordenen Willens ist, verlagert das realistische Projekt in die Unendlichkeit. Das Epos der Aneignung aller Reichtümer, der Wille zum Willen, die Unendlichkeit des modernen Begehrens, definieren nunmehr eine auf irreversible Art in die Flucht getriebene Realität. Daraus ergibt sich für den bürgerlichen Roman eine andere Form von mimetischer Heuchelei. Sie entsteht dadurch, daß die realistische Schrift stabile narrative Wertformen privilegiert und die durch den kapitalistischen Prozeß ausgelöste Instabilität (wovon sie ein Moment ist) durch die Darstellungsform vertuscht. Das Erzählen hütet sich in diesem Fall vor jedem Risiko – im Gegensatz zum Bourgeois, der ohne Risiko nichts unternehmen könnte. Das bürgerliche Projekt findet dann in der Schrift die Idylle, die konsumiert und genossen werden kann, so wie in der heutigen Realität der stille Rückzug, Urlaub und Abgeschiedenheit die unruhige Hektik des Alltags zu vergessen, aber auch fortzusetzen ermöglicht. Das Alibi der Schrift als imaginärer Ruhepunkt ist auf die Phantasie einer erträumten Welt jedoch nicht angewiesen. Es genügt lediglich, wenn das Projekt zum Prospekt wird – wenn die Entstellung dieser Welt durch den technischen Willen im weitesten Sinn (alles können, alles wissen, alles gewinnen und verwandeln können) sich in Textformen ausdrückt, die über genügend narrativen »Schutz« verfügen, um die Instabilität der Welt durch die Stabilität der Darstellung zu kompensieren. Alle Ikonen der menschlichen Selbstrepräsentation, alle utopischen Wunschvorstellungen von Harmonie und Ordnung übernehmen dann für den Erzählprozeß die gleiche Art von stabilisierender und rationalisierender Funktion, die die *costruzione legittima* für die Zentralperspektive hatte. Das Erzählte ließ sich in diesem Fall von jenem fixen Dispositiv ableiten, das die Vor-Stellung des Ideals eines »normalen« Menschen darstellt – anders gesagt: seiner *Idealnorm*.

So entsteht die spezifische Ökonomie der realistischen Schreibweise – ihre genuin ökonomische, regulative Funktion – bis sie notwendigerweise und aufgrund ihrer immanenten Logik dem Inhumanen begegnet.

Die Versuchung, der eigenen destabilisierenden Kraft durch den Einsatz narrativer Kompensationen entgegenzuwirken, ist für die libertine Schreibweise ebenso groß wie für andere literarischen Strömungen der Zeit – und es fehlt an Texten nicht, die sich in diesem Sinne selbst »verraten«. (s. weiter unten S. 123–136). Aber die Gegenstände der libertinen Darstellung – das Begehren, die Erotik – widerstehen per se der formalen Stabilisierung. Oder vielmehr: sie erreichen sie meistens nur um den Preis eines Sinnverlustes. Die reduzierte Welt der libertinen Texte ist zudem nicht nur instabil, sie ist auch im hohen Grade lückenhaft. Diese Welt erschöpft ihre Gegenständlichkeit im Begehren und »fehlt sich selbst« sozusagen. Das Inventar ist nicht ihre Stärke. Dieser Mangel schlägt aber ins Positive um: die mimetische Reduktion kann eine semantische Verdichtung erzeugen. Diese ist oft auch in jenen Texten vorhanden, die beim ersten Blick als klischeehaft und konventionell erscheinen. Diese Konventionalität sollten wir aber wie eine Art Geheimschrift auffassen. Denn die libertine Literatur erreicht oft die Abstraktion der Idee durch mechanische Eigenschaften, die nur ein oberflächliches Urteil mit den klischeehaften Konstrukten mancher Pseudo-Texte prinzipiell gleichsetzen kann. Die Schwierigkeit der Analyse besteht in diesem Fall darin, Fall für Fall zu überprüfen, inwiefern es sich dabei um Analogien handelt oder nicht (siehe Anm. 122). Die anachronistische Projektion späterer Formen auf diese Epoche hat oft dazu beigetragen, den Unterschied zwischen klischeehafter Konstruktion und mechanischer Variation zu übersehen. Dieser »mechanische« Charakter der libertinen Literatur unterscheidet sie nicht nur von der »atmosphärischen« Art der realistischen Schreibweise, er ist auch das Symptom des Verlustes eines »narrativen Schutzes«, der mit der Aporie der libertinen Souveränität innig verbunden ist.

Der Libertin bricht nämlich nicht nur wie der Bürger radikal mit alten Werten, er ist nicht nur darauf bedacht, seine Souveränität zu erlangen und auszuleben, er ist von vornherein als Aufklärer dem Licht ausgesetzt und ausgeliefert, mit dem er sich selbst, die anderen und die Welt erhellen und beherrschen möchte. Tatsache ist, daß die libertine Literatur, wie kaum eine andere literarische Tradition, die Inszenierung von Macht ermöglicht; der Libertin als Stratege verfährt – und verführt – mit System und weiß immer mehr als sein Opfer, deren Unschuld meistens mit Unwissenheit verbunden ist. Damit ist aber nicht gesagt, daß die libertine Souveränität eine sichere Position ·ist. Wir müssen einen Unterschied zwischen jenen Texten machen, in denen die Position der Herrschaft auf eine bequeme Art den Sieg garantiert, und der grundsätzlich paradoxen Position des Libertins. Sind die ersten Fälle selten (bzw. charakteristisch für die späteren Texte, die die Dekadenz der libertinen Schrift bekunden), so ist die Paradoxie der Souveränität die Regel. Gerade das Beispiel von Versac beweist dies am deutlichsten, wie wir es bald zeigen werden. Don Juan bezahlt seine absolute Souveränität mehr durch seinen abstrakten, immanenten Tod als durch seinen am Ende des Stücks dramatisierten Tod, und Sades Texte werden ihrerseits gerade die Logik der Souveränität bis zum Punkt treiben, wo der souveräne Wille in die sinnlose Raserei einer undifferenzierten allseitigen Zerstörung mündet. Der Libertin ist in essentia ohne narrativen Schutz – oder steht vor dem Blick einer höheren Hellsicht (wie etwa Valmont in Laclos' *Liaisons*). Aber in keinem Fall bleibt er vom katastrophalen Entwertungsprozeß, den er selbst fördert und intensiviert, unberührt. Das Werk von Sade wird eben zeigen, daß die Logik der Aufklärung – die Logik der Erhellung – vor ihrem Exzeß ungeschützt bleibt und daß die libertine Übererhellung, die durch ihr eigenes Licht die Aufklärung beurteilen wird, deren strengster Richter sein wird sowie die kritische Philosophie von Kant den Verstand vor das Tribunal der Vernunft laden wird. Wie die Kantische Kritik die unendliche Bewegung der Selbstbefragung auslöst und jede Dogmatik ablehnt, so verliert auch die libertine Souveränität den alten Schutz narrativer Schemata. Was für den Diskurs programmatischen Charakter hat, bedeutet für den Text einen immanenten, katastrophalen Prozeß.

Der Libertin ist sozusagen allein vor dem Gesetz, indem er die Rolle der Vertretung von Machtfiguren besetzt und damit den problematischsten Platz einnimmt – den des Herrschers. Die Authentizität des Krieges, den er wie kaum eine andere Figur führt, ermöglicht ihm, das zu erhellen, was die Aufklärung im Schatten beläßt. Im hellen Tausch seiner Intrigen entpuppt sich der ökonomische Vertrag als List, Erpressung und Strategem und die Freiheit des Subjekts als schonungsloser Aneignungsdrang. So wird dieser Immoralist zum Moralisten wider Willen. Dies kann aber nur geschehen, weil die libertine Schrift in ihren exponiertesten Formen ohne narratives Schutzdispositiv vorangeht. Im Gegensatz zum bürgerlichen Realismus kann sich der libertine Text nicht auf das Programm des individuellen Entwurfs stützen. Daher ist die libertine Literatur sowohl von der bürgerlichen Selbstsicherheit wie von der aristokratischen Selbstherrlichkeit entfernt. Sie ist der fragile Ort, wo sich die Schrift, ohne Projekt und ohne politischen Horizont, einen Weg bahnt. In ihrem formalen Scheitern sind die Spuren einer Unmöglichkeit erkennbar, die ein anderer Name für die Möglichkeit der Literatur ist, wenn alle Funktionen der textuellen Vertretung versagen und gleichsam ihre Nacht eintritt.

Diese Nacht besteht nicht zuletzt in einer libertinen Hellsicht, die im Prinzip keine narrative Stimme mehr in Schutz nehmen kann. Daher kennt die libertine Literatur eine besondere Form von Herausforderung. Nichts kann denjenigen mehr auf seinem Weg begleiten, der sich für die libertine Entwertung entschieden hat. Zwar kann der Libertin zögern und angesichts der radikalen Einsamkeit seiner Souveränität den schon begangenen Weg zurückgehen, in dem Fall verschwindet aber das Labyrinth selbst, das mit jedem neuen Schritt, den er nach vorne macht, größer und komplexer wird. Daher haben es nur sehr wenige gewagt, in diesem Labyrinth ohne Schatten bestimmte irreversible Etappen zu überschreiten. Wie Michel Foucault es in einem Aufsatz über Crébillon fils und Révérony Saint-Cyr schrieb:

»Flucht ist unvorstellbar; der einzige Ausweg führt über jenen dunklen Punkt, der das Zentrum, das Höllenfeuer, das Gesetz der Figur bezeichnet. Kein Faden mehr, den man verwickelt und wieder entwirrt, sondern Gänge, die einen verschlingen (...) Dort herrscht nicht mehr die Frage nach Irrtum und Warheit: Ariadne kann man verfehlen, nicht aber den Minotaurus. Sie ist die Ungewisse, die Unwahrscheinliche, die in der Ferne; er ist gewiß und ganz in der Nähe. Und dennoch, im Gegensatz zu den Fallen der Ariadne, wo jeder sich in dem Moment zurechtfindet, in dem er verloren ist, sind die Figuren des Monotaurus absolut fremdartig; im Tod, den sie androhen, bezeichnen sie die Grenze zwischen dem Menschlichen und dem Unmenschlichen...«[89]

Bevor wir uns mit demjenigen beschäftigen, der bis zum Minotaurus vorgedrungen ist, möchten wir nun die Figur der libertinen Aporie am Beispiel von Versac evozieren und anhand einiger exemplarischer Situationen die formalen Bedingungen darstellen, unter welchen die libertine Textualität sich vor öden in ihr wohnenden Gefahren schützt – den narrativen Faden also wieder entwirren, den sie selbst verwickelt hat.

2. Methodologie der Hyperfiktionalität: die Rede von Versac in Crébillons *Egarements* (1738)

Die berühmte Rede von Versac an Meilcour in Crébillons *Egarements* (im dritten Teil des Romans, dt. nachzulesen in *Irrwege des Gefühls und der Gedanken* oder Memoiren des Monsieur de Melcour, Propyläen Verlag, Berlin 1968, ins Deutsche übertr. v. Erika Höhnisch, Eva Rechel Mertens und Ernst Sander, S. 336–354) ist der Anlaß mancher Kommentare gewesen. Man hat in ihr immer völlig zu Recht ein wichtiges Dokument der libertinen Gesinnung gesehen. Oft ist aber ihre strenge Logik unterschätzt worden. Es ist hier nicht der Ort, sich mit diesen zahlreichen Interpretationen auseinanderzusetzen. Wir möchten vielmehr anhand der Darstellung dieses regelrechten *»discours de la méthode libertine«* die Aporie der libertinen Souveränität herauskristallisieren und die anfangs thematisierte Hyperfiktionalität der libertinen Textualität im Anschluß an die bisherigen Analysen noch einmal aufgreifen. Bevor dies geschieht, möchten wir jedoch auf den besonderen Status dieser Rede hinweisen. Ihre Funktion ist nämlich ambivalent. Einerseits beabsichtigt Versac, Meilcour in seiner libertinen Laufbahn behilflich zu sein. Innerhalb des Initiationsromans, den die *Engarements* bedeuten, markiert sie daher eine der wichtigsten narrativen Etappen. Andererseits klingt diese Rede wie ein Diskurs; sie ist, innerhalb eines Textes, die Marke der diskursiven Äußerlichkeit. Ist der erste Aspekt eine nicht zu widerlegende Tatsache, so wäre es verfehlt, die ambivalente Position dieses *»Diskurses im Text«* auf die Eindeutigkeit einer textexternen Diskursivität zu reduzieren. Die Hyperfiktionalität, die das System von Versac definiert, drückt sich nicht nur im Text aus: sie ist mit dessen fiktionalem Status innig verbunden und nicht davon zu trennen. Diese besondere Situation ist kein Einzelfall für die Literatur der Epoche. *»Français encore un effort«*, am Ende der *Philosophie dans le boudoir,* ist ein bekanntes Beispiel für diese Art »textueller Diskursivität«, die vom Text aus – samt allen seinen Listen – die Sozialität befragt.

Versacs Rede birgt zwei Momente in sich. Sie besteht zuerst aus einer Analyse der sozialen Fiktionalität, die die Kritik der Moralistik am sozialen Schein fortzusetzen scheint, den Gegensatz von Schein und Sein, vom Falschen und Authentischen dennoch zugunsten einer labyrinthischen Denkfigur preisgibt. Diese nicht mehr kritische, sondern aporetische Problematik wird auf einer anderen Ebene der Rede entwickelt, die ihrerseits die Methodik der Souveränität im Kontext eines als unaufhaltsam betrachteten Entwertungsprozesses darlegt. Versac ist also weder ein Moralist noch einfach ein Immoralist. Er wäre eher der Libertin als »philosophe«, und in diesem Sinne nimmt er die Funktion des Sadeschen Libertins vorweg. Man könnte sagen, daß er auf eine exemplarische Art die libertine Konsequenz vertritt: sein Verhalten läßt sich restlos aus seiner Methode ableiten. Er ist, wie Juliette, Noirceuil oder andere Figuren bei Sade, der konkrete Beweis seiner Prämissen. Diese restlose Verbindung von Theorie und Praxis verleiht ihm einen allegorischen Charakter. So wie Don Juan oder der Sadesche Libertin, ist er eher das Prinzip des narrativen Geschehens, als daß er eine Figur im traditionellen Sinn wäre (wenn ein Merkmal der Figur ihre gänzliche Immanenz im Handlungsgeschehen ist). Die Verbindung von Hellsicht und Apathie, die ihn kennzeichnet und das Ergebnis seiner radikalen Entpersonalisierung ist, verleiht ihm eine absolut zentrale und zugleich absolut externe Position. Kurzum: er ist weniger eine dramatis persona als eine Idee, oder vielmehr die Abstraktion eines Experiments mit sozialen Regeln.

Der Ausgangspunkt der Methode ist sozusagen eine Art Soziologie der Entwertung. Zwar ist die Welt, von der die Rede ist, die einer bestimmten Klasse – der Aristokratie –, aber die Symptome der Entwertung und die Logik ihrer internen Beherrschung betrifft die Logik des Willens und der individuellen Initiative. Wie im Falle Don Juans überragt also die allegorische Präzision der Figur ihre soziale Sphäre. Sie bewegt sich sozusagen im konkreten Raum ihrer Hypothesen.

Versac beginnt seine Initiationsrede mit einer Reflexion über den Stand der Werte in einer Gesellschaft, die von einer generellen Wertkrise erfaßt ist, und definiert die Bedingungen der Souveränität in diesem Kontext. Die Entwertung, in die die aristokratische Klasse in erster

Linie involviert ist, kann als ein Übergang vom Code zur Mode bezeichnet werden. Jede Geste, jedes Wort ist diesem unaufhaltsamen Decodierungsprozeß ausgeliefert. Der Code existiert nur noch im provisorischen Zustand, er ist nunmehr in essentia instabil und ephemär. Versac, der als philosophe methodisch vorgeht, wird zuerst versuchen, die aufgrund einer empirischen Beobachtung gewonnenen Erkenntnisse auf einige einfache Grundprinzipien zu reduzieren. So wird es ihm möglich sein, den Code der Decodierung (also: deren Axiomatik) zu entwerfen. Für diese von ihm entdeckte Ausgangsregel gibt es zwar einen Namen (»le bon ton«), aber niemand könnte sagen, um was es sich eigentlich handelt: das Grundschema ist semantisch leer. Was Versac dazu sagen wird, ergibt sich also rein aus der Beobachtung und aus der Reflexion und läßt sich von keiner sicheren Regel ableiten:

»Was ist im Grunde dieser gute Ton?
›Diese Frage versetzt mich in Verlegenheit‹, gab er zu. ›Es handelt sich da um einen Ausdruck, eine Wendung, die jedermann benutzt und die doch niemand versteht. Was wir unsererseits als Ton der guten Gesellschaft bezeichnen, ist einfach der unsere, und wir sind entschlossen, ihn nur denen zuzuerkennen, die so denken, sprechen und handeln wie wir. Bis man mich eines Besseren belehrt, sehe ich ihn in dem Niveau und der leichten Handhabung absurder kleiner Zeitgewohnheiten (...)‹«[90]

Darauf folgt ein empirischer Katalog von Beobachtungen, den man mit dem Begriff der Frivolität resümieren kann: der »bon ton« besteht darin, sich von jeder Art von Authentizität zu entfernen, nur Oberflächliches zu sagen, zu denken und zu leben, und dabei jedoch ständig zu entscheiden und zu bestimmen. Mit anderen Worten: einen Gebrauch von Zeichen zu machen, die bar jeder Referenzialität sind – die keine andere Referenzialität haben als die provisorische Konvention, in der die Spieler sich gegenseitig anerkennen. Ist der Konsens über den Verlust der Referenzialität gegeben, so besteht der »bon ton« im eleganten, geschickten Umgang mit diesen sinnentleerten Zeichen.[91] Diese Ausleerung der Bedeutung betrifft sowohl die Semantik des Austauschs wie die Stellung aller Beteiligten: jeder ist sich selbst und den anderen ein leeres Zeichen bzw. von der rapiden Vergänglichkeit von Verhaltenscodes abhängig. Die Frage, die Versac sich stellt, ist folgende: wie ist es überhaupt möglich, unter solchen Bedingungen die Position des Verführers und der Macht zu erlangen und aufrechtzuerhalten? Oder mit anderen Worten: wie ist es möglich, dem allgemeinen Entwertungsprozeß zu entgehen, ohne sich gänzlich aus dieser Welt zurückzuziehen? Es gibt keine andere Lösung als die der libertinen Flucht: die Welt, die sich selbst ständig verläßt, ohne sich an irgendeiner Finalität orientieren zu können, muß ein zweites Mal in die Flucht getrieben werden. Erst durch diese höhere Ziellosigkeit wird Souveränität möglich sein. Diese ist daher ohne Schutz. Kein Glaube, kein fixer Klassencode wird sie nunmehr garantieren. So wird uns Versac verdeutlichen, wie die allgemeine Decodierung der Werte, die jene Klasse zuerst beseitigen muß, die ihre Herrschaft der Festigkeit eines kulturellen Codes verdankt, keine klassenmäßige Sicherung der Souveränität garantiert. Versac mag ein Aristokrat sein, der sich an Aristokraten richtet. Sein System führt ihn jedoch nicht zur Restauration aristokratischer Werte, sondern zum Entwurf jener neuen Souveränität, die nichts anderes als die Glorie des Willens ist und als solche zur allseitigen Decodierung (und somit auch zur Abschaffung von klassenbedingten Privilegien) führt. Wie Don Juan vertritt er das kapitalistische Prinzip einer indifferenten Decodierung. Der Weg, der ihn zu dieser Position geführt hat, ist in zwei Etappen zu gliedern. Mitten in seiner Rede auf eine überraschende Art sagt Versac zu Meilcour, er habe sich für die Entscheidung der libertinen Souveränität nicht aus eigenem Wunsch entschieden, sondern aufgrund einer Enttäuschung:

»Meinen Sie, ich hätte mich ohne ernsthafte Überlegung der qualvollen Übung unterworfen, mich ständig zu verstellen? Da ich ziemlich früh in die Gesellschaft eingetreten bin, habe ich einen guten Blick für alles Falsche bekommen. Ich habe früh erkannt, daß solide Vorzüge verpönt oder doch wenigstens lächerlich gemacht wurden und daß die Frauen, die allein über unser Verdienst befinden, ein solches an uns nur insoweit entdecken, als wir uns nach ihren Begriffen richten. Sicher, daß ich, ohne mir selbst den Untergang zu bereiten, nicht gegen den Strom würde schwimmen können, habe ich mich ihm vielmehr anvertraut. Ich habe alles dem hohen Schein geopfert und bin gedankenlos geworden, um sicherer zu glänzen. Ich habe mir die Laster zugelegt, die ich brauchte, um zu gefallen. Ein so geregeltes Verhalten half mir zum Erfolg.«[92]

Die Erlangung der Souveränität ist nur durch die Intensivierung der Entwertung möglich: diese Entscheidung steht am Anfang der libertinen Laufbahn von Versac. Alles andere ergibt sich aus der Logik dieser paradoxen Lösung: die Erfindung des souveränen Wertes und vor allem seine Permanenz ist nur um den Preis seines ständigen Verlustes möglich. Wer diese Aporie nicht auf sich nimmt – wer sich nicht selbst negiert, um die Souveränität zu erlangen –, bleibt von rein provisorischen Werten abhängig, an die er glauben muß, um sie später negieren zu müssen. Versac hat verstanden, daß die Gesellschaft der Mode – der permanenten Erfindung frivoler Werte – eine unaufhörliche Produktion von Bildern hervorruft: jeder ist dem Bild verpflichtet, das der andere von ihm verlangt, keiner kann ernsthaft an die Authentizität seiner eigenen Bilder oder an die Authentizität der Bilder anderer glauben, jeder muß aber an diese generalisierte Fiktion glauben, wenn er am Spiel teilhaben will. Derjenige nur kann in dieser Situation die anderen beherrschen, der sich in die Lage versetzt hat, die Mode – das neue Bild, den neuen Code – zu erfinden. Die Methodik, deren Geheimnis Versac an Meilcour nun weitergibt, besteht in der Verdoppelung der Verdoppelung – in der Mimesis der Mimesis, in einer Hyperfiktionalität, die um die Fiktion weiß, an ihr teilhat –, aber in einer paradoxen Teilnahmslosigkeit das Spiel weitertreibt. Man sollte dabei nicht so tun, als ob man an das Bild, das man vom anderen erwartet und von sich selbst gibt, glauben würde, sondern sogar so tun, *als würde man an diesen Glauben glauben*. Die Markierung dieser Verdoppelung ist unauffindbar: Versac macht nichts anderes als die anderen auch. Wie die anderen, weiß er, daß er grundsätzlich immer tut, als ob er nicht wüßte, daß er eben nur simuliert, aber im Gegensatz zu den anderen *will* er simulieren. Mit anderen Worten: was ihn von den anderen trennt, ist, daß er das gleiche *nicht aus Wohlgefallen tut,* daß er sich nicht in der Lust der Illusion selbst preisgibt, sondern jederzeit Distanz zur Spiellust behält, um daraus Profit zu schlagen. Erst diese Zerstörung der durch die Logik der Entwertung verursachte Ikonolatrie kann einem ermöglichen, an der Entwertung teilzuhaben und dabei an Wert selbst zu gewinnen. Die anderen um ihn herum sind zwar vom Strom mitgerissen worden, sie handeln aber immer noch nach dem alten Prinzip der aristokratischen »ostentation«: sie beschränken sich immer noch darauf, den anderen zu gefallen, und werden so zu ewigen Höflingen in einer Gesellschaft der gegenseitigen Simulation: »Es ist sicherer, die anderen unter unseren Willen zu zwingen, als unaufhörlich unsere Eigenliebe um ihretwillen hintanzustellen. Das übergroße Verlangen, ihnen zu gefallen, setzt ein Bedürfnis danach voraus. Sie sind niemals mehr zur Strenge uns gegenüber geneigt, als wenn wir allzu sklavisch bemüht sind, sie günstig für uns zu stimmen.«[93] Versac, der die Inkonsistenz dieser Welt nicht für gut hält *und ebensowenig an sich selbst wie an deren falsche Werte glaubt,* gewinnt gerade aus seiner gewollten Entwertung die Aufwertung, die ihn vor jeder Abhängigkeit rettet. Er antwortet auf die allgemeine Nachfrage nach Bildern, ohne sich dabei von der Nachfrage des anderen abhängig zu machen; er bietet neue Bilder an. Er macht die Mode. So konsumiert er diese Welt weniger, als daß er sie produziert, und überwindet die narzißtische, phantasmatische Abhängigkeit von Bildern durch eine radikale Unfrömmigkeit, die sich hinter der Maske einer absoluten Konformität versteckt. Er hat sich, wie er selbst sagt, der Frivolität zwar restlos hingegeben, behält aber für sich die unendliche Distanz des Denkens – jenes Denkens eben, das der Inhalt seiner Argumentation ist. Aus diesem Grunde bittet er wiederholt Meilcour darum, niemandem von diesem Gespräch etwas zu verraten. Würde nämlich jemand um diese Unfrömmigkeit wissen, so wäre er verloren (er würde als besserer Lügner nicht mehr befolgt, sondern nur noch beneidet werden). Meilcour gegenüber verrät er die Formel der libertinen Souveränität: die absolute Distinktion – die Pflege der Originalität – darf die Grundregeln des bon ton nie übertreten: dieser muß um so mehr respektiert werden, als er für unwert gehalten wird. Erst aus einer solchen Indifferenz und Apathie lann Versac die Energie schöpfen, die ihm ermöglicht, die Initiative zu behalten. Die Paradoxie besteht darin, die höchste Singularität dank der größten Indifferenz zu erreichen; gerade weil Versac sich von der Frivolität nichts erhofft und den moralischen Verzicht ablehnt, gibt er seinem Willen die Maske der Frivolität. Der Rückzug ist nicht moralisch, sondern strategisch, und erfolgt auf der Stelle: je mehr man sich dem Blick des anderen willentlich und mit der Indifferenz der Apathie aussetzt, desto mehr wird man durch dieses Ausgeliefertsein geschützt. Erst die Überwindung von Sein und Schein, Hell und Dunkel ermöglicht diese Souveränität – und diese allein ist in einer Situation der gegenseitigen Verstellung möglich. Je mehr man sich zeigt, desto weniger wird man gesehen, je mehr man gesehen wird, desto versteckter bleibt man. Man muß nur glauben lassen, während man anschaut, daß man angeschaut wird. Die Maske, die man im Maskentanz zeigt, gibt nur den Schein ihres Scheins ab. Im Grunde ist sie ein Beobachtungsposten. Sie spielt die fête galante und führt den Krieg. Der Krieg, den Versac führt, ist nichts anderes als der Krieg des Blickes selbst. Wie Don Juans Blick, ist er die Indifferenz der Geschwindigkeit.[94] Versac spielt nicht, um sich am Spiel zu ergötzen, sondern benützt das Spiel, um daraus Informationen zu gewinnen. Während die anderen vor lauter Frivolität übersehen haben, daß sie sich schon längst der Leidenschaft des Spiels hingegeben haben, setzt er die Frivolität in Mehrwert um. Die anderen, die das Spiel der Frivolität gewünscht haben, erliegen ihrer Logik. Er aber, der die Frivolität wider Willen zum Prinzip des Erfolgs gemacht hat, treibt ihre Logik weiter. Er ist zwar frivol, aber aus System. Das System selbst beruht auf dem Prinzip der Überraschung. Die Verdoppelung der Maske, die Nachahmung der allgemeinen Nachahmung reicht nicht aus. Denn in dem Fall sind sich alle Spieler gleichwertig. Erst die Geschwindigkeit entscheidet, denn sie ermöglicht, ohne die Grundregeln zu übertreten, die Initiative zu behalten. Wer zu verblüffen weiß, hat schon gewonnen: »Pour persuader il faut étourdir.«[95] Damit ist die libertine Rhetorik definiert. Ihre Umkehrung in Erotik ist gesichert: auf die gleiche Art, erklärt Versac Meilcour, gewinnt man die Frauen für sich:

»Der Eindruck, den man nur allmählich bei ihnen erzeugt, wirkt niemals sehr stark auf sie. Damit sie heiß entflammt lieben, dürfen sie sich gar nicht darauf besinnen, was sie so plötzlich zu zärtlichen Gefühlen bewogen hat. Man hat ihnen eingeredet, daß eine Leidenschaft, wenn sie heftig sein soll, mit äußerster Verwirrung beginnen müsse, und sie glauben es schon zu lange, um sich auch nur vorzustellen, sie könnten sich von diesem Gedanken jemals wieder trennen. Nichts ist mehr geeignet, um in ihrer Seele jene zauberhafte Beunruhigung zu wecken, als jener Rausch des Selbstgefühls, der, da sie dank ihm alles wagen, die Anmut ihres Wesens beflügelt oder doch mindestens ihre Fehler verdeckt. Eine Frau bewundert, staunt, gerät in Verzückung und glaubt, daß sie sich jeder Überlegung verschließt, daß gerade ihre Reize ihr keine Zeit dazu lassen. Wenn sie sich zufällig dennoch fragt, ob sie nicht Widerstand leisten sollte, tut sie es nur, um sich desto mehr davon zu überzeugen, daß er nutzlos wäre und daß man ihn einer so starken, so unvorhergesehenen, so außergewöhnlichen Sache gegenüber, wie Liebe auf den ersten Blick es ist, gar nicht erst versuchen soll.«[96]

So bedeutet für Versac die allgemeine Entwertung eine Aufforderung zum Profit. Meilcour gegenüber wiederholt er nachdrücklich: die wahre Überlegenheit ist eine Frage der Methode. Er zählt ihm alle Eigenschaften auf, die dazu notwendig sind: Geist, Anstrengung, Methodik, »justesse«, »finesse«, und viel schauspielerisches Talent. In einer Gesellschaft des Codes garantiert dessen umsichtiger Gebrauch Anerkennung und Ruhm. In einer Gesellschaft der generellen Decodierung entscheiden nur die List, ästhetische Eigenschaften, Methodik und Phantasie. Nichts unterscheidet die Eigenschaften, die Versac vom Libertin verlangt, von denjenigen, die der Feldherr braucht, um im Krieg die Initiative zu behalten. Nicht Versac vertritt hier die Frivolität der Aristokratie, sondern der bon ton, den er mit so viel Hellsicht durchschaut hat und für ihn kein Ziel ist, sondern die Bedingung seiner Macht. Wie die ökonomische Moral, die keine ist, kennt Versac kein anderes Prinizp, als das Prinzip des Resultats:

»Auch wenn ich«, antwortete ich, »nicht alle Gründe kenne, die für Sie entscheidend sein mögen, begreife ich durchaus, daß Sie sich Lächerlichkeiten nur deshalb ausdenken können, weil Sie sie für ein Mittel halten, in der Gesellschaft zu gefallen.«
»Ja, das will ich meinen«, antwortete er. »Die Art wie mein Erscheinen die Gesellschaft bestochen hat, ist, meine ich, ein recht guter Beweis dafür, daß ich mich nicht täusche und daß man einzig, wofern man auf meinen Spuren wandelt, einen ebenso großen Ruf erlangen kann.«[97]

Versacs Phänomenologie der Frivolität wird mit cartesianischer Strenge geführt. Die methodische Abstraktion operiert aber im vollen Bewußtsein mit Pseudo-Entitäten, mit Zeichen ohne Referenz, um daraus ein Supplement zu gewinnen, das weder wahr noch falsch, weder real noch imaginär ist, sondern – im Gegensatz zur Relativität der Pseudo-Werte, aufgrund derer er operiert – schlichtweg absolut ist. Diese Hyperfiktionalität bedeutet schließlich die höchste Macht. Die Aporien von Hell und Dunkel, Innen und Außen, Sich-Zeigen und Sich-Verstecken verwandeln sich dadurch zu einer neutralen Verklärung, die sie keineswegs aufhebt, sondern nur intensiviert.

Ist also Versac ein »petit-maître«? Oder ist er nicht eher ein hochbegabter Börsenspieler? Das Paradox von Versac definiert auf die treffendste Art die libertine »Überaufklärung«. Deren luziferische Potenz bringt die Bedingungen der Souveränität in einer Welt instabiler Codes zum Ausdruck; deren Hyperevidenz offenbart die Grausamkeit eines schattenlosen Labyrinths. Versacs Verstellungsspiel braucht kein Versteck und keine Dunkelheit, es operiert mit dem Hellen, um sich in einer paroxystischen Übererhellung zu verdoppeln. Die Schattenlosigkeit dieses Spiels manifestiert einerseits die höchste Gewalt: die der manipulativen Rationalität. Andererseits verdeutlicht sie auch die Ambivalenz der Souveränität, wenn diese auf keinem Legitimationscode mehr beruht und sich selbst mit jedem neuen Willensakt erneuern muß.[98]

Die Frage der Identität von Versac ist irrelevant. Er ist, wie Don Juan, »schon tot«. Er ist jenseits des Begehrens, wenn das Begehren notwendigerweise die Phantasie – und somit die Wunschbilder eines Subjekts – impliziert. Er hat, wie Don Juan, die reine Abstraktion erreicht. Er ist reine Gewalt oder reine Indifferenz, purer Wille oder Apathie. Seine exzentrische Stellung innerhalb der *Egarements du cœur et de l'esprit,* aber auch innerhalb des Werks von Crébillon, entfernt ihn vom Geschehen. Die Folgenlosigkeit seiner Rede ist offenkundig. Meilcour wird nach seinem Gespräch mit Versac Madame de Lursay wiedersehen, die ihm eine ganz andere Lektion erteilen wird. Am Ende des Buches erscheint sie wie der lebendige Vorwurf der Liebe, während Meilcour nur ein halber Libertin bleibt. Er wird in dieser letzten Szene von deren Gefühlen und von deren geistiger Schärfe so beeindruckt und getroffen, daß er daran zweifelt, ob Versac über die Frauen richtig denkt. Dieses Non-Finito ist kein bloßer Zufall. Am Ende einer durchgängig verfolgbaren Initiationsstrecke läßt Crébillon seinen Helden im hellen Labyrinth seiner problematischen Souveränität noch eine Weile umherirren. Das Labyrinth wurde einmal brüsk erhellt, so wie im Werk von Molière die Figur des Don Juan der blitzartige Einbruch des Tragischen bedeutet, als würde die libertine Literatur bis zum Werk von Sade sich mit spielerischer Geschicktheit vor der in ihr lauernden Grausamkeit entfernen müssen.

3. Das listige Opfer oder die Umkehrung der Kräfte

Konkurrenz zweier narrativer Programme innerhalb eines Textes:
Anti-Pamela (1742); Mémoires de Suzon (1778); Margot la Ravaudeuse (1750)

Zu Beginn der *Anti-Pamela* hält die libertine Mutter vor ihrer noch unwissenden und unschuldigen Tochter folgende erbauliche Rede:

»Allein durch Ehre und Opulenz kann das Leben angenehm vergehen. Wer wie Sie ohne Hab und Gut auf die Welt gekommen ist, erwirbt das eine nur um den Preis des Verzichtes auf das andere. Alle Wege, die zu Erfolg und Vermögen führen, bleiben aber unserem Geschlecht versperrt. Ein einziger bleibt ihm noch offen. Diejenigen, die geistreich geboren sind und über genügend Mut verfügen, um diesen Weg einzuschlagen, sind gleich im voraus einer glücklichen Wanderung sicher. Die Ungleichheit der Stände sollte Sie nicht erschrecken, eine hübsche Frau ist jeder Hoheit ebenbürtig. Die Liebe hört nur auf ihre Laune, um in ihrem Reich Rang und Ordnung festzulegen. Hier herrscht, im lieblichsten Chaos, eine vollkommene Gleichheit. Hier allein bestimmen Schönheit und Tüchtigkeit die Unterschiede. So kommt es, daß die Natur mit der Hilfe der Leidenschaften die Frauen für die Ungerechtigkeit ihrer Lage rächt. Dabei ist die männliche Schwäche eine sichere Einnahmequelle für sie. Denn, wenn wir uns genügend beherrschen, um unser Herz gegen ihre Verführungen zu schützen, werden wir sie immer an der Nase herumführen.«[99]

Diese Rede fordert die Frau als Opfer zu einer klaren Erwiderung auf. Ihr Argument ist leicht zu resümieren: nur die Männer können aufgrund ihrer privilegierten Position zur »fortune« gelangen (also: zum Erfolg, aber auch zum Vermögen). Die einzige Möglichkeit für die Frau, aus dieser ungünstigen Situation einen Vorteil zu ziehen, ist die Prostitution im weitesten Sinne (die Mutter präzisiert hier nicht, aber ihr sozialer Stand macht es möglich, ihre Tochter bald einem reichen Milord regelrecht zu verkaufen). Zwei Voraussetzungen für die libertine Karriere: »l'industrie et la beauté«. Die Schönheit hat Pamela selbstverständlich schon – wie alle ihre Schicksalsschwestern. »L'industrie« – also das technische Können – wird sie noch in der Praxis erlernen.

Eine Reihe von Texten, die vom Standpunkt des Opfers die Erzählung seines Erfolgs erzählen, werden – ungeachtet ihrer globalen narrativen Strategie – dieses Programm realisieren. In all diesen Texten verwandelt sich der Leidensweg zum Triumph des Opfers. Wie schon gesagt, bedeutet dies allerdings nicht, daß alle Texte, die ein solches narratives Programm erfüllen, letzten Endes dasselbe bezwecken. In allen konkurrieren nämlich *zwei* verschiedene narrative Programme: das erste rollt die Etappen des Aufstiegs auf und ermöglicht, aus der Perspektive des Opfers, die Gewalt, die Ungerechtigkeit der Männer, anzugreifen und ins Lächerliche zu ziehen; es ermöglicht generell eine Anklage gegen eine von Männern beherrschte Gesellschaft. Das zweite Programm hat eine rechtfertigende Funktion und ermöglicht in manchen Fällen eine moralische Kompensation der immoralischen Darstellung. Wie immer handelt es sich um eine Frage von graduellen Differenzen. In den Texten, die wir nun präsentieren möchten, sind die Proportionen zwischen der Darstellung der libertinen Karriere, dem narrativen Muster des Leidenswegs und der Erzählung der listigen Umkehrung von Kräfteverhältnissen jeweils andere. Da jeder Text diese verschiedenen narrativen Programme unterschiedlich gewichtet, ist kein allgemeines Urteil über sie möglich und legitim. Daher kann es sich auch hier nur um die Analyse bestimmter Konfigurationen handeln, deren Besonderheit und mehr oder weniger universaler Charakter Fall für Fall zu reflektieren ist.[100]

Villarets *Anti-Pamela* verkündet schon durch seinen Titel die intendierte narrative Umkehrung: die Hauptfigur wird nicht den Widerstand der Tugend, sondern die Entwicklung der Unschuld zum Zynismus verkörpern. Dennoch ist der Titel, so wie die vorher erwähnte Rede der libertinen Mutter, irreführend. Dieser Text bietet ein klares Beispiel für die Modalität narrativer Kompensationen in libertinen Texten: die zwei narrativen Programme (Pervertierung vs. Rechtfertigung) teilen den Text in zwei gleichmäßige Hälften. Der erste Teil, der aus dem Opfer eine souveräne Person macht, ist nicht ohne Interesse. Die Mutter ist (wie z. B. in der *Belle Allemande* von Bret [1745]) die Zuhälterin ihrer Tochter. Diese wird gleich am Anfang einem reichen Lord namens Keil verkauft, den man als eine abscheuliche, unförmige Fleischmasse darstellt. Nachdem sie erfolgreich seinen ersten libidinösen Angriffen widerstanden hat, flieht sie aus dessen Haus, steigt in eine Mietkutsche. Selbstverständlich passiert ein Unfall. Als sie wieder zu sich kommt, befindet sie sich im schönen Haus eines netten Herrn. Bald bilden beide wie erwartet das beste Liebespaar. Eines Abends aber, anläßlich eines jener so oft vorkommenden »soupers de petits maîtres«, spürt sie in sich eine erste Veränderung: sie fühlt, daß sie selbst zu »coquette« wird, und merkt in sich zugleich die ersten Anzeichen einer neuen Neigung, die sie überrascht. Gleichzeitig aber denkt sie daran, daß ihr Milord besser taugte, als alle diese petit-maîtres. Der Wechsel findet in perfekter Symmetrie statt: der eine gewinnt, was der andere verliert: sie wird sich ihrer neuen Liebe bewußt und bemerkt: »On me demandera peut-être ce que faisait l'idée de Milord pendant ces reflexions: Eh', mais... elle payait les frais de l'examen« (S. 49). Ein derartig symmetrischer interner Austausch läßt keine sehr komplizierten textuellen Strukturen erwarten. Tatsächlich wendet sich die Erzählerin schon an ihren Leser, um ihn zu warnen: hier spricht eine erbauliche Stimme, mein lieber Leser!

»Der Leser mag sich ob der plötzlichen Wende, die in mir stattfindet, wundern. Ich bin aber weit davon entfernt, wie ich es, so glaube ich, schon sagte, mich als Vorbild hinzustellen. Im Gegenteil sollten meine Verirrungen durch ihre Lächerlichkeit die Leser meiner Memoiren zu einem geradezu konträren Lebenswandel mahnen. Nichts anderes als meine Wünsche haben mich geleitet, und weder Erziehung noch der Beistand irgendwelcher Prinzipien – an beidem hat es mir gefehlt – hätten sie regeln können.«[101]

Mit anderen Worten: »erstens bin ich, als narrative Stimme, die Stimme der Moral, auch wenn es im Augenblick noch nicht so aussieht, zweitens bin ich, als Figur, glauben Sie es mir, einfach unschuldig. Fange ich an, eine *coquette* zu werden, so ist es, wie ich Ihnen gerade sage, nicht meine Schuld!« Unsere Heldin macht nunmehr jeden Tag neue Erfahrungen. Sie fängt an, ihre Gefühle und Neigungen zu analysieren, und zieht daraus einige klare ökonomische Formeln. Und aufgrund dieser neuen Errungenschaften entwickelt sie nunmehr ihr »kleines System«:

»Da wir durch die Gewohnheit zur Erfahrung kommen und da ich selbst versuchte, aus meinen Fehlern zu lernen, machte ich mir über alles Gedanken. Ich hatte zum Beispiel bemerkt, daß meine Leidenschaft nachgelassen hatte – wie die von Milord auch. Dies schrieb ich der allzu großen Leichtigkeit unserer Hingabe zu. Dies ließ mich zur Einsicht kommen, daß das karge Maß an Zärtlichkeit, das uns zugestanden ist, einen sparsameren Umgang von uns verlangen sollte und daß wir es daher nur zu Unrecht vergeudet hatten. Diese Entdeckung machte mich fest entschlossen, in Zukunft besser auf der Hut zu sein und mehr Vorsicht zu bekunden. So fängt also nur die kokette Frau an, zu räsonieren. Die Männer sind ungerecht genug, um unserem Geschlecht eine unschuldige Kunst, vor der wir zur Verlängerung ihrer Freude Gebrauch machen, als Verbrechen anzukreiden, während sie im Grunde zu beklagen wären, wenn wir sie nicht anwenden würden. Nichts stumpft so schnell ab wie eine Leidenschaft, die auf keine Hindernisse stößt, und wir tun uns nur Gutes, wenn wir ihr zeitweilig etwas verweigern.«[102]

Unsere Erzählerin kann also denken, ungeachtet der Naivität der narrativen Faktur. Sie begegnet dem Gesetz des Begehrens, der Logik des Mangels und der Phantasie und weiß ihre Intuitionen mit praktischen Entscheidungen zu verbinden, die eine rationale Ökonomie von Leidenschaften ankündigen. Der Weg zur Libertinage fängt mit diesem Kalkül an, der aus dem Begehren und seiner Logik eine zu regulierende Größe werden läßt. Die verschiedenen Etappen der libertinen Souveränität, die mit diesem Wissen anfangen, bald aber Mißtrauen und Vorsicht verlangen, werden nunmehr nacheinander registriert: »J'étais instruite par l'expérience«, darf sie bald von sich sagen (S. 54). Und diese neue Herrschaft ist eine Herrschaft des *Blicks*:

»Was verstohlene Blicke betrifft, kannte ich mich nun gut aus. So wußte ich nun immer den Ausdruck eines Blicks genau einzuschätzen. Die Lust, die ich nun empfand, verbreitete auf meine Umwelt ein Gefühl von Ruhe und Heiterkeit.«[103]

Alles weiß sie aber noch nicht: bald hört sie »zufällig« ein Gespräch zwischen einer ihr unbekannten Dame und ihrem Liebhaber, der die Unbekannte wissen läßt, er würde sich bald von dieser »grisette« (also von ihr) befreien. Sie fleht auf der Stelle jenen Chevalier, der ihr so sehr gefallen hat, an, sie mit nach London zu nehmen. Als gebranntes Kind bleibt sie aber diesem neuen Liebhaber gegenüber sehr mißtrauisch. Sie schlägt ein Zusammenleben auf Distanz vor und genießt dieses neue Leben. Leider wird sie nach einem heimlichen Besuch ihres neuen Liebhabers, der im Schutz der Dunkelheit sich ihrem Dienstmädchen substituiert, sie überrascht und bewältigt (nur damit ihr Urteil über die Männer narrativ bestätigt wird) von ihrem ersten abscheulichen Liebhaber entführt. Um ihren Widerstand zu brechen, läßt er ihr einen Brief zukommen, der sie glauben läßt, daß der Chevalier sie nachts befreien wird. Als Keil nachts in ihr Zimmer dringt, gibt sie sich ihrem vermeintlichen Befreier hin, ohne zu merken – gegen alle Wahrscheinlichkeit –, daß nicht er, sondern Keil sie in dieser Nacht endlich bezwingt. Der Leser könnte fast Mitleid empfinden – oder sich über so wenig Unterscheidungsvermögen empören... Der Text läßt ihm aber dafür keine Zeit. Wenn am nächsten Morgen die Erzählerin ihren Irrtum entdeckt, beschließt sie nämlich auf der Stelle, die Situation zu ihrem Vorteil auszunutzen:

»Ich wäre beinahe vor Wut geplatzt, als eine Überlegung mich davon abhielt. Ich war über diesen Streich, den er mir gespielt hatte, hoch empört, aber soll ich es sagen? die Erinnerung an diese Nacht ließ mich gnädig werden. In diesem Augenblick erlebte mein Herz eine tiefe Umwälzung. Die Lust hat viele Seiten; ich hatte sie niemals von der Seite her betrachtet, von der sie sich mir jetzt zeigte. Die Neuigkeit des Gegenstands verführte mich, ich folgte der Richtung, die sie mir wies; meine Sinne prägten sich ihr anziehendes Bild ein, obwohl ein Rest von Vernunft sie abzulehnen schien; die Leichtigkeit, mit der ich mich diesem schmeichelnden Anreiz hingab, betrachtete ich nicht einmal dem Chevalier gegenüber als einen Akt der Untreue. Die Sinnlichkeit überwog das wahrhaftige Gefühl der Liebe. Indem ich die Beschaffenheit dieser Lust untersuchte, bildete ich mir ein, daß sie vielleicht nur mit den Wirkungen der Imagination einher ging, daß diese allein ausreichte, um sie entstehen zu lassen, und daß diese Vorstellung, ohne mit ihrem Gegenstand verbunden

sein zu müssen, für sich selbst und bar jeden Bezugs weiter bestehen konnte. Wenn man einmal beginnt, sich zu verirren, bestehen die Folgen nur aus einer Verkettung von Irrtümern. Die
Erinnerung an die Extravaganz, zu der diese unglückliche Nacht
mich verführte, läßt mich heute noch vor Scham erröten. Dank
den Unterschieden, die ich zwischen Realität, Lust und dem
Gegenstand, der letztere verursacht, machte, baute ich mir nun
ein System zurecht, das mich vor den Unruhen und den Ängsten
der Liebe schützte und mir ihre Freuden allein genießen ließ.«[104]

Die narrative Verwendung dieser Montage von Diskursivität und Textualität ist hier fadenscheinig: »Wenn man
einmal beginnt, sich zu verirren, bestehen die Folgen nur
aus einer Verkettung von Irrtümern.« Hier ließen sich
nunmehr verschiedene Fortsetzungen denken. Man
könnte sich vorstellen, daß der Text diese Sätze als morali-
sches Alibi benutzt und von nun an der libertinen Darstellung einen immer breiteren Platz einräumt. Die moralische
Stimme könnte aber auch sehr schnell die Oberhand
gewinnen. *Anti-Pamela* schlägt hier einen mittleren Weg
ein. Einerseits wird die libertine Wende im Text, die diese
Zeilen ankündigen, von der moralischen Stimme, die hier
nicht zu überhören ist, sozusagen »gedeckt« werden.
Andererseits wird dem libertinen Teil der Geschichte
genügend Freiraum gewährt, damit die Heldin eine libertine Laufbahn fortsetzen kann. Solche textinternen
Gewichtungen zwischen der moralischen Hypotypose
und den Forderungen der Darstellung *müssen* miteinander
konkurrieren, sobald es darum geht, das Opfer zu legitimieren.

Im Fall des *Anti-Paméla* wird die moralische Einholung
möglichst lange aufgeschoben. So können wir die verschiedenen Etappen der Emanzipation des Opfers verfol-
gen, das die Vorteile seines »petit système« voll genießt
und von der Umkehrung der Kräfte so viel wie möglich
profitiert. Schließlich kann die Hauptfigur zufrieden auf
das Erreichte zurückblicken: »In England wie anderswo
vernichtet eine hübsche Frau ihren Ehemann, so daß er
schließlich kaum mehr als Madames Verwalter ist.«
(S. 105). Mit anderen Worten: sie hat die Lehre ihrer Mutter vollkommen umgesetzt und deren Programm erfüllt!
Sie geht sogar in der libertinen Souveränität einen Schritt
weiter: bald begegnet sie jener ehemaligen Rivalin (deren

Gespräch mit ihrem früheren Liebhaber sie einmal abgehorcht hatte). Sie rächt sich dadurch, daß sie ihr ihren derzeitigen Liebhaber wegnimmt. Die andere beschließt darauf, sich mit ihr zusammen zu vergiften. Die Erzählerin zögert im letzten Augenblick, so daß die andere den tödlichen Trunk allein nimmt. Die Hauptfigur erreicht somit wider Willen den Höhepunkt ihrer libertinen Karriere. Mit diesem Gift ist aber die libertine Dosis des Textes entschieden überschritten worden. Tatsächlich schlägt die Erzählung von nun an ins Sentimentale um. Eine melodramatische Wende ist das erste Signal einer moralischen Rückeroberung: Keil stirbt bald darauf. Auf seinem Sterbebett hält er ihr noch eine lange ermahnende Rede, die das genaue Gegengewicht der libertinen Rede der Mutter zu Beginn der Erzählung bildet. Die Erzählerin wird nunmehr den begangenen Weg Schritt für Schritt wieder zurückgehen. Als nach Keils Tod ihre Mutter auftaucht – in der Hoffnung, irgendeine Art von Vorteil aus der Situation zu ziehen –, entfernt sie ihre Tochter definitiv, indem sie ihr ein Landgut schenkt, das sie soeben geerbt hat. Als würde nun der Autor ein schlechtes Gewissen haben, der libertinen Darstellung soviel Platz eingeräumt zu haben, überhäuft er nunmehr die Erzählung, die jetzt enden könnte, mit einem neuen melodramatischen Epilog: ein neuer Liebhaber umwirbt sie. Durch ihren Widerstand verzweifelt, unternimmt er einen Selbstmordversuch. Natürlich gelingt ihm dies nicht. Diese neue Mahnung des Himmels erschüttert unsere tugendhaft gewordene Heldin so sehr, daß sie diesen leidenschaftlichen Liebhaber bald glücklich macht. Ein paar Zeilen lassen uns wissen, daß zwanzig Jahre Glück verstrichen sind, und ein paar Zeilen noch teilen uns den Tod dieses diskreten Helden mit. Die erbauliche Eskalation und das moralische Überbieten des Endes (sie zieht sich gänzlich zurück[105], schenkt den Kindern einer Schwester ihr ganzes Geld und lebt mit ihr zusammen ein erbauliches Lebensalter) besiegeln die Faktizität der Intrige. Der Verrat ist nunmehr endgültig vollzogen.

Die Artikulation von libertiner Darstellung und moralischer Kompensation erfolgt z. B. in den *Mémoires de Suzon* aufgrund eines völlig anderen Mechanismus. Dem libertinen Teil wird eine vollkommene Autonomie gewährt: die *Mémoires de Suzon* selbst sind eine eigenständige Geschichte, die den Vergleich mit anderen genuin libertinen Lebensläufen hält. Dieser Teil der Geschichte – der quantitativ seine narrative Einrahmung durch eine Meta-Erzählung weit überwiegt – fängt nach einem für solche Erzählungen klassischen narrativen Muster an, entwickelt darauf eine Folge von libertinen Abenteuern, die durch ihren burlesken und pikaresken Ton von der sie umrahmenden Erzählung so weit entfernt sind, daß die Dissonanz der beiden narrativen Systeme auffallend ist.[106] Dieser Text – wenigstens in seinen späteren Versionen – erfährt eine diskursive Fortsetzung: *La perle des plans économiques*: Es handelt sich um ein von Suzon selbst ausgedachtes Projekt, das eine Variation von Rétifs *Le pornographe* ist (siehe Anm. 113). Da dieser Plan ausdrücklich von Suzon verfaßt wurde, um das Los ihrer verkäuflichen Schicksalsschwestern zu erleichtern, kann man sagen, daß dieser dritte Text eine Art narratives Solidaritätssystem darstellt: die Frauen als Opfer helfen einander durch die Vermittlung des Erzählens.

Die einrahmende Erzählung fängt mit einer Szene an, die eine Variation von *Manon Lescaut* ist:[107] Suzon wird ins Spital eingeliefert und hat gerade noch Zeit, der ersten Erzählerin das Manuskript ihrer Memoiren anzuvertrauen. Dies alles wird uns im pathetischen Ton erzählt:

»Als Suzon zu diesem gräßlichen Ort abgeführt wurde, dessen Anblick allein die Passanten in Schrecken versetzt, wo das Auge nur Grauenvolles erblickt, wo auch die schrillen Schreie der unglücklichen Opfer, die er gefangen hält, sogar die am wenigsten Empfindsamen bis ins Innerste trifft, übergab sie mir diesen geliebten Schatz.
– Nimm, sagte mir meine Freundin, während grausame Schergen dabei waren, sie aus meinen Armen und aus denen ihres Bruders Saturnin zu reißen, erhalte hiermit von mir ein wertvolles Zeugnis meiner Freundschaft... Suzons Unglück sollte erst mit deren Tod ein Ende finden... Möge nun Gott mit diesem letzten Schlag meinem Geschick ein Ende setzen...«[108]

Dadurch wird einer eher burlesken Geschichte ein tragischer Ton verliehen: alles in dieser Szene soll Furcht und Mitleid erregen. Unsere Erzählerin, die eine tiefe Freundschaft mit Suzon verbindet, ist von deren Einsperrung zutiefst getroffen. Bevor die Erzählerin beim Anblick dieses traurigen Spektakels in Ohnmacht fällt, hat sie trotzdem noch Zeit, genug Worte fallen zu lassen, die dem Pathetischen die Anklage hinzufügen:

»Ihr Leiden, ihre Schönheit, deren Glanz gleichsam durch nichts getrübt wurde, hätten die rasendsten Tiger erweichen können. Es würde jedoch einen zu Recht wundern, wenn Schergen in der Ausführung von Befehlen jemals das geringste Mitleid zeigen würden. Diese Monster könnten ihren grausamen Beruf nie ausführen, wenn sie nicht, sobald sie ihre Uniform anziehen, gleichzeitig jedes Gefühl der Menschlichkeit ablegen würden.«[109]

Die Erzählerin fällt also in Ohnmacht. Wie bei Manon Lescaut, springt hier auch ein generöser Mann ein und hilft der Mitleidigen. Als Suzon wieder zu sich kommt, sieht sie vor sich buchstäblich ihren rettenden Engel:

»Der Graf war die erste Person, die mir auffiel. Welche Überraschung für mich zu sehen, daß dieser Herr, dessen edles und würdevolles Aussehen den ihn umgebenden Frauen imponierte, seinen Rang und seinen Titel vergaß, um mir Hilfe zu leisten! Welcher Edelmut zeigte sich in seinem Blick! Welche Sensibilität ließ sein Gesicht erahnen! Wir sehr war seine Stimme in der Lage, meiner Seele erneut Ruhe zu schenken! Er erschien mir, mit einem Wort, wie ein Engel, der vom Himmel heruntergestiegen wäre, um mich aus dem Abgrund zu holen, in den mein Herz mich hineinriß.«[110]

Es ist der Standpunkt des Opfers par excellence: dem Blick des Opfers auf das Opfer folgt nun der Blick des Opfers auf den Retter. Der »vom Himmel heruntergestiegene Engel« wird sie aus dem Bordell herausholen, nachdem er der gierigen Zuhälterin alle ihre Schulden abbezahlt hat. Ihr gegenüber wird er sich – zu ihrem großen Erstaunen – als homme de qualité verhalten, ohne von ihrer Situation zu profitieren, wie sie zuerst befürchtet. Im Gegenteil hilft er ihr, Ruhe und Gesundheit wiederzufinden und erweist sich zuvorkommend und besonders großzügig. Mit der Zeit wird die Erzählerin wieder fähig, Liebe zu empfinden. Nachdem ihr Retter, der inzwischen ihr Liebhaber geworden ist, sie eines Tages beim Lesen des Manuskriptes überrascht und daraufhin darum bittet, ihm das Geschriebene vorzulesen, überredet er sie dazu, den Text zu publizieren.[111] Die *Mémoires de Suzon* sind also ein libertiner Text, der von jenseits der Libertinage zu uns kommt. Nicht nur, weil Suzon kurz nach ihrer Einlieferung stirbt, sondern auch weil die ehemalige Gefährtin Suzons deren Manuskript zu einer Zeit publik macht, wo sie mit ihrem Retter und Liebhaber ein ruhiges, geregeltes und mit Liebe erfülltes Leben führt, wie die ersten Zeilen des Textes es zum Verstehen geben:

»Diese Memoiren wären nie erschienen, wenn ich den inständigen Bitten einer Person widerstanden hätte, denen ich im höchsten Maße verpflichtet bin und mit der zusammen ich ein ruhiges und angenehmes Leben verbringe.«[112]

Die Ambivalenz, die die Struktur der *Mémoires du Suzon* ermöglicht – vor allem wenn man den Zusatz der *Perle des plans économiques* in Betracht zieht –, ist also eine ganz andere als die der *Anti-Pamela*. In letzterem Text löste die moralische Entwicklung eine interne Regression aus: die Figur legte die Strecke zurück, die sie von der Unschuld zur Libertinage geführt hatte. In den *Mémoires de Suzon* ermöglicht die narrative Einrahmung die Verselbständigung des libertinen Teils, den man für sich lesen kann. Darüber hinaus verstärkt das Projekt einer Policey der Sexualität, das die *Chimère raisonnable* bedeutet, den libertinen Teil noch wesentlich.[113] Andererseits wirft die Einführung ein tragisches Licht auf einen eher grotesken Text. Diese tragische Beleuchtung des Lebenslaufs erfolgt zudem aus der Sicht einer Figur, die sich selbst als das Opfer (als gerettetes Opfer) darstellt. Letzten Endes heben Tragik und Komik einander auf, da die tragische Akzentuierung ebenso intensiv ist, wie die narrative Einmischung der Meta-Erzählung in die Erzählung selbst minimal ist. Die Struktur führt einerseits zu einer maximalen Diskrepanz beider narrativen Programme, andererseits zu einer maximalen Integration der libertinen Darstellung in die tragische Wertform – und somit auch zu einer letztendlichen maximalen Unentscheidbarkeit.

Margot la ravaudeuse von Fougeret de Montbron (1750) ist wiederum ein besonderer Fall. Die literarische Qualität des Textes und die Aggressivität des Tons (Fougeret de Montbron ist sicherlich nach Voltaire eine der bösesten Federn des 18. Jahrhunderts) könnten uns irreführen. Die Ambivalenz dieses Textes ergibt sich diesmal nicht aus dem Zusammenspiel konträrer Momente im Text. Im Gegenteil ist die Geschichte meisterhaft geführt – sowohl im Stil wie in bezug auf die narrative Konstruktion. Die libertine Darstellung ist aber hier für den Autor in erster Linie *ein gutes Sujet*. Fougeret de Montbron, der in anderen Texten die Sitten seiner Epoche mit unerbittlicher Strenge anprangert[114], findet im libertinen Lebenslauf eine ideale Form, um seine soziale Kritik nicht mehr von außen wie in *La Capitale des Gaules* zu führen, sondern vom narrativen Standpunkt des Opfers aus. Da der Autor hier wie in seinen anderen Texten darauf bedacht ist, eine soziale Satire der Gesellschaft zu machen, wird das Opfer nicht tragisch erhöht. Im Gegenteil übernimmt er selbst auf pikareske Art die Aufgabe der satirischen Darstellung. Die Tatsache, daß diese Satire von unten kommt, verleiht der anklagenden Stimme selbstverständlich eine viel stärkere Autorität. So könnte man Margot als das weibliche Pendant von Jacob im *Paysan parvenu* von Marivaux betrachten, von dem im Text übrigens mehrmals die Rede ist. Margot ist also, wie in Diderots *Religieuse* die Sœur Sainte-Suzanne, der Standpunkt *des* Opfers und der Standpunkt *auf das* Opfer in einem. Ihre Souveränität verdankt sie der Doppelheit ihrer narrativen Funktion. Als Opfer ist sie das Sprachrohr aller Dirnen:

»Wie schlecht kennen uns diejenigen, die sich unser Leben als eine Folge von Genüssen und Annehmlichkeiten vorstellen! Diese verächtlichen kriechenden Sklaven, die am Hof der Könige leben und dort nur durch tausend schändliche Niedertrachten, durch die feigste Gefälligkeit und durch eine ununterbrochene Verstellung ihren Rang behalten, erleiden nicht die Hälfte an bitteren Erfahrungen und Demütigungen, die mit unserem Stand untrennbar verbunden sind. Ich würde geradewegs behaupten, daß, wenn unsere Leiden uns zugute gerechnet werden und auf dieser Erde als Buße gelten könnten, es kaum eine unter uns gibt, die nicht würdig wäre, in die Märtyrerliste aufgenommen oder sogar heilig gesprochen zu werden.«[115]

Wie Sœur-Suzanne, wird sie durch ihren Leidensweg gereinigt – mehr noch: geheiligt: aus der Dirne wird eine Heilige. Jede Hure ist Maria Magdalena. Der Gebrauch christlicher Werte ist aber für Fougeret de Montbron, der alles nimmt, was er für seine soziale Kritik nur nehmen kann, ein Element unter anderen. Was Margot so heiligen kann, ist sicherlich nicht ihr Verhalten. Denn gerade hier erweist sie sich als souverän: ihre ungünstige Position wird schnell zu ihrem Vorteil. Mit der größten Geschicktheit und Frechheit versteht sie es, ihre zahlreichen Kunden auszurupfen und zum Opfer ihrer Macht werden zu lassen. Als »fille de l'opéra« wird sie ohnehin nur von den reichsten Männern umworben (ein *financier,* ein deutscher Baron[116], ein reicher »milord« natürlich auch, ein Botschafter etc. bilden die lange Liste ihrer Opfer). Sie rupft sie mit System, Brillanz und mit dem größten Zynismus. Dieser Zynismus wird aber wiederum legitimiert: Margot handelt, wie die Gesellschaft es von ihr verlangt. So heißt es z. B., nachdem sie ihren financier restlos ruiniert hat: »*Tout dépend à l'Opéra de s'établir une certaine réputation. Rien ne fait tant honneur à une actrice que d'occasionner quelques banqueroutes, et d'envoyer ses adorateurs à l'hôpital. La chute de mon financier me mit dans un crédit étonnant. Une foule d'aspirants de tous états se présentèrent*« (S. 93). Das leidende Opfer wird geheiligt, kehrt den Spieß um und bekommt schließlich die narrative Absolution. Dazu vertritt sie noch die Legitimität der Revolte, wie der Text es einmal durch eine prägnante Formel ausdrückt: Margot, die jetzt einen Prälaten bekommt und von einer gewissen Berufskrankheit befallen ist, verpaßt die Gelegenheit nicht, sich an diesem infamen Vertreter der kirchlichen Institution zu rächen:

»Wenn es sich darum gehandelt hätte, mit einem Laien ein Geschäft einzugehen, hätte ich vielleicht gezögert, ihm möglicherweise einen Grund zu geben, seine Tat zu bereuen. Insofern ich aber mit einem Priester zu tun hatte, dachte ich nur daran, ihn zu rupfen, ohne mich um die Umstände zu kümmern. A corsaire, corsaire et demi.«[117]

»*A corsaire, corsaire et demi*«: die Formel resümiert das ganze Buch, so wie der Spruch der Merteuil »*Eh bien c'est la guerre*« in Laclos' *Liaisons* oder »*Voilà les hommes, Madame*« in den *Mémoires de la Comtesse de* *** einen ganzen Text formelhaft verdichten. Diese Maria Magdalena weiß es, die kirchliche Institution zu ihren Gunsten auszunutzen... Eine solche gelungene Umkehrung der Kräfte wirkt wirklich suspekt, so wie das erzählerische Talent dieser einfachen Person auch suspekt ist. Das Bordell wird uns zwar als ein Sammelort aller Sprachen und somit allen Wissens dargestellt[118], aber Margot als Erzählerin ist auf eine unwahrscheinliche Art gelehrt und rhetorisch. Die diskursive Steuerung kommt in dieser Überladung der narrativen Stimme am deutlichsten zum Ausdruck. Wir sind hier von Marivaux' geschickter Simulation einer stilvollen, jedoch wahrscheinlichen Sprache von Figuren niederen Stands (ob es sich um Marianne in *La vie de Marianne,* Jacob im *Paysan parvenu* oder andere Gestalten handelt) weit entfernt. Fougeret de Montbron hätte sich aber nie herabgelassen, seinen Figuren so viel edle Naivität zu geben. Die Figur von Margot ist für ihn ein Mittel wie ein anderes, seine allseitigen und talentvoll geführten Angriffe zu führen. Das libertine Opfer gelangt hier zur Souveränität, aber seine Stimme vermengt sich zu sehr mit jenen anderer Figuren, die einerseits im Sinne der politischen Emanzipation das Opfer des sozialen Systems sind, andererseits aber mit der Besonderheit des libertinen Standpunkts nicht das geringste zu tun haben – wie etwa der Sekretär des Botschafters, dessen brillantes revolutionäres Plädoyer sich von den Bemerkungen Margots nicht viel unterscheidet. Dabei übernimmt der rhetorische Sekretär die Rolle des politischen Aufweckers, als hätte nicht Margot, die von seiner Rede so sehr beeindruckt ist, einige Seiten zuvor die gleiche politische Luzidität bekundet.[119] Solche narrativen Inkonsequenzen beweisen noch einmal, daß die diskursive Steuerung den ganzen Text bedingt. Daher ist die Ähnlichkeit Margots mit ihren libertinen Schwestern täuschend. Wie wir es gezeigt haben, gerät die libertine Darstellung aus immanenten Gründen in jene Aporien, die sie von allen anderen Darstellungsweisen am deutlichsten unterscheiden und deren vorrangiges literarisches Interesse ausmachen. Die eigentliche Souveränität dieses Textes ist daher weniger die der libertinen Figur als des talentvollen Autors, der sie so realistisch, so lebhaft und so geschickt inszeniert. Es ist daher nicht verwunderlich, wenn dieser seine Heldin zum Schluß einfach im Stich läßt und plötzlich so wenig Solidarität mit derjenigen bekundet, die ihm für die literarische Simulation bisher so nützlich gewesen ist:

»Jetzt bleibt mir nur noch übrig, auf den Vorwurf zu antworten, meine Schilderungen seien etwas zu frei gewesen. Ich sage nun, was mich dazu geführt hat. Ich habe nämlich gedacht, daß das beste Mittel, die Freudenmädchen schlecht zu machen, folgendes wäre: sie in den widerlichsten Zügen darzustellen, indem ich sie die verabscheuungswürdigsten Etappen ihres Berufs durchlaufen lasse. Was auch der Leser darüber denken mag, so kann ich mir schon schmeicheln, daß die Vorteile, die junge Männer an der Schwelle ihres Eintritts in die Welt aus meinen Überlegungen über die Huren und über die Gefahr eines Verkehrs mit ihnen ziehen werden, die obszönen Züge dieser Memoiren aufwiegen werden. Entspricht der Erfolg dieses Unternehmens meinen Intentionen, dann um so besser. Ansonsten weise ich im voraus jede Verantwortung von mir ab.«[120]

So wie der Lebenslauf von Margot – bzw. der von Marguerite in der *Histoire de Marguerite* (an. 1784) und von vielen anderen weiblichen Figuren – die Strecke durchläuft, die von der Unschuld zum Zynismus führt, so kann man auch sagen, daß hier der Zynismus des Autors[121], der seine Figur die ganze Zeit unter Kontrolle hat, dem ihren in nichts nachsteht. Gerade weil Fougeret de Montbron die Aporien der libertinen Schrift mit großem Können vermeidet, gerät seine Strategie in eine andere Aporie: diejenige nämlich, die die Aufklärung selbst nicht vermeiden konnte, insofern ein direkter Weg von der Kritik zur Hypokrisie führt – wie Koselleck es in *Kritik und Krise* meisterhaft dargelegt hat.[122]

Eine beispielhafte Laufbahn: Vénus en rut (1771)

Von allen weiblichen Lebensläufen ist der 1771 anonym erschienene Text mit dem Titel *Vénus en rut* sicherlich derjenige, der am wenigsten nach narrativer Kompensation sucht. Die Hauptfigur – deren mythologischer Name erstaunliche Leistungen erwarten läßt – bleibt von Anfang bis Ende ohne narrativen Schutz. Diese Frau geht den Weg der Souveränität ohne moralische Legitimation. Eine Konkurrenz unterschiedlicher narrativer Programme wird es aus diesem Grunde in diesem Text nicht geben. Der Text entfernt sich von solchen Konstrukten und pocht immer auf die Authentizität des Erzählten – allerdings nicht ohne Ironie: die Adressatin – die von der Erzählerin als Freundin angeredet wird – soll bis zum Ende die Zeugin dieser ironisch beteuerten Wahrhaftigkeit bleiben:

»Zitieren wir noch, das ist das Mittel, nach welchem diejenigen immer greifen, die nichts produzieren können. Du bist mit mir genug befreundet, um glauben zu können, daß ich ohne Deinen entschiedenen Willen nicht geschrieben hätte; da ich der Wollust ganz hingegeben war, habe ich keine Zeit gehabt, mich zu bilden: ›Hundert mal glücklich, wer nicht mehr Jungfrau ist. Das ist wohl und gut.‹«[123]

Von Anfang an bekundet hier die Schrift ein klares Bewußtsein ihrer mimetischen Position: die Erzählerin und Hauptfigur richtet sich zu Beginn an ihre Adressatin mit den Worten:

»Da das Genießen Dir eher liegt als das Verfassen von Sätzen, wirst Du sicherlich meinen Stil zu kühl finden. Nun, ich erlaube Dir, meine Vorstellungen zu überbieten. Das Feuer Deiner Einbildungskraft und die Glut Deiner Stimme werden Dich zu einer modischen neuen Lais werden lassen, so daß meine Schülerin mir bald überlegen sein wird.«[124]

Mit anderen Worten: ich bringe dir rhetorische Figuralität, du aber möchtest genießen. Reicht dir meine Form nicht, so wird deine Imagination das Supplement meines Supplements sein: das Double meines Doubles. So befinden wir uns sofort im libertinen Labyrinth, insofern es immer aus der Verdoppelung des Dualen entsteht.[125] Der Text, der sich explizit in die libertine Tradition einreiht, beansprucht dennoch seine Inauguralität. Diese gehorcht aber nicht weniger der Logik des Supplements. Der Text protestiert: nein, wir wissen noch nicht alles, und wer nicht bloß variiert, sondern zum Ursprung seiner selbst wird, addiert zusätzliches Wissen:

»Ein sittenstrenger Leser würde an meinen Artigkeiten Anstoß nehmen; ein gleichgültiger würde sagen, daß man nach der Académie des dames, Thérèse, la Religieuse und dem berühmten Pförtner (d. h. in der Reihenfolge Thérèse philosophe, Vénus dans le cloître [ou la religieuse en chemise], Histoire de Dom Bougre, portier des chartreux) alles weiß; ich werde Dir das Gegenteil beweisen. Ich werde diesen Büchern nichts entnehmen, und nur darstellen, was ich gesehen, getan und gefühlt habe. Ich möchte mein eigenes Vorbild sein.«[126]

Die Erzählerin wird jedoch aus dieser Autonomie keinen Mythos machen wollen. Wie jeder hat sie eine Mutter und einen Vater gehabt, über die sie ein paar Worte verlieren möchte. Ihr Vater? Ein *roué*! Aber einer von der ganz unlibertinen Sorte: vom Supplement der Natur scheint er nichts gehört zu haben:

»Ein roué hat mich gezeugt. Unter diesem Wort, das wegen seines allzu großen Erfolgs heute an Bedeutung verloren hat, sollte man einen Mann verstehen, der nicht ganz ohne Geist ist, sich aber mit Großzügigkeit davon mehr zuschreibt, als die Natur ihm eigentlich gegönnt hat, der das Verdienst mißachtet, der verlogen ist und sein Ziel nur durch Betrug und Arglist erreicht, einen Mann also, der keine Scham kennt, der wider Treu und Glauben ist und außer Geldmangel nichts befürchtet – einen vollkommenen Egoisten also, der alles auf sich bezieht, der die Falschheit zur gründlichen Wissenschaft erhoben hat und kein höheres Vergnügen kennt, als die anderen zu betrügen.«[127]

Die List des Vaters wird also negativ dargestellt. Was ihn verurteilt, ist weniger die Arglist *(astuce)* als der Betrug *(fraude)*. Der Irrtum des Vaters bestand in der falschen Einschätzung des natürlichen Supplements: er glaubte, durch Falschheit das ersetzen zu können, was ihm die Natur zuwenig gegeben hatte – nämlich Geist. »Der nicht ganz ohne Geist ist, sich aber mit Großzügigkeit davon mehr zuschreibt, als die Natur ihm eigentlich gegönnt hat«: Darin bestand eben seine falsche Souveränität. Die Natur gibt nicht gleichmäßig: sie gibt zu viel oder zu wenig. Die eigentliche List besteht darin, am richtigen Ort die richtige Gegenkraft anzuwenden. Die Mutter? Sie war das Gegenteil des Vaters – eine anti-libertine Natur. Hier wird also die *Libertine* das Gegengewicht legen müssen. Nach dieser Problematik des listigen Supplements zu den Naturkräften die Frage des kulturellen Supplements: unsere Heldin verrät uns nun den Grund für ihren libertinen Werdegang:

»Ich vereinte in mir die Kraft der Bewohner des Nordens und das Feuer der Südländer. Da ich in einem Dorf aufgewachsen bin, hat alles dazu beigetragen, die Energie zu erhöhen, die die Großzügigkeit der Natur mir geschenkt hatte; dieses übervolle Maß an Leben ermüdete mich (...)«[128]

Mit anderen Worten: diesmal wird die Entschuldigung für die libertine Neigung nicht bei der Gesellschaft, der liederlichen Mutter oder anderswo gesucht. Wir sind nicht innerhalb einer Problematik der Schuld, sondern in einer Problematik von Kräften. Hier ist noch einmal die Logik des Supplements entscheidend: die Hauptfigur muß aus diesem Supplement von Kräften etwas machen. Um jedem Mißverständnis vorzubeugen: die Energetik ist keineswegs die einer blinden, dummen Kraft. Sie ist eine Frage des Wissens, der Technik und als solche eine genuin libertine:

»Ich bin mir aber nicht sicher, meine liebe Freundin, daß Du mich verstehst. Ohne es zu merken, habe ich mich wie eine prüde Frau verhalten, ich habe Umwege benutzt, habe Wörter vorgeschoben, anstatt die Sachen einheitlich beim Namen zu nennen; Du bist zu aufrichtig, um mich zu zwingen, nach Wörtern zu suchen, die mir gar nicht liegen und die die gesunde Kraft des rechten Könnens nicht ersetzen können.«[129]

Anders gesagt: Du willst keine Umwege, keine Andeutungen, deine »franchise« verlangt die Direktheit der Bezeichnung. Diese ist aber vermittelt – und zwar über *»la force des techniques«*. Die Frage ist also nicht die der natürlichen Unmittelbarkeit oder des nutzlosen Umwegs, sondern die eines maschinellen Supplements. Wer mit den Kräften der Natur – oder des Lebens – klug umzugehen weiß, hat eine brillante libertine Laufbahn vor sich. Libertinage ist Politik:

»Es gibt Situationen, die die bekannteste Kurtisane zur Vorstellung zwingen. Wir selbst haben unsere eigene Politik; und diese ist besser als die von Machiavelli.«[130]

Jeder neue Satz korrigiert, wie man sieht, mögliche Mißverständnisse: die Verstellung ist für die Libertine kein Charakterzug, sie ist nicht naturgegeben – oder eine Fatalität des Charakters (wie es für den Vater der Fall war): daher *»il est des positions où la courtisane la plus connue a besoin de dissimuler«*. Die Maske ist eine Antwort – die Antwort des Opfers auf die soziale Macht – ihr Machiavellismus. Dieser Text spielt das Spiel von Schuld, Unschuld und Erlösung nicht. Die *Libertine* ist von vornherein weder schuldig noch unschuldig. Sie ist nur wissend – oder sie verliert. Es ist, wie man gerade sah, eine Frage der Politik. Es ist natürlich auch eine Frage der Ökonomie, wie uns bald verraten wird:

»Wir mußten nun unsere Kleider wieder anziehen, auf die eine Kurtisane so gerne verzichtet, wenn sie sich einem neuen Gegenstand gegenüber befindet und wenn ihre ökonomische Absicht ist, den besten Vorteil aus ihm zu ziehen.«[131]

Dieser Text hält, was er verspricht: Machiavellismus und franchise sind nicht unvereinbar. Zwar erzählt man seine Listen, aber man verstellt sich dem Leser gegenüber nicht. Verglichen mit ähnlichen Texten zeugt er auch von erstaunlicher Frische. Die Neuigkeit der Situationen kann nicht absolut sein; wir bewegen uns selbstverständlich innerhalb des libertinen Universums, das seine Gesetzmäßigkeit hat. Jedes kleine Detail wird mit viel Talent und viel Humor erzählt, und dies immer im vollen Bewußtsein der fiktiven Ambivalenz: begegnet die Erzählerin einem Juristen, so wird dies gleich zum Anlaß, auf die geschriebene Natur ihres Körpers hinzudeuten, ohne dabei den Unterschied zwischen Körper und Buch, Wissen und Wissen (aber auch: Recht und List) zu vergessen:

»Ein junger Jurist hatte mich auf dem cours bemerkt (...) Mein holder Beamter fand wahrscheinlich in meiner Figur rundere Formen als in den trockenen In Folios, in denen er vertieft zu sein schien; er kam also auf die Idee, in mir zu blättern, und gab mir den Vorzug. Er liebte offensichtlich lieber die Fakten als das Recht.«[132]

Der Text reiht somit Abenteuer an Abenteuer und vermeidet dabei jede Monotonie. Das Problem der Langeweile wird übrigens direkt angesprochen:

»Falls ich jemals auf die Idee komme, ein Buch zu schreiben und meinen Buchhändler zu ruinieren, werde ich mir eine Form ausdenken, die nicht gänzlich gewissenlos sein wird. Ich werde meine Kapitel nicht erschöpfen, um damit jeweils einen leichteren Übergang zum nächsten zu verschaffen, so daß mein Buch trotz seiner zersetzten Form ein Ganzes bildet. Ich glaube aber, daß ich lieber bei der unsichtbaren Tinte bleiben sollte und jenen Sterblichen, die einen Bart am Kinn tragen, das hohe Privileg überlassen sollte, ihre Brüder allzuoft zu langweilen. Vermeiden wir also, aus dem, was du nun von mir lesen wirst, ein Schlafmittel zu machen.«[133]

Das Thema des zum Einschlafen langweiligen Buchs, das ein beliebtes Thema der literarischen Satire der Zeit war und in libertinen Texten nicht fehlt, bekommt hier eine besondere Nuance.

Wir werden uns nicht anmaßen, nach dem Geschlecht des anonymen Autors zu fragen. Ob Mann oder Frau, mokiert sich der Autor über die »mortels qui portent barbe«. Der Standpunkt der Frau ist jedenfalls unverkennbar, im Gegensatz etwa zu *La religieuse* oder *Margot la ravaudeuse* – zu einer narrativen Situation also, in der die weibliche Figur regelrecht zur Mandantin einer männlichen narrativen Stimme wird. Der Blick, der hier auf die Welt geworfen wird, ist weiblich. Ist etwa vom Theater die Rede, dann in folgenden Worten:

>»Die Lichter erhöhten ihre Schönheit, ihre Kleider zeigten sie im neuen Glanz. Ihre Blicke schweiften über ein männliches Serail.«[134]

Besteht nicht gerade die weibliche libertine Souveränität in der Umkehrung des Don Juanschen Blicks? Der Mann wird hier jedoch nicht zum Opfer. Es genügt, wenn seine Macht abgewiesen wird und wenn er auf eine Gegenkraft angewiesen ist, die ihn dazu zwingt, im Spiel nicht mehr und nicht weniger zu sein als eine gleichmäßige Gegenkraft, so wie in dieser erotischen Szene:

>»Meine vom Bett aus gegen die Wand gestemmten Füße verliehen mir eine höhere Kraft: je mehr er mich an sich drückte, desto mehr gab ich es ihm zurück; Handlung und Gegenhandlung waren vollkommen gleich, die mechanische Kraft, die sie hervorbrachten, bildete eine sehr genaue Bewegung. Diese schöne Ordnung dauerte aber nicht lange. Ich bin zu temperamentvoll, um bei der ersten Lustempfindung eine feste Stellung zu behalten; bald schwamm ich in einem Strom von Gelüsten und fühlte mich vor lauter Empfindungen nicht mehr . . .«[135]

Es ist nur eine Frage der Technik – d. h. des intelligenten Gebrauchs von Kräfteverhältnissen: wozu hier die Benutzung der Wand als Widerstand gehört. Der libertine Weg von der ursprünglichen Unwissenheit zum souveränen Wissen, der in manchen Geschichten als natürliche Bahnung des natürlichen Wissens vorgetäuscht wird, bekommt hier – und dieser Zug ist entscheidend – einen geradezu wissenschaftlichen Charakter. Die Erzählerin weiß, daß sie nicht alles weiß, und verlangt von einem Chirurgen etwas mehr Licht:

»Du hast, liebe Freundin, gemeint, meine Neugierde wäre schon befriedigt oder ich wüßte schon zuviel, um noch auf Lehrer angewiesen zu sein; Du irrst wohl. Trotz einer hinreichend aufgeklärten Handhabung des geheimnisvollen Aktes, der unsere Lust und unser Leid verursacht, wußte ich nicht mehr als jede beliebige Frau. Mein Hochmut litt daran, eine geheime Unruhe verzehrte mich. Ich wollte das Zusammenspiel von Organen kennen, das die sinnliche Glut verursachte, die ich empfand und selber gab. Ich wollte den so komplizierten Mechanismus der kräftigen und gelenkigen Muskeln, der erigierenden und streckenden Sehnen, der flachen und schwellenden Drüsen kennen; ich wollte die inneren und äußeren Teile betasten, denen ich meine Wollust verdankte. Ich wollte wissen, wo diese göttlichen Drüsen sind, die die heilige Flüssigkeit enthalten, und entdecken, wie sich diese wertvolle Sekretion bildet, wie sie sich läutert und durch die Verästelung kaum sichtbarer Kanäle hindurchfließt. Egal welchen meiner Liebhaber ich auch hätte fragen mögen, so hätte mir jeder geantwortet: wir hielten Dich schon für neugierig, Rosine, jedoch nicht bis zu einem solchen Exzeß. Unser Talent besteht darin, Deine hübschen Tiefen zu erkunden; die der Anatomie überlassen wir denjenigen, die sich nützlich machen wollen. Wir aber wollen nur das Angenehme.«[136]

Diese anatomische Neugierde, deren emanzipatorische Dimension auffallend ist, ist sicherlich von den gesamten Konnotationen, die sie bei Sade bekommen wird, noch weit entfernt. Sie ist jedoch ein genuiner Ausdruck der libertinen Neugierde, die hinter jedem Geheimnis des Sexualen nach neuen Erkenntnissen sucht.

Die Erzählerin von *Vénus en rut* organisiert ihre Autonomie mit der größten Konsequenz; sie regelt ihr Leben bis ins Detail. Das Boudoir muß nicht nur verführerisch sein, es muß auch funktionell sein *»tel que l'on puisse former des groupes«* (S. 121). Dieser Text nimmt in mancher Hinsicht die Welt von Sade vorweg. Dies gilt sowohl für die Eleganz, mit der erotische Szenen und obszöne Details beschrieben werden, wie für den kulinarischen Geschmack, den die Heldin bekundet[137], bis hin zu jener Episode, die man mit Verblüffung hier entdeckt und die ein textuelles Vorbild des berühmten Zwischenfalls vom 27. Juni 1772 in Marseille sein könnte: so wie Sade an diesem Tag vier Dirnen, mit denen er eine inzwischen durch seine Biographen aufgrund von Polizeiprotokollen detailliert beschriebene Partie organisiert hatte und ihnen dabei Anis- und Kantharidinbonbons verabreicht hatte, veranstaltete hier auch Rosine eine Partie in Marseille, anläßlich derer sie ihrem Kunden »de la crème à la rose« und »des pastilles à l'ambre« verabreicht (S. 71).[138] Rosine zeigt sich nämlich im ganzen Text nicht nur sehr souverän, sondern auch, wie diese Episode es zeigt, besonders erfindungsreich und unternehmungslustig. Die Welt, in der sie agiert, hat auch die strenge Ordnung des Sadeschen Universums. Ein genaues Gesetz reglementiert die libertine Gesellschaft, die sie uns präsentiert:

»Das Gesetz verordnete, daß keine vor den anderen beginnen durfte: es schrieb ferner vor, daß derjenige, der eine neue in die Gesellschaft einführte, das Privileg genießen sollte, sie zuerst zu nehmen; danach stand es jedem frei, es mit der Person seiner Wahl zweimal oder dreimal aufzunehmen, vorausgesetzt aber, daß man wie im Ball seinen Platz reservierte.«[139]

Im Gegensatz zu den bisher untersuchten Texten, in denen der libertine Weg zur Souveränität rechtfertigenden Charakter hat, ist in diesem gänzlich geschlossenen Universum der Aufstieg von den ersten Anfängen bis zu den glorreichen Taten, die den Höhepunkt der libertinen Karriere markieren, eine kontinuierliche Steigerung. Die Hauptfigur, die den höchsten Ruhm anstrebt (»Ich wollte mich schonen, um meine Glorie durch eine allmähliche Steigerung zu erlangen.«) (S. 113), erlangt schließlich einstimmige Anerkennung: »Alle gaben einstimmig zu, daß die Ehre, die ich den Vergnügungen der kleinen Republik erwiesen hatte, eine Auszeichnung verdiente.« (S. 125) Diese libertine Republik[140] ist wahrhaftig egalitär: jede Frau bekommt vier Louis und die Neulinge satzungsgemäß das Doppelte. Rosine aber, die die distributive Gerechtigkeit der libertinen Republik nicht nur ernst nimmt, sondern überbietet, verteilt den Überschuß:

»Bevor sie sich verabschiedeten, bezahlten diese Herren die Frauen recht galant. Sie machten ihnen ein kleines Geschenk, von nicht allzu hohem Wert, in dem man vier Louis fand. Ich bekam eine Bonbonniere, die acht enthielt. Dem Etikett entsprechend bekam jede neu rekrutierte Frau das Doppelte. Als ich wie die anderen meine Schachtel öffnete, bemerkte ich diese Zugabe. Ich bekundete meine Abneigung, mehr zu bekommen als meine Gefährtinnen und gab zum Ausgleich zwei Louis dem Dienstmädchen, das mir zugewiesen worden war, und zwei dem sonstigen Personal. Meine Großzügigkeit wurde sehr gelobt.«[141]

Man wird in der parataktischen Struktur solcher Texte vergeblich nach irgendeiner narrativen Aufwertung suchen. *Vénus en rut* hat mit einem Leidensweg nichts zu tun. Rosine erscheint weder als unschuldig noch als schuldbeladen. Sie ermöglicht keine Rechtfertigung und keine Heiligung. So wie die libertine Gesellschaft hier – wie bald bei Mirabeau, Nerciat oder Sade – ein geschlossenes Universum ist, das seine Gesetze, seine Moral und seine Rituale hat[142], so bietet auch die Hauptfigur nicht die geringste Fläche für narrative Kompensationen.

Rosine vertritt hier den reinen libertinen Willen, wie die Nanna der *Ragionamenti,* die Octavie des *Meursius français* oder Madame de Saint-Ange in *La philosophie dans le boudoir.* Im Gegensatz zu diesen Texten ist jedoch hier die didaktische Dimension abwesend. Rosine »macht sich selbst«, wie sie es zu Beginn angekündigt hat. Sie ist ihr eigener Entwurf. Sie ist aber – und das ist die unvermeidliche Konsequenz ihres ungebrochenen Willens zur Autonomie – ohne Aporie. Das Paradox von Versac ist ihr z. B. unbekannt. Die Figur, die ihr am ähnlichsten sein könnte, wäre vielleicht Don Juan. Sie weist nämlich nicht nur die gleiche Apathie auf, sie hat zudem noch seinen Blick. So abstrakt wie Don Juan ist sie jedoch nicht. Die listige Umkehrung von Kräften, die ihr gelingt, hebt trotzdem jeden Opferstatus bei ihr auf. Nicht deswegen wechselt sie jedoch zur Position des Henkers über – wie z. B. die triumphierende Juliette bei Sade. Weder Henker noch Opfer, erreicht sie die Neutralität der Lust. Im Gegensatz zum gelobten Machiavellismus ist diese Ökonomie ohne Strategie. Sie ist rein akkumulativ. So ließe sich schließlich das Prinzip von *Vénus en rut* mit diesem Satz von Rosine resümieren: »Einen ganzen Sommer lang galten alle unsere Nächte diesem hübschen Spiel; aber je mehr ich bekam, desto mehr thesaurierte ich.« (S. 19) – In diesem Sinne bekommt die Figur – obwohl sie weniger universalen Charakter hat als Don Juan (sie ist dafür zu lebendig, zu fleischlich) – eine paradigmatische Dimension: sie ist die In-differenz des Begehrens. So wie sie den Willen als Willen von vornherein vertritt, vertritt sie auch das pure Begehren nach der Unendlichkeit (des Begehrens). Auch in dieser Hinsicht hat sie eine unverkennbare ökonomische Dimension.[143]

Zwischen Intensivismus und Authentizität: Mirabeau, Nerciat, Rétif

Der libertine Intertext scheint für Mirabeau ein Orchester zu sein, das ihm zur Verfügung stünde, um grandiose Kompositionen auszuführen. Die Konzeption, die solchen Partituren zugrunde liegt, läßt sich durchaus mit der musikalischen Auffassung jener Figur vergleichen, die in *Le libertin de qualité* ihre Ästhetik in einer feurigen Rede darstellt:

»Ich plauderte nach dem Abendessen mit einem berühmten und charmanten Virtuosen und zudem noch Komponisten (Cambini). Wir sprachen über die Revolution, die in der französischen Musik gerade stattfindet. Ich hörte ihm gebannt zu und ließ mich von ihm belehren. Plötzlich redet uns einer dieser Herren an. So, Sie reden also über Komposition! bei Gott, ohne mir schmeicheln zu wollen, darf ich behaupten, daß ich im Gebiet leidlich begabt bin. Daran zweifle ich nicht, sage ich ihm, einen anspielenden Blick auf den Künstler werfend; ich würde es sogar gutheißen, wenn Sie Monsieur und mir einiges beibringen würden. Aber mit Vergnügen, ich verweigere niemandem eine Gefälligkeit. Monsieur möchte zum Beispiel eine Oper komponieren und verlangt von mir ein Gedicht dazu. Offensichtlich ist seine Musik schon geschrieben? Aber keineswegs, ich bitte Sie! Schade, Musik, die für einen Text geschrieben wird, wird nie gut, das stört einen Musiker, seine Phantasie kann sich nicht entfalten, ihm fehlt jeder Schwung. Aber Monsieur, mir scheint vielmehr... leider zu Unrecht. Ein Orchester, verdammt noch mal, das ist es, was wir nur brauchen. Nehmen Sie sich nur Molini zum Vorbild, das nenne ich Opern schreiben; zwar stimmen die Worte mit der Musik nicht überein, aber das mindert keineswegs die Wirkung... und ich stehe auf Wirkung, habe ich nicht recht, Cambini? Aber Marquis, wenn man ein Gefühl ausdrücken will, zum Beispiel die Liebe... Dann chromatisch, mit vielen falschen Quinten; um das alles zu erhöhen ein Dreiklang; dann sollte man zum Relativton durch die kleine Terz übergehen; nun halten Sie mir eine um einen halben Ton verminderte Septime an. Sind wir im Moll, dann steigen Sie bitte auf Dur um, streuen Sie mir hier und da ein paar b Molls hin, ein paar Dominantterzakkorde, Septinen und Doppeloktaven... bei Gott, modulieren sollte man im Handumdrehen... Hast du überhaupt genügend Furore in deiner Oper? – Sehr viel, Herr Marquis. – Bei Gott, du wirst mal sehen! Ein ordentlicher Dreivierteltakt, wohl geschlagen. Was das Rezitativ betrifft, ad libitum, und natürlich mit Begleitung. Dann ein fugierter Chor, mit zwei schön voneinander differenzierten Motiven, das erhöht den Zwiespalt, ja den Widerstreit ganz gut, und vor allem, verdammt noch mal, muß das alles wie der Teufel schreien (...) Das ist es, nicht wahr?«[144]

Trotz dem Anschein handelt es sich hier nicht in erster Linie um einen Beitrag von Mirabeau zum musikalischen Streit dieser Jahre zwischen der französischen und der italienischen Oper. Es handelt sich auch nicht primär um eine Parodie des *Neveu de Rameau*. Vielmehr hat diese Stelle in *Le libertin de qualité* und in Mirabeaus Werk überhaupt eine selbstrepräsentative Funktion. Die Figur, die hier wie ein Teufel aus dem Repräsentationskasten hervorspringt und nach dieser Rede auf Nimmerwiedersehen aus dem Geschehen verschwindet, ist wie eine Allegorie der Schreibweise Mirabeaus: »Ich stehe auf Wirkung, habe ich nicht recht, Cambini?« ... »Und vor allem, verdammt noch mal, muß das alles wie der Teufel schreien.« ... »Hast du überhaupt genügend Furore in deiner Oper?« Alle diese Sätze deuten auf die besonderen Eigenschaften einer Schrift hin, für die der bisherige libertine Intertext einem Instrument gleichkommt, von dessen Möglichkeiten nur ungenügend Gebrauch gemacht wurde. Tatsächlich gibt es in den Texten Mirabeaus wenige Neuerungen auf diegetischer Ebene. Im Gegensatz zu Sade wird auch die libertine Tradition als solche respektiert: sie ist eine textuelle Errungenschaft, so wie ein gewisser »gemeinsamer Diskurs« der Aufklärung als politische Errungenschaft nunmehr fungieren kann. Sie wird als solche weder definalisiert (wie es im Text von Sade der Fall ist) noch verraten (wie im Fall von Rétif), noch gänzlich entwertet (wie im Fall der revolutionären Pamphlete). Das Instrumentarium wird also beibehalten, aber der Versuch wird unternommen, seine mimetische Potenz zu erhöhen. Diese Erhöhung der Darstellungskraft entwickelt sich bei Mirabeau in zweierlei Richtungen. Zum einen werden die »mechanischen« Eigenschaften der libertinen Textualität nicht mehr so vordergründig, dafür legt hier die Technik den ganzen Akzent auf das *Atmosphärische*. Zum anderen kennzeichnet ein grundsätzlicher *Intensivismus* Mirabeaus Texte. Dieser Intensivismus ist, ganz im Sinne der libertinen Tradition, ein doppelter: ein rhetorischer und ein erotischer. So gelingt es Mirabeau, die Eigenschaften der realistischen Schreibweise (die halluzinatorische Kraft der Darstellung) mit dem idealen Gehalt der libertinen Gesinnung in Einklang zu bringen. Der bürgerliche und der libertine Wille fallen hier auf eine einzigartige Art zusammen und ergeben eine Textualität, die im Gegensatz zur libertinen Tradition *jede Aporie vermeidet*. Die Verbindung zwischen dem politischen Moment und der textuellen Ausrichtung war selten so direkt wie im Fall dieses Werkes, das in dieser Hinsicht als eine einzige revolutionäre Energie zu betrachten ist.

Die »atmosphärischen« Qualitäten der Schreibweise Mirabeaus kommen um so deutlicher zum Vorschein, wenn man die entsprechenden Szenen mit ihren textuellen Vorlagen vergleicht. So z. B. die Opferungsszene in *Le rideau levé*:

»In jener Kammer herrschte eine behagliche Wärme; ich fühlte mich so wohl in meinem Zustand, daß ich nichts anziehen wollte; ich war von ausgelassener Fröhlichkeit: ich gedachte, nur mit meinen Reizen angetan zu speisen. Die vorsorgliche Lucette hatte alle Bediensteten aus dem Haus entfernt und einen dichten Schleier über die Boshaftigkeit ihrer Blicke geworfen. Sie war so gefällig, selbst aufzutragen und alles vorzubereiten, was nottat, und sie verschloß sorgfältig alle Türen. Ich war unglücklich darüber, daß ich sie nicht in eben den Zustand versetzt hatte, in dem wir uns befanden; und ich hieß sie alles von sich werfen, was sie auf dem Leib hatte; sie sah bezaubernd aus. Wir setzten uns zu Tisch. Mein Papa saß zwischen uns, und beide wetteiferten wir mit unseren Liebkosungen, die er uns reichlich erwiderte. In den Spiegeln wiederholten sich diese liebreizenden Szenen; unsere Gunstbezeigungen und unsere Haltungen wurden durch die geistreichen Einfälle, die uns ein köstlicher Wein einflößte, belebt; der Glanz seiner Farbe verlieh ihnen noch zusätzliche Nuancierungen. Bald verspürten wir die Wirkungen seiner Kraft und unserer Berührungen. Unsere Mösen glühten; sein Schwanz war wieder hart und steif geworden. In einem so erregten, so zwingenden Zustand mißfiel uns die Tafel; wir rannten, wir flogen auf das Bett.«[145]

Eine solche Qualität von Rhythmus und Klang, eine solche Eleganz in der Darstellung sinnlicher Reize ist zwar für die »galante« Variante der libertinen Schreibweise kennzeichnend; die krasse Eindeutigkeit des obszönen Vokabulars (»nos cons étaient enflammés«, »son vit avait repris sa raideur et sa dureté«) arbeitet jedoch im allgemeinen jeder Atmosphäre entgegen. Die Schreibweise von Mirabeau (wie die einiger anonymer Texte der gleichen Zeit) versöhnt jedoch solch entgegengesetzte und unvereinbare Tendenzen. Die Diskrepanz zwischen den zwei Haupttendenzen der libertinen Schrift (der galanten

Andeutung einerseits und der libertinen Direktheit andererseits), die die libertine Tradition in zwei Lager spaltet, verschwindet bei Mirabeau (so wie bei Sade oder bei Nerciat). Eine neue Schreibweise entsteht, die *le mot* und *la chose* zu vereinen weiß: die Darstellung der erotischen Intensität und die Erotisierung der Sprache sind in den besten Passagen Mirabeaus völlig isomorph. Die erotischen Tableaus seiner Texte nehmen schon die klangvolle Prosa von Chateaubriand vorweg:

»Wir folgten dem Prelaten und beeilten uns, in das klare, reine Wasser einzutauchen, das die Reize unserer Nymphen nur noch erhöhen konnte, ohne sie zu verschleiern; anstatt der Morgenröcke, die sie abgelegt hatten, bildeten nun die an den runden Linien ihrer Hüften verstreut hängenden Haarlocken ihre neue Kleidung; das Wasser reichte ihnen nur bis zum Busen; um bis zum Kinn ins Wasser einzutauchen, knieten sie sich manchmal hin, und wenn sie sich wieder aufrichteten, war die Näße, die auf dem Elfenbein ihrer einladenden Brüste geblieben war, wie jener frische Flaum, den wir auf reifen Pflaumen sehen und ›Flor‹ oder ›Blume‹ nennen; mit welcher Ungeduld eilten dann unsere liebesentflammte Lippen ihnen entgegen, um diese Blumen zu pflücken; wieviel Sprünge machten wir, welche Tollheiten begingen wir in diesem entzückenden Becken.«[146]

Eine solche Intensität des Stils (namentlich dank der Sinnlichkeit der phonischen Figur im Originaltext) ist mit der Sprache Rousseaus in etwa *Les rêveries du promeneur solitaire* durchaus vergleichbar. Was bei dem einen die Spur des Gefühls ist, ist beim anderen die Marke der erotischen Intensität. Denn Mirabeaus Libertinage ist (wie die von Nerciat) in erster Linie ein *Hedonismus*. Ein Text wie *Hic et Hec* ist z. B. in mancher Hinsicht ein genuin hedonistischer Text, dessen Edenismus die bekannten idyllischen Topoi der hedonistischen Tradition wiederaufnimmt. Weder Gentil-Bernard noch Grécourt, Dorat u. a. haben in ihren idyllischen Darstellungen einen vergleichbaren Grad an sprachlicher Intensität erreicht.

Diese Intensität geht bei Mirabeau mit einer geschickten Beherrschung der textuellen Gliederung einher. *Le rideau levé* unterscheidet sich in dieser Hinsicht von allen seinen Hypotexten. Mirabeau gelingt es hier, das libertine Non-Finito zu respektieren und trotzdem die Handlung elegant abzuschließen.[147]

Die Intensität des Ausdrucks, die Pflege einer gelungenen Faktur, die Beherrschung einer atmosphärischen Schreibweise: all dies deutet darauf hin, daß die textuellen Qualitäten des Werks von Mirabeau einen stark *rhetorischen* Charakter aufweisen.[148] *Varietas* und *ornatus* dominieren, ganz im Gegensatz zur üblichen Situation. Hier wiederholt sich, was im allgemeinen für den Kontext dieser Jahre gilt: die Subversion der christlichen Rhetorik, die ein wesentliches Merkmal der ersten erotologischen Dialoge der »dritten« Libertinage waren, ist insofern nicht mehr nötig, als die Wühlarbeit der libertinen Textualität schon längst alle denkbaren Figuren der figuralen Entwendung entworfen hat. Die *erotische Rhetorik* der libertinen Tradition ist für diese Texte eine Errungenschaft unter anderen, wie Mirabeaus brillant geschriebener Text *Hic et hec* es am überzeugendsten beweist. Seine Texte erscheinen in diesem Sinne als die gelungene *amplificatio* libertiner Hypotexte.

So wie das Voltairesche Programm als feste Grundlage fungiert[149], so wird auch die libertine Gemeinschaft bei Mirabeau (ähnlich wie bei Nerciat) als eine triumphierende dargestellt. Die libertine Gegengesellschaft ist hier keine militante mehr, sie genießt ihre souveräne Abgeschlossenheit. Dies ist wahrscheinlich der Grund, warum bestimmte Tableaus aus Mirabeaus Texten von einer verblüffenden Modernität sind, wie z. B. diese Szene aus *Hic et hec*, die man ohne weiteres in die heutigen Szenerien medienhaft gesteuerter Massenphantasien übertragen könnte:

»Der Bischof bat einen Punch an, um den Durst der Vorleserin zu stillen und ihre Zuhörer zu erfrischen. ›Gerne‹, sagte die Signora Magdalani, ›sollten wir uns aber nicht lieber durch ein Bad erfrischen? Mein Bruder kann uns einen reizenden Becken anbieten, die Hitze ist so stark, daß die Sonne das Wasser sicherlich genügend erwärmt hat. Zum Ausziehen wird es nicht lange dauern, da unsere Morgenröcke nur noch durch eine Schleife zusammengehalten sind.‹ – ›Ich finde diese Idee reizend‹, sagte Madame Valbouillant, ›sind wir aber sicher, daß uns dann niemand sehen kann?‹ – ›Nein‹, sagte der Bischof, ›das Becken liegt neben diesem Boudoir, und niemand kann hier eindringen, da ich allein den Schlüssel besitze; wir werden den Punch mitnehmen und ihn auf den Rand hinstellen, so daß wir beim Baden daraus trinken werden.‹«[150]

Man stelle sich die Szene vor: könnte man nicht meinen, sich in einem James Bond-Film zu befinden? Der libertine Kör-

152

per ist hier bar jeder Aporie. Weder seine Darstellbarkeit noch seine Finalität sind problematisch. Er ist ein glücklicher, performativer Körper: die Libertinage ist hier nichts anderes als ein intensivierter Hedonismus.

»Nachdem das Opfer vollzogen wird, richten sie alle auf. Man gratuliert einander und geht wieder in den Speisesaal herunter; wohlschmeckende Kraftbrühen, exzellente Trüffeln im reinen Olivenöl und Brotscheiben mit Anchovispasta brachten, mit den feinsten Weinen begleitet, unseren lieben Athleten neue Kräfte; einige reizende und tolldreiste Lieder erheiterten noch das Essen; der Bischof schlug noch eine Scherzpartie in irgendeinem Gebüsch seines »Avernus«, seines lieblichen Gartens vor. Sein Vorschlag löste allgemeinen Beifall aus und alle folgten daraufhin leichten Fußes und mit heiterem Gesicht dem heiligen Prälaten und seiner prachtvollen Schwester.«[151]

Die Intensivierung der erotischen Ausdruckskraft und die Inszenierung eines glorreichen, gesunden und glücklichen libertinen Körpers sind selbstverständlich zwei Seiten einer Medaille: die libertine Rhetorik Mirabeaus ist nicht nur die *amplificatio* textueller Vorlagen, sie ist auch eine einzige *Hypotypose* der erotischen Glückseligkeit. In dieser Hinsicht sind die Schreibweisen von Nerciat und Mirabeau eng verwandt.

Ein Text jedoch deutet auf das Verdrängte hin – nämlich *Ma conversion ou le libertin de qualité*. In ihm kommt nämlich zum Vorschein, was die furiose Ästhetik unseres Musikers ausdrückt: die Intensität mündet hier in nackte Gewalt (s. Zitat 144). Nicht von ungefähr wird der Geschichte ein Brief an Satan vorangestellt. Der »Libertin de qualité« bedankt sich beim Teufel für die ertragreiche Lehre: »Sie haben die Lehrjahre meiner Jugend geleitet; ich verdanke Ihnen tausend faule Tricks, die mir in meinen ersten Jahren sehr dienlich gewesen sind; Sie selbst wissen, wie sehr ich Ihren Lehren gefolgt bin, wie ich Tag und Nacht geschuftet habe, um Ihr Reich zu erweitern und Ihnen neue Untertanen zu verschaffen.«[152]; der Teufel selbst ist aber nun müde und alt: »Aber Herr Satan, in diesem Land ist heute alles ganz anders geworden, Sie werden alt; Sie bleiben zu Hause...«

Der Libertin verspricht ihm, durch seine Darstellung seine ehemalige Lüsternheit wiederzugeben: »Mögen die Szenen, die ich nun die Ehre habe, Ihnen vorzuführen, ihre alte Geilheit einigermaßen wieder aufleben lassen.«[153] Die

Hypotypose des Bösen, die hier der »Paratext« buchstäblich ankündigt, kontrastiert mit der glücklichen Intensivität der meisten Texte Mirabeaus. Tatsächlich wird *Le libertin de qualité*, ohne die übliche Virtuosität zu verabschieden, die libertine Gewalt schonungslos darstellen. Die Spirale des Begehrens möchte hier jede Schranke überschreiten und jede Tat überbieten, ja sogar das Leben selbst überwinden und bis in den Tod hineinreichen: »Es gibt keine einzige Pfaffenhure, kein kirchliches Reittier, die ich nicht hinten und vorne aufgerißen hätte (damit sie eben nicht aus der Übung kommen), bis ich eines Tages, nachdem ich in Herrn Satans väterlichen Armen meinen Junggesellengeist aufgegeben habe, bei den Toten selbst noch vögeln werde.«[154] Das Überbieten des Bösen, die Überschreitung der Materie deutet hier auf die Unendlichkeit des libertinen Begehrens hin, die gleichzeitig die Gewalt des Geld ist: gleich zu Beginn der Geschichte kündigt der »Libertin de qualité« an, daß er von nun an nur noch Geld machen will: »Mein lieber Freund, ich war bis jetzt ein Taugenichts; ich lief allen Schönen hinterher, rümpfte gelegentlich wählerisch die Nase. Nun hat sich die Tugend meiner Seele ermächtigt; ich möchte nicht mehr ohne Entgelt vögeln, ich werde mich in der Öffentlichkeit als Oberhengst aller Frauen an der Schwelle des Alters deklarieren, und werde Ihnen beibringen, für so und soviel pro Monat mit ihrem Arsch zu spielen.«[155] In wenigen Texten hat die Darstellung des libertinen Zynismus und der erotischen Gewalt (die Texte von Sade ausgenommen) eine solche Ausdruckskraft wie hier bekommen. Unser Held, dessen Geldgier unersättlich ist (»De l'or, morbleu, de l'or, c'est le nerf de la guerre!«), überwindet aus Interesse jeden physischen Ekel. Daraus ergeben sich erotische Szenen, die in früheren libertinen Texten ihresgleichen suchen: der Zynismus von Margot, die Entschiedenheit von Rosine erscheinen letztlich, wenn man sie mit solchen Darstellungen vergleicht, von erfrischender Naivität:

»Mit Händen und Füßen fahre ich also über die alten Reize meiner Dulcinea... Was den Busen betrifft, könnte ich ihr etwas von meinem leihen. Lange, hagere Arme, abgemergelte, vertrocknete Schenkel, eine ausgeleierte Fotze, eine welke Möse, deren natürlicher Geruch vom Duft des Ambers kaum übertönt wird... Aber was soll's, ich kriege ihn schon hoch; ich mache die Augen zu, ich erkunde schnell meine dürre Zicke, schiebe ihn in den Ofen. Ihre beiden Beine werden über meine Schulter gelegt; mit kräftigem Arm stecke ich sie auf mein Glied. Ein Buckel von akzeptabler Größe, den ich gerade entdeckt habe, dient mir als Halt für die andere Hand. Ihr langgestreckter Hals hält mir ein häßliches Gesicht hin, das, mit weit aufgestrecktem Maul mir eine beschlagene Zunge anbietet, von der ich mich durch eine heftige Verzerrung meines Kopfes abwende. Schließlich setze ich mein Pferd in Galopp... Meine Alte schwitzt im Geschirr; ihr verrostetes Scharnier gerät wieder heftig in Bewegung und antwortet fast auf jeden Stoß; ihre Arme verlieren ihre Steifheit, ihr Blick ist halb geöffnet, sie verdreht die Augen; und wahrhaftig wird dieser Blick ertragbar... Donnerwetter, ich werde rasend, das kommt einfach nicht, ich schüttle sie... und plötzlich entschlüpft sie mir, die verdammte Ziege... Verflixt, die Leidenschaft packt mich, ich erhitze mich nun; meine Ferse steht stramm wie eine Säule, ich drücke sie an mich, jetzt geht sie los... Ach, mein Freund, mein Kleiner! Oh, mein Herz!... Ich sterbe... Oh, nein, damit hatte ich nicht mehr gerechnet... Oh! oh!... Jetzt kommt... kommt... jetzt kommt es... mein lieber Freund, jetzt kommt es.«[156]

Neben solchen Passagen, die sich insofern an Sades Schrift annähern, als sie auch die ästhetische Grenze überschreiten, die der *Ekel* markiert, findet man in diesem Text (wie in *Erotika Biblion*) lange libertine Reden vor, die sich mit den Reden der Sadeschen Libertins durchaus vergleichen lassen, wie z. B. die lange Darstellung des Père Ambroise, der ähnlich wie in Sades *Histoire de Juliette* und ganz anders als bei Voltaire dazu dient, die Gewalt der kirchlichen Institution darzustellen. Der Père Ambroise präsentiert die okkulte Macht der Kirche durch einen historischen Abriß, der die Geschichte Europas durch die Machenschaften des Vatikans erklärt. Er prophezeit nicht nur eine baldige Revolution (der Text erschien 1780), sondern auch die Intervention der Kirche zur Restauration der politischen Ordnung:

»Unsere Anschläge laufen zusammen, unsere Komplotte verflechten sich. Unsere Feinde bekämpfen uns mit den Waffen der Lächerlichkeit, sie mißbrauchen ihre vorgebliche Superiorität; wir aber sammeln andere Hilfsmittel und unterminieren ohne Lärm. Du bist jung, du wirst die Früchte unserer Arbeit erleben. Eine Revolution, vielleicht noch weitliegend, aber sicher, wird aufs neue die Welt beschäftigen, wir werden diese Leute unter die Füße treten, alle, die uns zu verachten wagen und uns sogar noch befehlen... O könnten wir doch die Menschheit in die Barbarei zurückschleudern, die Wissenschaften vernichten, bis auf den Keim jene verderbliche

Philosophie ausrotten, die uns mit Demütigungen überhäuft, um endlich auf all diesen Ruinen das neue Gebäude unserer Größe aufzurichten. Dann wird ein eisernes Zepter die Welt regieren, die unseren Launen unterworfen, unseren Vergnügungen ergeben sein wird. Wir werden, als Sultane, über die Mütter, die Weiber, die Töchter unserer Sklaven verfügen, und wir werden diese erniedrigten Seelen so weit bringen, daß sie ihre Entehrung als eine Wohltat ansehen werden.«[157]

Auch wenn der Ton solcher Passagen an die Rede eines Sadeschen Libertin erinnern mag, sollten wir uns nicht irreführen lassen: die gesamte Darstellung des *Libertin de qualité* gehorcht dem in der »lettre à Satan« angekündigten Darstellungsprinzip: das Böse bleibt der *Adressat der Hypotypose*. Diese satanische Schrift unterscheidet sich von der luziferischen von Sade ganz und gar. Die *Darstellung des Bösen* hütet sich wohl, sich zur *bösen Darstellung* zu verwandeln. Die militante Attacke gegen die kirchliche Institution ist – wie bei Sade – eine grandiose *amplificatio* der Voltaireschen Schreibweise. Die Bosheit des »Libertin de qualité« steht jedoch letzten Endes revolutionären Pamphleten wie z. B. dem *Bordel apostolique*[158] näher als den Texten von Sade. Für Mirabeau endet die libertine Perversion, so unmittelbar politisch ihre Attacken auch sein mögen, in der Indifferenz des hedonistischen Intensivismus. Auch wenn der Erzähler diese Rede so begeistert aufnimmt, wie z. B. Juliette die Rede des Papstes, flieht der Prälat letztlich vor dem Bösen und stürzt sich in die Lust:

»›Gottes Blut, Pater, das ist das Höchste! Welche Ungeheuerlichkeit von Voraussicht! Welch eine durchdachte Ruchlosigkeit! Welche Mysterien von Sittenverderbnis . . .‹

Ich halte ein, denn Pater Ambrosius, der inne wird, daß er zuviel gesprochen hat, runzelt die Stirn. Um ihn von seinen Überlegungen abzubringen, packe ich Alexandrine, die in der Mitte des Zimmers herumtanzt. ›Pater, wollen Sie den wahren Typ der Geschichte der Reiche, das Instrument der Revolutionen, die Magnetnadel des Weltalls kennenlernen? Da, hier‹, sage ich, indem ich seine Aufmerksamkeit auf die Schöne lenke, ›das ist es, worauf die Intrigen abzielen, der Stolz des Sultans, der Prunk des Großmoguls, die Launen des Despoten, die Wutausbrüche des Tyrannen, die ehrgeizigen Träume des Eroberers, die Reichtümer beider Hemisphären!‹ Verflucht, ich ziehe mich aus diesem Milieu zurück, denn Pater Ambrosius hat mir Alexandrine abgenommen und hat sie aufs Bett geworfen, um gleichfalls nach diesem Ziel zu streben.«[159]

Kann man deutlicher zum Ausdruck bringen, daß der extreme Hedonismus dieser Libertinage schließlich *jenseits der Intrige* ist? Der Schluß des Textes wird es noch bestätigen: nach einer unerwarteten, eher schlecht zusammengebastelten sentimentalen und melodramatischen Episode, macht der Erzähler einen letzten Purzelbaum und verkündet noch die Grenzenlosigkeit des libertinen Begehrens (siehe Zit. 154). Somit schrickt das libertine Begehren noch einmal von den Konsequenzen seiner letalen Flucht zurück. Trotz dem Anschein wagt es also Mirabeau doch nicht, die Grenze zu überschreiten, die die libertine Souveränität gänzlich exponieren würde. Die Inkonsequenz dieses Schlusses ist bei Mirabeau, ähnlich wie die Abgeschlossenheit der narrativen Faktur, z. B. in *Le rideau levé* – auch wenn das Verfahren formal gesehen ein gegensätzliches ist – die Marke des narrativen Schutzes. Der Intensivismus dieser erotischen Rhetorik maskiert schließlich, was das Werk von Sade eben enthüllen wird: daß die libertine Flucht sich nolens volens *vor dem Gesetz* ereignet.

Die Verbindung von Virtuosität und Intensität, die für Mirabeaus Schreibweise charakteristisch ist, kennzeichnet auch das Werk von Nerciat. Im Gegensatz aber zur furiosen Energie, mit der der Libertin bei Mirabeau seine Lust auslebt, drückt sich dies bei Nerciat eher im Ton der Komödie aus. Die elegante Sprache dieser Texte, die Brillanz des Witzes (im Sinne des englischen »wit« bzw. des Witzes der deutschen Frühromantik) heben sie hoch über das Niveau mancher literarisch weniger wertvoller libertiner Texte. Hier gilt auch im eminenten Maße, was wir für Mirabeau schon festgestellt haben: der libertine Intertext ist für Nerciat ein Instrument, aus dem bisher unerhörte Töne zu gewinnen sind. Die Schrift Nerciats erschöpft sich sogar oft in einem virtuosen Spiel, das explizit zum ästhetischen Programm erhoben wird. Die libertine *Parataxe* ist nicht mehr die unvermeidliche Form, die die libertine Schrift annehmen muß, sondern der Ausgangspunkt eines Experiments mit dem textuellen Stoff, der einem geschickten Schriftsteller nunmehr zur Verfügung steht: »Dieses dramatische Werk, das als solches jedoch nicht auf die Bühne zu übertragen ist, maßt sich nicht an, die Form eines Theaterstücks zu haben. Ein Schema, Gliederungen, Einheiten, ein Imbroglio, eine Auflösung: das alles sollte man lieber anderswo suchen. Ich warne meine Leser: hier ist nichts dergleichen zu finden. Wie in den Liedern ist hier alles auf den Kopf gestellt, alles umgekehrt. Hier sagt man ... was man möchte ... hier macht man ... was man kann«, heißt es z. B. im »Paratext« des *Diable au corps*[160]. Die libertine Entwertung ist hier nicht nur eine Form, sondern ein Thema: »Ich habe es ständig wiederholt: dies ist kein Roman«, erinnert der Erzähler in *Monrose* mitten im Geschehen.[161] Im Gegensatz zu Mirabeau, der die libertine Energie zu überbieten versucht, intensiviert Nerciat deren Entwertung im Sinne der Ironie. Die libertine Selbstironie, die zur gleichen Zeit mit Sade ihren Höhepunkt erreicht, bekommt bei Nerciat einen stark theatralischen Charakter. Dies drückt sich nicht nur durch die Dialogform aus, die Nerciat meistens verwendet, sondern auch durch den Hang zur Komödie, den er mit manchen zeitgenössischen Autoren teilt.[162] Die libertinen Komödien von Nerciat schlagen jedoch nie, wie es bei Dorvigny der Fall ist, ins Burleske oder ins Groteske um (mit Ausnahme von *L'Etourdi*).[163] Eher sollte man dessen Schreibweise als eine Versöhnung von Libertinage und *badinerie* betrachten. Der diegetische Teil seiner Texte bleibt genuin libertin, die ganze narrative Faktur nimmt die Tradition der *badinerie* wieder auf. So wie bei Grécourt, Chaulieu oder in Texten wie z. B. *Le Parnasse libertin* u. a.[164], tendiert die Schrift dazu, sich in der Pointe zu verflüchtigen. In diesem Sinne stellen die Texte von Nerciat eine besondere Form von Kompromiß dar, die gerade darin besteht, die libertine Entwertung formal wiederaufzuwerten, ohne die ideologische Entwertung, die damit untrennbar verbunden ist, anzutasten. Damit erreicht die libertine Schreibweise ein »Plateau«, das hier wie bei Mirabeau das Zeichen der Epigonalität ist. Andererseits hebt die bewußte Mischung des Genres den reflexiven Prozeß hervor: die meisten Texte von Nerciat sind wie schon gesagt Dialoge. Außer *La matinée libertine,* der die Tradition der libertinen Erotologie offenkundig parodiert[165], bieten diese Dialoge jedoch meistens keine Vorlage für Theateraufführungen. Wie das *Argument du docteur* vor *Le diable au corps* es deutlich ankündigt (siehe Zit. 160) handelt es sich trotz dem Anschein nicht um ein Theaterstück. Der vorangestellte *Avertissement nécessaire* präsentiert den Text als *»fort singulier roman dramatique«.*[166] Der Dialog hat hier den Stellenwert, den er bei Crébillon schon hatte. Er konstituiert ein Worttheater, das nichts anderes als die Theatralität der Verführung ist. Die Anlehnung an Crébillons Stil kommt darüber hinaus durch die Technik der Kapiteltitel explizit zum Vorschein. Diese narrative Technik erzeugt hier eine ständige innere Distanzierung, die durch die zahlreichen Interventionen der Erzählstimme verstärkt wird.[167] Es handelt sich jedoch keineswegs um ein Plagiat von Crébillon-fils. Im Gegensatz zu ihm (oder z. B. zu Vivant Denons *Point de lendemain* [1777]) konstituiert hier das Worttheater keine innere Leere mehr. Eher handelt es sich um eine Art Anamorphose des galanten Verführungsspiels. Die Sättigung des Codes, die Verflüchtigung des Sinns durch dessen Transparenz, intensiviert um so mehr die Inkommunikabilität, je mehr sie die Eleganz des Ornaments erhöht: »Das erste Mal, waren Sie eben neu«, sagt Félicia zu Monrose, »man wußte wohl, daß man gefragt würde, und daß man Sie kriegen würde. So hat man Ihnen das übliche aufgetischt. Damals hat man Sie noch Ihreshalber gekriegt, heute hat man Sie nur für sich selbst. Der Friseur hatte nur ein erstes prickelndes Gefühl hinterlassen, nun kommen Sie rechtzeitig, um ernsthaft fortzusetzen, was mit diesem Lausbuben nur eine unvollkommene Skizze geblieben ist. Das alles ist, mein Liebster, durchaus in Ordnung.«[168]

Diese Replik Félicias ist in jeder Hinsicht für den Dialog à la Nerciat repräsentativ: jedes Wort ist wie im Fall der libertinen Galanterie ein Signal, ein frivoles, sinngesättigtes – oder sinnentleertes – Zeichen. Das Spiel ist jedoch ein Spiel mit vollen Informationen – und zwar sowohl diegetisch wie narrativ: Monrose als Adressat von Félicia weiß ebensogut wie der Leser, welche Botschaft diese leeren Zeichen vermitteln. Mehr noch: was der Vorgänger noch unerfüllt ließ, wird jetzt Monrose zu Ende spielen müssen: die Anweisung Félicias ist transparent. Sie ist sogar ein eindeutiger Befehl. Monrose *wird die Lücke des Begehrens füllen* und somit auch *die narrative Information buchstäblich realisieren*. Wie Félicia auch sagt: »*Alles ist durchaus in Ordnung.*« Ähnlicherweise sind in *La matinée libertine* die Rollen der Protagonisten nur *anscheinend* die Wiederaufnahme der traditionellen Rolle der erotologischen Dialoge: Cécile ist eine »Pseudo-Schülerin« und die Comtesse eine »Pseudo-Lehrerin«. Die Angleichung erfolgt hier, wie immer bei Nerciat, durch die Verwendung einer Technik der narrativen Vereinheitlichung, die die diegetische und die narrative Ebene miteinander kollidieren läßt. Die Repliken von Cécile sind in *La matinée libertine* bar jeder psychologischen Wahrscheinlichkeit. Das Spiel besteht aber gerade darin, von vornherein durch solche narrativen Verdrehungen ironische und komische Effekte hervorzurufen. Diese gewollte – und besonders virtuos geführte – Kollision zweier Textebenen entfernt Nerciat von der »atmosphärischen« Tendenz der simulativen Intensität von Mirabeaus Texten. Die Intensität kommt hier, wie in der galanten Libertinage, allein den Wörtern zu, und trotzdem vereint Nerciat – wie Mirabeau – die Eleganz des Stils mit der Eindeutigkeit des Erotischen.

Ein Hauptmerkmal von Nerciats Werk ist auch die gänzliche Abwesenheit von Gewalt. Wie für die meisten Texte Mirabeaus, handelt es sich nämlich auch um einen reinen Intensivismus, um eine ausschließlich hedonistische Libertinage. Der Hedonismus ist jedoch hier wesentlich raffinierter als bei Mirabeau; die erotische Intensität drückt sich auf eine sehr spielerische Art aus. Im Gegensatz zu Laclos (aber auch zu Louvet de Couvray) ist die Intrige bei Nerciat (mit der Ausnahme von *L'Etourdi,* siehe Anm. 163) immer das Moment eines höheren Spiels. Keine Folge von Falle und Gegenfalle, wie etwa bei Boyer d'Argens, kein galanter und kein libertiner Krieg. Monrose ist z. B. der Inbegriff der hedonistischen Unschuld, obwohl seine Handlungen und seine Ziele genuin libertin sind (in dieser Hinsicht ist er das Pendant vom Chevalier de Fanblas). Man würde ihm alles verzeihen und »man« tut es sogar – darin besteht in *Monrose* eben die Rolle der Félicia.[169] Die Leichtigkeit Monroses wird jedoch im Gegensatz zur Faublas-Trilogie ohne den sentimentalen – ja zum Teil melodramatischen Hintergrund – dargestellt, der bei Louvet eine wesentliche Rolle spielt (so wie Laclos' *Liaisons* aus der immanenten Spannung zwischen dem libertinen und dem sentimentalen Register ihre spezifischen Effekte gewinnen)[170]. Der galante Krieg ist sogar bei Nerciat der Gegenstand einer gezielten Ironie:

»Die Gräfin von Lienneval, die gleich am ersten Tag angegriffen wurde, wurde von Herrn Aiglemont besiegt. Dieser schien zuerst seine Stellung behaupten zu wollen, aber der andere

dachte sofort daran, als listiger Partisan die Situation auszunutzen. Er fällt in das Territorium des recht unbeständigen Marquis
ein und zieht kühne Linien um Floras Zimmer (...). Monrose hat
es mir seitdem gesagt: die Marquise belagern, sie zur Übergabe
zwingen, seine Fahne in die geschlagene Bresche aufstellen, hätte,
so erhoffte er sich's, gerade die Zeit gekostet, die ihm erlaubt
hätte, sich einen Zugang durch die Felsenblöcke zu verschaffen,
die um das Herz meiner Vestale eine Festung bildeten – die er
wohl auch zu erobern gedachte.«[171]

Wir sind hier weit entfernt von der souveränen Energie
der Libertins von Mirabeau. Die Unterschiedlichkeit der
politischen Position spielt hierbei eine wichtige Rolle. Für
Mirabeau sind die Errungenschaften der Libertinage und
der Aufklärung gleichwertig. So wie z. B. in *L'Echo fou-*
tromane sind der libertine Krieg und der politische Kampf
zwei gleichwertige Fronten.[172] Nerciat – der immer auf der
Seite der Aristokratie geblieben ist – konstruiert eine gänzlich abgekapselte libertine Gesellschaft. In *Les Aphrodites*
erscheint sie buchstäblich als solche: die »Fraternité des
Aphrodites«, die auf dem libertinen Konsens beruht und
jede politische Differenz ausschließt, überlebt die bewegten Jahre der Französischen Revolution. Der Text beginnt
wie ein anti-revolutionäres Pamphlet:

»Vor der Revolution ist niemals ein einziges Statut, ein einziger
Brauch der Aphroditen öffentlich geworden. Wenn aber eine
neue Ordnung herrscht, wenn tausend kleine Zeitvertreibe – die
übrigens alle unter dem Ancien Régime als kriminell galten – wie
zum Beispiel Verleumdung, Denunziation, blindlings beschlos-
sene Hinrichtungen, wenn nicht ermuntert, so doch toleriert
werden, warum sollten dann äußerst aktive Bürger befürchten,
ihre Geheimnisse ihren Gleichgesinnten anzuvertrauen, wenn sie
im Einvernehmen mit der Nation Freiheit und Gleichheit zur
Grundlage ihres Glücks machen – Bürger die, wie sie, jeden
Unterschied in Stand, Rang und Vermögen verachten, die es
zudem wissen, den heutzutage so segensreich offenbarten Men-
schenrechten ihre Quintessenz abzugewinnen und schließlich,
um es in einem Satz zu sagen, nichts tun, was nicht Frieden, Einheit und Eintracht zum Ziel hätte, woraus (insbesondere für sie)
Rast und Ruh folgen.«[173]

»La paix, au nom du plaisir!« schreibt Madame Durut –
eine »Verwalterin« des geheimen Ordens – um einen Streit
zwischen zwei »Aphrodites« zu schlichten. Hier knüpft

Nerciat an die Tradition des libertinen Apolitismus wieder an. Die glückliche Libertinage der Figuren Nerciats ist, im Gegensatz zu denen Mirabeaus, von jeder Gewalt entfernt. Man wird auch vergeblich in seinem Werk nach didaktischen Texten suchen (wie etwa *Le rideau levé*). *La matinée libertine* verabschiedet durch die Parodie die libertine Erotologie. Diese glückliche Libertinage ist nicht nur jenseits der Intrige, sie ist auch jenseits des Wissens: die Pseudo-Unschuld von Cécile ist in *La matinée libertine* eine ganz andere als die von Eugénie in *La philosophie dans le boudoir*. Sade inszeniert eine sehr verschmitzte, schlaue kleine Libertine. Nerciat legt seiner Figur Worte in den Mund, die ihre komische Wirkung nicht verfehlen können. Die erotische Intensivierung, die bei Sade aus der Figur resultiert, läßt sich mit dieser spielerischen Art, mit dem libertinen Intertext umzugehen, nicht vergleichen. Die selbstsichere Libertinage der Figuren von Nerciat stellen auf eine andere Art als bei Mirabeau die Überwindung der libertinen Aporien dar. Die libertine Souveränität wird im Werk von Mirabeau als eine offensive dargestellt. Der didaktische und aufklärerische Anteil dieser libertinen Militanz ist offenkundig. Nerciats Figuren holen sich aus der libertinen Entwertung einen textuellen Mehrwert, den eine Szene aus *Les Aphrodites* auf eine transparente Art offenbart: Célestine und Madame Durut überprüfen die Buchführung der libertinen Geheimgesellschaft. Seitenlang dialogieren beide Figuren über die blühenden Geschäfte der »Société des Aphrodites«. In einem Nachtrag wird uns sogar mitgeteilt, daß die Gesellschaft nun über ein Kapital von 4 558 923 livres verfügt, das dank der Hilfe von zwei Bankiers außerhalb Frankreichs sichergestellt wurde. Mehrere Aphroditen seien am 10. August 1792 anläßlich der Erstürmung der Tuilerien umgekommen, andere während der revolutionären Massaker am 3. September. Nun seien aber alle Mitglieder emigriert und führen im Ausland ein glückliches Leben: »Die reformierten Aphroditen haben nunmehr in einem Land, dessen Namen wir nicht verraten dürfen, eine entzückende Zuflucht gefunden, sie haben jetzt renovierte Statute und eine neue Elite gewonnen.« (S. 291) Der libertine Hedonismus Nerciats mündet also letzten Endes in die ruhige Idylle einer libertinen Zurückgezogenheit, die mit den Episoden, die sich im Schloß von Silling – in Sades *Cent vingt journées* – abspielen werden, den denkbar größten Kontrast bilden. Die Verdrängung der libertinen Gewalt erreicht hier ihren Höhepunkt – gerade zu einer Zeit, wo revolutionäre Pamphlete sich die libertine Tradition ausschließlich zu politischen Zwecken aneignen.

Das Werk von Rétif de la Bretonne bedeutet wiederum eine ganz andere Art von Aneignung der libertinen Tradition. Die »surécriture« von Mirabeau und Nerciat führt zu einer Überbetonung des rhetorischen, ornamentalen Aspekts der libertinen Schrift – was zu einer formalen Aufwertung der libertinen Entwertung führt und in diesem Sinne eher eine Entwendung der libertinen Tradition darstellt. Rétif schlägt die umgekehrte Richtung ein: die Überwindung der libertinen Aporien erfolgt im Namen der bürgerlichen Authentizität. Der »Verrat«, den diese Aneignung der libertinen Schrift bedeutet, ist mit dem ornamentalen Gewinn von Laclos, Louvet, Nerciat und Mirabeau durchaus nicht vergleichbar. Rétifs Werk ist, trotz dem Anschein und trotz einer noch gängigen Meinung, keine libertine Schrift, sondern regelrecht eine antilibertine.

Schon der frühe Roman Rétifs *Le pied de Fanchette* entwirft ein unverkennbares anti-libertines Programm. Der Standpunkt des Opfers, der z. B. *Ingénue Saxancour* ganz und gar bedingt, ist hier maßgebend: Fanchette ist der Prototyp der umlagerten Tugend. Ihre Geschichte ist – ähnlich wie die der Justine von Sade[174] – eine ständige Abfolge von Verführungen. Der sterbende Vater vertraut in aller Unschuld und Unwissenheit seine Tochter einem Bruder an, der ein neuer Tartuffe ist. Im Gegensatz zu *Les dévotions de Mme Betzamooth,* wo das gleiche Thema ganz im Sinne von Molière komödienhaft behandelt[175] wird, entwickelt Rétif aus der gleichen textuellen Grundlage eine höchst erbauliche Geschichte. Diese Geschichte ist der Kampf des Authentischen (der Authentizität von Liebe oder Tugend) gegen das Falsche: der Libertin ist hier ein Lügner und heißt Apathéon, und damit der Leser die moralischen Intentionen dieses Textes gut versteht, präzisiert noch Rétif durch eine Ankerung: »Quant au nom, pris grammaticalement, ils est grec: απαθεὼυ, trompeur« (*Le pied de Fanchette,* a. a. O. S. 279). Die Falschheit der libertinen Intrige gegen das Authentische, dessen unmittelbare Niederschrift diese Geschichte darstellen sollte: damit ist die Schreibstrategie Rétifs schon definiert – und definitiv festgelegt. Denn Rétif präsentiert nicht nur eine tugendhafte Heldin (die die wahre Stimme der Natur ist, weil ihr Herz deren unmittelbarer Ausdruck ist), er deutet gleichzeitig auf die tugendhafte Unmittelbarkeit der Schrift hin. Als wäre die Darstellung der Stimme der Natur via Fanchette nicht ausreichend, als müßte die Unmittelbarkeit durch das Supplement der Schrift unterstützt werden, agiert der Autor wie ein Souffleur im Geschehen. Als z. B. Fanchette Lussanges gegenüber – der sie umwirbt – die Skepsis aufweist, die einer solchen Figur gebührt (»aber ich bin fast sicher, daß er unaufrichtig ist«), unterstreicht eine off-Stimme: »Sie wenigstens ist aufrichtig.« Als wäre die Stimme der Natur, der Fanchette schließlich Gehör schenkt (»Ich höre eine innere Stimme, die mir sagt, daß er aufrichtig ist«) ohne diese narrative Unterstützung nicht überzeugend genug – als wäre diese zweite Stimme, die die erste supplementieren muß, etwas anderes als ein zusätzliches Supplement – das Supplement des Supplements der Schrift also. Wir werden keine Mühe haben, in einem solchen Widerspruch das Merkmal der bürgerlichen Authentizität zu erkennen. Tatsächlich eröffnet die Widmung des Textes (»A Madame L***, femme d'un marchand«) in feierlicher Form die Intentionen des Autors.[176] »Realistisch« sind an diesem Text zum einen die Erhöhung bürgerlicher Werte (die Ökonomie der Tugend und die Tugend der Ökonomie), zum anderen die Vortäuschung einer unmittelbaren Niederschrift des Realen, von der Rétif in keinem seiner 187 Bücher jemals abgehen wird. Der erste Satz des Romans enthält schon im Keime die unermeßliche Produktion des (mindestens was die Quantität angeht) produktivsten Schreibers des Jahrhunderts: »Ich bin der wahrheitsgetreue Chronist der glänzenden Eroberung des Fußes einer Schönen.« (a. a. O. S. 7) Jedes Wort ist hier sinngesättigt: die Voranstellung des Ichs, die Affirmation der Identität, der Anspruch des wahren Berichtens und die Verfolgung einer Schönheit, aus deren physischer Faszination Rétif die Energie seiner Pseudo-Fiktionalität gewinnt. Denn außer der proklamierten Überzeugung, mit diesem Text die authentische Niederschrift einer Existenz wiederzugeben, ist an der Geschichte der Fanchette nichts realistisch. Neben der Verwendung erbaulicher Wertformen besteht hier die Schrift – wie in so vielen Texten Rétifs – in der Erhöhung eines weiblichen Körpers, dessen metonymische Erscheinung eben dieser Fuß ist, der allein ausreicht, um die ganze Falschheit der Welt aufzuwiegen. Die narrative Aura rückt das Teilobjekt des Begehrens, um das herum die ganze Schrift ihre Kristallisierung entwickelt, eher ins Wunderbare als in die platte Realität der in der Widmung gepriesenen bürgerlichen Handelstätigkeit. Die erbauliche Fabel, die das narrative Programm des Textes bedeutet, und die Faszination dieses Körperteils vereinen sich zu einem Komplex, den dieser erste Satz schon gänzlich umrandet und definiert und in sehr prägnanter Form die enge Marge der Rétifschen Schrift abzeichnet. Damit ist die Besonderheit einer textuellen Kompromißbildung definiert, die die Unendlichkeit des libertinen Begehrens in eine maßlose literarische Produktion umwandelt, deren Finalität mit ihrem Impetus im krassesten Widerspruch steht. Die anti-libertine Finalität der Schreibweise Rétifs ergibt sich aus dieser fatalen Verdrehung von Leben und Literatur. Wir sind hier regelrecht am Gegenpol der Sadeschen Lösung. Rétif schreibt, um sich gegen das Supplement der Schrift zu wehren, um den Weg zurückzugehen, den der Übergang vom Leben zum Text bedeutet. Der Fuß der Fanchette ist nichts anderes als die Niederschrift einer phantastischen Urszene – der Begegnung des jungen Rétif mit Jeannette, die für immer entschwundene Spur eines Beginns der Welt, den die Schrift unaufhörlich zu wiederholen versuchen wird. Was die absolute Nähe von Rétif und Sade definiert, ist dieser Zirkelkreis von Empfindung und Schrift, dieses Eingefangensein in der nie abschließbaren Arbeit der Anamnese. Rétif wird, wie Sade, nie etwas anderes wiederholen als die Umschrift des Unbeschreibbaren. Die Schrift wird in beiden Fällen, wie bei Rousseau auch, die Niederschrift eines unentrinnbaren Gesetzes. Was beide Autoren aber unendlich entfernt, ist eben die Ausrichtung dieser Einschreibung. In beiden Fällen kommt das Schreiben einem grausamen Einritzen gleich. So wie Sade in seinem Gefängnis aus der Verzweiflung jemals herauszukommen, seine »signaux« entwickelte[177], so schrieb auch Rétif in den Stein der Ile-Saint-Louis die Daten seiner Existenz.[178] Die »Graphomanie« Rétifs hat jedoch, im Gegensatz zum interpretativen Wahnsinn des Marquis de Sade, eine ganz andere Relevanz. Ein »Graphomane« ist Rétif in jeder Hinsicht gewesen: das Fixieren von Spuren, das Einhalten der Zeit finden bei ihm ihren unmittelbaren Niederschlag in der Schrift. Im Gegensatz zur intertextuellen Parodie von Sade bedeutet jedoch die Graphomanie Rétifs eine besessene Form von Realismus. Bei keinem anderen Schriftsteller der Epoche hat der realistische »account« des Realen solche Formen angenommen wie bei ihm. Die Signale des Eingesperrten sind ontologische Wetten, die Einritzung der »Pariser Nachteule« sind Fixierungen des Möglichen. Rétif war zutiefst davon überzeugt, daß das Supplement der Einbildungskraft eine existentiale Tragefläche braucht – daß die Literatur dieser Versuch sein muß, die verflossene Zeit wiederzugewinnen. Die Schrift arbeitet hier dem Tod entgegen und supplementiert dessen Leere. Realismus ist hier, wie immer sonst, ein Auffüllen des Sinnentleerten, eine Aufbewahrung des Erinnerungswürdigen. Erinnerungswürdig ist aber für Rétif wie für Rousseau die Authentizität des *sentiment.* Daher mündet die Graphomanie nicht nur in einen verzweifelten Kampf mit dem Tod, sondern auch gegen die Entwertung der Ideale – und in erster Linie der Liebe, die für Rétif eine ebenso feste Tragefläche ist wie der Stein selbst, in dem er seine sentimentalen Zustände verewigen möchte. Wir befinden uns hier am Gegenpol der libertinen Apathie. Es gibt für Rétif eine beschränkte Zahl menschlicher Möglichkeiten. Die Funktion der Literatur ist nicht nur die Erkundung eines bodenlosen Rätsels, sondern letzten Endes die Aufhebung des Unentrinnbaren im Ideal (der Liebe): »*Da die Einbildungskraft des Menschen die Grenzen der Natur nicht überschreiten kann, erreiche ich zwei gleichmäßige moralische Ziele – den menschlichen Wohlstand und die Lebenssicherung einer von ihrem empfindsamen Ehemann zärtlich geliebten Gefährtin – durch außergewöhnliche Erzählungen, die jedoch zur Kategorie möglicher Fiktionen gehören. Denn die wahre Moral besteht darin, am menschlichen Glück mitzuwirken.*«[179] Diese idealisierende Teleologie entfernt ihn nicht nur von der libertinen Entwertung – sie entfernt ihn sogar von der Mimesis selbst. Die Schrift Rétifs, deren Ausgangspunkt – die Erscheinung einer begehrten Frau – der Ansatz der libertinen Schrift überhaupt ist, bemüht sich nicht nur darum, der libertinen Flucht Einhalt zu gebieten. Im Versuch, den Weg zurückzugehen, der vom Text zum *sentiment* führt, strebt sie sogar das Unmögliche an – nämlich die Überbrückung des konstitutiven mimetischen Schnitts. Die spezifische narrative Katastrophe, die die bürgerliche Schreibweise auslöst – die Aufhebung der Mimesis im Ideal des Authentischen – wird bei ihm bewußt zum ästhetischen Programm: die Anti-Libertinage ist hier gleichzeitig die Simulation einer Überwindung der Simulation:

»Ist es möglich, den Menschen die Moral unter der Form der historischen Wahrheit beizubringen – dank dem mächtigen Anreiz des Beispiels, des Bewegenden, des Rührenden (falls man sie zum Nacheifern führen will); oder des Lächerlichen, des Furchterregenden, wenn man sie abschrecken will? Das ist eigentlich die Frage. Die Exposition allein entscheidet hierüber. Nichts ist zur Unterweisung der Menschen nützlicher als die Erzählung, ob wahr oder fingiert. Aber warum denn fingiert? Sie ist immer wahr in den natürlichen Romanen, wie etwa in denjenigen von Jean-Jacques, Richardson, Marmontel oder de la Bretonne (...) Alle Romane derjenigen, die ich soeben zitiert habe, sind also als historisch zu betrachten.«[180]

Damit ist der Kreis geschlossen, den die libertine Entwertung geöffnet hatte. Die Wunde ist repariert, die Hypotypose des Guten kommt der natürlichen Präsentation der Natur gleich. Die Geschichte ist ein »roman naturel«, so wie der Roman eine »natürliche Geschichte« ist. Die Spanne, die dieses Programm von dem Sadeschen Programm einer Realisierung des Unmöglichen trennt, ist unendlich klein und unendlich groß zugleich. Der Satz, den die uferlose Autobiographie von *Monsieur Nicolas* abschließt (»Lesen Sie mich! Nun bin ich selbst zu Buch geworden!«) drückt in prägnanter Form diese irreduktible Ambivalenz aus. In beiden Fällen handelt es sich um eine vergleichbare Katastrophe: den Kollaps der repräsentativen Distanz, die der literarische Code garantierte. Es handelt sich aber nur scheinbar um den gleichen katastrophalen Prozeß: dieser ist entweder als das Ende der Fiktivität oder als der Beginn der Ambivalenz auszulegen: das Leben kann, um authentisch ausgedrückt zu werden, nur noch als Schrift erscheinen. In Wirklichkeit aber verbirgt diese Formel, die mit dem Sadeschen Imperativ, »alles zu sagen«, durchaus übereinzustimmen scheint, zwei absolut konträre Entscheidungen: die eine Richtung (die von Rétif gewählte) führt zu einer unabschließbaren Spurensicherung: das zu schreibende Buch ist absolut randlos – so unvorhersehbar wie die Zukunft der individuellen Existenz samt allen ihren Begegnungen; die andere Richtung (die von Sade gewählte) erhält die mimetische Reduktion der libertinen Schreibweise aufrecht. Sie entziffert Hieroglyphen. Der Graphomane träumt von seiner Buchwerdung, der Graphologe entdeckt ein Buch hinter jedem Buch. Der erste möchte die Spuren seiner Erinnerung auf einen materiellen Träger einschreiben, der zweite verschwindet im Labyrinth seiner Schrift. Dieser Weg ist irreversibel. Der gleiche Schrei (»Lisez-moi! me voilà devenu livre à mon tour!«) ertönt aus keinem menschlichen Munde mehr. Ein solcher Roman wird in einem ganz anderen Sinne »historisch«: er leistet nicht die Anamnese des Glücks, er ist jenseits jeder Euphorie. Er ist nicht mehr der glückliche Träger des Ideals, sondern die Aufbewahrung des Unerklärlichen. Die erste Entscheidung führt letzten Endes zum Verlust jeder Figuralität, die andere zu einer narrativen Katastrophe, die auf den »puissant excitatif de l'exemple« verzichtet und den unendlichen Rest erkundet, den die Geschichtswerdung des Authentischen übrigläßt.

Summa sadistica

1. Von der Paradoxie der Authentizität zum Theater des Bösen

Der Libertin ist nicht, wie das bürgerliche Subjekt, der Held einer neuen Welt, deren reale Urheberschaft er durch die Fiktion verdoppeln würde. Ihm gegenüber steht nicht die Unendlichkeit des Technisch-Möglichen, sondern der andere – oder die andere – jedenfalls das Andere seines Willens oder seines Begehrens, ein anderer Körper oder ein anderes Geschlecht. Auch wenn er sich hinter seinen Masken versteckt, handelt er unvermeidlich von dem Anderen und somit auch »vor dem Gesetz«. Die besondere Aporie der libertinen Schrift besteht darin, die Lücke des Sinns, die Synkope der erotischen Begegnung, die Ortlosigkeit der Kommunikation, die kaum eine andere Tradition so luzide dargestellt hat, als Positivität eines Wertes, als Verfügbarkeit einer Substanz (eines Körpers) zu präsentieren. Ihre Chance besteht aber darin, daß diese Vortäuschung ihr mißlingen muß. Die realistische Simulation möglicher Welten kann immer versuchen, ihre gelungenen Simulationen als Kopien auszugeben: die Lüge ist nicht immer ersichtlich. Diese täuschende Autonomie des Doubles ist jedoch der libertinen Schreibweise aus immanenten Gründen verwehrt. Die Souveränität ist nur von der Perspektive des Untertanen aus unendlich. Es ist Sache des Mythos – oder des Epos – ihre Aura zu besingen. Der sich selbst inszenierende Souverän verliert aber von vornherein jeden narrativen Gewinn. Er ist gezwungenermaßen auf dem Wege zu einer Unendlichkeit, die er nur um den Preis einer letalen Flucht auf sich nehmen kann. Will die libertine Schrift ihre Welt mit der Bequemlichkeit der realistischen Schreibweise installieren, so muß sie die Aporien der libertinen Souveränität verleugnen, ohne jedoch hoffen zu können, die Vollkommenheit der bürgerlichen Faktur zu erreichen. Will sie die libertine Entwertung in adäquate Formen bringen, so muß sie mit der Paradoxie einer Formwerdung der Entwertung von Wertformen fertig werden. Ob gelungen oder nicht, tragen alle libertinen Texte die Spuren dieser unvermeidlichen Widersprüche in sich. Gerade die tieferen Regeln einer Gemeinschaft souveräner Willen – die im Prinzip die fiktive libertine Gesellschaft definieren und bald de jure für die ganze »reale« Gesellschaft gelten werden, erscheinen nicht im realistischen Tableau, sondern nur dort, wo die narrative Fiktion ihre Komödie, ihre Dramen und ihre Tragik erzählt. Diese kommen in der Fiktion um so mehr zum Vorschein, als die textuelle Ökonomie die verborgenen Regeln neuer Formen von Sozialität niederschreibt, ohne über diskursive Vorstellungen ihrer Erscheinungsformen zu verfügen. Wie die Analyse von Dom Juan, Manon Lescaut, von Crébillons *Egarements* usw. es bestätigt hat: Dort, wo die libertine Thematik ihren gelungensten Ausdruck gefunden hat, erreicht sie die »tiefsten« und zugleich offenkundigsten Regionen des Menschseins. Das Rätsel des Begehrens, die Gesetze der modernen Abstraktion, die Paradoxien der Souveränität – alles, was erst im Laufe des 19. Jahrhunderts namentlich mit Marx, Freud und Nietzsche Gegenstand der Erkenntnis sein wird, hat in ihr schon in visionärer Form seinen textuellen Ausdruck, seine Formen und Figuren gefunden. Dieses Wissen des Textes geht mit der Inkonsistenz der Welt – ja mit ihrer Ausleerung – einher. Denn ohne die mimetische Reduktion, die sie kennzeichnet, hätte die libertine Schrift die »tieferen Regeln« nicht zum Sehen gegeben. Ihre Welt ist fast ohne Gegenstände – oder vielmehr: sie ist eine Welt, in der die Objektalität nicht die Materialität der objektalen Substanz aufweist. Wie ein Literaturwissenschaftler es in bezug auf eine Szene in den *Egarements* von Crébillon schrieb: wenn man sich bei Crébillon um einen Tisch setzt, dann fehlt der Tisch selbst, und man wird nichts anderes essen als ... Sätze. Der Kommentator verstand es aber als ein Gebrechen (s. Anm. 96), während diese mimetische Reduktion die Kraft der libertinen Schrift ausmacht. Vielleicht ist der Ausdruck sogar zu negativ – denn es handelt sich um eine Konzentration der Schrift auf die Szene der menschlichen Interaktion – und genauer auf die Szene der erotischen Relation, zu denen allerdings der *Code* nunmehr fehlt. Die libertine Literatur, die mit dessen Resten operiert, um sie in pervertierter Form zu verwenden und schneller zum Tode zu führen, schreibt in der Leere des Codes jene Regeln auf, die sie zwar nicht als Regeln *erkennt,* mit denen sie jedoch ihre Intrigen schmiedet. So wie der bürgerliche Roman die moderne Welt mit jedem neuen Satz aufrollt, und diese Welt um so weniger sieht, je mehr er sie inventarisiert, so schreibt die libertine Literatur das ihr selbst unbekannte Gesetz des modernen Begehrens, seiner tödlichen ökonomischen Unendlichkeit, und glaubt dabei, das Tableau einer Gesellschaft zu machen – die in der Tat nur noch einige Jahrzehnte zu leben hat.

Wenn nach der bisherigen Darstellung eine Bilanz zu ziehen wäre, dann kann man folgendes festhalten: Alle diese Texte haben uns gezeigt, daß die Erzählung der Entwertung zur *Theatralisierung der problematischen Gemeinschaft* führt. Diese Behauptung erfordert einige Erklärungen. Wenn die Narrativität bestimmte formale Bedingungen a priori voraussetzt, die durch die Vermittlung der fiktiven Repräsentation den jeweiligen Axiologien eine erkennbare und anschaubare Form verleihen, und wenn die narrative Darstellung darin besteht, in der Zeit des Erzählens Wertkonflikte und deren Lösungen zu präsentieren, dann ist das narrative Element bei der libertinen Literatur wesentlich. Wenn sich nun die Theatralität von der Narrativität durch spezifische Momente unterscheidet, wie z. B. die Anwesenheit einer *Szene,* die Primarität von *Stimme* und *Blick,* dann sind diese spezifisch *theatralischen* Elemente für die libertine *Narrativität* bestimmend. Sie erscheinen zwar *innerhalb* des Narrativen, d. h. ohne jede »opsis« im aristotelischen Sinne (ohne Mimik, Gestik und Rhythmik), ohne die *materielle* Dimension des Theatralischen, sie bedingen jedoch die libertine Narrativität so sehr, daß man berechtigt ist, von einer *Theatralisierung* zu sprechen.

Zuerst der Blick: ob in einem libertinen Text Voyeurismus vorkommt oder nicht, ist das Objekt des libertinen Begehrens immer zuerst die Erscheinung eines Körpers – sein Schein und seine Schönheit. Die Schönheit des anderen – die Schönheit seiner Erscheinung – ist hier jedoch niemals eine *rein* ästhetische. Der libertine *Geschmack* beruht auf dem Gegenteil der Kantischen Definition. Er ist kein rein ästhetisches Urteil, sondern immer mit Interesse verbunden. Die für die strenge Bestimmung des ästhetischen Urteils notwendige Trennung von *Geschmack* und *Wohlgefallen,* die Kant in der *Kritik der Urteilskraft* fordert, ist der Libertinage unbekannt. Der libertine Geschmack ist nicht nur mit Interesse verbunden, er ist sogar oft, und insbesondere bei Sade, ein *besonderer*

Geschmack. Die ästhetische Paradoxie der Kantischen Analytik verschwindet, dafür aber entsteht jene besondere Paradoxie, die darin besteht, einen besonderen Geschmack zu tolerieren – d. h. in einem perspektivischen System von Interessen das Interesse des anderen – das Andere des eigenen Interesses – zu akzeptieren.[181] Jedenfalls ist der libertine Geschmack immer *eine Perspektive auf den Körper des anderen*. Der libertine Blick scheint also per definitionem souverän zu sein. Andererseits ist das Interesse, das den libertinen Geschmack definiert, unvermeidlich paradox, da immer von der Macht des anderen abhängig – ein »inter-esse«. Die Bedingung der libertinen Souveränität ist nicht der reine Wille, sondern das Begehren. Und es liegt nun mal in der Logik des Begehrens, daß der begehrende Blick eher von dem angeschaut wird, was er begehrt, als daß er selbst die Initiative des Blicks hätte. Der Libertin bezahlt deswegen die Souveränität seines Blicks mit seiner Apathie, mit der *mors immortalis* seines abstrakten, rein ökonomischen Begehrens. Es ist nicht unbedingt nötig, sich auf Freud via Lacan zu berufen, um diese Paradoxie des libertinen Blicks zu definieren. Je perspektivischer die Blicke aller »Subjekte« sind, je mehr die voyeuristische Situation die Gemeinschaft der Begehrenden selbst prägt, desto mehr ist die libertine Gemeinschaft ihrer Aporie ausgeliefert: jeder ist, als souveränes Subjekt, auf das Objekt seines Begehrens angewiesen, und diese Faszination – die den Begehrenden zur Geisel seiner Begierde werden läßt – verlangt nach einer Verwirklichung, die einerseits die Steigerung der erotischen Intensität anstrebt und andererseits die Erscheinung des Objekts *bewahren* möchte. Was der Libertin konsumiert, sollte unverändert bleiben; was ihn fasziniert, sollte sein Blick weiterhin beherrschen. Daher mündet das Diagramm von Blicken und Perspektiven, das das libertine Begehren kennzeichnet, in ein textuelles Labyrinth, das alle Instanzen (alle narrativen Stimmen und Standpunkte, alle Äußerungen und Perspektiven) ineinander verschachtelt und zu prekären Montagen führt, aus denen kaum noch Formen und Werte zu gewinnen sind.

Paradoxerweise kann die Leselust, die dieses »narrative Blicktheater« hervorruft, den auf diegetischer Ebene stattfindenden Krieg neutralisieren. Dies ist gerade in Laclos' *Liaisons dangereuses* der Fall. Das ästhetische Vergnügen, das die narrative Verdoppelung der Intrige im Briefroman ermöglicht (insofern die repräsentierte Intrige und das narrative Maskenspiel, das das Genre ermöglicht, zu einem gegenseitigen Versteckspiel der zwei textuellen Ebenen führt), erfährt in Laclos' Briefroman eine beispiellose Intensität. Auch wenn die Lust an der schönen Form und der ästhetische Genuß, den die Geschicktheit der Duellanten beim Leser hervorrufen, die narrative Verurteilung der Merteuil und die insistente Darstellung des Opfergangs der Tourvel in ein ambivalentes Licht rückt, wird jedoch die libertine Entwertung durch das Gegengewicht der textuellen Wertform erheblich kompensiert. Nicht der Standpunkt des Henkers ist hier die letzte Instanz, sondern der Betrachter des schönen Kriegs (auch wenn dieser Blick, der kaum lokalisiert werden kann, an sich keine »Instanz« bedeutet). Daraus entsteht eine geschickt beherrschte Distanzierung, die die gelungene, nicht ganz ungrausame Inszenierung des libertinen Verhaltens in den Dienst einer subtilen Moralistik stellt.

Das narrative Blicktheater ist jedoch in vielen anonymen und weitaus weniger elaborierten Texten viel instabiler als im Roman von Laclos. Die Montage von Blicken und Stimmen findet in den meisten Fällen keine feste Einrahmung. Eher bekommt sie die »Form« einer randlosen Verschachtelung, so wie etwa am Anfang der *Progrès du libertinage* (einem ansonsten eher unbedeutenden Text). Die Situation ist folgende: die Erzählerin – eine Nonne, die in eine junge Klosterschwester verliebt ist – nützt deren Abwesenheit aus, um den Text von *Thérèse philosophe* (und zwar eine mit Illustrationen versehene Ausgabe) in ihre Zelle zu bringen. Als diese zurückkommt, findet sie das Buch vor, in dem sie bald zu blättern anfängt. Die Erzählerin – und Voyeurin – erzählt uns nun die Szene:

»Ihre Augen starrten immer noch die Kupferstiche an. Die Lust, mehr zu wissen, überwog die weisen Lektionen von Grand-Pine, des Beichtvaters. Sie legte den Spiegel auf den Boden und das Buch auf einen Tisch; sie wollte überprüfen, ob die Natur ihr die gleichen Reize verliehen hatte wie jenen Frauen, die, wie sie gerade sehen konnte, auf den Bildern davon Gebrauch machten. Mit zitternder Hand zog sie ihren Rock hoch und schaute in den Spiegel, ob sie auch jenes Zentrum aller Gelüste besaß. Sie kön-

nen sich vorstellen, lieber Kaplan, in welchem Zustand ich mich beim Anblick so vieler Reize befand. Ich drückte mein Gesicht dicht an die Öffnung in der Wand; ich befand mich genau der Szene gegenüber. Ich erblickte die schönste Möse der Welt. Das reine zarte Rosa ihrer Lippen bekundete ihre Unberührtheit. Ein Flaum beschattete diesen entzückenden Ort, und das Weiß ihrer Schenkel kontrastierte auf die lieblichste Art mit dem tiefen Schwarz ihres Flaums. Ihre von Natur aus zarten Augen flammten, während sie sich so anschaute, aufs hellste auf. Wenn je eine Frau die poetischen Beschreibungen jener Reize, die die Dichter Venus zuschreiben, verwirklicht haben soll, dann muß man zugeben, daß Laure jene Frau im allerersten Stadium der Unschuld war.«[182]

Eine solche Szene ist in jeder Hinsicht für das, was wir soeben als libertine Theatralität bezeichnet haben, repräsentativ. Das Blicktheater ersetzt die Schrift, oder vielmehr: die Schrift selbst (und zwar ein ganz bestimmter libertiner »Hypotext«) schreibt sich anstatt der Heiligen Schrift in den Körper ein. Es ist die Urszene der libertinen *imitatio*: die ursprüngliche Unschuld (les premiers degrés de l'innocence) trägt immer die Spur der Schrift in sich. Der libertine Ursprung ist immer eine Spiegelung, ein Diagramm von Buchstaben und Darstellungen, und jedes Wissen entsteht immer *vor* einem anderen Wissen (vgl. hier *Über die Wirkung von Bildern und Büchern* in *Thérèse philosophe*, Anthologie S. 378–379). Die Illustrationen des Textes – die bildhafte Darstellung des libertinen Initiationsdiskurses – sind an sich schon eine Lehre *und* die Vermittlung des Wissens. Was der Blick auf den *dargestellten* Körper (der das Wissen darstellt und den realen Körper zugleich textuell aufhebt) ermöglicht – d. h. die Mimesis der Bildwerdung der Schrift –, ist der Gegenstand einer Vervielfältigung: der narrative, voyeuristische *Blick*, übersetzt *als Stimme* den Prozeß des Wissens und teilt es dem »prieur« mit (dem Beichtvater, dessen Rolle man sich gut vorstellen kann, ohne das Buch gelesen haben zu müssen). Diese Interpretation der Nachahmung des Bilds der Schrift durch die narrative Stimme ist zugleich Ausdruck der Wirkung dieser Szene (also die Verdoppelung und Übertragung einer ersten Wirkung einer ersten Szene, die selbst die Erzählung der Wirkung einer Szene war etc....); der Adressat »hört« (als Beichtvater), was von diesen Spiegelungen gesehen zu haben ihm die narrative Stimme erzählt. Der Leser als Adressat – und, gerade weil er nicht direkt angesprochen wird, als Voyeur –ist aufgefordert, an dieser Montage von Blicken und Texten teilzuhaben. Seine Phantasie ist im Freudschen Sinne als solche angeregt: er soll als Subjekt sich auf die Szene seines Begehrens begeben; ihm selbst bleibt es überlassen, an welche Position er sich phantasieren möchte. Ein solches »pädagogisches Labyrinth« ist nicht nur die Pervertierung der pädagogischen Urszene selbst – der platonischen Dialoge – sie ermöglicht auch im Prinzip deren Befragung. In diesem Sinne trägt die libertine Szene, auch wenn ihre literarische Verwertung nicht brillant ist, ein enormes philosophisches Potential in sich, das, wie wir gesehen haben, immer nur partiell ausgenutzt wird.

Ob das libertine Labyrinth von Blicken und Stimmen sich letzten Endes in den eleganten Figuren des galanten Kriegs verflüchtigt oder den Verlust des Sinns durch eine Anreihung von Szenen intensiviert – und zugleich verdrängt: in beiden Fällen flieht die libertine Flucht vor sich selbst und entgeht somit den Gefahren ihrer problematischen Position. Wie wir es oft angedeutet haben, bedeutet das Werk von Sade weniger eine Anomalie der libertinen Literatur als das Zu-Ende-Denken, Zu-Ende-Schreiben und somit Zum-Tode-Führen der libertinen Textualität. »La philosophie doit tout dire« – diese Worte von Juliette am Ende der Histoire de Juliette sind in zwei Richtungen zu interpretieren. Einerseits bedeuten sie, daß die Pervertierung der pädagogischen Urszene der Philosophie, die mit den Dialogen des Aretino (als erotische Ironisierung der Allianz christlicher und neoplatonischer Sublimation) ansetzt, und – ob als genuine Erotologie oder nicht – die Grundlage der libertinen Theatralität bildet, zu Ende gedacht werden muß (dies wird namentlich die Aufgabe der Philosophie dans le boudoir sein). Andererseits bedeutet die Anweisung auch, daß die Philosophie selbst etwas verschweigt – einen Rest übrigläßt –, der Gegenstand der libertinen textuellen Intervention sein sollte.

Soll dies etwa heißen, daß der libertine Diskurs des Sadeschen Libertins sich zur Aufgabe stellt, die philosophische Rede zu »ergänzen«? Handelt es sich um eine komplementäre Relation? Ist die textuelle Darstellung die »Erweiterung« des Diskursiven? Um diesen Fragen eine angemessene Antwort geben zu können, scheint uns eine

Konfrontation der Sadeschen Schrift mit der Kantischen Kritik (beide sind strikt zeitgenössisch) absolut notwendig zu sein. Die textuelle Intervention, die die libertine Rede in den Texten von Sade darstellt, kann genau lokalisiert werden. Diese Lokalisierung scheint uns nur durch eine Art »Topik« möglich zu sein, die die intertextuelle Dimension der libertinen Schrift von Sade und die zeitgenössischen Diskurse gleichzeitig in Betracht ziehen würde. Um ein Beispiel zu nehmen: mit *Français encore un effort* verbindet Sade die Theatralisierung der libertinen Gemeinschaft (samt all ihren Aporien, siehe S. 44–49) mit der Verkündung einer problematischen Sozialität. Im Gegensatz zu der libertinen Tradition, die an dieser Stelle entweder auf stabilisierende diskursive Schemata zurückgreift (siehe S. 63–67) oder die Lücke des Sinns aufklaffen läßt bzw. die erkannte Leere komödienhaft oder grotesk überspielt, läßt Sade allein die tragische Dimension der Frage erscheinen. Die libertine Szene bekommt dadurch im *diskursiven* Kontext der letzten Jahre des Jahrhunderts einen ganz anderen Stellenwert. Sie theatralisiert nämlich einen Widerspruch, den Schiller im gleichen Jahr in den *Briefen über die ästhetische Erziehung des Menschen* im ästhetischen Ideal zur Versöhnung bringt (siehe Anm. 231). Das Theater des Bösen, das auf den gleichen Antithesen beruht (die Opposition zwischen dem »physischen« und dem »sittlichen« Menschen in der Sprache von Schiller), kann und darf keine Versöhnung anstreben, es darf aber ebensowenig zu einer ästhetischen *katharsis* Anlaß geben. Dies würde seinem problematischen Status gänzlich widersprechen. Ferner kann es auch nicht als rein diskursive Konstruktion verstanden werden: dies stünde wiederum im Widerspruch zu seiner ironischen und parodistischen Natur. Daher bedeutet der Sadesche Text weder die »Perversion der Philosophie« noch eine »perverse Philosophie« – wie Klossowski es meint –, sondern *die problematische Notwendigkeit der bösen Darstellung*, die eine eindeutige Irreversibilitätsschwelle der Schrift markiert. Der berühmte Satz von Juliette am Ende der *Histoire de Juliette* deutet unmißverständlich auf diese reine Virtualität der Sadeschen Schrift hin. Noirceuil, der am Ende dieses Epos des Bösen wie Christus seine Apostel Juliette und die Durand auffordert, ihm zu folgen (Suivez-moi toutes deux, (...) je ne veux de la vie me séparer de vous«), verteilt seinen »Jüngerinnen« Geld, Macht und Posten und schließt mit den Worten: »Nun, liebe Freunde, freuen wir uns! Ich sehe in all dem nur die Tugend unglücklich; wir wagten es vielleicht nicht zu sagen, wenn wir etwa einen Roman schreiben würden.« Auf diese letzten Worte Noirceuils antwortet nun Juliette: »Warum würden wir also fürchten, ihn zu veröffentlichen (...), wenn die Wahrheit die Geheimnisse der Natur uns entlockt – so furchterregend sie auch sein mögen? Die Philosophie muß alles sagen.« (a. a. O. S. 586). Am Ende des Romans erklärt also seine grausamste Figur, Noirceuil (dem Signifikant nach »schwarze Schwelle« [noir seuil]), er würde diesen Satz »in einem Roman« (si c'était un roman que nous écrivissions«) nicht wagen. Worauf seine beste Schülerin ihm nun antwortet, man müsse diesen Roman veröffentlichen. Würde das stattfinden, dann hätte man alles gesagt. Der ganze Roman erklärt sich somit zum Prolog der wahren Rede. Er ist, als Diskurs im Text, die Virtualität einer lückenlosen Verkündung. Diese würde sich weder in der Wüste noch in der Realität ereignen, sondern in jener möglichen Welt, die die Verwirklichung der bisherigen Textualität *wäre*.

Wenn wir diesem Kapitel den Titel von *Summa sadistica* gegeben haben, so deswegen, weil wir davon überzeugt sind, daß diese »grausame Philosophie« der Höhepunkt der textuellen Intervention im Kontext einer irreversiblen immanenten Selbstreflexion der Aufklärung darstellt. Somit stimmen wir mit der Auffassung Blanchots (und Foucaults) völlig überein, die im Werk von Sade die Entstehung dessen sahen, was wir Modernen seitdem unter »Literatur« verstehen – ohne allerdings dieser Behauptung eine überzeugende literaturhistorische Legitimationsbasis verschaffen zu können. Somit entfernen wir uns aber auch notwendigerweise von einer Interpretation von Sade, die von den Surrealisten bis hin zu Klossowski führt und dazu tendiert, die moderne Literatur als eine in sich absolut reversible Welt zu verstehen. Anstelle dieses Postulats plädieren wir für eine Topik, die eine Analytik des Textuellen mit einer kulturellen Anamnese verbindet. Uns scheint die enge Spanne, die zwischen der Pornographie der libertinen revolutionären Pamphlete und dem Terror der politischen Tugend liegt, und die korrelative atopische Komplementarität der »bösen Darstellung« mit der Kantischen Kritik die Bestätigung zu liefern, daß die Selbstreflexivität der Aufklärung *und* die Katastrophe literarischer Wertformen zwei Seiten eines einzigen Reflexionsprozesses sind. Was Hölderlin für die deutsche Literatur bedeutet, hätte also auf französischer Seite mit Sade stattgefunden. Dies müßte aber durch konkrete Textanalysen erörtert werden.

2. Die böse Darstellung als Revers des moralischen Gesetzes

Fiktivität und Virtualität: zum Status der libertinen Stimme in Sades Texten

Die Texte von Sade sind offenkundig als »Hypertext« der libertinen Tradition aufzufassen. Sie setzen aber nicht nur diese Tradition voraus, sie negieren und verraten sie und demaskieren dadurch ihre Widersprüche. Mehr noch: sie schöpfen aus dem gleichen Stoff – aus dem gleichen Fundus von Figuren, Situationen, Textformen und narrativen Mustern und holen aus ihnen solch monströse Figuren, daß von einer Kontinuität keinesfalls die Rede sein kann. Sade behandelt seine Hypotexte – wie alle Diskurse seiner Zeit – auf die grausamste Art: er operiert nicht nur mit ihnen, er operiert sie buchstäblich: er schneidet in sie hinein, nimmt ganze Teile weg, sägt andere ab, transplantiert und näht alles wieder zusammen. Die behandelten Texte und Diskurse können ebensowenig hoffen, die Operation zu überleben, wie die Opfer seiner grausamsten Figuren. So daß wir ab jetzt mit den gleichen Worten von einer ganz anderen Realität sprechen werden. Wir haben bisher mit Absicht immer vom »Sadeschen« Libertin gesprochen. Denn mit dem Werk von Sade bedeutet nunmehr »Libertin« oder »Libertinage« etwas anderes. Haben wir bisher von drei unterschiedlichen Phasen der Libertinage gesprochen, so müßten wir nun von einer »vierten« sprechen, falls die Text von Sade überhaupt als eine neue »Phase« der Libertinage betrachtet werden könnten. Wir haben aber oft angedeutet, daß es sich um etwas ganz anderes handelt, und um diese Andersheit wird es nunmehr gehen.

Stellen wir uns einen Leser vor, der alle bisher erwähnten Texte gelesen haben würde und zum ersten Mal einen Text von Sade in die Hand bekäme – z. B. die *Philosophie dans le boudoir*. Was ihn sicherlich zuerst frappieren würde, ist die Qualität des Stils. Die Eleganz, mit der Sade schreibt, läßt sich durch kein Gegenbeispiel dementieren. Ob es sich um die kleinen Schwänke handelt, die an die Tradition der mittelalterlichen Fabliaux anknüpfen, oder um diese Mischung aus philosophischer Parodie und Abenteuerroman, das *Aline und Valcour* ist, ob es sich um die grausamsten Szenen der *Nouvelle Justine* oder der *120 Journées de Sodome* handelt, oder um die erotischen Dialoge der *Philosophie dans le boudoir*: Sade übernimmt alle Genres der libertinen Schrift und korrigiert ihren schlechten Stil. Die besten Produktionen unter den anonymen Texten, aber auch die besten Texte der 80er und 90er Jahre, z. B. Nerciats Romane, oder das beste von Mirabeau (von Rétifs Stil wollen wir lieber nicht sprechen) sind mit der eleganten Präzision seiner Sätze nicht vergleichbar. Sade war ein großer Stilist und ein »homme de goût«. Dies trifft ebensowohl für seine (höchst lesenswerte) Korrespondenz als auch für seine Texte zu. Das Gegenteil wurde seltsamerweise oft behauptet und u. E. sehr zu Unrecht. Unseren hypothetischen Leser wird noch etwas frappieren: die Allgegenwart einer *Stimme,* deren Fremdheit um so größer ist, als sie mit den gewohnten narrativen Instanzen im wahrsten Sinne des Wortes nicht »übereinstimmt«. Die narrative Stimme als solche ist in allen Texten von Sade eher diskret. Sie ist widersprüchlich und zaghaft zugleich, manchmal ironisch und humorvoll – vor allem in den vielen Fußnoten, die als Zusätze von fremder Hand zu interpretieren uns nichts berechtigt, sowie in den zahlreichen verwirrenden Vorworten und Nebenbemerkungen, die ebensoviele zusätzliche Masken sind. Die eigentliche Stimme ist bei Sade jedoch immer die des Libertins, dem allein die Rolle der Verkündung der libertinen Doktrin zugeteilt wird.[183]

Die Fremdheit dieser Stimme rührt daher, daß sie nie den Status des Individuellen, des Persönlichen, des Subjekthaften bekommt. Alle Libertins sprechen die gleiche Sprache, oder besser gesagt, führen den gleichen Diskurs, ob sie zueinander in der Beziehung der Komplizenschaft stehen oder nicht. Diese Fremdheit der Stimme ist uns nicht ganz unbekannt: sie ergibt sich aus der Besonderheit der libertinen Schreibweise und ist ein Merkmal unter anderen der libertinen Darstellung. Im Gegensatz zum bürgerlichen Realismus, der sich gerade darum bemüht, jedem Charakter den passenden Diskurs zu verleihen, ist in den libertinen Texten die Stimme gleichsam geliehen, so wie die Orte und Situationen immer Zitate sind – immer provisorische Entnahmen und niemals autonome Simulationen. Ist die libertine Schrift Blick- und Stimmentheater par excellence, so ist die Schrift von Sade weitaus mehr als alle anderen libertinen Texte von der Unpersönlichkeit der Stimme geprägt. Dies gilt nicht nur für die langen libertinen Reden (die »dissertations« des libertins), die zu den elaboriertesten Beispielen sophistischer Rhetorik gehören, sondern auch für *jede* Situation: das Blicktheater, der libertine Blick auf die Szene seines Begehrens, seiner Phantasien und seiner Taten ist bei Sade immer dieser Stimme untergeordnet. Man fickt, tötet, ejakuliert oder stirbt unentrinnbar unter ihrem Gesetz. In der Hölle dieser Texte erhält sie die Attribute einer göttlichen Allmacht. Und da der Libertin bei Sade nicht nur alles sagt, sondern auch alles *sieht*, ist die libertine Stimme nicht nur die Negation Gottes, sondern das Double seiner Allmacht. Die libertine Souveränität wird hier reine Stimme und daher ein reiner fiktiver Akt; die Inszenierung von Macht übersteigert jedes menschliche Maß und mündet schließlich in die unendliche (Un)macht der Schrift.

Ein Text könnte uns helfen, dies näher zu umreißen, nämlich das um 1787 geschriebene Gedicht *La Vérité*. Liest man diesen Text als ein Beweisstück für die Intention des Autors – insofern hier jede mimetische Struktur zu fehlen scheint und die Befehle des Libertins ohne die Vermittlung der Figur geäußert werden –, so ist man gezwungen, entweder für die vollkommene Verantwortlichkeit oder für die Unzurechnungsfähigkeit des Autors zu plädieren. Betrachtet man hingegen das Detail der sprachlichen Operationen – die unterschiedlichen Satzmodalitäten dieser Rede in lyrischer Form –, so wird man in ihm im Gegenteil mit Recht die Urszene der libertinen Sophistik sehen, deren Logik sich folgendermaßen darstellen ließe: die Natur (als Antithese Gottes) wird anstelle Gottes angebetet, und zwar als »Hure«: »Die Hure ist die Mutter der Großen wie der Kleinen.« (de Sade, Ausgewählte Werke 1, Fischer Taschenbuchverlag, Frankfurt 1972, S. 30). Sie ist jedoch nur deswegen berechtigt, den durch die performative Tat der lyrischen Beschimpfung ausgeleerten Platz einzunehmen, weil sie, im Gegensatz zum Ideal des Guten als Illusion (Gott), das Ideal einer reinen Transformationskraft bedeutet. Dieses »Gegenideal« ist jedoch mit seinem »Gegensatz« nicht vergleichbar. Kein Gott usurpiert hier die Stelle eines anderen Gottes (oder sogar anderer *Götter*, denn im Laufe des Gedichts geht das Göttliche vom Monotheismus zum Polytheismus über: »Kehren wir zu ihr zurück, der Götter spottend.« Ebenda). Gott selbst ist nämlich nicht nur illegitim, weil er uns im Namen des Ideals des Guten zur Unterdrückung unseres Begehrens verdammt, sondern auch, weil es ihn nicht gibt und er nichts anderes ist als die Macht einer zur Repräsentation gewordenen Selbstnegation – *ein Ideal als Idol*: »Diese ohnmächtige und unfruchtbare Chimäre.« Die Natur selbst, als Antithese dieser Phantasievorstellung, ist »die Wahrheit« selbst. Sie ist es gerade deshalb, weil sie sich nicht als solche selbst »fiktioniert«, sondern weil sie sich, als gesichtslose Energie, transformiert. Gott »fiktioniert sich selbst«. Er ist die wahre Erfindung der Welt als Fabel oder, auf eine absolut indifferente Art, die Fabel seiner Selbsterfindung als Wahrheit. Für ihn gilt, was für das Cogito gilt: wahr ist die »Fiktionierung seiner selbst«. Nun geht diese Phantasieerzeugung wie schon gesagt auf Kosten der Leidenschaften. Gott, der per definitionem Ursache seiner selbst ist, causa sui, ist selbst das Resultat von Regungen und Gefühlen: »*Produit par la frayeur, enfanté par l'espoir*«. Die Natur hingegen ist causa sui, insofern sie reine Bewegung ist. Folgerichtig verdient der Usurpator den ganzen Haß des souveränen Menschen. Die lyrische Stimme, die ihn hier vertritt, gerät jedoch dabei in einen unumkehrbaren Fiktionierungsprozeß, der den scheinbaren rein diskursiven Charakter dieses Textes dementiert. Am Anfang steht die Frage: »Wer ist diese ohnmächtige und unfruchtbare Chimäre, diese Gottheit, die ein widerlicher Haufe betrügerischer Priester dem Dummkopf predigt?« (a. a. O. S. 27) Die Stimme drückt nicht nur ihren Haß aus, sie antwortet auch selbst auf ihre Frage: diese Chimäre ist wahrhaftig eine, Gott existiert nicht: »Ja, eitle Illusion, meine Seele verabscheut dich und, um dich davon besser zu überzeugen, erkläre ich: Wärest du doch fähig, einen Augenblick lang zu existieren, damit ich mich des Spaßes erfreuen kann, dich trefflicher zu beleidigen.« (Ebenda). Gerade dies ereignet sich aber im Laufe der sich steigernden Lästerung: Gott fügt sich dem Wunsch des Lästerers; er fängt an, zu existieren; die Wiederholung der Frage (»Was ist dieses abscheuliche Phantom?«) eröffnet eine neue innere Welt. Hat nämlich die Stimme zuerst ihre Souveränität programmatisch formuliert – und diese besteht in der Entscheidung, Gott existieren zu lassen, um ihn zu lästern (»Ich wünsche mein Leben im Schoß des Atheismus zu enden. Der niederträchtige Gott, der mich erschrecken soll, sei nur, ihn zu lästern, von mir begriffen.« Ebenda) –, so kommt sie nunmehr zu ihrem Recht: Gott wird wiederholt lächerlich gemacht, negiert und mit Beschimpfungen überhäuft. Hat sich die Wut genügend gesteigert, so kann die Stimme dem Phantom den Befehl geben, die Bühne des Textes zu verlassen: »Fliehe, entferne dich weit von meinem Herzen, teuflisches Trugbild; mach den Gesetzen der Natur durch dein Entschwinden Platz. Sie allein ist aller Dinge Schöpfer; nur das Nichts bist du, aus dem ihre Hand uns eines Tages hervorholte, als sie uns schuf. Löse dich also auf, abscheuliche Chimäre!« (S. 28) Schien zu Beginn des Textes die lyrische Figuralität die konventionelle Ummantelung einer diskursiven Aussage zu sein, so hat nunmehr die sophistische Maschinerie *das virtuelle Bild zum »wahrhaft Imaginären« verwandelt:* Gott ist dadurch negiert worden, daß er fiktional zuerst zum Erscheinen und dann zum Verschwinden gebracht wurde. Nicht Gott selbst (als Phantasie seiner Selbsterzeugung, insofern die Leidenschaften selbst ihn erzeugen) ist erschienen, sondern das Gedicht hat ihn geformt. Zwar ist dieses Gottesbild, dadurch, daß es »fiktioniert« wurde, »wahr« – eine Wahrheit und Selbstfiktion –, aber diese Wahrheit ist weniger wahr als die Natur selbst, die insofern die Wahrheit ist, als sie am Ursprung des souveränen Schöpfungs- und Zerstörungsaktes steht. Denn die Natur – die allein verdient, heilig genannt zu sein, da nur die Leidenschaften erhaben und heilig sind (»O heilige Regungen, erhabene Eindrücke, euch gelte immer und ewig unsere Huldigung, euch allein darf man dem Kult der wahren Weisen anbieten!« Ebenda), diese Natur ist eben, als *Ursache des virtuellen* Mordes an Gott (»Ich wäre dein Henker, böte nur deine zerbrechliche Existenz meiner finsteren Rache einen Angriffspunkt.« Ebenda) die Ursache der Ursache selbst – d. h. die böse perverse Mutter des fiktionierten Mordes an der Virtualität der Scheinursache (nämlich Gott). Manche Einsichten Klossowskis finden hier ihre volle Berechtigung: der Mord ist vollzogen, aber als »simulacre«. Die libertine Eskalation, die in diesem Text wie in irgendeiner Rede eines Sadeschen Libertins vorhanden ist, ist im genuin Sadeschen Sinn eine Eskalation des Bösen. Die unaufhörliche Zerstörung der

Idole verlangt, wie wir es soeben nachvollzogen haben, ihre vorherige Schöpfung im Text. Da Gott selbst – und alle Idole des Guten – nichts anderes sind als Trugbilder unaufgeklärter Menschen (die sich aus Selbstverschuldung den Idolen der Negation ihrer Leidenschaften unterwerfen), wiederholt sich der virtuelle Mord am Menschen mit jeder Negation Gottes. Die Affirmation der Natur ist von einem doppelten virtuellen Mord nicht zu trennen: dem Mord am Ideal des guten Menschen sowie dem Mord am göttlichen Idol. Dieser doppelte Ikonoklasmus vollzieht den Mord am Menschen und an Gott, sobald von ihnen die Rede ist. Das Gedicht selbst funktioniert als perpetuum mobile: es produziert sich durch seine Zerstörungen.

Wie könnte man hier über einen eindeutigen Status der bösen Rede entscheiden? Findet hier etwa im psychologischen Sinne ein »acting out« statt? Ist die sophistische Operation schließlich nichts anderes als die (unbewußte) Operation der Phantasie selbst? Wo werden wir Anhaltspunkte für ein definitives Urteil finden? Das Gedicht ist mit Anmerkungen versehen, die, wie in den narrativen Texten von Sade, einen Dialog des Autors mit seinem Text darstellen. So spaltet sich die lyrische Stimme, deren Status schon paradox genug ist, in zwei miteinander dialogierende Stimmen, die die Relation zwischen Aktualität und Virtualität noch unbestimmbarer werden lassen. Jede dieser zwei Stimmen – die lyrische Stimme und die des Paratextes – muß auf einen Teil ihrer auctoritas verzichten. Indem die Stimme am Rande des Textes die lyrische Stimme unterstreicht und mit ihren Kommentaren bekräftigt, anerkennt sie die Macht der lyrischen Stimme. Sie hat den Status der Glossen am Rande eines sakralen Textes. Somit ertönt sie in einem zugleich inneren wie äußeren Raum, dessen Zuordnung zu den internen Spiegelungen des Gedichtes äußerst problematisch ist. Diese Anmerkungen sind diskursive Trugbilder. Alle ihre Präskriptionen erschöpfen sich im fiktionalen Schöpfungsakt.

Diese mögliche Welt hat also keine andere Zukunft als die ihrer zirkelhaften Unmöglichkeit. Der lyrische Teil ist, hinter der Maske der Rede, die Metapher seiner selbst: einer sophistischen Maschinerie, die die Unverantwortlichkeit ihres Programmes voll erfüllt: sie hebt sich selbst auf. Die Virtualität des Bösen erschöpft sich in der Aktualität seiner Verkündung. So wie das Gedicht mit der Bejahung des Todes endet (»Wenn nach den schönsten Jahren ihre Stimme

uns ruft, kehren wir zu ihr zurück, der Götter spottend: Uns
zu belohnen, erwartet uns ihr Schmelztiegel: was ihre Macht
nimmt, gibt ihr Bedürfnis uns zurück« a. a. O. S. 30), ist es
durch seinen klaren Aufbau, durch das monströse Gleichgewicht seiner Form, die vollkommene imitatio naturae und
daher, in dem von ihm proklamierten Sinn, schlichtweg
»wahr«.

Eines noch wird unseren Leser frappieren: er wird eine
Reihe von Situationen wiedererkennen, die hier und da einen
Eindruck von »déjà vu« vermitteln – und das manchmal
seitenlang.[184] Die Fremdheit und die erschreckende
Unmenschlichkeit der libertinen Stimme sind so unüber-
hörbar, daß der Leser, auch der ganz unkundige, nicht
umhin kann, in den brillanten Reden dieser Monster eine
Unzahl von versteckten kleinen Fallen zu wittern: so entgeht einem die perverse Natur der Sadeschen Textmontagen
nie. Manchmal ist die Sinnverdrehung aufgrund des Kontex-
tes auffällig, manchmal bedarf es einer profunden Kenntnis
der Epoche, um die ironische Entwendung zu bemerken.[185]
Je wissender der Leser ist, je besser er auch mit den Texten
von Sade vertraut ist, desto deutlicher wird ihm die Komplexität der Montage. Es gibt kein theologisches Dogma, keine
anthropologische These, kein historisches und kulturelles
Argument, auf das der Libertin nicht anspielen würde –
entweder um es ins Lächerliche zu ziehen oder um es auf die
geschickteste Art zu pervertieren. Diese allseitige Intervention, die in den Dienst einer unerbittlichen und absolut
konsequenten Doktrin des Bösen gestellt ist, möchte nichts
vergessen, nichts ungeschoren lassen. Darin besteht die Philosophie der Exhaustivität des Sadeschen Libertins. Diese
argumentative Wut, diese unablässige Beweisführung, um
das Böse zu rechtfertigen und in echt aufklärerischer Militanz zu verbreiten, ist zu abnorm, zu unerhört und zu einzigartig, um mit ein paar abschätzigen Bemerkungen abgetan
zu werden. Das süffisante Achselzucken, die Flucht in das
Lachen und ähnliche Reaktionen sind suspekt bzw. als Ver-
drängungsmechanismen analysierbar. Die rationale Konsequenz der libertinen Rede ist eine Herausforderung, die wir
genötigt sind, ernst zu nehmen. Mit ihr stellt sich in skanda-
lösem Ausmaße das Problem der Verantwortlichkeit der
Schrift. Wie ist es »erklärbar«, daß ein Mensch es einmal auf
sich nehmen konnte, die Darstellung des Inhumanen und die
diskursive Negation des Menschlichen mit einem solchen

Aufwand von Rationalität und durch ein derartig ausgeklügeltes Darstellungssystem textuell zu artikulieren? In wessen Namen spricht die seltsam fremde Stimme des Libertin bei Sade? Von der Beantwortung dieser Frage hängt u. E. die ganze Interpretation des Textes ab. Wir wollen nun versuchen, durch eine Auseinandersetzung mit den Lektüren, die in dieser Hinsicht das größte Risiko eingegangen sind, diese Frage am Ende unserer Konfrontation mit der libertinen Tradition neu zu stellen. Es kann dabei nicht darum gehen, die moralische Dimension des Problems in der Technizität semiotischer Analysen aufgehen zu lassen. Vielmehr möchten wir versuchen, den Beweis zu erbringen, daß die Unterscheidung zwischen Diskursivität und Textualität, die ein Hauptinstrument unserer bisherigen Analysen gewesen ist, im Fall der Texte von Sade ihre volle Berechtigung bekommt. Um dies zu tun, ist zuerst eine Überprüfung einiger Postulate der »kanonischen« Interpretationen des Werks nötig – damit meinen wir insbesondere die Lektüren von Bataille, Blanchot und Klossowski. Diese »klassischen« Synthesen haben – im Gegensatz zu den späteren Lektüren – eine Rekonstruktion dessen, was sie für »das System« von »Sade« hielten, angestrebt, ohne sich jedoch auf das Detail der Textform und auf die *textuellen Operationen* einzulassen, die dieses »System« tragen. Die späteren Lektüren haben die Richtung der Analyse gänzlich umgekehrt: sie haben sich auf den Text auf eine phänomenale Art und Weise eingelassen oder die Besonderheit eines unvergleichlichen Textuniversums analysiert. Dieser gilt ebenso gut für Barthes, wie für die schöne Studie von Marcel Hénaff und für ähnliche Versuche der siebziger Jahre.[186] Was auf der einen Seite gewonnen wurde, ging auf Kosten einer Fragestellung, die nunmehr ausgeklammert wurde: nicht mehr das System des Bösen, sondern das System der Darstellung an sich geriet in den Vordergrund. Uns interessiert aber die Frage der *bösen Darstellung*. Sie ist, wie wir bald zeigen werden, mit einem »philosophischen System« nicht zu verwechseln. Das System des Bösen wird in den Texten von Sade aufgrund bestimmter textueller Operationen präsentiert und artikuliert, und seine Semantik ist von diesen textuellen Operationen nicht zu trennen. Am Anfang und am Ende dieser Fragestellung steht das Problem der Verantwortlichkeit dieser Texte und somit auch notwendigerweise die ernst zu nehmende Frage der Relation zwischen dem Menschen Sade und der Unmenschlichkeit seines Libertins.

Die »klassischen« Synthesen enthalten diesbezüglich manche Hypothesen, die zu hinterfragen sind. Im Gegensatz zu Blanchot sind Bataille und Klossowski immer davon ausgegangen, daß die diskursiven Äußerungen der Sadeschen Libertins die Philosophie von Sade definieren. Diese Art von Interpretation basiert auf der Annahme, daß Sade eine der letzten Manifestationen der Aufklärung ist; daß das System seiner Libertins so gelesen und reflektiert werden müßte wie die philosophischen Systeme anderer Materialisten, namentlich diejenigen von La Mettrie, D'Holbach und Helvetius, da diese sich, wie Sade selbst, auf deren Thesen ständig berufen. Zwar sind die Spuren dieser Diskurse in den Reden seiner Figuren nicht zu übersehen, es ist jedoch nicht möglich, den Unterschied zwischen der narrativen Stimme, der narrativen Perspektive und der diskursiven Botschaft, die die narrative Maschinerie (ganz im Sinne des libertinen Stimmentheaters) inszeniert, zu ignorieren und die textuelle Verteilung von Stimmen auf die Eindeutigkeit einer letztendigen Intentionalität (und zwar derjenigen des Subjekts namens Sade) zurückzuführen. Mit diesen Texten werden alle narrativen Artikulationen so radikal verdreht, daß die interne textuelle Relation zwischen der Darstellung des Bösen und der Boshaftigkeit der Darstellung selbst der Ausgangspunkt jeder Beurteilung sein sollte. Die *im Text und durch den Text erfolgende diskursive Exposition des Bösen* erscheint zum ersten – aber auch zum letzten Mal – in der Geschichte in dieser Form. Eine solche Einmaligkeit allein berechtigt uns, einen besonderen Maßstab anzulegen, wenn wir das Ausmaß der textuellen Entwertung richtig einschätzen wollen.

Die *Rede* des Libertins ist auf eine unmittelbare und manifeste Art monströs. Ihre höchste Grausamkeit besteht jedoch nicht in der Unmenschlichkeit ihrer Aussage, sondern *in der Relation zwischen der Idee des Bösen und seiner Darstellungsart*. Die Einzigartigkeit dieser Artikulation macht das Werk von Sade in zweifacher Hinsicht unvergleichlich. Erstens, weil kein anderer Text es jemals gewagt hat, das Böse mit einer solchen Insistenz – und bei einer solchen narrativen Schutzlosigkeit – darzustellen, zweitens weil diese radikale Exponierung einen internen Exzeß der

Schrift verursacht, der den Status der Textualität auf eine irreversible Art verändert. Diese innere Überschreitung der Schrift durch sich selbst kann aber nur adäquat eingeschätzt werden, wenn die monströse Verwandlung narrativer Regeln, woraus die Monströsität des im Text inszenierten Diskurses resultiert, in Betracht gezogen wird.

Dieser teratologische Prozeß ist aber auch der Kontrapunkt einer anderen Äußerlichkeit – eines anderen Exzesses –, nämlich jenes »kategorialen Exzesses«, den die moralische Philosophie von Kant zur gleichen Zeit, und selbstverständlich unabhängig von jedem literarischen Zusammenhang, in rein philosophischer Sprache formuliert.[187] Diese Hypothese ließe sich in der Behauptung zusammenfassen, daß zur gleichen Zeit *zwei radikale Äußerlichkeiten sich am Punkt ihrer größten Entfernung auf eine asymmetrische Art und ohne logische Inklusion begegnen*. Diese Paradoxie, so würde unsere These lauten, definiert nunmehr die atopische Relation zwischen Wissen und Darstellung. So wie die Kantische Formulierung des kategorischen Imperativs dem Verstand eine definitive Grenze setzt, so zeichnet auch die böse Darstellung der Texte von Sade das Limit einer gesicherten Reversibilität von Textform und Wertlogik. Diese in apodiktischer Form formulierten Thesen möchten wir nunmehr Schritt für Schritt durch eine kritische Diskussion der kanonischen Interpretationen von Sade herauskristallisieren.

Erinnern wir zuerst an eine ebenso unbestreitbare wie oft – wenn nicht immer – vergessene Evidenz: im Boudoir von Sade begegnen wir keinen Körpern, sondern Ideen. Die bisherigen Analysen haben es ermöglicht, die Distanz zwischen der naiven Gläubigkeit einer einfachen libertinen Darstellung und der erotischen Abstraktion der großen libertinen Darstellung besser einzuschätzen. Mit den Texten von Sade erhöht sich diese Distanz noch mehr. In diesen Texten, die jede Form von religiöser oder profaner Frömmigkeit als Zielscheibe ihrer Aggression gewählt haben, ist kein einziger Satz unschuldig. Die erotische Abstraktion, die das Produkt ihrer sophistischen Maschinerie ist, befindet sich in einer maximalen Entfernung von jeder Unmittelbarkeit. Die Henker wie die Opfer der Sadeschen Szenen sind auf eine unbestimmbare Art sowohl diskursive Resultate als auch am Gegenpol jeder Rationalität. Diese innere, radikale Spaltung zwischen Textualität und Diskursivität, die das Werk von Sade in zwei inkompatible, jedoch innig zusammenhängende Hälften teilt, unterscheidet es von allen bisherigen libertinen Darstellungsformen. Daraus ergibt sich eine unauflösbare mimetische Ambivalenz: je ideeller der Angriff auf die Frömmigkeit ist, desto unmittelbarer scheint seine Inszenierung zu sein. Damit verlassen aber die Körper und die Leidenschaften die naive Authentizität des Hedonismus, der Schein der Unmittelbarkeit entpuppt sich immer als Ironie.[188] Seltsamerweise scheint dies vielen empörten Moralisten entgangen zu sein. Niemandem würde es einfallen, aus einem gemalten Apfelkorb essen oder mit der Olympia von Monet ins Bett gehen zu wollen.[189] Die repräsentative Beschaffenheit der Sadeschen Szenen ist dessen ungeachtet oft genug vergessen worden. Der Vorwurf der Pornographie hält jedoch keinen Augenblick, wenn man diese Texte mit den ihnen zeitgenössischen politischen Pamphleten vergleicht. Eine solche psychologisch durchaus erklärbare Verwerfung versperrt jeden Zugang zum Werk, insofern die Frage, die Sade aufwirft, nichts anderes als die Frage der Mimesis ist – und zwar der tragischen Mimesis. Solch elementare Fehleinschätzungen bestätigen auf der Seite der Rezeption, was wir von der Logik des Textes aus nun entwickeln wollen: nämlich daß dieses Werk die Frage des Gesetzes schlechthin aufwirft – genauer gesagt: *die Relation zwischen der essentiellen »Leerheit« des moralischen Gesetzes und der problematischen Natur seiner Hypotypose.* Der Leser, der die repräsentative Dimension dieser Texte bei der Lektüre vergißt und die Szene des Bösen mit seiner Realität verwechselt – der mit anderen Worten die *virtuelle* Natur der bösen Darstellung *verdrängt* –, beweist durch seinen Irrtum die Paradoxie der Sadeschen Textualität. Die Übertretung von Darstellungsverboten (von tabuisierten Zonen der Darstellbarkeit) ist nur der regionale Aspekt der Sadeschen Schrift. Der Übertritt erfolgt im wesentlichen am Revers des moralischen Darstellungsverbots. Das im empörten Leser unbewußt ausgesprochene Verbot (»Du wirst dir keine Bilder vom Bösen machen«) ist nämlich nur der *Revers* der erhabenen, stummen, aber notwendigen Anweisung des moralischen Gesetzes (»Du wirst Dir keine Bilder vom Gerechten machen«). Dieser notwendige Ikonoklasmus des Gesetzes wird durch den Text von Sade – gerade weil er nicht nur Dokument des Praktischen ist, sondern die Imagination des Bösen selbst – im gleichen Zug bestätigt und überschritten. Dieser Exzeß und diese Übertretung bekräftigen, aus einer unvorstellbaren Äußerlichkeit heraus, aber vom Innersten des Gesetzes aus, das unumgängliche Verbot seiner mimetischen Bestätigung.

Daß im Boudoir philosophiert wird, daß die platonische Akademie sich seit dem Aretino zur libertinen verwandelt, entwickelt am Ursprung der philosophischen Theatralität selbst (des platonischen Dialogs) die Szene ihrer notwendigen Verdrängung. Die Originalität von Sade besteht gerade darin, diese Tradition bis zu ihrem inneren Exzeß fortzutreiben – bis zum Punkt, wo die Verdrängung, die die libertine Umkehrung fortsetzt, durch diesen Exzeß denunziert wird. Die libertine Stimme wird somit bei Sade im vollen Sinne des Wortes *unverantwortlich*: sie befindet sich jenseits jeder Verantwortbarkeit. Dies ist jedoch nur deswegen möglich, weil der Sadesche Libertin seine Souveränität ohne Unterlaß aufrechterhält und für die Umsetzung seiner Theorien in der Tat verantwortlich zeichnet.[190] Die libertine Rede ist aber auch bei Sade in einem anderen Sinne unverantwortlich, und zwar weil keine menschliche Stimme (die Stimme von Sade eingeschlossen) sich je erlauben darf, die auctoritas des Sadeschen libertinen Diskurses zu usurpieren, ohne sich per definitionem aus der menschlichen Gemeinschaft auszuschließen. In dieser Hinsicht ist die libertine Stimme nicht nur »une pensée du dehors«; sie ertönt auch in einer essentiellen Einsamkeit. Eine solche Einsamkeit ist um so größer, je öfter der Libertin an die Nachahmung des Anderen appelliert – und somit auf eine militante Art die Erweiterung der libertinen Anti-Humanität anstrebt. Die ständige Ermunterung, die die absoluten Verbrecher an ihre Gleichgesinnten richten, ist die exakte Gegenfigur der moralischen *exhortatio*. Diese Rhetorik reaktiviert ein System, deren innere Architektonik genau so stringent ist wie die ihr zeitgenössische Systematizität der Kantischen Kritik oder, im vorigen Jahrhundert, die *Ethik* von Spinoza. Die Überzeugungsstrategie der libertinen Rede ist bei Sade daher weniger als eine Botschaft zu verstehen, denn als eine unaufhörliche Anamnese des Unmenschlichen am Menschen. Der Libertin ist zwar mit allen Waffen der Rhetorik gewappnet und setzt durch seine listigen Sätze die subversive Arbeit fort, die seit dem *Meursius français* darin besteht, die christliche Figuralität zu bewohnen, um sie zu definalisieren, aber diese sprachliche Wühlarbeit führt im Gegensatz zu den Dialogen des 17. Jahrhunderts zu keinem positiven Resultat.

Diese immanente Entropie der Rede ergibt sich jedoch weniger aus einem »diskursiven Selbstmord« als aus der Unbrauchbarkeit der textuellen Artikulation. Die Doktrin des Sadeschen Libertins ist nämlich für sich genommen vollkommen kohärent; ihre Grausamkeit besteht gerade in der Stringenz der argumentativen Struktur, und die gesamte textuelle Artikulation selbst ist von diesem diskursiven Anti-Gesetz restlos ableitbar. Gerade weil dem so ist, verweigert die textuelle Zusammenfügung von Vorstellung und Darstellung dieser Stimme jede Autorität. Die Kluft zwischen der libertinen Doktrin des Bösen und den anthropologischen Prämissen der Epoche ist das diskursive »Substrat« dieser skandalösen Zusammenfügung von Inkompatibilitäten. Dieser »Urgrund« tritt nicht an der Stelle von leeren Schemata auf, er ersetzt vielmehr eine semantische Leere (die die Marke der Willkür anthropologischer Prämissen war) durch eine trächtigere Leere, die die unendliche Wiederholung einer Anamnese erfordert.

Die Reden des Libertins sind also nicht nur wegen ihres doktrinalen Gehalts unerträglich, sondern wegen dieser immanenten Aushöhlung jedes narrativen und diskursiven Substrats. Ihre indirekte »Botschaft« konstituiert sich, narrativ gesehen, aus einem mimetischen Übertritt (der die unwahrscheinlichen Heldentaten traditioneller libertiner Figuren in die Spirale einer höheren Unmöglichkeit treibt), den sie »virtuell aktualisiert« und, diskursiv gesehen, aus dem perversen Gebrauch aufklärerischer Ideale. Die sich daraus ergebende menschliche Gesichtslosigkeit rührt aus keiner numinosen Erhabenheit her, und noch weniger aus irgendeiner heroischen Transzendenz, sie ertönt im »virtuellen« Augenblick der Darstellung des Undarstellbaren. Der Schock, der daraus entsteht, kann keine abschreckende Funktion anstreben (daher ist diese perverse Stimme kein pervers versteckter Moralismus), insofern es nicht mehr um die Illustration des Bösen, sondern um dessen unerträgliches fiktionales Ausdenken geht.

Diese doppelte Verdrehung diskursiver und textueller Grundlagen präsentiert sich zwar im Detail der Rede (kein Satz bei Sade, in dem keine Falle eingebaut wäre) und im Detail der erotischen Darstellung, aber ihr eigentlicher Ort ist die textuelle Gestaltung einer monströsen Doppelheit. Das eine (die erotischen Szenen) ohne das andere (die libertinen Reden) zu hören (oder zu sehen) ist deswegen unmöglich, weil jede Texthälfte – d. h. die Hypotypose des Bösen (von der Präsentation der Lust bis zur Inszenierung aller denkbaren Mordtaten hin über die detaillierte Beschreibung aller denkbaren Perversionen) einerseits, die Expositio der libertinen Doktrin andererseits – die logische Ableitung der anderen ist. Beides zusammen zu hören und zu sehen ist unerträglich. Die libertine Stimme wird durch die mimetische Kohäsion des Textes gleichzeitig untermauert und unterminiert. Daher verkündet das Werk von Sade keine höhere libertine Doktrin, es deutet vielmehr auf ein mögliches Unmögliches hin, das jeder ontologischen Transparenz widersteht. Wir werden gezwungen, eine Form anzuschauen, die uns anklagt, indem sie sich entzieht.

Die »kanonischen Interpretationen« haben diesen Text jedoch behandelt, *als ob er ein Diskurs wäre,* und dabei übersehen, daß dieser Text, der gerade so geschrieben wird, als ob er ein Diskurs wäre, eben ein *»Als-ob-Diskurs«* ist: ein Diskurs, den der Autor, der tatsächlich durch manche Aussagen seiner Libertins seine eigene Überzeugungen in den Text hineingebracht hat, niemals als solchen hätte unterschreiben wollen (den kein einziger seiner Exegeten auch jemals unterschrieben hat und unterschreiben wird).[191] Die kanonischen Lektüren haben diese Paradoxie der Relation zwischen Diskurs und Text abgeschwächt und die monströse Relation oft (in erster Linie Klossowski) »naturalisiert«, indem sie sie verdreht haben: sie interpretierten diesen Schein-Diskurs als ein Denksystem und seine perversen Inhalte als programmatische Sätze. Diese Geste zwang sie dazu, einerseits den Widersprüchen der libertinen Rede den Status von diskursiven Widersprüchen zu verleihen, andererseits die perversen Aussagen diskursimmanent zu analysieren und als Positivitäten hinzustellen.

So fruchtbar und einsichtig sie auch waren, haben diese Lektüren für Jahrzehnte den Weg zu einer textuellen Analytik des Werks verbaut. »Sade« war für sie viel mehr eine Figur der modernen Souveränität als die schonungsloseste Präsentation ihrer ontologischen Aporie.

Klossowskis »Philosophe scélérat«

Der 1966 von Pierre Klossowski unter dem Titel »Le philosophe scélérat« gehaltene Vortrag verkündet mit dem ersten Satz schon die interpretatorische Absicht des Schriftstellers: »Man nimmt sich hier vor, die Erfahrung von Sade anzugehen, so wie sie sich in der Schrift niedergeschlagen hat.«[192] Diese »expressive« Lektüre basiert auf einem Komplex von Hypothesen, die sich folgendermaßen resümieren ließen: der Regelkreis von kultureller Normativität und sprachlicher Kommunikation bildet die universale Grundlage jeder Sprachpraxis. Jede Singularität, jede Abweichung von der Verhaltensnorm (die den Gesetzen der Gattung gehorcht) sei, sobald sie zur Schrift wird (sobald die Erfahrung sich in die Schrift übersetzt), auf die Allgemeinheit der sprachlichen Kommunikation angewiesen. Insofern die Erfahrung von Sade die einer Devianz sei, konstituiere seine Schrift eine »contre-généralité«. Diese »contre-généralité« widersetze sich einerseits der Tautologie von Gattungsnormalität und sprachlicher Reproduktion, andererseits sei die logische Transparenz der klassischen Sprache die Bedingung für eine Mitteilung der Perversion. Da aber Sade diese Negation der Normalität als ein Moment der bestehenden Allgemeinheit betrachtet, bestehe seine in der Sprache der »raison normative« formulierte atheistische Proklamation in einer Überführung des Allgemeinen in diese »contre-généralité«. So gelange der Ausdruck der individuellen Devianz in der Sprache der klassischen Universalität zu einem »umgekehrten Monotheismus«, den es gerade zu überwinden gälte. Damit der Atheismus in sich jede Spur von Onto-Theologie löschen könnte, müßte er bis zum »athéisme intégral« gelangen, und dieser bedeute das Ende der »anthropomorphen Vernunft«. Es ginge darum, »das Denken von jeder vorbestimmten Vernunft zu befreien«.[193]

Nun ist nicht zu leugnen, daß bei Sade die Libertins auf die Normativität *nicht* verzichten. Sie wiederholen sogar unaufhörlich den Todesbefehl: »Sterbt, ich befehle es.«[194] Wie kann Klossowski den Befehl der Sadeschen Libertins mit der These vereinbaren, daß es im Werk von Sade um die Abschaffung jeder vorbestimmten Normativität geht? Klossowski, der den Begriff der »raison« undifferenziert gebraucht (»raison« heißt ebensogut »Logik«, »sprachliche Konvention«, »kulturelle Normativität« wie »Urteilsakt« –

als sei die Vernunft in sich nicht gespalten, als sei die Tautologie von sexueller Normativität und klassischer Transparenz selbst evident und unauflösbar), kann nicht umhin, das Dilemma zu formulieren: »Entweder wird die Vernunft selbst aus ihrer autonomen Entscheidung (dem Atheismus), die die Monströsität im Menschen abwehren sollte, ausgeschlossen, oder die Monströsität schließt sich wiederum aus jeder möglichen Argumentation aus.«[195]

Klossowski kann das Dilemma lösen, indem er die Rede des Libertins (und ihre innere mimetische Artikulation) als Ausdruck von Erfahrung versteht, wie der erste Satz von *Le philosophe scélérat* es schon programmatisch ankündigt. Das Werk von Sade wäre demnach eine durch die Vermittlung von Figuren zum Ausdruck gebrachte Erfahrung. Die Schrift wäre keine Darstellung, sondern Schreib*akt*, Aktualisierung des Sinnlichen (das in sich schon die Repräsentation einer perversen Natur einschließt). Der perverse Schreibakt vollzieht schließlich für Klossowski eine Umkehrung der Relation zwischen Vernunft und Sinnlichkeit: »Sade demütigt gleichzeitig die Vernunft durch die Sinnlichkeit und die ›vernünftige‹ Sinnlichkeit durch eine perverse Vernunft.«[196] Daher würde die perverse Vernunft die Replik der Zensur sein – was Klossowski als »outrage« bezeichnet. Die Monströsität der Texte von Sade erscheint hier nicht als Perversion der mimetischen Artikulation, sondern als Ökonomie schlechthin. Der Befehl des Libertins (»sterbt!« bzw. »tötet!«) wird bei Klossowski von der Einschreibung der sexuellen Devianz nicht unterschieden. Der Unterschied zwischen »passions simples«, »passions doubles« und »passion de troisième classe ou criminelles« und schließlich »passions de quatrième classe ou meurtrières« verschwindet in dieser Perspektive ganz und gar. Die libertine Stimme artikuliert keinen historischen Kontext von Texten und Diskursen mehr, sondern nur noch eine individuelle Erfahrung. Und diese wird durch die Stimme des Libertins letztlich zum Medium eines philosophischen Systems. Die Perversion der Interpretation von Klossowski besteht darin, die textuelle Perversion als rein diskursiv zu verstehen und ihre Prämissen im Prozeß der Interpretation zu verdoppeln. Man kann sich nicht vorstellen, wie Klossowski das vorher erwähnte Dilemma überwinden könnte. Die Gleichsetzung von »raison normative« und »langage classique«, die Hypothese, daß der Zirkel, in dem sich das Denken von Sade befindet, auf den Druck der Institutionen zurückzuführen sei, die Definition des »outrage«[197] als Aufrechterhaltung der normativen Zensur in der »raison perverse« sind im Grunde verschiedene Bezeichnungen einer einzigen Tautologie. Diese besteht in der Logik des Gesetzes selbst (das das Verbot seines Übertritts notwendigerweise impliziert). Daß die Logik des Übertritts sich nur innerhalb der Logik des Gesetzes bewegen kann, definiert immer noch nicht den besonderen Status des Sadeschen Textes. Klossowski betont selbst, daß der Übertritt erst durch seine Wiederholung (durch die Beibehaltung des Gesetzes) eine Bedeutung bekommt.[198] Damit berührt er den zentralen Punkt des Sadeschen Exzesses – die ins Unermeßliche ausgedehnte Dimension der libertinen Flucht. Hier erfährt auch seine Interpretation eine entscheidende Wende. Wie läßt sich nämlich diese durch die Wiederholung gesicherte Beibehaltung des Übertritts (seine irreversible Perversität) erklären? Die Antwort von Klossowski ist überraschend: die Wiederholung des »outrage« verwandelt notwendigerweise die Aktualisierung im perversen Schreibakt in eine prinzipielle Virtualität des Aktes: »Ein Übertritt muß zu einem nächsten Anlaß geben. Wenn sich aber bei Sade der Übertritt wiederholt, dann vorwiegend durch die gleiche Tat. *Was übertreten werden könnte, könnte nie diese Tat selbst sein. Jedesmal präsentiert sich deren Bild, als ob sie nie vollzogen wäre.*«[199] Mit anderen Worten: gerade die Wiederholung der Übertretung löscht deren Aktualisierung und verwandelt sie in eine Beibehaltung des Möglichen an sich. Da diese Aufrechterhaltung des Möglichen gleichzeitig die Iteration der perversen Singularität ist, würde die Wiederholung der perversen Geste die Geste selbst jeder Bedeutung berauben: die Permanenz der perversen Geste wäre nichts anderes als die positive Anamnese der Perversität, ihre wiederholte Präsentation, ihre reine Repräsentation. Die reine Repräsentation des Perversen würde dadurch notwendigerweise zur puren Virtualität.

Die Frage ist nur, welchen Stellenwert diese Virtualität in der Interpretation von Klossowski bekommt. Welche Beziehung hat für ihn die textuelle Repräsentation dieser leeren Repräsentation? Ist die Mimesis dieser Virtualität ihre einfache Verdoppelung? Und wenn dies der Fall ist, warum ist die fiktive Darstellung dieser Virtualität nötig? Ist die Differenz zwischen dem, was Klossowski als Logik der perversen Möglichkeit beschreibt, ein Ergebnis der Textar-

beit und nur in der Textform möglich, oder ist der Text die leere Kopie des Virtuellen? Oder mit anderen Worten: ist die Darstellung des Bösen bei Sade die Anamnese einer singulären Unvordenklichkeit, die als solche »diesseits von Gut und Böse« wäre, oder gibt dieser Text die Möglichkeit, die Unverantwortbarkeit der durch ihn inszenierten Handlungen zu debattieren? Klossowski vermeidet jede Antwort auf solche Fragen, oder besser gesagt: er beantwortet sie im voraus, und zwar auf eine besonders perverse Art. Die Antwort lautet: die Perversion *ist* der Übertritt. Diese Vorstellung ist durchaus nicht tautologisch. Sie eröffnet den perversen Raum einer amoralischen Repräsentation und müßte insofern mit unserer These des textuellen Revers vereinbar sein. Der Unterschied zwischen beiden Positionen ist jedoch sehr groß. Der virtuelle Zwischenraum der Perversion ist für Klossowski ein *simulacrum* – und damit meint Klossowski die Aufhebung jeder Zweckmäßigkeit durch die Darstellung ihrer Übertretung. Daher ist die Sodomie in den Texten von Sade allgegenwärtig: sie ist das *simulacrum* der Reproduktion der Gattung; und da die Reproduktion der Gattung durch die »raison normative« mit der transparenten Zirkulation der Zeichen einhergeht, ist die Homologie zwischen der Perversion der biologischen Finalität und der rein repräsentativen Beschaffenheit ihrer Aktualisierung absolut. Die Virtualität der in der Schrift vollzogenen Perversion beraube schließlich die Darstellung jeder Signifikanz: der Text von Sade würde nichts bedeuten, er wäre nur das sinnentleerte Ritual aller Perversionen. Er würde das Gesetz weder bestätigen noch negieren, sondern ihm buchstäblich den Rücken kehren. Moralisch gesehen, ist der Text von Sade in dieser Hinsicht irrelevant. Der narrative Kontrapunkt des tugendhaften Leidenswegs (namentlich Justines Lebenslauf), die monströse Steigerung der Don Juanschen Apathie, die der libertinen Gewalt bei Sade eine monumentale Inhumanität verleihen, laufen ihren eigenen Weg und verabschieden das, was Gegenstand ihrer grandiosen Lästerung war: nämlich das Gesetz.

Klossowski, der Sade eher durch Nietzsche als mit Kant interpretiert, verdammt seine Lektüre zu einer einzigen Tautologie, indem er die Relation zwischen Text und Lektüre konsequent pervertiert: die Sadesche Mimesis wird zu einer Interpretation der Perversion, oder vielmehr: die

Interpretation dieser Interpretation der Perversion wird zu ihrer Mimesis. Die perversen Operationen des Sadeschen Textes, die er schließlich als »irruption du nonlangage dans le langage« und als Niederschrift einer Inkompossibilität bezeichnet (die darin besteht, daß die im Körper erlebte Perversion in der Sprache der Universalität ausgesprochen werden muß), beschreibt er mit Recht als eine »verrückte Struktur«. Die Reflexion dieser Inkompossibilität bleibt aber notwendigerweise auf halbem Wege stehen. Wenn er z. B. schreibt: »Sades Text bewahrt und erhält die Möglichkeit der abnormen Tat dadurch aufrecht, daß die Schrift sie verwirklicht. Diese Aktualisierung durch die Schrift gilt jedoch als eine Zensur, der Sade selbst sich in bezug auf die verwirklichbare Tat und unabhängig von deren Beschreibung unterzieht. Das Bild der abnormen Handlung ist zuerst zur logisch strukturierten Abirrung geworden«, dann unterstreicht er zwar die virtuelle Dimension der Perversion bei Sade, aber er beantwortet nicht die Frage der *logischen Strukturierung* dieser Abweichung als *textuelle Artikulation*. Die Affirmation der Differenz, die Affirmation der Singularität von Sade durch sein Schreiben sind jedoch nur ein Aspekt des Textes. Zwar erschöpft sich der Akt in der Virtualität – und das würde schlichtweg bedeuten, daß die Texte von Sade tatsächlich Texte sind –, aber die Frage bleibt immer noch unbeantwortet, ob die logische Strukturierung der Abweichung *in ihrer mimetischen Dimension* eine »logische Destrukturierung der Darstellungsregeln« mit sich bringt, und gegebenenfalls welche. Eine Deskription dieser Anomalie *als Anomalie des Erzählens und der Darstellung* bleibt aufgrund der dem Erklärungsmodell zugrundeliegenden Dichotomie (Sprache qua Allgemeinheit vs. sinnliche »Nicht-Sprache« [non-langage]) außerhalb jeder Fragestellung.[200] Die Relation zwischen dieser mimetischen Inkompossibilität und der besonderen Leerheit des moralischen Gesetzes (seiner unvorstellbaren Darstellung) kann selbstverständlich noch weniger zum Gegenstand der Reflexion werden. Indem Klossowski die Anomalie der Darstellung auf die Niederschrift einer Anomalie zurückführt, normalisiert er notgedrungen die Perversion *als zweite Welt,* als autonome und absolute imaginäre Entität. Damit ist aber auch die *pervertierte Darstellung der Perversion,* die den Text von Sade von allen seinen zeitgenössischen libertinen Hypotexten unterscheidet, durch die daraus resultierende Positivierung entkräftet. Diese wird nolens volens auf eine unbestimmbare Art ebensogut pervers wie idyllisch. Dadurch wird die besondere Unruhe des Sadeschen Textes ihrer Dynamik beraubt. Die textuelle Dimension verschwindet hinter dem exemplarischen Charakter einer Affirmation, die selbst nicht mehr dynamisiert werden kann. Die Atopie der textuellen Singularität, ihre ambivalente Position zu den Widersprüchen der aufklärerischen Vernunft, verschwinden *zugunsten einer Art perverser Theologie, die auf der Behauptung basiert, daß die imaginäre Vor-Stellung der perversen Tat als perverse Umkehrung ihrer Verdrängung die absolute Souveränität des Besonderen stiftet.* Einerseits wird Sade als Aufklärer zum Sprachrohr der sexuellen Emanzipation, andererseits legitimiert sich die Universalität der Forderung durch ihre absolute Inkommunikabilität, durch ihre reine Trennung, ihre Ab-Solutheit.

Der Lektüre von Klossowski kann man sicherlich nicht vorwerfen, daß sie die Paradoxie des libertinen Systems bei Sade unterschätzt oder reduziert hätte. Sicherlich hat sich bisher niemand mit solcher Konsequenz auf die immanente Logik der libertinen Rede eingelassen. Die *Virtualität,* die Klossowski durchaus nicht entgangen ist, bleibt aber bei ihm letzten Endes in einer Logik der Ikonizität eingefangen[201] – auch wenn dies zugunsten einer »perversen Theologie« stattfindet. Die Art und Weise, wie bei Sade die weltlosen, jedoch konsistenten *simulacres* des Perversen (als Signatur einer ikonenhaften Singularität) sich verweltlichen (die ihnen immanente Ausklammerung jeder Andersheit überschreiten), bleibt daher in seiner Interpretation unterbestimmt. Der Sadesche Libertin wird zu einer perversen Figur zweiten Grades – zu einem in der Allgemeinheit des Diskurses und seiner institutionalen Sphäre agierenden und sprechenden Perversen. Die Gradualität des Übertritts (von der ersten Unschuld der Perversion bis zur höchsten luziferischen Tat), die gerade einer der wichtigsten Grundlagen für die perverse Kasuistik des Sadeschen Libertins bildet, wird somit verwischt und durchgängig auf den Begriff der Perversion zurückgeführt.[202] Damit verschwindet aber der fundamentale Unterschied zwischen der phantasmatischen Aneignung des Anderen (seiner Integration in die geschlossene Szene des eigenen Begehrens) in den »passions simples« und seiner absoluten Negation – seines Mordes. Die indifferente Behandlung der Gleichgültigkeit der Sadeschen Libertins wirft nicht nur ethische Fragen auf – sie ist in erster Linie ein methodisches Problem. Am Ende von *Le philosophe scélérat* bezeichnet Klossowski die Paradoxie einer »Nicht-Sprache in der Sprache« als »forclusion du langage par lui-même« und fügt diesbezüglich hinzu:

»Verwerfung heißt, daß etwas draußen bleibt. Dieses etwas, das draußen bleibt, ist, sagen wir es noch einmal, die zu vollziehende Tat, die umso öfter an die Türe pocht, je weniger sie vollzogen wird. Was an die Türe pocht, das sind eben die Worte Sades, die, auch wenn sie nunmehr innerhalb der Literatur ertönen, nichtsdestoweniger Schläge von draußen sind. Das Draußen ist aber gerade das, was keines Kommentars bedarf. Daß mit Sade diese Äußerlichkeit zu ihrem Kommentar gelangt, als würde sie sich im Inneren des Denkens ereignen, das gerade verleiht dem Text von Sade seine beunruhigende Originalität.«[203]

Von welcher Äußerlichkeit ist hier die Rede? Die Formulierung: »Das Draußen ist gerade das, was keines Kommentars bedarf« erfordert selbst einen Kommentar. Soll es nämlich heißen, daß die Darstellung des Bösen und die Präsentation der Perversionen ein Synonym für die Unendlichkeit der Sprache sei?[204] Wenn dies der Fall wäre, dann hätte uns die Unendlichkeit der Sprache von der Aporie der Präsentation des Menschen endgültig befreit. Die Virtualität des Bösen (seine mimetische Artikulation) wäre dann bei Sade ein »literarischer Ultrajakobinismus«, ein literarischer Bereinigungsakt, der die literarische Entsprechung der *Terreur* wäre. Durch diese »forclusion« hätte dann der Text von Sade aus der Dualität von Körper und Geist, aus allen Gegensätzen, die die innere Spannung des Textes konstituieren (schön und häßlich, anziehend und abstoßend, Tugend und Begehren, Lust und Leiden usw....) ein rein immanentes Theater werden lassen. Somit wäre die Aporie der Souveränität in der souveränen Einsamkeit eines absoluten Textes definitiv überwunden.

Wir haben selbst im Laufe dieser Untersuchung mehrmals auf den definitiven Charakter des Werks von Sade hingewiesen. Mit *definitiv* meinten wir schlichtweg das Gegenteil von *absolut*. Die Lektüre von Klossowski (die in

dieser Hinsicht der damaligen Position von Foucault sehr
nahe steht) erscheint uns als eine nachromantische Verab-
solutierung der textuellen Abgeschlossenheit (s. Anm. 3).
Durch eine solche Interpretation wird uns die Unmenschlichkeit der libertinen Rede vertrauter. Die Spannung zwischen dem angesprochenen »Denken des Draußens« und
dem Anspruch auf Universalität verschwindet hinter der
Rekonstruktion eines Monismus des libertinen Diskurses.
Die Ironie dieser Umkehrung besteht darin, daß die Wut
des Sadeschen Libertins auf die der Ikonizität des Ideals
gewidmeten Unschuld in der Ikonizität der singulären
Einschreibung des Fleisches restlos aufgeht. Die »Unmöglichkeit« als Literatur, von der Blanchot spricht[205], verwirklicht sich hier in einem zweiten Schein, in einer singulären und perversen Hyperfiktionalität, die eine Art »Realismus der individuellen Phantasmatik« wäre. Damit überwiegt aber in der Bewegung der »möglichen Unmöglichkeit« der Singularität das Moment des Idyllischen (auch
wenn diese Idylle eine grausame ist). Diese Lösung der
textuellen Aporie scheint uns im Widerspruch mit der
katastrophalen Natur der Schrift von Sade zu stehen, die
dadurch eher zum wohlverborgenen Geheimnis als zur
Übererhellung der Aufklärung hin tendiert – eher zum
eukalyptos als zur *Apokalypse*.

Batailles Irregularités

Die Problematik des Bösen wird von ihm, im Gegensatz
zu Klossowski, nicht ausgeklammert. Die Philosophie, die
im Boudoir geschrieben wird, ist »im platonischen Sinne«
die Definition des Bösen selbst.[206] Die Revolte von Sade
erscheint Bataille somit in erster Linie als eine Negation
des im 18. Jahrhundert triumphierenden ökonomischen
Prinzips einer rationalen Finalisierung der Leidenschaften
zwecks der Herstellung einer Gesellschaft »normaler«
Menschen. Wie man weiß, beruht die Problematik der
Souveränität bei Bataille auf dem Gegensatz des Profanen
(d.h. des Vernünftigen) und des Sakralen (zu dem das
Erotische, die Leidenschaften und das aus der zweckge-
bundenen Rationalität Ausgeschlossene – die sogenannte
»part maudite« – gehören). Die Vernunft ist, in der direk-
ten Folge von Nietzsche, für die Unterdrückung aller

Unmeßbarkeit verantwortlich: »Die Vernunft ist in essentia die ratio, die Gleichheiten einführt.«[207] Da Bataille ebensowenig wie Klossowski eine Analyse der textuellen Ökonomie anstrebt und die mimetische Artikulation gleichermaßen auf ein diskursives Modell zurückführt, muß ihm logischerweise die Rationalität der libertinen Rede als ein Widerspruch vorkommen. Die Revolte gegen die soziale Willkür, die im Werk von Sade einen so exzessiven Charakter bekommt, sollte sich in der Logik von Bataille in einem Exzeß der Sprache mitteilen und jede rationale Vermittlung ablehnen. Wie Klossowski stößt hier Bataille auf eine unüberwindbare Schwierigkeit. Anstatt daraus eine (perverse) Logik der Perversion zu entwickeln – wie Klossowski es tut –, bringt er seine Enttäuschung deutlich zum Ausdruck: »Auf die Ebene räsonierender Methoden transponiert, fallen die heiligen und unvernünftigen Regungen der Gewalt flach: dies hinterläßt uns das Gefühl einer gigantischen Fehlgeburt.«[208] Mit anderen Worten: da für Bataille das Böse »der Körper« ist (als Widerstand der Souveränität gegenüber der Rationalität) repräsentiert in seiner Sicht der Libertin bei Sade das Böse nicht mehr, sobald er zu seinem Anwalt wird. Die libertine Argumentation (die diskursive Seite des Sadeschen Textes) bedeute einen Verrat am Erotischen (d. h. an der anderen, szenischen und rituellen Seite des Textes).[209] Diese negative Seite der Schrift erfährt jedoch eine immanente dialektische Aufhebung. Die Gewalt müßte außerhalb der sprachlichen Artikulation erfolgen, also im Schweigen. Der Libertin spricht aber, und das ganze Werk von Sade transportiert den Lavastrom seiner Rede. Die Rationalität, anerkennt jedoch Bataille, wird durch diesen inneren Exzeß zur Negation ihrer regulativen, profanen Finalität. Daraus ergäbe sich diese »innere Entgleisung« der Sprache, der Bataille die Bezeichnung von »irregularité« gibt: »Dadurch, daß sie jede Grenze ignoriert, daß sie die Evidenz maßlos negiert, daß sie von wahnsinnigen Träumen so spricht, als ob es sich um Gegebenheiten handeln würde, offenbart die Sprache von Sade, die eine Sprache der Vernunft zu sein scheint, ihre tiefste Natur: sie ist nämlich eine Entgleisung, also das Gegenteil eines Exzeßes. In einem gewissen Sinne war das Sprechen für Sade lediglich ein Mittel, um zu großen Regelwidrigkeiten in der Sprache zu gelangen.«[210] Bataille schlägt an diesem zentralen Punkt seiner Argumentation eine andere Richtung ein als Klossowski. Für diesen trägt nämlich die Sprache von Sade die Spur einer nicht integrierbaren Äußerlichkeit. Etwas »pocht an die Tür der Literatur« und deutet auf jenes Draußen hin, das per definitionem nicht nennbar ist. Bataille dialektisiert die gleiche Negativität: zwar ist die Gewalt stumm, und jeder Versuch, ihr eine Sprache zu verleihen, übt einen Verrat an ihrer Sprachlosigkeit, aber dies gerade ließe sich umkehren: »Diese Äußerung kann beliebig umgekehrt werden. Wenn es um eine zerstörte Funktion geht, und daher um eine Sprache, die eigentlich keine mehr ist, wird es möglich, mit dem gleichen Anspruch auf Wahrheit, dasselbe anders zu sagen: der *regelwidrige* Gebrauch von Sprache ist vielleicht eine *regelwidrige* Form von Schweigen.«[211] Die Idee der »irrégularité« hängt bei Bataille mit einer Genealogie der modernen Normalität eng zusammen. Die Regulation der Modernität bezweckt die Aufrechterhaltung einer sozialen Normalität, deren Finalität selbst ökonomisch sei – nämlich die Perpetuierung »nützlicher Taten« (actes utiles). In diesem Sinne holt die »irrégularité« der Sprache von Sade – der maßlose Gebrauch der Rationalität – das »verfemte Teil« der modernen Normalität in die Normalität der Sprache ein. Somit zerstört sie aber deren Ökonomie. Bataille unterstreicht, daß die *irrégularité* keinen natürlichen Charakter haben kann, sondern einen nur differentialen. Dies gilt z. B. für die Nacktheit wie für jede Form von Präsentation des Verbotenen. So wie der nackte Körper an sich und von Natur aus keinen regellosen Charakter hat, sondern nur durch eine provokative Veränderung seiner Präsentationsregeln regelwidrig wird, so besteht das Werk von Sade aus der Aufrechterhaltung der maximalen »irrégularité« – und zwar unabhängig von der Dimension der Provokation: »Das Werk von Sade stellt die stärksten Regelwidrigkeiten dar, aber es betont manchmal den regelwidrigen Charakter des einfachsten erotischen Anreizes, z. B. einer regelwidrigen Entkleidung.«[212] Unsere Untersuchung kann dies nur bestätigen: die libertine Normalität macht aus der »*irrégularité*« im Sinne von Bataille – namentlich aus der erotischen Lust – eine Regel und eine Norm, und wenn Sade aus dem libertinen Intertext schöpft, verleiht er immer der gleichen Art von Szene eine maximale Regelwidrigkeit. Man darf sogar behaupten, daß kein einziger Punkt der intertextuellen Vorlage von dieser Übersetzung ins Unregelmäßige ausgespart bleibt. Dies gilt ebensogut für das Detail der erotischen Darstellung wie für die letale Steigerung der libertinen Eskalation. Bataille betont mit Recht, daß bei Sade diese *irrégularités* immer gesucht sind. Daraus entsteht ebensogut der erotische Reiz mancher Beschreibungen wie der Schockcharakter seiner grausamsten Episoden.[213] Der Libertin ist bei Sade tatsächlich immer auf der Suche nach neuen Differenzen, nach neuen Reizen, und diese Suche kennt eben bei ihm, im Gegensatz zum Hedonismus, keine natürlichen Grenzen. Da jede *irrégularité* durch ihren Gebrauch (durch ihren Konsum) bald ihren differentialen Charakter verliert, ist der Sadesche Libertin auf der Suche nach immer größeren Abständen – nach immer intensiveren Differenzen. Diese Suche steigert sich von selbst bis zum Punkt der »Sakralität« (im Sinne von Bataille). Im intertextuellen Kontext gesehen bekommt diese Bemerkung ihre volle Berechtigung: während bei Don Juan die Apathie und die Regelmäßigkeit der Souveränität (Don Juan ist eine konstant souveräne Figur) überwiegen, gerät der Sadesche Libertin in die Spirale der Gewalt, die für Bataille die unweigerliche Konsequenz der Dialektik von Normalität und Übertritt ist: »Die zur vollen Souveränität gelangte moralische Ausschweifung kann nur absolut souverän sein.«[214]

Das Urteil Batailles muß also notwendigerweise zwischen zwei Extrempunkten oszillieren: der Positivierung des Regelwidrigen und seiner radikalen negativen Bestimmung. Dieses genuin dialektische Verfahren führt ihn nicht von ungefähr zum letzten Term des Dialektischen überhaupt – zum Absoluten. Die Gegensätze erfahren eine letzte Aufhebung, die die ursprüngliche Ausklammerung der mimetischen Artikulation beibehält. Das absolut Böse (die absolute Souveränität der libertinen Gewalt) macht auf eine definitive Art und Weise jede Unterscheidung zwischen Text und Diskurs, Virtualität und Begehren, Darstellung, Erfahrung und Projekt zunichte. Der Libertin ist keine textuelle, sondern nur noch eine anthropologische Größe.

Man könnte hier Bataille (aber auch Klossowski) den Vorwurf machen, die maximale Deregulation der durch die Normalität den Leidenschaften auferlegten Zwänge zum Ideal, wenn auch zum negativen, erhoben zu haben. Die Frage ist jedoch, ob die dialektischen Aufhebungen Batailles oder die Theorie der *simulacres* mit der Sadeschen Problematik der Virtualität vereinbar sind, insofern diese das zu zerstörende Idol nicht aufhebt, sondern im Gegenteil immer wieder *repräsentativ* beibehält. Wenn Klossowski behauptet, daß Sade die Möglichkeit einer »Unschuld des Werdens« nur erahnt hat[215], wenn Bataille die Figur des Libertin zum Emblem einer Überwindung der Ontologie werden läßt[216], dann bekunden beide ihre Irritation gegenüber einer Darstellungsform, die den fundamentalsten Gegensätzen der christlich-platonischen Kultur (Vernunft vs. Leidenschaft, Geist vs. Körper, Form vs. Kraft usw.) um so mehr widersteht, je mehr sie sie inszeniert und diskursiv beibehält. Ein ausgeschlossenes Drittes gibt es für dieses unmißverständlich klassische und duale Repräsentationssystem nicht. Der Libertin beansprucht, so wie Sade selbst, keine marginale Position. Er behält seine ganz zentrale Stellung, weigert sich, entweder diesseits oder jenseits von Gut und Böse zu sein, läßt uns nicht etwa glauben, daß seine Stimme aus der Leere des Sinns herrühren würde. Daß diese Ver-Rücktheit der textuellen Ökonomie nichts mit Wahnsinn zu tun hat, macht ihre höchste Herausforderung aus. Zu behaupten, daß Sade erst »an der Schwelle« eines neuen, nach-repräsentativen Zeitalters gestanden wäre[217], scheint uns weniger zu wiegen, als die Tatsache, daß die Kohäsion des Inkompossiblen darauf hindeutet, daß die Logik der Darstellung und die Exponibilität von Begriffen nicht versöhnt werden können. Oder anders gesagt: der Libertin ist kein »philosophe scélérat«, weil er die Philosophie im Namen souveräner Leidenschaften subvertiert, sondern weil er an jenem verbotenen Ort (nämlich im Text) eine Ökonomie des Denkens beibehält, die nur im diskursiven Draußen ertönen dürfte. Diese »Verwerfung der Sprache durch sich selbst« spaltet nicht die Sprache in »Sprache« und »Nicht-Sprache«, wie Klossowski es meinte, sondern in Text und Diskurs, und das heißt auch: in Literatur und Philosophie. Was »draußen steht«, verlangt also wohl einen Kommentar.

Wenn Bataille am Ende von *Sade et l'homme normal* betont, daß wir »normale Menschen« uns der »absoluten Souveränität« des Textes nur annähern können, fügt er auch hinzu, daß es mit Sade selbst nicht anders gehen konnte: »Er suchte nach der souveränen Regelwidrigkeit, er tat es aber wie ein unreiner Ritter auf der Suche nach dem Gral (...) Er konnte niemals anders als den Versuch unternehmen, der Einsamkeit der Regelwidrigkeit näherzukommen.«[218] Damit sagt er uns aber gerade, daß dieses Werk nur aufgrund seiner Virtualität kommunikabel ist. Sade selbst, so schließt Bataille sein Vorwort ab, durfte doch als »normaler Mensch« leben. Dank seinen Texten aber erfahre der »normale Mensch«, daß er »par des mouvements souverains de volupté« zum Unmöglichen gehöre.[219] Deutet dieser Schluß nicht gerade darauf hin, daß diese »Gralsuche« der menschlichen Souveränität mit formalen Bedingungen verbunden ist? Am Ende seines Vortrages *Le mal dans le platonisme et le sadisme* richtete sich Bataille an seine Zuhörer mit folgenden Worten:

»Jetzt, im Augenblick eben, da ich meine Stimme etwas hebe, kann es durchaus nicht meine Absicht sein, meine Leidenschaften zu entfesseln. Ich bin vor Ihnen keineswegs entfesselt; ich bin gerade im Gegenteil ganz genau gefesselt. Wenn ich nun die Stimme etwas hebe, kann es sich dabei lediglich um ein leises Stöhnen handeln; denn ich bin nicht in der Lage, einen Satz nur zu finden, der meinem Willen entspräche. Ich bin hier unter Ihnen und suche, aber ich weiß, daß, solange ich mit Ihnen zusammen suchen werde, die Suche, die wir zusammen neu ansetzen werden, Sie und mich einschränken wird; und daß diese Einschränkung weiterhin bestehen wird, so daß diese Suche eben nichts anderes als eine Suche weiterhin bleiben kann und ihr Gegenstand auf gar keinen Fall vor uns erscheinen wird.

Damit dieser Gegenstand erscheinen könnte, müßten wir wenigstens so handeln, wie es nicht erlaubt ist, zu handeln, solange man diskursiv redet (denn um einen Diskurs handelt es sich wohl im Augenblick): man müßte so reden, wie die Dichter reden. Ich müßte aber dann vergessen, daß ich Ihnen etwas zu sagen habe.«[220]

Wenn Bataille die Poesie allein für fähig hält (im Gegensatz zum *Diskurs*), das »erscheinen zu lassen«, worum es sich handelt (nämlich die Entfesselung der Leidenschaften), dann anerkennt er in der konkreten Situation eines Vortrags über den Text von Sade, daß nur die »poetische« Form das Undarstellbare am Menschen darstellen könnte. Erstaunlicherweise aber ist die Dualität von Szene und

Rede, die das Werk von Sade in zwei gleiche Hälften teilt und zu einer grausamen Inkompossibilität von Rationalität und Leidenschaften zusammenfügt, für Bataille kein Thema. Die blinde Stelle dieses Bekenntnisses am Ende eines so einsichtigen Vortrags über Sade ist nichts anderes als die Frage der mimetischen Artikulation selbst – der textuellen Ökonomie. Denn zu den »irrégularités les plus fortes« gehören nicht nur die *inszenierten Irregularitäten der Reden und Handlungen, sondern die Regelwidrigkeit der textuellen Artikulation von Reden und Handlungen selbst.*

Was in der Sprache von deren Äußerlichkeit her ertönt, ertönt in der Sprache nicht als Negativ der *sprachlichen* Artikulation, sondern als *Figuralität,* und diese ertönt im Text als literarische (intertextuelle) Konnotation. Sie ertönt aber auch als die Spur des Schweigens, als das Echo der Form.[221] Die »Regelwidrigkeit« der Texte von Sade ist daher als Figur ablesbar – vorausgesetzt, daß die differentialen Dissonanzen, die die Darstellung einer radikalen Äußerlichkeit verursacht, nicht als abstrakte Negativität erwähnt, sondern als konkrete formale Relation beschrieben werden. Damit ist jedoch nicht gesagt, daß die Entstellung der Textökonomie als positive Relation präsentierbar ist. Gerade die Irreversibilität der narrativen Katastrophe, die das Werk von Sade bedeutet, zwingt die Beschreibung dazu, die asymmetrische, aber stringente Relation zwischen der Erhabenheit des moralischen Gesetzes und ihrer textuellen Reversion zu bestimmen.

Reversion und Perversion: die grausame Darstellung als mögliche Unmöglichkeit der Schrift

Wenn der ganze Text von Sade eine einzige »philosophie dans le boudoir« ist, dann sicherlich nicht nur deswegen, weil eine ungerechte Einsperrung ihn dazu gebracht hat, sich gegen die Chimären der moralischen Normalität zu rächen. Das Werk selbst – die bösen Gespenster der Einsamkeit, von denen Sade in seinen Briefen so oft spricht – überragt jede psychologische Dimension. Der skandalöse Anspruch der libertinen Doktrin auf Universalität läßt sich nicht allein als eine Abreaktion des insgesamt über zwanzig Jahre lang eingesperrten Menschen erklären, so tief diese auch hineinreichen konnte.[222] Sie deutet, als verdrehte Rede und durch eine innere Torsion der Darstellung, auf die Verabschiedung einer für natürlich gehaltenen Entsprechung von Ethik und Schrift – von Moral und Darstellung. Nicht etwa weil das Gesetz an sich negiert würde, sondern weil eine immanente Notwendigkeit die Zerstörung dieser »natürlichen« (und d. h. kulturell »naturalisierten«) Relation verlangt. Die psychologischen Hypothesen, die auf Entsprechungen zwischen dem Fall Sade und dem Werk beruhen, sind hier gezwungen, vor der Schwelle eines Rätsels Halt zu machen: die Amplifikation des Textes (die Transformation »sadistischer Tendenzen« zur einzigartigen Grausamkeit des Textes) bleibt rätselhaft, und die Rückübersetzung des Werks auf den Menschen kann nur willkürlich sein. Die Kluft, die hier zwischen Autor und Werk liegt, ist deswegen so groß, weil die Tragweite des Werks selbst jede individuelle Dimension überragt. Diese Texte sind zu grausam und zu böse, um nicht als eine Ausnahme betrachtet zu werden. Wie kann aber eine Ausnahme zugleich universalen Charakter haben bzw. auf die empirisch nicht dementierbare Gegebenheit des Bösen zurückführbar sein? Die Stimme, die in dieser Atopie ertönt und sie zugleich verkündet, begleitet bis zu seinem katastrophalen Ende, was die Hellsicht des klassischen Libertins erschaut hat und wovor er erschauderte: nämlich die »défiguration«, von der Versac sprach. Die entstellte Erscheinung des Menschen im sozialen Spiegelbild einer leeren Hyperevidenz – die eben die Problematik von Versac war – blieb bei Crébillon ideell und typenartig. Die soziale Allegorie war noch durch den galanten Ton einer gedämpften Darstellung abgemildert. Dieser galante Schleier garantierte ein Minimum an narrativem Schutz, und die erschaute Synkope des Sinns erschien noch als solche: als Manko, als ein Gebrechen der Wörter. Bei Sade ist die Synkope weniger eine Lücke in der Darstellung als jene Spaltung, die zwischen Rede und Darstellung liegt, ohne selbst dargestellt zu werden. Das Rätsel dieser Schrift besteht nicht, wie Klossowski es behauptet, in der Undurchdringlichkeit der »simulacres«, sondern in der radikalen Enträtselung der dargestellten Grausamkeit. Mit anderen Worten: der Unterschied zwischen Perversion und Mord (zwischen dem ersten und dem zweiten Teil der *Cent vingt journées de Sodome*) läuft durch die ganze textuelle Präsentation hindurch und verurteilt sie zur *Expositio einer Spaltung – zur Narrativierung der menschlichen Gesichtslosigkeit.* Sade holt keine »Nicht-Sprache in die Sprache«. Er kehrt das Unmenschliche am Menschen im Erzählen heraus – oder anders gesagt: *er präsentiert im Text den Revers seines Ideals.* Die Präsentation ist notwendigerweise unerträglich, insofern die »irrégularités les plus fortes«, von denen Bataille spricht, die Hypotypose des Bösen weit über die Grenze des Erträglichen hinausdehnen. Der Sadesche Libertin mag als Figur der Inbegriff der Perversion im absoluten Sinne – d. h. der absoluten Negation des Anderen – sein. Als inszenierte Figur (und somit als narrative Funktion) *repräsentiert er das Böse,* was das Gesetz (im Kantischen Sinne) per definitionem nicht machen darf.

Wie Lacan es in seinem Nachwort zur *Philosophie dans le boudoir* unterstrichen hat: »Die *Philosophie im Boudoir* erscheint acht Jahre nach der *Kritik der praktischen Vernunft.* Wie man sehen wird, verträgt sie sich nicht nur mit ihr, sondern ergänzt sie vielmehr, ja sie spricht, wie wir schließlich nachweisen werden, die Wahrheit der *Kritik* aus.«[223] (Lacan, *Schriften II,* Walter Verlag, Olten und Freiburg/Brsg. 1975, S. 135, Üb. W. Fietkau) Ohne die Konsequenzen, die Lacan aus der These zieht, im geringsten zu teilen, teilen wir seine Prämissen uneingeschränkt.[224] Je insistenter die Darstellung des Bösen ist – desto weniger entfernt sie sich vom moralischen Gesetz. Die Art und Weise, wie die böse Darstellung die (moralisch bedingte) Hypotypose des Bösen dazu zwingt, ihren sekundären, rhetorischen Charakter aufzugeben und sich als Darstellung zu verselbständigen, zerstört zwar die zur zweiten Natur gewordene Relation zwischen dem moralischen Gesetz und der textuellen Darstellung, sie dementiert jedoch die Erhabenheit des Gesetzes nicht. Die Formulierung der »moralischen Philosophie« in ihrer absolut universalen Form, wie sie nicht durch die »Déclaration des droits de l'homme«, sondern durch den kategorischen Imperativ zur gleichen Zeit erfolgt, kann und darf keinen pädagogischen Charakter haben. Der kategorische Imperativ droht mit keiner Strafe und verspricht keine Belohnung. Wie Jean-Luc Nancy es in *L'impératif catégorique* formuliert:

»Der Imperativ existiert, weil das Böse selbst existiert, und das bedeutet die Möglichkeit und der Hang, das Gesetz zu übertreten.

Das Gesetz existiert seinerseits deswegen als Gebot, weil man gegen es verstoßen kann. Was wiederum nicht heißt, daß man einerseits das Gesetz selbst hätte (einem physischen Gesetz vergleichbar oder sogar mit ihm vollkommen identisch) und andererseits den Imperativ, der an denjenigen gerichtet wäre, der sich zufällig nicht dem Gesetz entsprechend auf eine spontane Art und Weise verhalten würde. Denn der Imperativ wäre in diesem Fall (der übrigens der gewöhnlichen Beschaffenheit der Gesetze entspricht) nicht das Gesetz selbst; es würde nicht als Imperativ mit ihm zusammenfallen. Außerdem hätte es dann eine korrektive, pädagogische Funktion. Es würde sich nicht an den Menschen richten, sondern an das, was an ihm noch kindisch wäre. Der Imperativ impliziert jedoch weder Strafe noch Belohnung. Gerade das macht seinen kategorischen und nicht hypothetischen Charakter aus (eine Unterscheidung, die bei Kant der Unterscheidung zwischen dem moralischen und dem technischen Imperativ entspricht).«[225]

Im Gegensatz zum religiösen Gebrauch rhetorischer Mittel, den die »christliche Sophistik« des klassischen Zeitalters pflegte, erfordert die Formulierung des kategorischen Imperativs eine Abstraktion, die ihn von jeder menschlichen Initiative entfernt. Der kategorische Imperativ ist zudem logisch unableitbar: zwischen seiner aphonen Proklamation und seiner konkreten Verwirklichung ist kein Platz für irgendeine Art von Deduktibilität. Gerade diese Absolutheit schützt es vor jeder Usurpation.[226] Die grenzenlose Anmaßung des modernen Subjekts – seine Revolte gegen die Vorstellung einer inhumanen und anonymen Fundierung der menschlichen Gemeinschaft – definiert gänzlich die Aporie der modernen politischen Emanzipation, die das Epos des Willens *und* das Ideal der Befreiung des Menschen aus seiner Unmündigkeit als ein einziges Programm entwirft.[227] Das Werk von Sade erhebt einerseits als monumentale Amplifikation der libertinen Souveränität das Epos des Willens bis zu jener grandiosen Grausamkeit, die wie ein Duell mit dem Gesetz ist. Diese konsequente Eskalation des Willens kennt jedoch keine Grenzen. Die Souveränität als grausame Umkehrung des moralischen Gesetzes mündet notwendigerweise in ihre Selbstzerstörung; sie kann sich nicht verwirklichen, ohne sich ad absurdum zu führen. In dieser Hinsicht geht die libertine Nemesis weit über den Akt der Herausforderung hinaus. Sie präsentiert ihre letale Konsequenz auch mit und stellt in grausamer Form die Logik

einer absoluten menschlichen Gesetzgebung dar. Dieses Vergessen des Gesetzes ist, als dargestelltes Vergessen, weder die pädagogische Illustration des Gesetzes noch seine einfache »Negation«. Es entgeht jeder Form von Deduktibilität, läßt aber auch Bilder entstehen, die das Gesetz (das jeder bildhaften Verwirklichung widerstehen muß) nicht entstehen lassen *darf*. Daher kann man weder behaupten, daß die Unmenschlichkeit des Sadeschen Libertins das Gesetz darstellt (da das Gesetz undarstellbar bleibt), noch daß sie das Gesetz negiert (da sie es notwendigerweise ex negativo wachruft). Mit anderen Worten: was die Texte von Sade uns *zum Sehen* geben, ist weder die Realisierung des Gesetzes noch die bloße Hypotypose des Bösen.

Die böse Darstellung deutet auf das Gesetz hin, indem sie einen »Helden« inszeniert, der für seine Taten verantwortlich zeichnet und diese mit allen denkbaren rationalen Gründen als legitim und sogar notwendig hinstellt. Gerade aber hier verläßt der Libertin die autonome Sphäre des Gesetzes. Die Legitimation des Bösen ist für ihn keine Frage der Vernunft (der »immoralen« Vernunft), sondern eine Sache des Verstandes. Die Argumente des Libertins sind bei Sade »wissenschaftlich«. Sie ernähren sich von all dem, was die Aufklärung als anthropologisches Material zur Verfügung stellt. Die Inhumanität des Libertins rechtfertigt sich mit anderen Worten im Namen der »Humanwissenschaften«.[228] Damit verliert aber der Libertin seine absolute Souveränität (die des reinen Willens). Der souveräne Mensch, der die Rechtfertigung seines Begehrens an die autonome Gesetzmäßigkeit der Regeln des Verstandes delegiert, hört einerseits auf, der Urheber seines Begehrens zu sein (da er auf die rationale Begründung der Humanwissenschaft angewiesen ist); andererseits beweist diese Aporie auf einer anderen Ebene als auf der politischen den Zirkelkreis der Souveränität. Der Rekurs auf historische, kulturelle und anthropologische Beweise im weitesten Sinne bildet wie man weiß jedoch nicht den Kern der libertinen Rechtfertigung bei Sade. Das Hauptargument – woraus alle anderen restlos ableitbar sind – ist das Argument der *Natur*. Indem der Libertin die Natur unaufhörlich als Beweis der Notwendigkeit des Bösen heranzieht, gerät er in eine andere, radikalere Aporie: der absolute Herrscher wäre letzten Endes nichts anderes als der gehorsamste Diener der Natur. Und da die Natur selbst keinen anderen Zweck als ihre eigene Veränderung hat, hebt die Metamorphose selbst letztlich die anthropologische Dimension der wissenschaftlichen Beweise des Libertins auf. Das Argument der Natur hat aber wiederum in der Doktrin des Libertins zwei Seiten. Einerseits bedeutet die Natur die blinde Transformation der Materie, die jede humane Teleologie aufhebt (aber auch jede natürliche, da die Natur, wie der souveräne Wille, sich selbst schließlich ad absurdum führt, indem nur noch die Notwendigkeit der Transformation und die Zufälligkeit der Produktion – einschließlich der Menschheit – in ihrer grundsätzlichen Unbegründbarkeit sozusagen »bestehen«)[229], andererseits bedeutet auch die Natur – namentlich unter dem Begriff des »tempérament« – die ebenso notwendige wie zufällige Konfiguration singulärer Begehrensformen. Als ziellose, aber böse Transformationskraft ist die Natur sowohl dem Souveränitätsprinzip wie dem moralischen Gesetz gegenüber gleichgültig. Daher bleibt es schließlich unentscheidbar, ob sie das »philosophische« System des Libertins begründet oder ruiniert. Der gemeine Zynismus, den man von der Perspektive des »normalen Menschen«, im Sinne von Bataille, erwarten könnte und der darin bestehen würde, die Erhabenheit des Arguments zum Alibi zu degradieren, ist in den Texten von Sade nicht auffindbar. Der Libertin rechtfertigt sich lediglich mit dem Argument der Natur. Dies tut er aber nicht etwa, weil er aus Angst vor der Strafe auf der Suche nach einer unschlagbaren Rechtfertigung wäre. Vielmehr exponiert er sich seinen Opfern und seinen Kontrahenten gegenüber, ohne mit Zynismus zu sparen. Die Tatsache, daß die narrative Maschinerie ihm immer Recht gibt – daß in den Texten von Sade die Guten systematisch bestraft werden und den Bösen alles gelingt –, schützt ihn dabei nicht, sondern exponiert ihn noch mehr. In der Logik der libertinen Rede bildet die Natur eine unanfechtbare Legitimationsgrundlage. Vor dem Gesetz erreicht somit der Libertin den Höhepunkt der Herausforderung, die durch ihren rein virtuellen Charakter das Duell des Libertins mit dem Ideal des Guten ausschließlich auf das Terrain der Darstellung verlagert. Der radikalen Abwesenheit jeder subjektiven Dimension im moralischen Gesetz gegenüber weist somit auf der Seite der mimetischen Herausforderung die grausame Schrift eine ähnliche Subjektlosigkeit auf. Diese Konfrontation bietet jedoch das genaue Gegenteil einer spiegelhaften Herausforderung. Die Absolutheit des Willens zum Bösen, die mit der libertinen

Stimme einen konstant paroxystischen Charakter bekommt, hat mit einer »Negation« des moralischen Gesetzes nichts zu tun. Dafür bekommt aber die Anonymität der moralischen Stimme dank diesem Übertritt des dem Gesetz notwendig anhaftenden Darstellungsverbots eine unverkennbare Bestätigung. Die Behauptung, daß diese »ex negativo« sei, könnte irreführend sein. Vielmehr müßte man sagen, daß die Unendlichkeit des Bösen durch die grausame Darstellung als das absolut unerwünschte, jedoch absolut notwendige Supplement der unumgänglichen Abstraktion des Gesetzes »erscheint«. Mit anderen Worten: am Ende dieses extremen Darstellungsprozesses bleibt ein unausrottbarer Rest: das Gesetz ist nicht vorgezeigt worden, aber das Ausmaß seiner Undarstellbarkeit ist angedeutet worden. Die Ausnahme der bösen Darstellung ist das grausame Gesicht der moralischen Undarstellbarkeit. Dies konnte aber nur um den Preis einer solchen inhumanen, einer derartig radikal bösen Darstellung geschehen. Daher bedeutet letztlich das Werk von Sade nicht die Negation des Gesetzes, sondern *das Aufzeigen seiner unsichtbaren Kehrseite – nicht seine Perversion, sondern seine Reversion.*

Diese Logik der Reversion erschöpft die ver-rückten narrativen Operationen der Texte von Sade jedoch nicht. Denn neben der soeben nachgezeichneten Logik der reversiven Darstellung kann das Werk auch als ein endloses Plädoyer für die Positivität der Perversionen betrachtet werden. Im Gegensatz zur Reversion des Gesetzes, deren universale Dimension gerade aufgezeigt wurde, ist die Perversion, insofern das perverse Subjekt per definitionem seiner Besonderheit ausgeliefert ist, auf eine unvergleichlich andere Art und Weise eine »blinde Stelle« des Gesetzes. Sie weist nicht nur auf seine Undarstellbarkeit hin, sondern markiert darüber hinaus die Grenze seiner Kompetenz. Das Theater der Leidenschaften ist mehr als der Revers des kategorischen Imperativs – es deutet auf eine dem Gesetz unzugängliche Äußerlichkeit hin. Die Perversion »negiert« nämlich das Gesetz ebensowenig wie die »Reversion«. Sie ereignet sich nach eigenen, rein singulären Gesetzmäßigkeiten und läßt es daher auf eine rätselhafte Art problematisch werden. Die Opposition, die zur gleichen Zeit Schiller zwischen dem *physischen* und *sittlichen* Menschen herstellt (um sie ästhetisch zu überwinden)[230], erscheint in Sades Texten in umgekehrter Form: bei Sade ist der *physische* Mensch problematisch. Daraus ergibt sich die extrem problematische Beschaffenheit der menschlichen Gemeinschaft – wie *Français encore un effort* es am deutlichsten darstellt.[231] Ist der Libertin als absoluter Wille zum Bösen der Revers des kategorischen Imperativs, so ist der perverse Mensch (der nicht unbedingt deswegen schon zu der »bösen Gemeinschaft« der Libertins gehören muß) einerseits *der Beweis des ödipalen Gesetzes,* andererseits der Anwalt seiner individuellen Besonderheit.

So begleitet schließlich die Ambivalenz des Naturbegriffes die ambivalente Zusammensetzung zweier unterschiedlicher Ideen des Gesetzes. Auf jeden Fall ist die Natur für den Libertin (wie der kategorische Imperativ für den freien Menschen bei Kant) von ihrer absoluten Vorzeitigkeit geprägt. So wie für Kant (im Gegensatz zu Hegel) Freiheit und Rationalität sich keineswegs decken – so daß die Verpflichtung zum Guten uns *vor* jeder Initiative verpflichtet –, so ist auch die Natur bei Sade für den Libertin, im Gegensatz zu ihrer idealen Beschaffenheit in der libertinen Tradition, nicht mehr »das höchste Gut«, *le souverain bien.* Gleichermaßen hat das Begehren aufgehört, auf eine unproblematische Art und Weise nach seiner Erfüllung zu streben. Für Kant ist der kategorische Imperativ kein Produkt der Vernunft, sondern eine Gegebenheit, ein *factum rationis.* Auf eine vergleichbare Art und Weise findet der Sadesche Libertin die Natur als Gegebenheit vor. Er rechtfertigt zwar auf eine rationale und argumentative Art nachträglich seine bösen Taten – oder seine sexuelle Devianz – mit dem Argument der Natur (oder liefert, als perverser Mensch, dem souveränen Libertin den Beweis seiner Nicht-Souveränität), das Gesetz dieses Gesetzes ist aber ebenso unauffindbar wie dies für den Fall des moralischen Gesetzes gilt; seine irreduktible Vorzeitigkeit ist ein *factum naturae.* Zwar spricht oft der Libertin im Plural von »*les lois de la nature*«. Alle ihre unterschiedlichen Gesetze sind aber schließlich unterschiedliche Erscheinungsformen eines einzigen und absolut indifferenten Prinzips: dem Prinzip des Gleichgewichts. Indem der Libertin den absolut bösen Befehl gibt (»*sterbt*«*!* oder »*tötet*«*!*), gibt er lediglich einen ersten Befehl weiter: das Naturgesetz wird zu einem »*Naturgebot*«. So scheint schließlich die indifferente Einheitlichkeit aller Gebote in einem letztendigen bösen Gebot zu beruhen, dessen ontotheologische Beschaffenheit offenkundig ist. Für uns stellt sich hier wiederum die

Frage, ob diese onto-theologische Natur diskursiv oder textuell zu interpretieren sei.

Wir sind schon oft in unserer Untersuchung libertiner Texte der Parodie der *imitatio naturae* begegnet. Der Sadesche Libertin ahmt gleichermaßen die Natur nach und verlangt von seinen Gleichgesinnten die Nachahmung seiner Taten (die selbst die Weitergabe eines Befehls sind).[232] Die libertine Mimesis wird also bei Sade beibehalten, aber sie erfährt eine irreversible Wendung. Die Nachahmung der Natur wird daher, aufgrund der Verpflichtung des Libertins zur Singularität bzw. zum Bösen, eine contradictio in adjecto. Ob auf der Ebene der »passions simples« oder im extremen Fall der »passions meurtrières« bedeutet nämlich immer die libertine Tat die Negation der Natur. Dafür bietet die Sodomie, wie Klossowski es mit Recht betont, ein festes Fundament.[233] Einerseits verlangt der Libertin, daß die natürlichen Gesetze der sexualen Reproduktion umgangen werden – daß die Natur qua Reproduktion der Natur negiert wird –, andererseits verlangt er in seinem absolut bösen Willen, daß der Natur qua Boshaftigkeit gehorcht wird. Dieser Widerspruch bestätigt den vorher thematisierten Unterschied zwischen Perversion und Reversion: die Perversion ist eine Unterbrechung in der logischen Kette natürlicher Befehle, während die Reversion über die Aufhebung der Teleologie in der Lust hinausgeht. Sie intendiert keine Wiederholung der Ausklammerung der natürlichen Teleologie durch die Umgehung der Naturgemäßheit der sexualen Reproduktion, sondern die Wiederholung der Aufhebung der menschlichen Teleologie schlechthin. Die Natur wird in dieser zweiten Form zur *absolut bösen Mutter*. Der *mors immortalis* der Sodomie gegenüber erscheint die *mors immortalis* der Natur als polymorpher Selbstperversion gleichsam sakral entrückt.

Dies zeigt am deutlichsten die narrative Konstruktion der *Cent vingt journées*. Im ersten Teil des Textes ereignet sich das Theater der Leidenschaften (als perverse Variation des *»Tableau des passions«*) durch die Vermittlung der Erzählerinnen (der »historiennes«) vor dem Auge der vier Libertins. Die theatralische Raumordnung unterstreicht diese Relation zwischen dem »perversen« Menschen (der sozusagen als lebendiges Exempel fungiert) und dem Libertin, der in der Lage ist, über diese Präsentation der perversen »Geste« zu urteilen und sie im Sinne seines philosophischen Systems zu interpretieren – um sie in die Tat umzusetzen. Überschreitet der perverse Mensch die innere Linie, die die Perversion vom absolut Bösen trennt, so gehört er de facto zur Anti-Humanität der Henker. Der Text markiert die Trennungslinie durch seine innere Organisation. Diese Schwelle wird nie überschritten: der perverse Mensch als lebendiges Beispiel der unausweichlichen Gewalt der »passions« bleibt in der Wiederholung seiner Geste eingefangen, während die Henker in der Variation und Kombination ihrer Lust unerschöpflich sind. Die perverse Wiederholung kennt diese imaginative Unendlichkeit der Differenz nicht. So berühren die Sphäre der Perversion und die des Bösen einander nie – obwohl die Lust am Bösen den Anschein einer Perversion hat. Kann man den Text insgesamt als eine steigende und gleitende Metamorphose der Perversion bis zum absolut Bösen betrachten, so bleibt der qualitative Unterschied in der Textform erhalten. Dies gilt nicht nur für den kategorialen Unterschied zwischen den verschiedenen Arten von »passions«, der das ganze Geschehen gliedert und es, Monat für Monat, in vier deutlichen Zeiteinheiten gliedert, sondern auch für die Beibehaltung der textuellen Doppelartikulation: die Perversionen werden *erzählt* – sie bilden eine erste narrative Schicht, die dem ersten Begriff der Natur bei Sade entspricht (der Natur als besondere »Organisation«) –, während das tatsächliche narrative Geschehen – die Handlungssphäre selbst – aus einer Selektion und Kombination des als natürlicher Stoff fungierenden Erzählmaterials besteht. Die narrative Katastrophe besteht darin, daß aufgrund eines von der Renaissance her stammenden narrativen Musters[234] der Text jede Übersetzung von Diskurs in Textform ruiniert. Die erzählten Perversionen scheinen lehrhaften Charakter zu haben. Die Libertins verwandeln sie jedoch unmittelbar in Handlung. *Sie hören keine Fabeln, sondern konsumieren sie.* Die Illustrationen der Perversionen können also hier weder lehrhaften noch abschreckenden Charakter haben, sie sind Fabeln ohne Epimythie. Dort, wo in vergleichbaren narrativen Konfigurationen die Epimythie die Fabel abschließen würde (bzw. sie in Diskurs wieder übersetzen würde), geht der Erzählstoff in seiner Realisierung auf. Diese besondere Artikulationsform zerstört jede narrative Funktion, insofern die interne Übersetzbarkeit textueller Funktionen – die die Bedingung der literarischen Bedeutung ist – hier einer inneren Entropie zum Opfer fällt:

der Text frißt sich selbst auf. Die narrative Maschinerie unterscheidet sich schließlich nicht mehr von der *diégèse*. So wie die zuhörenden Libertins den Erzählstoff körperlich werden lassen, und somit die narrative Schranke überschreiten, so läßt sich auch die Grenze zwischen *diégèse* und *narration* nicht mehr bestimmen: die Handlungen der Libertins gehorchen einer strengen Ordnung – und zwar der eines kombinatorischen *Szenariums*. Mit anderen Worten: die narrative Maschinerie kennt keine narrative Logik mehr. Diese Aufhebung der narrativen Syntax geht hier viel weiter als im Fall der traditionellen libertinen Parataxe, denn jede neue »Handlung« ist nichts anderes als das buchstäbliche physische Moment einer narrativen Maschinerie, die gleichzeitig eine Tötungsmaschinerie ist und daher keine narrative Strecke ermöglicht. Das Output der narrativ gesicherten Verwandlung des perversen Erzählstoffs in die libertine absolute Negation des Anderen, das narrative »Resultat« erscheint am Ende des vierten Teils als rein abstrakte Auflistung der Toten:

Gesamtrechnung

	Personen
In den ersten Orgien vor dem 1. März massakriert	10
Seit 1. März	20
So kehren schließlich zurück	<u>16</u>
Gesamt	46

In keinem anderen Text von Sade zeigt sich die Gleichung von Schrift und Natur so deutlich wie in diesem. Die böse Darstellung hat hier die *imitatio naturae* vollkommen erreicht: sie ist nichts anderes als die Metamorphose selbst, die blinde Kombinatorik der Veränderung. Die These, daß die Don Juansche Serialität das ursprüngliche libertine Paradigma sei, findet hier ihre volle Bestätigung. Don Juans Apathie konnte sich in der berühmten Auflistung seiner Liebesabenteuer materialisieren. Der Sadesche Libertin, der die Don Juansche Herausforderung des Himmels bis zur letzten Konsequenz führt – dessen apathische Flucht deswegen ohne Halt ist, weil der narrative Schutz, der sich in der Ambivalenz der letzten Szene der Don Juanschen narrativen Strecke kundtat, gänzlich verschwunden ist – ersetzt die Don Juansche List durch die Auflistung der Opfer. Dies deutet weniger auf die Realisation eines sadistischen Rituals hin, als daß sie die abstrakte Auflistung der politischen Massenmorde vorwegnimmt, die der Preis ist, den der souveräne Mensch für das Vergessen seiner Ambivalenz zu bezahlen hat.

Wie anthropomorph ist also die polymorphe perverse Mutter? Ist die Natur bei Sade nichts anderes als die Verschiebung des religiösen Gesetzes – ist sie die erschreckende Figur einer grausamen Göttin? So versuchend die Herstellung einer Analogie mit ähnlichen Mythemen sein kann: sie ist eben nichts anderes als eine Analogie. Man könnte auch versuchen, sie psychoanalytisch aufzulösen. Dies scheint uns aber diesseits der textuellen Artikulationen zu liegen. Viel naheliegender scheint uns hingegen die Beziehung zwischen der Vorzeitigkeit der Natur als grausamer Zerstörungskraft und der inhumanen Vorzeitigkeit des Schreibaktes bei Sade selbst. Die gleiche Verbindung von Verantwortung und Unverantwortung ist ein Thema, worauf der Autor selbst in seinen Briefen mehrmals zurückkommt.[235] Die Natur ist – so scheint es uns – in erster Linie der Ursprung der bösen Darstellung selbst – die ihr ausgeliefert ist und gehorchen muß, bevor der durch die Schrift inszenierte Libertin dieses Gebot wiederholt. Ist der Diskurs über das Böse bei Sade gleichzeitig ein böser Text, d. h. seine *virtuelle Artikulation im Schreiben* – also ein »simulacre« im Sinne von Klossowski, aber ein *vor dem Gesetz* ausgeführtes Ritual –, so ist die *imitatio naturae* der Schrift ebenso ambivalent wie in jenen libertinen Texten, für die die Natur zugleich das Emblem der Teleologie der Lust, die Bahnung der Schrift *und* die Niederschrift eines Ideals in einem waren. (Vgl. hier z. B. die Auszüge aus *Vénus en rut* und *La Cauchoise*.) Dies kommt in aller Deutlichkeit im zweiseitigen narrativen »Justine/Juliette«-System zum Vorschein, das zwei geschwisterte Gegenfiguren (die der tugendhaften und die der libertinen Tochter) symmetrisch konstruiert. Die eine widersetzt sich der *imitatio naturae*, die andere aktualisiert in der Virtualität der Schrift die Befehle der perversen polymorphen Mutter. Es liegt in der narrativen Logik dieser Doppelstruktur, daß Justine durch die Natur getötet wird (durch jenes Zuviel an Licht, das der zugleich grausame und ironische Blitzschlag, der sie schließlich trifft, bedeutet) und nicht durch die libertine Bande, in deren Händen sie tausendmal hätte sterben können (oder eher, nach den »normalen« Gesetzen der Wahrscheinlichkeit, sterben *sollen*). Sade, der am Ende dieser endlosen Reihe von Grausamkeiten einen seiner ironischsten Schlüsse schreibt, gibt uns hier mehr als nur einen Wink. Noirceuil liefert nämlich Justine während eines Gewitters den Naturkräften aus und verspricht, sich zum Guten zu bekehren, falls der Blitz sie nicht trifft. Daß der Blitz, dessen symbolische Überdeterminiertheit evident ist[236], sie jedoch trifft, gehört ganz und gar zum schwarzen Humor des Sadeschen Erzählens. Wer könnte nämlich eine Sekunde nur so naiv sein, um nicht in aller Sicherheit zu wissen, daß dieser Schluß die Marke des Textes ist – nämlich seiner eigenen narrativen Gesetzmäßigkeit –, seines »Gesetzes«? Wer dies nicht auf eine intuitive Art entdeckt und darauf wartet, überzeugt zu werden, soll den Text aufmerksam lesen. Nachdem das Gewitter dem überlangen – unwahrscheinlich langen – Leidensweg des Opfers – und gleichzeitig der monumentalen Parataxe der bösen Darstellung – ein Ende setzt (so wie das Feuer des Himmels die Flucht von Don Juan abbricht), bekommt die Bahnung der Natur als Spur der Darstellung ihre transparente Übersetzung: der Blitz hat nämlich im Körper von Justine den Weg der Schrift gezeichnet: er hat sich einen Weg vom Mund zur Möse gebahnt und ... »den Arsch respektiert«, was Noirceuil (wohl die düsterste aller libertinen Figuren bei Sade) den Anlaß zu einer Bemerkung gibt, die vielleicht die gelungenste Äußerung des »schwarzen Humors« von Sade ist: »Wie sehr sind wir berechtigt, Gott zu loben: er hat den Arsch respektiert!« Damit der Phallus, der für jeden Frevel und Mord bei Sade verantwortlich zeichnet, das Supplement seiner Unterschrift in den Körper des Opfers hineinschreibt, wird die Leiche von Justine ein allerletztes Mal von allen Anwesenden vergewaltigt. Und es wird buchstäblich geschrieben, daß dieser Akt die Unterschrift der Schrift bedeutet: »Es stand im Himmel geschrieben, daß die Ruhe des Todes selbst dich weder vor den Greueln des Verbrechens noch vor der Perversität der Menschen schützen würde!«[237] Dieser Abschluß verdichtet wie kaum eine andere Stelle das eigentliche »système philosophique« von Sade, das in erster Linie ein *narratives* ist und als solches nicht nur Repräsentation, *sondern immer eine böse Selbstdarstellung der bösen Darstellung ist*. Dieser Wink der Schrift auf sich selbst, der nicht nur die Marke der Fiktion ist, sondern ihr Beweis (insofern jede Fiktion per definitionem ihren Ursprung in ihrer Markierung findet), ist hier transparent.

Ein derartig ironischer Selbstverweis der fiktiven Maske ist ein Akt der fiktiven Authentizität: damit werden wir daran erinnert, daß das Erzählte ein Alptraum war. Nicht weil die Fiktionalität der bösen Darstellung ein bloßes Repräsentationsspiel war. Wir erwachen am Ende dieses Textes nicht, wie am Ende der *Illusion Comique* von Corneille. Eine »illusion tragique« ist es aber wohl gewesen – d. h. eine Tragödie. Diese mimetische Dimension garantiert nicht nur den *virtuellen* Charakter des Sadeschen »acting out«, sie besiegelt auch die Notwendigkeit des fiktiven Supplements. Die Natur ist Signatur – Signatur einer Schrift, deren Maskenhaftigkeit sich nie zum puren »jeu gratuit« (im Gegensatz zum zeitgenössischen englischen »gothic novel«) verwandelt, sondern »ex negativo«, aber ohne jede Hoffnung auf eine dialektische Aufhebung, die moralische Dimension behält. Diese besteht in einer einzigartigen unumkehrbaren und nicht wiederholbaren Reversion des Gesetzes: es ist schlichtweg unmöglich, diese Reversion durch einen Zusatz an Perversion zu pervertieren. In diesem Sinne ist der Text von Sade irreversibel und endgültig. Die bloße Perversion des Gesetzes, so sagten wir vorher, als es darum ging, die Interpretation von Klossowski zu debattieren, kann nicht umhin, in der Idylle des Doubles zu enden, und diese ist im etymologischen Sinne ab-solut, d. h. in einer souveränen Abtrennung die Zelebrierung des Doubles.

Die absolute Einsamkeit des Marquis de Sade und die Einzigartigkeit seiner Texte kennen die Ruhe dieser absoluten Trennung nicht. Das Gesetz bewohnt diese Texte als leere Spur, seine Gegenwart inmitten der bösen Darstellung ist unvorzeigbar – so wie die böse Darstellung für das Gesetz selbst unvorzeigbar ist. Diese Reversion ist daher, im vollen Sinne des Wortes, das gespensterhafte Double und das Gegenteil des Gesetzes. Das Wort »Gegenteil« ist aber trotz seiner Bildhaftigkeit ein rein logischer Begriff und sinnlich ebensowenig auffüllbar wie eine mathematische Formel. Die Sadesche Reversion ist zugleich Manifestation und Negation: das Gesetz wird nicht negiert, sondern wie ein Kleidungsstück umgestülpt. Sade zeigt uns, auf der Kehrseite der Erhabenheit des Gesetzes, die Erhabenheit seiner Negation. So zeigt der Revers des Gesetzes, wie der Revers eines realen Kleidungsstücks, alle verborgenen Spuren der Fabrikation. Die Textarbeit – wie die Traumarbeit – manifestiert hier, was in der Vernunft an Verstand sein muß und dadurch auf Kosten der Bildhaftigkeit der Darstellung geht.[238] Der kategorische Imperativ ist jedoch keine bloße Rationalität – er ist ihr in einer undarstellbaren Vorzeitigkeit voraus und hat nur, wie schon betont, als reine, aphone Gesetzgebung seine Berechtigung. Die Stimme des Libertins usurpiert bei Sade diese Stellung nicht, sie kehrt sie auch nicht einfach um. Sie entgeht dem Entweder-Oder des Selben und des Anderen, ruiniert die Illusion der Souveränität *und eröffnet somit aufgrund eines katastrophalen und unumkehrbaren Entwertungsprozesses die Möglichkeit einer Literatur, die sich gänzlich von der illustrativen, rhetorischen und ornamentalen Funktion der Rede abkehrt.* Die Schrift erzeugt damit einen Raum, den literarischen Raum, der weniger das Double einer schönen oder häßlichen, naiven oder grausamen Idylle ist als die Präsenz einer Frage, die der Aufklärer (der dazu beigetragen hat, sie zu formulieren) nicht mehr in der hellen Sprache der Aufklärung, sondern nur noch in der rätselhaften Sprache der Literatur artikulieren kann. Diese Frage ist schlichtweg die Frage der Selbstbefragung des Menschen. Im Gegensatz zu der Lawine anthropologischer Antworten, die das 18. Jahrhundert hervorgebracht hat, im Gegensatz auch zum Zirkelkreis der Humanwissenschaften, zu denen die politische Ökonomie ebensogut gehört wie das am Ende des Jahrhunderts – in Frankreich namentlich mit den »Idéologues« – bewußt werdende Programm der »sciences humaines«, erkundet nunmehr die Literatur das Ausmaß eines Rätsels (nämlich das Rätsel des Menschen überhaupt), das sich dem sich selbst erforschenden Menschen zum ersten Mal in der Geschichte in dieser Form »offenbaren« kann. Daß an diesem Wendepunkt der Relation zwischen dem Menschen als Urheber seiner Selbstbefragung und als Objekt seiner Selbsterforschung die Selbstbestimmung der Menschenrechte einen unendlichen Schatten abwirft, wird von den politischen Ereignissen der Französischen Revolution, als Morgenröte einer nicht abschließbaren Tragödie, anders bewiesen als durch die monströsen Monumente der Schrift von Sade. Es scheint, als würde die Literatur nunmehr anfangen, wie Blanchot es mit Insistenz betont, anstatt der wohlgeformten Formeln des Guten ein unmenschliches und unvordenkliches »Murmeln« hörbar werden zu lassen, in welchem sich nichts anderes ankündigt als die unendliche Selbstbefragung der Literatur (oder der Kunst) selbst.[239] Sade selbst deutet in seinem Testament auf den Schrecken hin, der mit der Entdeckung dieser Potenz verbunden ist. Sein Wille, aus dem Gedächtnis der Menschheit ausradiert zu werden, beweist, daß die größte Grausamkeit nicht beim Individuum selbst zu suchen ist, sondern bei der Schrift, die ihn sein Leben lang dazu verdammt hat, auf die Stimme der Literatur zu horchen – und ihr zu gehorchen, so wie seine Libertins dazu verdammt sind, die Befehle der Natur weiterzugeben. Darin besteht nämlich die unerbittliche Grausamkeit der Literatur: sie bietet zwar dem Menschen einen Raum an, aber in diesem Raum ist kein Platz für beide. Der Mensch, der schreiben muß, wird durch die Schrift dazu gezwungen, im Exil seines eigenen Verschwindens umherzuirren. »Die griechische Sprache hätte uns gewiß viel über das eigentümliche Verhältnis des Gesetzes, der Irre und des Mangels an Selbstidentität, über die der Spaltung, dem Gesetz und dem Nomadensein gemeinsame Wurzel – νέμειν – mitzuteilen«, schrieb J. Derrida in *L'Ecriture et la différence*.[240]

ANHANG

Anmerkungen

1 Vgl. Roland Barthes, *Am Nullpunkt der Literatur,* Suhrkamp, Frankfurt 1982, S. 8.

2 Michel Foucault, *Die Ordnung der Dinge,* Suhrkamp, Frankfurt 1971 und 1978, S. 127.

3 Siehe M. Foucault, *Schriften zur Literatur,* Frankfurt 1979. Das Ideal eines modernen Textes, in dem die internen Beziehungen so vielfältig sind, »daß keine von ihnen alle anderen abdecken könnte« bildet als literarische Utopie den Hintergrund der Lektüre von Balzacs Text *Sarazine* in Roland Barthes' *S/Z* (Suhrkamp 1976). Im »klassischen« (auch »lesbaren« Text, s. Barthes 1976 S. 258–259) reduzieren literarische Codes (S. 256 ff.) das Plurale am Text (S. 258–259). Im modernen Text (dem »schreibbaren« Text) tendiert die Schrift zur absoluten Reversibilität. In dieser Arbeit spielt die Dichotomie reversibel vs. irreversibel eine zentrale Rolle (s. Methodischer Anhang). Im Gegensatz zu Barthes hebt aber für uns die »Irreversibilität« (d. h. die problematisch gewordene bzw. unmögliche Rückübersetzbarkeit von Textualität in Diskursivität) die Zeitlichkeit nicht auf. Die »Irreversibilität« mündet in die »Vision« – in eine Mimesis ohne Intention, wie wir es am Beispiel von Sade und durch die Konfrontation mit der Kantischen Kritik aufzuzeigen versuchen.

4 Zur Philosophie sprachlicher Inkommensurabilitäten s. Jean-François Lyotard, *Der Widerstreit,* Fink, München 1987.

5 Vgl. insb. M. Foucault, *Die Archäologie des Wissens,* Suhrkamp, Frankfurt 1973.

6 *jouissance,* frz. Genuß, (Wol)lust, aber auch Besitz. Zur modernen Glücksvorstellung s. René Mauzi, *L'idée de bonheur dans la littérature et la pensée française au 18ème siècle,* A. Colin 1969.

7 Vgl. Peter Nagy, *Libertinage et révolution,* Gallimard, Paris 1975.

8 Vgl. hierzu J. P. Dubost, *Don Juan oder die Stroboskopie,* in *Der andere Körper,* Verlag Mensch und Leben, Berlin 1984.

9 S. hierzu Frédéric Lachèvre, *Les recueils collectifs de poésies libres et satiriques depuis 1600 jusqu'à la mort de Théophile (1626),* Slatkine, Genf 1968.

10 Um diese qualitative Schwelle zu betonen, gebraucht F. Lachèvre den Ausdruck »ultra-libertinage«. Vgl. Lachèvre, *Mélanges sur le libertinage au XVIIIe siècle,* Paris 1909, reprint Genf 1968, S. 82«

»*L'Escole de filles* est un ouvrage en avance de plus d'un siècle; il aurait dû paraître vers 1755 et serait alors venu à son heure, occupant sa place – la bonne – dans la littérature la plus foncièrement perverse qui ait vu et verra le jour. *Cette littérature ultralibertine* se répandait parallèlement à la littérature philosophique des d'Holbach, La Mettrie etc. dans la seconde moitié du dix-huitième siècle; elles se complétaient.« (Hervorhebung von J.-P. D.).

Texte, in denen sich die Forderung nach Sinnlichkeit und erotischer Emanzipation kundtut (wie etwa Charles Sorels *Histoire comique de Francion*) lassen in der Tat die »dritte« Libertinage in sehr diskreter Weise anklingen. Was uns heute vielleicht an dieser »zweiten« Libertinage (z. B. Cyrano de Bergerac, Théophile de Viau, Gabriel Naudé und andere) am meisten anspricht, ist vielleicht weniger die geistige Kühnheit als ein gewisser authentischer Ton (am ausgeprägtesten bei Théophile de Viau). Der Libertin dieser Epoche sündigt zwar in spiritu et in actu gegen die Schrift. Er sündigt aber noch nicht *in der Schrift,* wie die durch diese Dialoge angekündigte neue Form von Libertinage es tun wird.

Eine Ausnahme bildet sicherlich *Le rut ou la pudeur éteinte* von Pierre-Corneille Blessebois (1649), das manche Züge der »dritten« Libertinage (namentlich durch teilweise kühne Szenen und durch einen immanenten Entwertungsprozeß der Darstellungsweise) vorwegnimmt.

11 Zit. aus: M. Bachtin, *Literatur und Karneval. Zur Romantheorie und Lachkultur,* München 1969, S. 7.

12 Bachtin 1969, S. 7.

13 Vgl. u. a. Pierre Bec, *Burlesque et obscénité chez les troubadours. Le contre-texte au moyen-âge,* Stock 1984. Bekanntlich haben Caylus, aber auch Sade die mittelalterliche Tradition der *fabliaux* wieder aufleben lassen – oder, im Fall von Sade, mit subtiler Ironie an den libertinen Ton angepaßt.

14 Ein Detail würde ausreichen, um das zu verdeutlichen: die Bezeichnung des Geschlechtsverkehrs. Das Wort *fotre* ist wesentlich seltener gebraucht als die üblichen Periphrasen (lo faire, lo'i faire, lo plus usw.). Dieses Wort ist ein untrügliches Signal der sprachlichen Übertretung (und es wird als solches auch innerhalb des libertinen Textes eine sprachliche Schwelle im 18. Jahrhundert markieren). Gerade aber die Permanenz des Andeutungsverlustes innerhalb des späteren libertinen Intertextes zeugt dafür, daß diese Schwelle nicht ausreicht, um die Kraft der Übertretung zu signalisieren. Wie P. Bec es in seiner Studie betont, bedeutet der Gebrauch »realistischer«, kruder Ausdrücke (wie im Mittelalter schon *con, penilh, viech, colhon, cul* etc.) an sich keinen Angriff auf das kulturelle dominante Paradigma, insofern dessen Referenz

dadurch nicht ausgehöhlt wird (»Sa référence paradigmatique reste le texte, dont il se démarque, et son récepteur, inévitablement le même que celui du texte« a. a. O. S. 13). Diese Bemerkungen können die Arbeitshypothese unserer Darstellung nur noch bestärken: die Libertinage ist nicht nur die Kontinuität eines erotischen Gegentextes, sie ist, innerhalb dieser Negation, die Fluchtlinie des Sinnverlustes.

15 Die Libertinage des 17. Jahrhunderts wird die Unschuld der jouissance in vielen Chansons, Epigrammen und Kurzgedichten besingen, wie etwa La Fontaine mit den Versen:
»Aimons, Foutons, ce sont plaisirs / Qu'il ne faut pas que l'on sépare; / La jouissance et les désirs / Sont ce que l'ame a de plus rare. / D'un vit, d'un Con, et de deux cœurs, / Naît un accord plein de douceurs, / Que les dévots blâment sans cause. / Amarillis, pensez-y bien: / Aimer sans Foutre est peu de chose, / Foutre sans aimer ce n'est rien«.
Die Lust muß noch wie eine preiswerte Gabe gepflegt werden: die libertine Grausamkeit, die libertine Gewalt sind hier noch unvorstellbar. Das Vokabular ist obszön, die Einstellung ist nur hedonistisch.

16 J. Hösle, *Pietro Aretinos Werk zwischen Renaissance und Manierismus,* Berlin 1969, S. 90. Allerdings ist die Einschätzung des Autors u. E. nicht ganz kohärent. Einerseits betont er, daß die Ragionamenti sich »von allem Anfang an als ein großer Kehraus ausgehülster Formen und Topoi« geben (S. 92), andererseits behauptet er, daß in ihnen die Erzählung »zu einem bloßen Vorwand für rhetorische Bravour und stilistisches Virtuosentum« werde. Wir sehen hingegen in dieser Form von literarischer Intervention im diskursiven und textuellen Kontext dieser Zeit eine Vorwegnahme der Sadeschen Schrift. In beiden Fällen geht es darum, mit den Waffen der Rhetorik und durch deren listige Definalisierung abgeschwächte und fromme Schreibweisen zu zerstören (was für Cervantes' *Don Quijote* und für Rabelais' Werk ebenso gilt). Die Semantik ist jeweils verschieden, die Angriffspunkte und die Kontexte sind es auch, aber der Gestus der Verbrennung frommer Idole in der Schrift und durch sie bleibt der gleiche.

17 A. a. O. S. 103.

18 Vgl. Michel Foucault, *Histoire de la sexualité,* Gallimard 1976 (dt. Üb. *Sexualität und Wahrheit,* Bd. 1, Frankfurt 1977) Kap. III (»Scientia sexualis«).

19 Das libertine Wissen ist neugierig – ist nicht nur Wissen um das Begehren, sondern Wißbegierde –, so wie für Foucault die Neugierde überhaupt die Entstehung einer »scientia sexualis« (im Unterschied zu einer »ars erotica«) definiert (s. M. Foucault 1976, S. 94 ff.). Der belehrende Aspekt ist tatsächlich in früheren Texten vordergründig. Ein Text wie *Les entretiens*

de la grille ou le moine au parloir (wahrscheinl. 1682) illustriert z. B. sehr gut Foucaults These, der »aveu« (Bekenntnis,
Beichte) sei der Ausgangspunkt der scientia sexualis (a. a. O.
S. 80ff.). Aus einer gewöhnlichen Beichtsituation entsteht
langsam eine freiere Atmosphäre. Die zwei Nonnen und der
Beichtvater erzählen einander naive erotische Geschichten
und finden von Tag zu Tag mehr Spaß am Erzählen. Unser
Beichtvater gibt selbst zu: »Je les disposais de jour en jour par
des contes plus libres à le devenir, à en dire aussi et à renoncer
à cette retenue hypocrite qui leur avait d'abord fermé la bouche« (S. 41). So wie die Zungen freier reden, befreien sich die
Wünsche allmählich.

20 »Qu'a faict l'action génitale aux hommes, si naturelle, si
nécessaire et si juste, pour n'en oser parler sans vergogne et
pour l'exclure des propos serieux et reglez? Nous prononçons
hardiment: *tuer, desrober, trahir,* et cela, nous n'oserions
qu'entre les dents?« Essays, III, 5., 1962, S. 825.

21 Français Moureau, Alain-Marc Rieu (Hrsg.), *Eros philosophe.
Discours libertin des lumières,* H. Champion 1984.

22 A. a. O. S. 18.
»L'exercice spirituel auquel convie Roger de Piles a un modèle. (Dans) cette annulation des certitudes acquises, (dans)
cette mise en doute systématique, qui doive permettre l'accès
à une connaissance véritable, dépouillée de préjugés et de pré-
ventions, nous reconnaissons le mouvement même qui anime
chez Descartes la première des *Méditations métaphysiques.*
Les enjeux sont différents tout comme les résultats de la
démarche. Ce sont des certitudes intellectuelles que Descartes
met en doute, et le *cogito,* d'autre part, permettra d'accéder à
un certain nombre de vérités indépendantes de l'expérience
sensible. Chez Roger de Piles, on se trouve dans un domaine
où le sentiment et le goût restent tenus pour légitimes, tandis
que sont rejetés dans le néant non seulement des opinions,
mais les affects qui les fondaient. A la sortie de l'expérience de
la mort à soi-même, l'amateur d'art ne rencontre pas les principes éternels déposés en lui par la divinité, mais bien une
opinion générale, une doxa indicatrice, mais non porteuse,
par elle-même, de principes.«

23 So z. B. die *Description topographique, historique, critique et
nouvelle du pays et des environs de la forêt noire* (1776), *Lyndamine ou l'optimisme des pays chauds* (1794), die hier behan-
delte *Histoire du Prince Apprius* u. a.

24 So z. B. bei Cailhava de l'Estendoux, Dorat, Grécourt, Caylus, aber auch bei Mirabeau, Nerciat, Fougeret de Montbron
etc.

25 Eine erste lateinische Fassung des *Meursius français,* Aloisiae
Sigae, Toletanae Satyra Sotadica de Arcanis Amoris et Vene-

ris, existierte schon vor 1655. Zu den verschiedenen Editionen dieses Textes s. Pascal Pia, *Les livres de l'Enfer,* Coulet et Faure 1978; s. auch David Foxon, *Libertine literature in England 1660–1745,* University books, New Hyde Park, New York 1965, insb. Kap. III.

26 *L'école des filles ou la philosophie des dames,* a. a. O. S. 130.

»Fanchon: Certes, je ne m'étonne plus, ma cousine, que vous soyez si habile dans les plaisirs d'amour, puisque vous en savez si bien les raisons, et je m'étonne comment et où vous les pouvez avoir apprises.

Suzanne: C'est mon ami qui a pris plaisir à m'instruire, pour son grand plaisir, et s'il m'a bien dit de plus que devant qu'il eût couché avec moi, lors qu'il sentait que mon amour le pressait trop, il s'en allait, contre son gré, voir quelque fille pour se divertir, et étant là il s'efforçait si fort dessus elle qu'il en était allégé; trouvant par une fin contraire à ses désirs celle de son amour, car, comme j'ai dit, l'amour a cela de fin et de merveilleux qu'il ne fait pas penser à chevaucher, et pourtant c'est sa seule fin, où de soi il aspire, et qui seule peut guérir son ardeur. Voilà donc qui est résolu sur ce point.

Fanchon: Fort bien, il ne se peut davantage.

Suzanne: Or la raison que tu m'as demandé pourquoi les hommes, en faisant cela, disaient des gros mots et vilaines paroles, c'est qu'ils prennent plaisir à nous nommer par les choses qui participent à leur plaisir davantage et qu'ils aiment le plus, et comme en l'action de la fouterie ils ont toutes leurs pensées attachées au bas de notre ventre, de là vient qu'ils ne peuvent s'exprimer qu'en disant: Hé! ma connaude, hé! ma couillaude, avec telles autres appellations qu'ils nous donnent selon la pensée qui les anime; et la langue, qui pourrait dire autrement, en est souvent empêchée par la trop grande attention de l'esprit, qui la fait fourcher et lui fait prendre un mot pour l'autre...«

27 M. Foucault 1976, S. 94.

»Méthode curieuse et excellente pour les filles pour apprendre à chevaucher juste en un quart d'heure, faisant trois choses, avec la manière assurée et infaillible de chevaucher sur un coffre quand on est pressé« ... »Préparation pour cette méthode curieuse« ... »Execution« ... »Conclusion d'icelle avec quelques instructions là-dessus« ... »Plusieurs recherches sur les divers tempéraments des hommes, et premièrement de ceux qui crient en chevauchant, avec les raisons pourquoi« ... »Comment ils font pour crier si haut, et les inconvénients qui peuvent en arriver, avec les moyens de s'en garantir« ... »de ceux que l'on fesse pour faire bander« ... »Des châtrés«...«

28 *Le Meursius français,* B. N. 1980, S. 5.

»Octavie: Ah! Tullie! qu'une fille amoureuse a de la peine à cacher au dehors ce qui se passe au dedans d'elle-même! Vous avez beau déguiser par vos paroles, je vois dans vos yeux les mouvements de votre âme; et la sympathie qui est entre ces deux parties m'en fait connaître la vérité. Soyez donc une autre fois plus sincère et plus véritable, et n'abusez pas de la crédulité d'une fille comme moi. Si vous me le demandez je vous ouvrirai mon cœur comme à la plus intime, et afin que vous n'en doutiez pas, je vais vous en donner des preuves par le récit de ce qui s'est passé entre Pamphile et moi...«

29 Ebenda 1680, S. 55.

»Tullie: Tu as raison, Tullie, je vais te satisfaire; et il faudra que tu sois aussi froide que le marbre si tu ne ressens quelque émotion par le portrait que je te ferai de nos divertissements et du jeu auquel je jouai avec Oronte, lorsqu'il me dépucela. Ah! Dieux que je goûtais de plaisirs, cette nuit! L'image m'en est trop douce pour l'oublier, je m'en souviendrai éternellement.

Octave: Commencez donc, Tullie; je suis dans la plus grande impatience du monde de vous entendre. Vous pouvez parler sans crainte; toute la maison est dans un profond sommeil, toute la nature dans le repos, le silence règne partout; en un mot, tout favorise nos plaisirs et nos jeux.«

30 Vgl. F. Deloffre, Vorwort zu *Les illustres Françaises*, Belles lettres 1967.

»crée le sentiment de réalité de chaque incident en suggérant une atmosphère qui pour ainsi dire lui sert de support. La saison, l'heure de la journée, le temps qu'il fait même, sont presque toujours notés.«

31 B. N. 1680, S. 24.

»Comment, Tullie, Pamphile prendra-t-il de la sorte mes deux têtons? Rendra-t-il ses baisers aussi fréquent que les tiens? Et me mordra-t-il les lèvres, le col et les seins comme tu le fais?«

32 B. N. 1680, S. 25.

»Ah, Dieu! A quel jeu veux-tu jouer en t'étendant de la sorte sur moi? Quoi, bouche contre bouche, sein contre sein, ventre contre ventre? Dis-moi donc ton dessein dans ce badinage. Faut-il que je t'embrasse comme tu me serres?«

33 Die Intensität der Hypotypose bewirkt eine Kollision von Zeit und Posten: Tullie als *narrataire* eines angekündigten *récit* ist zugleich Adressatin eines Versprechens (»*Je vais te satisfaire*«). Die Anregung zur Erregung, die eine indirekte Präskription enthält (»*et il faudra que tu sois aussi froide que le marbre etc.*«) wird im voraus durch die Vergegenwärtigung des Erlebten garantiert. Die Kommentare bedeuten gleichzeitig für die Erzählerin eine Vergegenwärtigung des Erlebten

wie für die Adressatin einen Vorschuß der versprochenen
Lust, die die Erzählung (sicherlich) bewirken *wird*. Ebenso
sicher ist es aber für die Erzählerin, daß diese Vergegenwärtigung für sie absolut zeitaufhebend *sein wird*. Die in der
Replik von Octavie zum Ausdruck kommende Ungeduld
bewirkt im voraus die schon eintretende Wirkung. So funktioniert sie als Quittung des soeben bekommenen Vorschus-
ses etc.... Was die Logik der Hypotypose im Detail impliziert oder erwirkt, potenziert sich in größeren Anordnungen.
Schließlich funktioniert der gesamte Text wie eine gigantische
rhetorische Maschinerie. Im Gegensatz zu Loyolas *Exerzitien*
artikuliert sich aber die Präsentation auf eine gleitende Art
und durch komplexere Zeitverflechtungen. Der Verlust der
diskreten zeitlichen Armatur ist eine logische Konsequenz
der libertinen Definalisierung theologischer Rhetorik: dort,
wo das Buch und der Buchstabe durch die jesuitische Maschinerie halluziniert werden sollte, wird hier die unmittelbare
Gegenwart des Körpers projiziert.

34 B. N. 1680, S. 53.
»Tullie (...) Mais revenons à notre songe; n'as-tu plus rien vu
touchant Pamphile?
Octavie: Rien du tout; et pendant que vous étiez ensevelie
dans un profond sommeil, je repassais agréablement dans
mon esprit tout ce que vous m'aviez raconté des mystères les
plus secrets de l'amour.«

35 B. N. 1680, S. 39.
»Tu sauras donc que cette partie de l'homme est située dans le
même endroit que la nôtre. On l'appelle communément le vit,
le membre, la pique, la verge, et par antonomase la nature...«

36 »Angélique: (...) Tu dois convenir avec moi qu'il y a certains
livres dont toutes les parties ne valent rien et dont les instructions sont essentiellement opposées à la bonne morale et à la
pratique de la vertu. Que veux-tu dire de *L'Ecole des filles* et
de cette infâme *philosophie* qui n'a rien que de fade et d'insipide, et dont les forts raisonnements ne peuvent persuader
que les âmes basses et vulgaires, ni toucher que celles qui sont
à demi corrompues, ou qui d'elles mêmes se laissent aller à
toutes sortes de faiblesses?
Agnès: J'avoue que ce livre-là peut être mis au rang des choses
inutiles et même de celles qui sont défendues. Je voudrais
pouvoir racheter le temps que j'ai mis à en faire la lecture: il
n'a rien qui ne m'ait plus et que je ne condamne. L'abbé qui
me le fit voir m'en donna un autre qui est presque sur la même
matière, mais qui la traite et qui la manie avec bien plus
d'adresse et de spiritualité.
Angélique: Je sais de quel livre tu veux parler; il ne vaut pas
mieux pour les mœurs que le précédent, et quoique la pureté

de son style et son éloquence aisée aient quelque chose d'agréable, cela n'empêche pas qu'il ne soit infiniment dangereux, puisque le feu et le brillant qui y éclatent en beaucoup d'endroits ne peuvent servir qu'à faire couler avec plus de douceur le venin dont il est rempli, et l'insinuer insensiblement dans les cœurs qui sont un peu susceptibles: il a pour titre l'*Académie des dames* ou *Les sept entretiens satiriques d'Aloisia*.
(Siehe auch Anthologie).

37 B. N. 1680 S. 281.
»Tullie: Eh bien que voulez-vous que nous fassions toutes deux?
Cléante: Je désire que pendant que je manierai les tétons d'Octavie elle avance et recule les fesses d'un mouvement prompt et égal; et vous Tullie, qu'avec votre belle main vous me grattiez doucement la peau de la bourse qui renferme votre trésor. Je ne vous demande cela qu'afin que cette belle enfant soit arrosée avec abondance, et puisse goûter à longs traits la douceur de ce plaisir extatique.
Tullie: faites votre devoir, badin, nous ferons le nôtre.«

38 B. N. 1680, S. 163 f.
»Couchez-vous de tout votre long, Médor, et tenez votre pique la plus droite que vous pourrez. Octavie, tourne-lui le dos, comme si tu voulais lui montrer tes fesses; et t'asseyant sur son ventre, fais entrer ce lingot d'amour dans le cabinet de tes richesses ...«

39 B. N. 1680, S. 156 f.
»Aussitôt que je fus mariée, je m'appliquai particulièrement à connaître l'humeur de mon mari; j'examinai son penchant et ses inclinations, et je n'oubliai rien pour en avoir une parfaite connaissance. Après cela, je considérai trois choses: ce qui était au dessus de moi, ce qui était hors de moi, ce qui était au dedans. Je regardai la religion élevée au dessus de toutes choses; et comme elle tient le premier rang dans la politique, (bien que dans la nature elle n'en ait aucun) je vis ensuite de quoi j'étais redevable à tous les hommes et enfin ce que je me devais à moi-même. Je connus donc qu'il était nécessaire que les femmes mariées fussent fort religieuses, ou tout le moins qu'elles en eussent l'apparence; car il faut que tu saches que celle qui n'est pas vertueuse en elle-même, si elle en fait bien le personnage au dehors, est préférable à celle qui l'est en effet mais qui ne la paraît pas ...«

40 B. N. 1680, S. 157 f.
»Je commence, ma cousine, à entrer dans le sens de cette morale. Ce déguisement de mœurs me choque.«

41 B. N. 1680, S. 158.
»Quoi! Une femme doit donc s'abandonner à toutes sortes de vices et n'avoir aucun égard pour la vertu?«

42 Der fingierte weibliche Widerstand wird bekanntlich bei Cré-

238

billon fils zum bevorzugten Spannungselement. Seine Verwendung als narrative Verzögerungsstrategie ist hier systematisch. Das Verfahren ist aber auch in zahlreichen anderen libertinen Texten eine beliebte Schreibstrategie. Die vollkommene Ausradierung des weiblichen Widerstands als konstitutives narratives Element erwirkt andererseits immer seine Diskursivierung: der Widerstand wird kodifiziert, er ist »un sentiment« bzw. »une idée gothique« – eine aus der Mode gekommene Verhaltensform. Eine systematische Verfolgung der Verwandlung des Widerstandsmotivs (seines Übergangs von der *diégèse* zur *narration*, vom sozialen zum narrativen Code) würde zu einer genaueren Differenzierung von Galanterie und Libertinage wesentlich beitragen. Der weibliche Widerstand ist eine Grundbedingung des *roman sentimental*. Er ermöglicht die Verzögerung des Leidenswegs und ist gleichzeitig der Nährboden des Gefühls. Hier auch markiert das Werk von Sade das Ende der narrativen Reihe: das Opfer hat nicht einmal mehr ein Recht auf Widerstand, der narrative Verzögerungseffekt besteht aus der Wiederholung seiner Peinigung.

43 1680, S. 163.
»Pour t'instruire de cette vérité, qui te semble un paradoxe, apprends que les hommes d'à présent ont fait de nouvelles lois, et introduit dans le monde un culte qui n'a aucun rapport avec l'ancienneté. Les vertus de l'âge de nos pères sont les vices de celui-ci; et les actions qui ne se faisaient point les temps passés sans récompense ne peuvent maintenant se pratiquer avec impunité...«

44 1680, S. 164.
»Ne crois pas, Octavie, que son être ait quelque chose de réel. Non, il n'a point d'autre fondement que notre imagination et tu serais abusée si tu pensais que sa nature fût d'une autre matière que celle de ces objets de raison dont parlent les philosophes, qui doivent leur production à notre fantaisie et qui n'ont rien de commun avec la vérité bien fondée. Cette belle imagination a été inventée pour tenir les personnes de notre sexe dans un devoir rigoureux; c'est une pure idée et une chimère que la malice de (sic) temps nous oblige de suivre, pendant que la sagesse nous dicte de ne pas nous y attacher.«

45 1680, S. 340–341.
46 »J'agirai donc de bonne foi et non pas de la foi de Socrate, et je te dirai que ce vice devrait être sévérement puni; car les pensées qu'ont les hommes de s'unir à nous leur sont si naturelles que c'est un larcin manifeste qu'ils nous font quand ils s'abandonnent à leurs semblables. Sitôt que le sang commence à s'échauffer dans les veines d'un jeune homme, sans consulter d'autres que soi, il connaît naturellement qu'il ne peut

éteindre son feu que dans les embrassements d'une femme. Cette même nature fait la même impression dans le cœur d'une fille; et quelque grossière qu'elle soit, elle sera agitée d'un désir aussi violent pour le membre de l'homme, quoiqu'elle ne l'ait jamais vu, que celui-ci le sera pour la partie de la femme, quoiqu'elle lui soit inconnue. Comme ils sont faits l'un pour l'autre, toutes leurs pensées ne tendent qu'à s'unir. Voilà les progrès de l'amour honnête. Il n'en est pas de même de la conjonction de l'autre; ce n'est pas la nature qui l'inspire, mais plutôt la corruption des mœurs. Les raisons que ces débauchés avancent pour autoriser leur dissolution ne me convainquent pas, quoiqu'ils les tirent de la nature des choses, des exemples des anciens, et des moeurs mêmes des plus sages: car quelqu'un peut-il s'imaginer, pour peu de lumières qu'il ait, que la perte de la semence volontaire se fasse sans quelque crime? N'est-il pas vrai, Octavie, que celui qui s'abandonne à cet infâme plaisir tue un homme puisqu'il en aurait pu former un? C'est un adultère, c'est un homicide, et il étrangle, pour ainsi dire, par cette sale volupté un enfant qui n'est pas encore né. (...) Lorsque la nature travaille à former la semence de nos reins, sa fin est la génération, et non pas l'acquiescement seul de notre sensualité, qui n'est que son second motif, par lequel elle tâche de nous attirer au déduit dont les femmes et les hommes seraient rebutés, par les douleurs de l'enfantement, si le plaisir n'en était pas comme la récompense« (339f).

Die Passage bietet ein gutes Beispiel für die libertine Moral – für die Normalität eines »amour honnête« als Bestandteil einer libertinen Doktrin. Man beachte, wie sich dabei das ökonomische Argument auf eine widersprüchliche Art legitimiert. Einerseits wird auf der Grundlage einer Theorie der *lumières naturelles* der cartesianische Dualismus subvertiert: die Körper »denken« ihre libidinöse Finalität. Diese spinozistische Vorstellung gerät aber in Widerspruch mit dem zuletzt vorgebrachten Argument (dem ökonomischen): dieser *conatus* ist per definitionem im Einklang mit der Natur, jedoch erreicht diese ihre Zwecke nur durch die Manipulation unserer Begehren: *»elle tâche de nous attirer au déduit«*: sie versucht uns, zur Lust zu verlocken. Letztlich neutralisiert gerade das ökonomische Argument den Widerspruch: *weil* unsere Körper sich aber auf diese natürliche Art heterosexuell wollen und »denken«, ist das Begehren stärker als der dabei entstehende Verlust. Die Überlappung eines christlichen Arguments mit einem profanen markiert in diesem konkreten Punkt die Ambivalenz des Textes. Zur gleichen Zeit setzt der *Dom Juan* von Molière am selben Punkt seine Flucht an.

47 Denkt man an diese Abschlußrede (siehe Anthologie)

wie an die gegen Ende des *Meursius français* vertretene Position, dann wird der Angriffspunkt der *Philosophie dans le boudoir* und namentlich von *Français encore un effort* noch deutlicher. Man beachte, daß auch hier, wie beim *Meursius français*, das ökonomische Argument den Text abschließt und die ideologischen Widersprüche aufhebt. Aus der Grundformel der ökonomischen Regulation, die sich hier explizit ausdrückt (*»L'amour propre – le plaisir à espérer ou le déplaisir à éviter – sont le mobile de toutes nos déterminations«*) lassen sich sämtliche Widersprüche tatsächlich beseitigen.

48 Siehe Anm. 46 u. 47. Dies zeigt noch einmal, wie sehr das diskursive ökonomische Argument die interne textuelle Ökonomie (und das bedeutet: das Verhältnis von Textualität und Diskursivität) reguliert. Diese Artikulation garantiert die Austauschbarkeit zwischen dem ökonomischen Diskurs und der regulativen libertinen Moral. Sie garantiert aber auch im voraus die Stabilität der geforderten libertinen Sozialität. Diese ist letzten Endes sowohl für den *Meursius français* wie für *Thérèse philosophe* eine reibungslose Maschinerie. Sie ist mit anderen Worten das Negativ des *Contrat Social;* keine prinzipielle, logische Austauschmaschine (keine absolut tugendhafte Idealität), sondern eine naturhafte Regulation von Antinomien. Mit *Français encore un effort* werden die zwei komplementären Modelle ohne Hoffnung auf irgendeine Form von politischer Versöhnung gleichermaßen negiert: die Sozialität wird eine ächzende, barocke, unmögliche Maschine.

49 A. a. O. S. 17.
»Le pinceau le plus vif rendrait mal ses couleurs, l'imagination en peindrait mieux l'effet que le mélange. Ses cheveux étaient d'un noir éclatant, rien n'en déguisait la couleur naturelle, ils frisaient sans art, ils étaient à lui (...) Ennemi du faste, son habillement était simple; il ne consistait que dans un manteau de satin gris blanc doublé d'un tafetas couleur de rose, rattaché par un petit nœud de ruban couleur de feu. Il s'ajustait de façon que dans les jours d'action ou de cérémonie, il ne l'empêchait pas de combattre, ni de faire paraître l'élégance de sa taille.«

50 Danbre (also: Rednab, d. h. bander, erigieren) ist der Günstling des Fürsten. Er ist Sohn von Livaguver (also: Rueugival, d. h. la vigueur, die Kraft) und von Plcuanissa (also Ecnassiupal, d. h. la puissance, die Potenz), Herrscher der Provinz der Celulois (Selliuoc, d. h. couilles, [Hoden]säcke). Was Gatimonilia betrifft, schlägt die Schlüsseltabelle am Ende des Buchs keine Lösung vor. Überlassen wir allen künftigen Lesern die Lust am Dekodieren.

51 A. a. O. S. 25 f.

»Il passait des journées entières à regarder la mer et à soupirer. Le temps changea, le ciel se couvrit de nuages, le vent
grossit et devint contraire; la tempête se forme, elle éclate, les
pilotes se déconcertent, les vaisseaux se dispersent, l'orage
redouble (...) Apprius immobile garde un profond silence;
les deux Celulois irritent leur maître, Danbre et Gatimonilia
(50) se querellent, l'équipage jette des cris lamentables, le vaisseau s'ouvre, les flots l'engloutissent, le roi soutenu par les
Menins qui l'aident à nager est jeté demi-mort sur le sable; il
revient à lui, demande son favori, ne le trouve point, l'appelle,
le cherche de tous côtés, et se désespère de sa perte. Gatimonilia le rejoint, elle tâche de le consoler, ses soins sont inutiles
(...)«

52 Damit bezeichnet Roland Barthes die Präsenz im narrativen
Prozeß eines Rätsels, woraus die Dynamik des Erzählens und
die Manipulation des Leseinteresses erwachsen. S. hierzu
R. Barthes, S/Z, dt. Üb. Suhrkamp, Frankfurt 1976 S. 21–22.

53 A. a. O. S. 6.
»Valmor lui avait donné le Royaume des Siders, pays vaste,
où l'on fait tous les jours de nouvelles découvertes. C'est au
milieu des mers qui l'environnent de toutes parts que se
trouve l'Ile flottante de Taliédaré, charmante à la vue. Les
Siders font mille tentatives pour y arriver, mais rebutés par le
peu de succès de leur entreprise, ils disent que c'est une chimère; elle subsiste pourtant mais tel est le grand art de l'enchanteur qui l'a bâtie, qu'on croit la voir et y toucher, qu'on
ne la voit et qu'on y touche presque jamais.«

54 S. Anm. 50.

55 A. a. O. S. 53.
»Il (d. h. Apprius) s'en approcha, l'entrée qui lui parassait
tout en feu l'arrêta, mais il connut bientôt qu'elle était faite de
branches de corail; quelques gardes vêtus de blanc étaient ran-
gés en haie dans l'avant-cour, ils ne laissaient entre eux que
des intervalles si imperceptibles qu'il entreprit inutilement de
passer au-delà. Cet obstacle le fâchant, il leur parla. Au lieu de
lui répondre ils s'ouvrirent pour faire passage à une personne
d'un air si vif et si brillant qu'Apprius en fut ébloui...«

56 Vgl. hierzu Niklas Luhmann, *Liebe als Passion. Zur Codierung von Intimität*, Suhrkamp, Frankfurt 1982 ff., insb.
Kap. 12 (Die Entdeckung der Inkommunikabilität).

57 Jacques Proust, *Le corps de Manon*, in *Littérature*, Nr. 4,
1971.

58 Ebenda, S. 10 f.
»(...) l'œuvre entière peut être condidérée comme une figure
du corps décomposé de Manon. Elle l'est en ce sens qu'il n'est
aucun des traits »physiques« – mots, images, séquences des-
criptives – évoquées dans le texte, qui ne se réfère directement

ou indirectement à la représentation du cadavre prêt à retourner à la poussière. L'ensemble de ces traits dispersés dans le roman est si l'on veut comme ces paragrammes que Saussure s'amusait à lire dans les poèmes latins.«

59 Abbé Prévost a. a. O. S. 199.

60 J. Proust 1971, S. 8.
»D'ailleurs le mode d'apparition de Manon est le plus souvent celui qui l'on prête aux spectres.«

61 Ebenda S. 19.

62 Text nach der Ausgabe von 1728. Die Ausgaben von 1731 (Amsterdam und Paris) enthalten folgende für unsere Analyse relevante Varianten: (1) Il *n*'en resta *qu*'une fort jeune; (2) Elle *était* si charmante que; (3) des sexes, et *à qui il n'était jamais arrivé de* regarder une fille *pendant une minute*, moi qui dis-je; (4) jusqu'au transport *et à la folie*.
»...étant à me promener avec mon ami, qui s'appelait Tiberge, nous vîmes arriver le coche d'Arras, et nous le suivîmes jusqu'à l'hôtellerie où ces voitures descendent. Nous n'avions pas d'autre motif que la curiosité. Il en sortit quelques femmes, qui se retirèrent aussitôt. Mais il en reste une, fort jeune (1), qui s'arrêta seule dans la cour, pendant qu'un homme d'un âge avancé, qui paraissait lui servir de conducteur, s'empressait pour faire tirer son équipage des paniers. Elle me parut (2) si charmante que moi, qui n'avais jamais pensé à la différence des sexes (3), ni regardé une fille avec un peu d'attention, moi, dis-je, dont tout le monde admirait la sagesse et la retenue, je me trouvais enflammé tout d'un coup jusqu'au transport« (4).

63 Es wäre leicht zu zeigen, wie sehr im Vergleich mit berühmten Begegnungsszenen die Erscheinung Manons der Ästhetik des Hiatus entspricht. Im Gegensatz etwa zum berühmten Brief Werthers (am 16. Junius), der die Erscheinung Charlottes inmitten der sie umgebenden Kinder auf das Detail einer Geste reduziert (*»Sie hielt ein schwarzes Brot und schnitt ihren Kleinen ringsumher jedem sein Stück nach Proportion ihres Alters und Appetits ab«*), ist hier die Erscheinung, rhythmisch gesehen, gebrochen. Sie wird in einem ersten Satz durch die Szene abgebrochen und verdrängt: im nächsten Satz tritt an deren Stelle der Ausdruck des Jubels, den die Anapher ans Stottern annähert (*que moi, qui... moi, dis-je, dont...*).

64 A. a. O. S. 384.
»Jamais fille n'eut moins d'attachement qu'elle pour l'argent, mais elle ne pouvait être tranquille un moment, avec la crainte d'en manquer. C'était du plaisir et des passe-temps qu'il lui fallait. Elle n'eut jamais voulu toucher un sou, si l'on pouvait se divertir sans qu'il en coûte.«

65 Ebenda.
   »Elle m'aurait préféré à toute la terre avec une fortune médio-cre, mais je ne doutais nullement qu'elle m'abandonnât pour quelque nouveau B... lorsqu'il ne me resterait que la con-stance et la fidélité à lui offrir.«

66 Ebenda S. 381.
   »Elle aimait trop l'abondance et les plaisirs pour me les sacri-fier.«

67 Ebenda S. 411.
   »Lorsqu'il n'est question que de plus ou de moins, je ne la crois pas capable de m'abandonner pour un autre.«

68 In *De l'Homme*, II, X, entwickelt Helvétius eine Ökonomie des *plaisir de prévoyance*, die das Antizipieren des *plaisir* im *désir* ansiedelt. Um diese Idee der Aufhebung der Zeit (ihrer vorzeitigen Erschöpfung) als Voraussetzung der Ökonomie zu illustrieren, vergleicht er den *avare* mit der *coquette*: »L'avare comptant son or jouit de la possession prochaine de tous les objets dont l'or peut être l'échange; et la coquette, se mirant dans la glace, jouit pareillement d'avance de tous les hommages que lui procureront sa grâce et sa beauté.« Daher die Formel: »L'état de désir est un état de plaisir.« Im Gegen-satz zum Körper, der der Entropie des *plaisir* ausgesetzt ist, transzendiert die Imagination die Kontingenz der Materie. Unser Glückskapital beruhe daher in der Vorwegnahme des Glücks, in einem *»plaisir de prévoyance sans doute moins vif, mais plus durable que le plaisir réel et physique«*. C. A. Helvé-tius, *De l'Homme, de ses facultés intellectuelles et de son édu-cation*, in Claude Adrien Helvétius, 1775, VII, S. 6–7. Wäre Manon die Imagination? Eines steht fest: der Satz des Grieux' »*Et puis tu es une chimiste admirable, ajoutai-je en l'embras-sant, tu transformes tout en or*« und die Antwort von Manon: »*Vous serez donc la personne la plus riche de l'univers, me répondit-elle, car s'il n'y eut jamais d'amour tel que le vôtre, il est impossible aussi d'être aimé plus tendrement que vous l'êtes*« (S. 434) drücken auf die eindeutigste Art aus, daß der Text hier seinen Ruhepunkt erreicht. Der Pendelschlag hat aufgehört. Eine zweite Geschichte fängt an. Der Puppenmei-ster dreht die Kurbel nicht mehr, schneidet aber dafür einen Faden ab.

69 Zum »Edenismus« der Moderne s. J. P. Dubost, Manuskr. 1987 S. 195–235.

70 »Monsieur Lescaut, m'écriai-je en fermant les yeux, comme pour écarter de moi de si chagrinantes réflexions, si vous avez eu dessein de me servir, je vous rends grâce. Vous auriez pu prendre une voie plus honnête; mais c'est chose finie, n'est-ce pas? Ne pensons donc plus qu'à profiter de vos soins et à remplir votre projet, etc....« (S. 388).

71 »Qu'ai-je à mettre en balance avec elle? Je n'y ai rien mis jusqu'à présent. Elle me tient lieu de gloire, de bonheur et de fortune. Il y a bien des choses, sans doute, que je donnerais ma vie pour obtenir ou pour éviter, mais estimer une chose plus que ma vie n'est pas une raison pour l'estimer autant que Manon. Je ne fus pas longtemps à me déterminer, après ce raisonnement.« (S. 404).

72 In seinen *Etudes sur le temps humain*, Plon 1950, hatte Georges Poulet diese Zeit als besonders charakteristisch für Prévost definiert: »... Aussi la durée prévostienne se représente-t-elle moins comme une durée véritable que comme des morceaux de durée nettement séparés, aux arêtes tranchantes, qu'il semble impossible de reconstituer en un temps continu« (Georges Poulet, a. a. O. S. 147). Auch die Leere dieser Zeit wurde betont: »Alors que, chaque épisode constitue à tout le moins une amorce de durée, le sentiment se place dans l'instant précis où il se fait une scission dans cette durée. Il existe, non dans le temps, non même dans un fragment de temps, mais dans le vide qui, lorsque le temps se brise, apparaît entre les fragments de temps.« (Ebenda) Diesen typisch Prevostschen Augenblick nennt G. Poulet »instant-passage«. Dieser sei deswegen »monströs«, weil er im Fortgang der Geschichte sowohl einen Bruch wie die Verbindung zwischen Erzählsegmenten bedeutet. Die Betonung des zeitlichen Bruchs erscheint uns legitim, aber Poulet verwandelt jeden Erzählprozeß a priori zu einer existentialen Aussage, als würde die Logik der Übersetzung von Normen und Anweisungen in narrative Wertformen per definitionem Erlebtes ausdrücken und nicht Traditionelles vermitteln. Was aus der rein logischen und konsekutiven narrativen Zeit herausfällt, ist kein Bruch in der Zeit, sondern die Marke der Zeitlichkeit mitten im narrativen Kontinuum und insofern das Limit der Narrativität. Die Spur des Gefühls ist ein Hiatus des Codes, sie bringt zwischen den Zeilen des Narrativen und seiner diskursiven Werte ein Supplement von Referentialität, das in das signifikante Netz des Codes nicht einfügbar ist. Sie manifestiert ein »In-der-Welt-Sein« des Textes und kündigt, jenseits archaischer und rhetorischer Formeln, das Herannahen narrativer Katastrophen an.

73 Don Juan: »Deja que llame quien me confiese y absuelva.« Don Gonzalo: »No hay lugar; ya acuerdas tarde.« Szene XX.

74 Vgl. u. a. Giovanni Macchia, *Vite e morte di Don Giovanni, Einaudi Torino 1978, in dem die genannten Texte neu herausgegeben wurden; s. auch Jean Rousset, Le mythe de Don Juan*, Armand Colin, Paris 1978.

75 S. J. Rousset, 1978 insb. S. 130 ff. (»Les métamorphoses latérales«).

76 »Curieux dialogue où les interlocuteurs sont en porte à faux, où il n'y a de communication que retardée et oblique«, J. Rousset, a. a. O. S. 31.

77 Claude Reichler, *La diabolie,* Minuit 1979, S. 73, zitiert als Zeugnis zeitgenössischer Rezeption folgende Aussage aus den *Observations sur une comédie de Molière intitulée le Festin de Pierre*: »Qui peut supporter la hardiesse d'un farceur qui fait plaisanterie de la religion, qui tient l'école du libertinage, et qui rend la majesté de Dieu le jouet d'un maître et d'un valet de théâtre, d'un athée qui s'en rit, et d'un valet, plus impie que son maître, qui en fait rire les autres? (...) Un Molière, pire que tout cela, habillé en Sganarelle, qui se moque de Dieu et du Diable, qui joue le Ciel et l'Enfer, qui souffle le chaud et le froid, qui confond la vertu et le vice, qui croit et ne croit pas, qui pleure et qui rit, qui reprend et qui approuve, qui est censeur et athée, qui est hypocrite et libertin, qui est homme et démon tout ensemble: *un diable incarné,* comme lui-même se définit.« Reichler zitiert auch in bezug auf die letzte Szene: »Le foudre est un foudre en peinture, qui n'offense point le maître et qui fait rire le valet.« (Ebenda)

78 S. hierzu Jean Rousset, a. a. O. S. 41 ff. (»Anna et le groupe féminin«).

79 Reichler, a. a. O. S. 37.
»La pièce est remplie de déplacements et de passages et c'est d'abord dans cette mouvance qu'elle se constitue. La scène devient un espace de métamorphoses. Un décor s'élève, un autre le remplace. Tous les lieux sont en un, échangés par un jeu de subtiles toiles mouvantes. Allant de l'un à l'autre, Don Juan les juxtapose, les étale comme un tapis qui se déroulerait à ses pieds: tel est l'espace donjuanesque, de succession et de déploiement, où les lieux s'additionnent comme des amours.

80 Ebenda, S. 48.
»Don Juan ne donne rien, et surtout pas sa parole, il n'échange rien, il ne fait qu'emprunter des signifiants. Il le fait de telle sorte que l'imaginaire de ses interlocuteurs s'y reconnaisse et s'en repaisse.«

81 Ebenda S. 74.

82 Wenn Don Juans narrative Funktion zugleich das Emblem einer neuen »Semiotizität« ist (welche eben nichts anderes ist als die der kulturellen Dominanz des Geldes), und wenn die Auswirkung dieser allegorischen Funktion, wie wir behaupten, mit der Neutralisierung der aktantiellen Funktion einhergeht (oder anders ausgedrückt: mit der Apathie der Figur), dann manifestiert die Allegorie eine zwar schon eingetretene, aber noch nicht diskursiv ausgedrückte soziale Symbolik. Der Diskurs der politischen Ökonomie wird erst *danach* formulieren, was der Text schon »weiß«. Was Heinz Schlaffer über

Fausts zweiten Teil schreibt – nämlich daß dessen Allegorie *»die ästhetische Mimesis der gesellschaftlichen Abstraktion«* sei (s. Heinz Schlaffer, *Faust Zweiter Teil*, Metzler, Stuttgart 1981, S. 185), gilt schon für Molières Dom Juan. Wenn hier die These aufgeworfen wird, daß Molières Dom Juan das Analogon des Kapitals ist, dann deutet dies gerade darauf hin, daß die Allegorie, die wir meinen, bar jeder Negativität ist. Sie ist zwar »bedeutungsvoll als Rätselfrage« – um die Formulierung Benjamins zu übernehmen –, sie weist aber auf keine Hoffnung hin. Don Juans Apathie ist *schon* jenseits jeder Nostalgie, und jede Problematik des unglücklichen Bewußtseins wäre hier bloß hineingelesen. Vielmehr ist sie die Ironie des theologischen Abgrunds und die Ankündigung einer Grausamkeit ohne Schatten (und daher ohne Raum für dialektische Operationen). Don Juan ist eben weder Faust noch Satan, er ist eine Luzidität ohne Trauer, wie Luzifer selbst. Insofern ist er mit einigen Jahrzehnten im voraus das erste Beispiel der libertinen Indifferenz.

83 »joyeuses retrouvailles où chacun ne pense plus qu'à renouer au plus vite avec les plaisirs de la vie et de l'amour, sitôt le trouble-fête éliminé.« A. a. O. S. 145.

84 L. Petzold, *Der Tote als Gast. Volkssage und Exempel*, Helsinki 1968, beweist, daß das narrative Substrat sehr reich ist und prä-literarischen Charakter hat, und J. Rousset zitiert auch in seinem Don Juan-Buch mehrere Stellen aus der bretonischen Folklore. Abgesehen von der archaischen Thematik ist das narrative Schema unverkennbar: die Herausforderung, die Prüfung, die Problematik des Kontraktes, die Übersetzung von Gesetz und Verbot in Handlung etc.... (ohne die Problematik der Zirkulation von Wertgegenständen zu vergessen!) untermauern noch das Handlungsschema ganz und gar. Die Problematik der Virtualität – und somit die Erscheinung der sozialen Symbolik als *Simulacrum* ironisiert auf eine irreversible Art jede Art von Glaubhaftigkeit. Deswegen kann die Figur von Don Juan als das Limit der Narrativität schlechthin betrachtet werden.

85 Dies ist auf eine exemplarische Art für de la Solles Roman *Mémoires de deux amis ou les aventures de Messieurs Barnivall et Rinville* (1754) der Fall. Wie im genuin libertinen Roman wird hier eine Episode an die andere angeschlossen, bis eine im Prinzip endlose Reihe von Abenteuern in einer Mischung von willkürlichem Abschluß und Non-Finito endet. Im Gegensatz zum libertinen Text handelt es sich jedoch nicht um erotische Episoden, sondern um die mühsame, Schritt für Schritt aufgerollte Geschichte des sozialen Aufstiegs von Rinville, die durch eine unaufhörliche Abfolge finanzieller Transaktionen markiert ist. Der ständige interne

Austausch solcher Szenen mit den ihnen entsprechenden *narrativen Transaktionen* gewährleistet eine kontinuierliche Ökonomisierung des Textes. Die Gewalt des Geldes kehrt auf die Bühne ihrer Verdrängung in der Form einer genuin libertinen Episode – der Geschichte eines Onkels von Rinville, der ein Mädchen entführt und es bis zu seinem Tode als exklusives Lustobjekt eingesperrt hält. Als genuin »finanzieller Text wäre auch Bastides *Petite maison* (1753 od. 54) zu betrachten, der auf geschickte Weise eine chiasmisch geführte Verführungsszene darstellt. Meilcour, der Mélitte haben möchte, lädt sie in sein Lusthaus ein. Diese folgt seiner Einladung nur unter der Bedingung, daß sie sich ihm nicht hingeben wird. Die subtile Textstrategie besteht darin, die prachtvolle Einrichtung des Hauses als dritte Größe zu integrieren: Mélitte wird (jedoch erst am Ende) der Verführung der Gegenstände unterliegen und sich selbst dadurch in die Reihe der Gegenstände bringen. Zur Analyse beider Texte s. J. P. Dubost, Manuskr. 1987 S. 294–321.

86 Vgl. Ian Watt, *The rise of the novel,* Chatto and Windus 1957, dt. Üb. *Der bürgerliche Roman,* Suhrkamp, Frankfurt 1974. Zur Diskussion von Watts Thesen im Zusammenhang mit der Frage der libertinen Schreibweise s. J. P. Dubost, Manuskr. 1987, S. 12–22.

87 Was Philippe Berthier in einem Aufsatz über die *Egarements* schreibt, gilt für viele andere Texte: »Aucun roman moins lesté de choses que les Egarements.« (...) »Chez Madame de Lursay, on se met à table, mais il n'y pas de table. Ou plus exactement cette table n'est qu'un mot: »Nous nous mîmes de table« ... »on leva la table« ... Aucune épaisseur. Est-elle en bois ou en marbre, rectangulaire ou carrée, quels mets y sont posés, comment les convives y sont installés, voilà ce que Crébillon ne nous dira pas, parce que son objet n'est pas, précisément, l'objet« (*Le souper impossible* in Les »égarements« de Crébillon, Grenoble 1975, S. 75). Seltsamerweise scheint der Autor die narrativen Informationslücken Crébillon anzulasten, als bestünde nicht gerade die Spezifität der libertinen Schreibweise in der Vermeidung solcher Realitätseffekte.

88 Die »Nachahmung« unterscheidet sich bei Diderot bekanntlich von der bloßen Kopie. Die Kopie ist eine Frage des Gedächtnisses, die durch die Vermittlung von Zeichen Daten wiedergibt. Die Wiedergabe des Realen ist aber ohne die *poiesis* der Einbildungskraft nicht möglich. »la mémoire est des signes, l'imagination des objets« heißt es z. B. in den *Eléments de physiologie* (S. 356 in Ed. Assézat 1875, Kraus Reprint 1966, Bd. IX). Die Imitation ist weniger auf der Seite des Schemas als auf der Seite der Farbe. Nachahmen heißt, (sich) das Reale ausmalen: »*l'imagination est un coloriste*«. Keine

gute Nachahmung ohne Ausdruck: die Mimesis setzt die *sensibilité* voraus: »*L'expression est en général l'usage du sentiment*« (in Essais sur la peinture, Hermann 1984, Bd. XIV, S. 371). Denn die gute Form ist weniger die Übertragung des gleichen als die Fähigkeit des Affektes, Effekte wiederzugeben. Eine Skizze trägt z. B. die Spur von Differenzen, und die Einbildungskraft allein kann die Kraft von Differenzen aufnehmen und re-produzieren. Der *Paradoxe sur le comédien* gibt der Problematik der *poiesis* eine neue, paradoxalere Wende. Die mimetische Fähigkeit setzt die Apathie des Schauspielers voraus, d. h. seine Fähigkeit, wie die Natur selbst, alles mögliche zu werden. Daher ruiniert die Mimesis im Grunde jede Form von Identität, wie Philippe Lacoue-Labarthe es in einem schönen Aufsatz über den *Paradoxe sur le comédien* schrieb: »Le don de nature est le don de l'impropriété, le don de n'être rien, comme, à la limite, le don de rien. C'est-à-dire le don de la nature comme puissance, poiesis, force productrice et formatrice, énergie au sens strict, mouvement de la présentation. Le don de nature – le don de la nature – est par conséquent le don poétique. Ou, ce qui revient au même, le don de la mimésis: don de rien, en effet, en tout cas, qui soit présent ou déjà donné; don de rien si ce n'est de l'»aptitude« à représenter, c'est-à-dire de se substituer à la nature elle-même, de se faire (la) nature, pour, à l'aide de sa force et de son pouvoir propre, suppléer à son incapacité et mener à terme, effectuer ce qu'elle ne peut mettre en œuvre-ce à quoi son énergie, sans relais, ne peut suffire« (P. Lacoue-Labarthe, *Diderot, le paradoxe et la mimesis* in *Poétique* 1980, S. 276).

89 M. Foucault, *Un si cruel savoir* in *Critique* 1962, S. 610; dt. Üb. in *Schriften zur Literatur*, Ullstein 1979, S. 67.

90 Crébillon fils: *Les égarements du cœur et de l'esprit*, a. a. O. S. 159 f.

»(...) Qu'est-ce en fin que ce ton? – Cette question m'embarasse, répondit-il. C'est un terme, une façon de parler dont tout le monde se sert, et que personne ne comprend. Ce que nous appelons le ton de la bonne compagnie, nous, c'est le nôtre, et nous sommes bien déterminés à ne le trouver qu'à ceux qui pensent, parlent et agissent comme nous. Pour moi, en attendant qu'on le définisse mieux, je le fais consister dans la noblesse et l'aisance des ridicules (...)«

91 Zur frivolité schreibt J. Derrida in *L'archéologie du frivole*, Galilée 1973, S. 102 f.:

»La frivolité consiste à se payer de jetons. Elle naît avec le signe ou plutôt avec le signifiant qui, de ne plus rien signifier, n'est plus un signifiant. Le signifiant vide, vacant, friable, inutile. C'est Condillac qui le dit. Dans le *Dictionnaire des syn-*

onymes, il renvoie de frivole à inutile: Frivole, adj. m. et. f. voi. Inutile. Inutile, donc. »adj. m. et f. vain, frivole, futile. Inutile se dit des choses qui ne servent à rien. Si, ayant de l'utilité en apparence, elles sont inutiles dans le fond, on les nomme vaines. Si leur utilité ne porte sur que des objets ou de peu de considération, ou de prix, alles sont frivoles. Quant à futile, il ajoute encore à frivole et se dit surtout des raisonnements qui ne portent sur rien.« Le signe est la disponibilité: si par l'imperception et l'absence de la chose (le temps) il assure notre maîtrise idéale, met, comme le dit Condillac, »à notre disposition«, il peut aussitôt, fragile et à vide, frêle et futile, perdre l'idée, se perdre loin de l'idée, cette fois, et non seulement de la chose, du sens et non seulement du référent, restant dès lors pour rien, pure surabondance que l'on n'échange que pour ne rien dire, comme un jeton, le relief excessif d'un défaut: ni la marchandise ni l'argent.«

Versac handelt mit dieser fundamentalen (und ursprungslosen) Frivolität der Zeichen, die in der unaufhaltsamen Bewegung der libertinen Entwertung den Wert in jenem Schwebezustand beläßt, in der keine ökonomische Kontinuität denkbar ist. Die Pseudo-Werte der libertinen Verstellung sind die Sprache im reinen leeren Zustand. »Weder Ware noch Geld«. In dieser frivolen Verfügbarkeit der Zeichen ist kein Platz für ein Subjekt. Die hohe Strategie des Libertins ist keine bloße Machterhöhung. Der Libertin wünscht sie, auf eine unentscheidbare Art und Weise, sowohl um der Macht willen, wie aus seiner Liebe zur Indifferenz, die sie ermöglicht und bewohnt.

92 »Pensez-vous que je me sois condamné sans réflexion au tourment de me déguiser sans cesse? Entré de bonne heure dans le monde, j'en saisis aisément le faux. J'y vis les qualités solides prescrites, ou du moins ridiculisées, et les femmes, seuls juges de notre mérite, ne nous en trouvent qu'autant que nous nous formions sur leurs idées. Sûr que je ne pourrais, sans me perdre, vouloir résister au torrent, je le suivis. Je sacrifai tout au frivole; je devins étourdi, pour paraître plus brillant; enfin, je me créais les vices dont j'avais besoin pour plaire: une conduite si ménagée me réussit.« (a. a. O. S. 156).

93 Ebenda, S. 156.
»Il est plus sûr de subjuguer les autres que le leur immoler sans cesse les intérêts de notre amour-propre. Le trop grand désir de leur plaire suppose le besoin qu'on en a. Ils ne sont jamais plus portés à nous juger avec sévérité, que lorsqu'ils nous voient servilement chercher à nous les rendre favorables.«

94 Wir sind hier am Gegenpol des labyrinthischen Versteckspiels der *Liaisons dangereuses,* wo der Krieg ein Deckungskrieg ist, dessen Strategie vor allem in der Zurückhaltung von

Informationen besteht. Versac im Gegenteil exponiert sich ins Extreme, allerdings unter einer Bedingung: daß niemand weiß, was Versac denkt.

95 A. a. O. S. 158.

96 Ebenda, S. 158 f.
»L'impression qu'on ne leur fait qu'avec lenteur, n'agit jamais sur elles avec vivacité. Il faut, pour qu'elles aiment vivement, qu'elles ne sachent pas ce qui les a déterminées à la tendresse. On leur a dit qu'une passion, pour être forte, devait commencer par un trouble extrême; et il y a trop longtemps qu'elles le croient, pour pouvoir imaginer qu'elles reviennent jamais de cette idée. Rien n'est plus propre à faire naître dans leur âme ce trouble enchanteur, que cette ivresse de vous-même qui, vous faisant tout hasarder, anime les grâces de votre personne ou en couvre tous les défauts. Une femme admire, s'étonne, s'enchante, et parce qu'elle se refuse à la réflexion, croit que ce sont vos charmes qui ne lui en laissent pas le temps. Si par hasard elle songe à la résistance qu'elle pourrait vous faire, ce n'est que pour mieux se persuader qu'elle vous serait inutile, et qu'on en doit point employer contre quelque chose d'aussi fort, d'aussi imprévu, d'aussi extraordinaire enfin qu'un coup de sympathie.«

97 Ebenda, S. 152.
»Sans savoir, répondis-je, toutes les raisons qui peuvent vous déterminer, je conçois que vous n'imaginez des ridicules, que parce que vous les croyez des moyens de plaire dans la société.
– Oui, je le crois, répliqua-t-il: la façon dont j'ai pris dans le monde est, je pense, une assez bonne preuve que je ne me trompe pas, et que ce n'est qu'en suivant mes traces qu'on peut parvenir à une aussi grande réputation.«

98 Was die Haltung von Versac von früheren Formen der höfischen Verstellungskunst unterscheidet, ist gerade jene gleichzeitig offensive und katastrophale Form, die die libertine Macht annimmt. Daher wäre es eine oberflächliche Analogie, in Versac den fahlen Epigonen Gracians zu sehen. Die Problematik, die im *Oraculo manual y arte de prudencia* dominiert, erzeugt eine noch naive Form von Souveränität, insofern in ihr die Souveränität demjenigen gesichert ist, der alle Fallen und Hindernisse der Macht durch sein geschicktes Maskenspiel überlistet. Die Herrschaft über den gesellschaftlichen Schein entwertet hier den Duellanten nicht. Die Manipulation der Schwächen anderer entspringt noch einem Ideal des Wertes, wie Kap. XXXV es ausdrücklich zeigt. Die souveräne Regierung des Scheins durch den Schein hat noch einen Glauben und eine Hoffnung: die Souveränität selbst. Versac hingegen *weiß*, daß er sich durch sein Versteckspiel

genauso wie die anderen entwertet. Daher überwindet er, wie Don Juan, die kindliche Naivität, die die Bedingung des souveränen Scheins ist.

99 *Anti Pamela*, a. a. O. S. 8 f.

»L'honneur et l'opulence (...) peuvent seules faire passer la vie avec agrément; les personnes qui comme vous naissent sans bien, ne se procurent l'un qu'aux dépends de l'autre. Tous les chemins qui conduisent à la fortune sont fermés pour notre sexe; un seul lui est ouvert: celles qui sont nées avec de l'esprit et ont assez de courage pour embrasser cette route, sont assurées d'y marcher avec facilité. Que la disproportion des rangs ne vous effraie pas, une jolie femme va de pair avec tout ce qu'il y a de plus relevé. L'amour n'écoute que son caprice pour régler les rangs de son empire. Là dans un aimable désordre règne une égalité parfaite, l'industrie et la beauté font seules la différence. C'est ainsi que la nature, par le secours des passions, venge les femmes des injustices du sort; et la faiblesse des hommes, toujours dupes quand on se maîtrise assez pour défendre son cœur de leur séduction, est une ressource infaillible.«

Eine ähnliche Rede hält die Stiefmutter der Bois-Laurier zu Beginn des 2. Teils von *Thérèse philosophe*.

100 Siehe hierzu J. P. Dubost, Manuskr. 1987, S. 341–375 und 661–700.

101 Ebenda, S. 50.

»On s'étonnera peut-être de me voir changer si subitement. Mais je suis bien éloignée, je crois l'avoir dit, de me donner comme un modèle à suivre, mes égarements au contraire doivent, par leur ridicule, engager ceux qui lisent mes Mémoires à suivre une conduite toute opposée. Je n'avais d'autre guide que mes désirs, ces désirs ne pouvaient pas être réglés par une éducation et des principes qui manquaient.«

102 Ebenda, S. 50 f.

»Cependant comme l'expérience s'acquiert par l'habitude, et que je tâchais de mettre à profit mes fautes, je faisais mes réflexions sur tout. Par exemple, j'avais remarqué que ma passion s'était usée tout d'un coup, ainsi que celle ce milord. J'en attribuai la faute à la trop grande facilité aved laquelle nous nous y étions livrés. Cela m'avait fait comprendre, que puisque nous n'avions qu'une certaine mesure de tendresse, nous avions eu tord d'en avoir été si prodigues, et qu'on devait être plus ménager d'une chose si précieuse. Cette découverte m'avait fait prendre une ferme résolution d'être plus sur mes gardes pour l'avenir, et d'user de précaution. Me voilà donc coquette raisonnée. Les hommes sont assez injustes pour faire un crime à notre sexe d'un artifice innocent, dont nous nous servons pour augmenter la durée de leurs plaisirs, et dans le fond ils seraient à plaindre si nous ne le mettions pas en usage. Rien ne s'émousse si vite qu'une passion qui ne rencontre aucun obstacle, il est bon de savoir lui refuser quelque chose.«

103 Ebenda, S. 126.

»Devenue connaisseuse en oeillades, je sentais toute l'expression d'un regard; le plaisir que j'éprouvai répandait un air de sérénité sur tout ce qui m'entourait.«

104 Ebenda, S. 100.

»J'allais éclater lorsqu'une réflexion m'arrêta. J'étais outrée du tour qu'il m'avait joué mais le dirai-je? Le ressouvenir de la nuit me demandait grâce pour lui. Il se fit dans le moment une révolution dans mon cœur. Le plaisir a diverses faces; je ne l'avais jamais envisagé sous celle qu'il m'offrait. La nouveauté de l'objet me séduisait; je suivais la pente qu'il me présentait; mes sens en reçurent l'image enchanteresse, quoiqu'un reste de raison semblât la réprouver; je ne regardais pas même la facilité avec laquelle je me prêtais à cette flatteuse amorce comme une infidélite que je faisais au chevalier. La sensualité prévalut sur l'amour de sentiment: en examinant la nature du plaisir, je me figurai qu'il n'était peut-être attaché qu'aux effets de l'imagination; que l'idée seule suffisait pour le faire naître, et que cette idée, sans être nécessairement liée à l'objet qu'elle représentait, pouvait subsister malgré la désunion. Lorsqu'on commence une fois à tomber dans l'égarement, la suite n'est plus qu'un enchaînement d'erreurs. Je rougis encore du souvenir honteux de l'extravagance où cette malheureuse nuit m'engagea: avec mes distinctions de la réalité, du plaisir, de l'objet qui l'occasionne, je parvins à m'arranger un système qui me mettant à l'abri des inquiétudes et des alarmes de l'amour, ne m'en laissait que les délices.«

105 Der Topos des epikureischen Rückzugs nach einer langen Folge von Abenteuern ist für alle Texte, die eine libertine *diégèse* mit einer gegenläufigen *narration* neutralisieren, ein beliebtes Mittel. Manchmal wird dadurch auf abrupte Art der libertinen Flucht ein Ende gesetzt, wie z. B. in der *Histoire de Mademoiselle Brion*. Dies ist in vielen, meist zweitrangigen Romanen und Erzählungen der Fall, so z. B. in De la Solles *Mémoires de deux amis* (1754), Desboulminers *Histoire de Mademoiselle de la C**** (in *Honny soit qui mal y pense*, 1761), Boyer d'Argens *Le philosophe amoureux* (1737), etc. Gleichermaßen faßt der von Manons Untreue tief getroffene des Grieux den Entschluß, sich aufs Land zurückzuziehen, um der Unruhe fernzubleiben, die deren Libertinage mit sich bringt. Man vergesse auch nicht Rousseaus Aufenthalt auf der Ile Saint-Pierre etc. In anderen Tex-

ten noch wird das Motiv ständig eingebaut, um die Etappen der libertinen Parataxe wie ebensoviele Stationen der Sehnsucht zu markieren (so wie z. B. in Duclos' *Les Confessions du Comte de**** oder in den *Mémoires de Suzon*). Das narrative Klischee ist der unmittelbare Niederschlag jenes diffusen Epikureismus, der die antike Tradition fortsetzt und sie den neuen Ideologemen (ob christlicher oder genuin ökonomischer Natur) anpaßt. So wie die naive Ikonologie des Hedonismus den idyllischen Lustgarten generiert, drückt sich das epikureische Ideal einer sorgenfreien Ataraxie durch den narrativen Topos der ländlichen Zurückgezogenheit aus. Seine textuelle Finalisierung markiert einen deutlichen Übergang zwischen einer noch auf antikem Boden beruhenden Ökonomik von Lust und Leid und den ihr entsprechenden Formen geschlossener textueller Ökonomie. S. hierzu J. P. Dubost, Manuskr. 1987, S. 220–234, 262 f., 604, 609–621.

106 Vgl. Anthologie. Die *Mémoires de Suzon* privilegieren überhaupt den instrumentalen Aspekt der Lust: in nahezu allen wichtigen Abenteuern ist eine maschinelle Vermittlung vorhanden, von dem Geschlechtsverkehr auf der Orgel, das ein neuer Anlaß zur Profanierung bietet, bis zur Benutzung eines Spinnrads als multipler »godemichet«. Jede Episode wird in der Originalausgabe mit einem Bild illustriert. Zwei von ihnen verdienen, hervorgehoben zu werden. Zuerst diese Kastrationsszene, die im burlesken Ton dargestellt wird: einem Grenadier, den die Natur etwas zu großzügig versehen hat, macht Suzon den Vorschlag, sein Instrument zu reduzieren. Die erfinderische *Libertine* holt eine Schleifmaschine, um dies zu verrichten. Da der trockene Schleifstein beim mutigen Soldaten einige Schmerzen verursacht, pißt Suzon auf den Stein, um die Schleifarbeit zu begünstigen! Die Unwahrscheinlichkeit dieser Szene, die den Text in die Tradition der sexualen Groteske einreiht, steht in symbolischer Bedeutung jener anderen in nichts nach, in der ein von Astrologie besessener Spinner, bei dem Suzon eine Weile lebt, diese immer wieder nachts weckt, um sie zu gebrauchen, während sie aufgefordert ist, in ein phallusartiges Fernrohr zu schauen, um ihm über die Position der Konstellationen zu berichten.

107 In der *Histoire de Mademoiselle Brion* wird auch der Liebhaber, ein junger Priester, aus seinem College vertrieben und die Erzählerin nach Sainte-Pélagie geführt; als die Erzählerin einmal nach Hause zurückkommt stellt sie fest, daß die ganze Wohnung ausgeraubt wurde – drei Episoden, in denen man keine Mühe hat, eine Wiederholung der entsprechenden Passagen aus dem Roman von Prévost zu erkennen.

108 Ebenda, S. 245.

»Ce fut au moment où Suzon partit pour ce lieu affreux, dont la vue seule effraie les passants, où l'oeil ne voit qu'horreur, où les cris perçants des malheureuses victimes qu'il renferme dans son sein déchirent les entrailles des personnes les moins sensibles, que je reçus ce cher dépôt.

– Tiens, me dit mon amie que de cruel satellites arrachaient de mes bras et de ceux de son frère Saturnin, reçois ce gage précieux de mon amitié ... Les malheurs de Suzon ne devaient finir qu'avec sa vie ... Plût à Dieu que ce dernier malheur termine ma carrière...«

109 Ebenda, S. 246.

»Sa douleur, sa beauté dont rien n'avait pu, pour ainsi dire, ternir l'éclat, auraient adouci les tigres les plus furieux. Mais que des satellites, en exécutant les ordres dont ils ont été chargés, aient jamais témoigné la moindre compassion, ce phénomène surprendrait avec raison. Ces monstres ne pourraient jamais faire leur cruel métier si, en endossant l'habit qu'ils portent, ils ne se dépouillaient de tout sentiment d'humanité.«

110 Ebenda, S. 246f.

»Le comte fut la première personne qui frappa mes regards. Quelle fut ma surprise en voyant un seigneur, dont l'air noble et majestueux en imposait aux femmes qui m'entouraient, oublier lui-même son rang et sa qualité pour me procurer des secours! Que de noblesse il montrait dans ses regards! Que de sensibilité son visage annonçait! Combien sa voix était propre à remettre le calme dans mon âme! Il me parut, en un mot, un ange descendu du ciel pour me retirer de l'abîme où mon cœur m'entraînait.«

111 Die Gliederung zwischen dem teilweise komödienhaften Hauptteil (den Memoiren selbst) und der tragischen Einführung wird dadurch unterstrichen, daß der Liebhaber der ersten Erzählerin diese darum bittet, das Manuskript vorzulesen, damit der Eindruck der Lektüre durch ihre Stimme lebhafter wird: die Stimme der Emotion (des Mitleids, der Ergriffenheit) bildet den Übergang zur »inneren« Erzählung. Ein Übergang, dessen Faktizität auffallend ist, wenn man über den Inhalt des Textes informiert ist (s. hier Anm. 106).

112 *Mémoires de Suzon*, a. a. O. S. 245.

»Ces Mémoires n'auraient jamais vu le jour si j'avais pu résister aux instances d'une personne à qui j'ai les plus grandes obligations et avec qui je passe une vie paisible et agréable.«

113 *La perle des plans économiques ou la chimère raisonnable* gehört zu einer langen Tradition von Texten, die aus verschiedenen Gründen und auf der Grundlage unterschiedlicher textueller und diskursiver Strategien eine Regulation der Sexualität und namentlich der Prostitution anstreben.

Rétifs *Pornographe,* der berühmteste unter solchen Texten, ist nicht der erste dieser Reihe; noch kann man davon ausgehen, daß seine Position das Genre an sich definiert.

Zu erwähnen wäre zumindest der *Code de Cythère* (1747), in Jamet, *Stromates sur les femmes* (o. D.); der *Code du bordel de Cythère* in *Lyndamine ou l'optimisme des pays chauds* (1794). *La chimère raisonnable* präsentiert sich regelrecht als ein wesentlicher Beitrag zur politischen Ökonomie:

»Accoutumée à dire et à écrire tout ce que je pensais, enhardie d'ailleurs par le ministre qui était à la tête des finances et qui avait déclaré publiquement qu'il accueillerait d'un regard favorable tous les plans sur la partie économique, je me mis sur les rangs et j'écrivis le plan suivant« heißt es am Ende der *Mémoires de Suzon* (a. a. O. S. 333).

Der Plan, der ebenso detailliert wie im *Code de Cythère* und in Rétifs *Pornographe* ist, unterscheidet sich jedoch deutlich von beiden Positionen. Die feministische Forderung ist hier, dem allgemeinen Ton des Textes gemäß, ein wesentlicher Aspekt: »Je vous avouerai naturellement que je n'avais pas envie d'introduire dans ma République féminine la triste Faculté de Médecine et de Pharmacie«, heißt es z. B. S. VII. Als unternehmungslustige Libertine kehrt Suzon die Kräfteverhältnisse um: das finanzielle Unternehmen besteht darin, libidinöse (Geld)flüsse zu kanalisieren. Die Frau als Opfer erhebt sich zur klugen Ökonomin:

»Rien de plus simple que mon plan, rien de plus avantageux que son exécution. Procédons d'abord aux moyens. Si la nature du sujet est assez piquante, du moins tâchons de ne la pas rendre plus fastidieuse, par la longueur et la sécheresse des détails. Elle est sûre de faire rouler les eaux du Pactole dans ces temples enrichis des offrandes de mille adorateurs; elle en est sur cette pomme que produit l'arbre fécond du bien et du mal; cette pomme que le serpent de nos faibles Adams paie à des prix souvent répétés, et toujours extraordinaires. Détournons, dans l'état, seulement un filet de ces ondes dorées et intarissables; tout à coup la fertilité reparaîtra, et la disette fera place à l'abondance.« (IV)

Im Gegensatz auch zur männlichen Perspektive anderer Texte dieser Sorte (außer dem *Code du bordel de Cythère* in *Lyndamine*) fehlt hier die Ironie nicht: die narrative Stimme der *Mémoires de Suzon* ertönt noch in *La chimère raisonnable.* Insgesamt kommt aber hier die Regierungsperspektive am deutlichsten zum Vorschein: »Ou je me trompe, ou l'Etat doit retirer plus que le triple, plus même que le quadruple de ce que la police arrache avec tant de peine de nos couvents ordinaires« (XIV). Das Lusthaus, das das Projekt voraussieht, ist eine vollkommen abgekapselte Gesellschaft,

die einer restlosen Ökonomisierung unterworfen ist: »La portion de l'Etat séparée, le reste de la masse se partage entre mes citoyennes, en proportion de la beauté et des services rendus à la République. Autant de places à remplir, autant de malheureux de moins; et plus les personnes choisies sont infortunées, plus le choix leur devient avantageux. Précieuse république! Quelles ressources l'indigence ne trouvera-t-elle pas dans ton sein?« (Ebenda). Die Entwendung sozialschädlicher Leidenschaften, ihre ökonomische Kanalisierung zugunsten der Staatsmaschinerie sind letzten Endes die alleinige Finalität dieses Projekts: »De ces réflexions et de mille autres encore, qu'elle est la conséquence? C'est que mon plan est la seule digue qu'on puisse apposer au débordement inventé pour apporter de nouvelles richesses dans les trésors de l'Etat« (XXXIII). Die Schrift hat daher letzten Endes regelrecht budgetären Charakter: das Projekt präsentiert sich zum Schluß buchstäblich als eine kluge Möglichkeit, der in diesem Jahr 1778 tatsächlich weit fortgeschrittenen Staatsverschuldung Abhilfe zu tun. Die weibliche Ironie der *Mémoires de Suzon*, mit ihren kanavalesken Spielen, gerät somit schließlich doch in den Hintergrund, anders z. B. als im *Code du bordel de Cythère*, den eine enge Verflechtung mit dem Text von solcher Abflachung bewahrt. Die karnevalistischen Aspekte des Textes, das Burleske und das Skatologische bleiben in diesem Reglement unversehrt. Der Kontext ist folgender: die Erzählerin und Hauptfigur, Lyndamine, ist bei einer gewissen Madame Jolicon »angestellt«. Nach einigen Seiten, die in den besten Traditionen des Aretino geschrieben sind (sie enthalten u. a. einen Katechismus) beschließt die Zuhälterin, ein Reglement für ihr Haus zu verfassen. Wie z. B. auch die *Requête et décret en faveur des putains* (1795) imitiert der Text die Sprachspiele Rabelais':
»Nous, Magdeleine Jolicon, impératrice du premier bordel de Vénus, directrice de tous les cons, pourvoyeuse éclairée des plus jolies filles, juge née des vits, couillons et lieux circonvoisins, gouvernante de tous les pays chauds d'aucuns mâles et femelles, de notre obéissance, à tous et chacun de nos sujets, SALUT! etc. . .«(a. a. O. S. 58). Der Gegensatz zum *Pornographe* und zum *Code de Cythère* ist auffallend. Es handelt sich um eine genuin libertine Gegengesellschaft, deren weibliche Mitglieder, wie beim Aretino, die gesellschaftliche Anklage mit einer Art Selbstverteidigung verbinden. So z. B. der III. Absatz des Reglements: »Il est ordonné que tout cavalier qui se présentera (. . .) sera tenu de comparoir par-devant-nous et notre conseil, pour exhiber ses pièces, que scrupuleusement nous examinerons et de nous déclarer s'il veut foutre en cul ou en con afin que, d'après notre visite et son choix, nous fixions les prix et appelions nos sujets«.

Hier geht es also nicht mehr darum, wie in anderen Reglementierungen, der Verbreitung der Geschlechtskrankheiten durch Kodifizierung und Einsperrung entgegenzuwirken, um die Integrität des sozialen Körpers aufrechtzuerhalten bzw. aus der Regulation der Leidenschaften höhere Staatseinnahmen zu garantieren. Vielmehr geht es für diese kleine Gesellschaft darum, einen Konsens zwischen den Wünschen der Kundschaft und dem Interesse der Dirnen herzustellen.

Die zahlreichen Absätze der Hausordnung sind nicht ohne Humor: »Outre la propreté, des couilles et du vit que nous recommandons à nos chalands, ils feront preuve par devant notre conseil de leur vigueur, et nous ordonnons que le plus faible vit bandera, du moins, de quatre pouces trois dixièmes; sans quoi il sera dédaigné et sa consignation perdue.« Impotente Männer werden gepeitscht und unter Buhrufen aus dem Haus entlassen, und wer es wagen würde, mit einem kranken Apparat zu erscheinen, wird auf der Stelle emaskuliert: »L'honneur de notre empire exige irrévocablement cette cruelle précaution« (Art. X). Es wird sogar gesagt, daß die Frauen eines Tages leider dazu gezwungen wurden, den Absatz anzuwenden. Seitdem aber respektiere man sie wenigstens! Die ökonomische Dimension wird keineswegs vernachlässigt: »Un con neuf, outre le prix déjà fixé, sera d'abord payé douze louis, quelque soient l'ampleur et la couleur de son poil. Le prix diminuera selon le nombre de vits qui l'auront sondé. Statuons, en conséquence, qu'il sera dressé un tableau où le nom de nos sujettes sera inscrit sur une colonne; et sur une suivante le nombre de fois qu'elles auront été fourbies; nous nous chargerons de l'exactitude de cet article« (Art. IX). Schließlich bedeutet aber hier die strenge Kodifizierung die Autonomie eines Gegensatzes. Auch wenn diese List letzten Endes auf der Stelle tritt (insofern keine Grausamkeit aus der textuellen List entsteht, die die Finalität der Regulation – auch als Gegenregulation – zu reflektieren ermöglichte), muß der *Code du Bordel de Cythère* von allen Texten dieses Genres unterschieden werden, die meistens eine Reglementierung der Sexualität in erster Linie anstreben.

Die Verwerfung der libertinen Entwertung, die z. B. im *Code de Cythère* durch eine explizite Zensur erfolgt, findet in Rétifs *Pornographe* durch narrative Einrahmung statt. Das Projekt wird nämlich anläßlich eines Briefwechsels zwischen zwei Freunden von einem der beiden Korrespondenten – d'Alzan – detailliert dargestellt und von seinem Freund – des Tianges – kritisiert und kommentiert. Die Debatte wird zudem mit einem anderen narrativen Inhalt verflochten: der Briefwechsel ist gleichzeitig die Geschichte der beginnenden Liebe zwischen d'Alzan und Ursule – der Schwägerin von de Tianges.

Die diskursive Steuerung besteht hier darin, einen Liebesroman mit einem Projekt zu verbinden, das selbst die Libertinage – und die damit verbundene soziale Destabilisierung – zu kanalisieren und zu kontrollieren anstrebt. Rétifs Einstellung beruht nicht mehr, wie etwa im *Code de Cythère*, auf epikureischem Substrat, sondern auf einer für ihn charakteristischen Mischung von Rousseauismus und sexualer Normalität. Die egalitären Argumente, die in *Français encore un effort* auch maßgeblich sein werden, haben bei ihm die Bekämpfung der (gesellschaftlich bedingten) Perversion zum Ziel. Der Angriff auf die Libertinage entsteht aus der Nostalgie eines verlorenen egalitären Zustands, der die soziale und individuelle Harmonie von Liebe und volupté garantierte. Andererseits mündet die Apologie von Sparta – als Vorbild für die sexuelle Gleichheit durch den gemeinsamen Besitz der Frauen – in einen Egalitarismus der Lust, der sich von der libertinen Verfügbarkeit und von deren Unersättlichkeit nicht mehr unterscheiden läßt. Diese Kompromißbildung wird durch eine *doctrine der facultés* legitimiert: die Grenzen der *raison* werden durch die Lust und durch das Begehren kompensiert. Angesichts der erblickten Endlichkeit des Lebens ermögliche das Erotische nicht nur die Erweiterung unserer Vermögen, es ersetze die Unruhe und die Alternative von Lust und Privation durch die Zeitlosigkeit eines unbeschränkten Vermögens: »la faculté d'aimer sans cesse« (a. a. O. S. 180). Der Widerspruch zwischen Nostalgie und emanzipatorischer Perspektive kommt also hier besonders kraß zum Vorschein. Rétifs *Pornographe* wird also eine Zielscheibe unter vielen von *Français encore un effort* sein. Dadurch wird Sade Rétif (der ihn mit seiner *Anti-Justine* 1798 zu bekämpfen versuchen wird) im voraus umzingelt haben. Zu dieser Textreihe siehe J. P. Dubost, Manuskr. 1987, S. 703–717.

114 Alle satirischen Anklagen von Fougeret de Montbron haben revolutionären Charakter, so wie die karnevalistischen und militanten Angriffe von Dulaurens in *Le Compère Mathieu* und in *L'Arrétin moderne,* der von Aretino die antiklerikale Tendenz behält und sie im Sinne des aufklärerischen Pamphlets à la Voltaire aktualisiert. Die Sexualität spielt allerdings bei ihm eine wesentlich geringere Rolle als in jenen anderen Texten, die enger an die Tradition des Aretino anknüpfen. Die Erotologie bedeutet Dulaurens viel weniger als die emanzipatorische Potenz einer frei gelebten Sexualität.

115 A. a. O. S. 46.
»Que ceux qui se figurent notre vie un tissu de plaisirs et d'agréments, nous connaissent mal! Ces esclaves rampants et méprisables qui vivent à la Cour des Grands, qui ne s'y maintiennent que par mille bassesses honteuses, par les plus lâches

complaisances et un déguisement éternel, ne souffrent pas la moitié des amertumes et des mortifications inséparables de notre état. Je ne fais pas difficulté de dire que si nos peines nous pouvaient être méritoires et nous tenir lieu de pénitence en ce monde, il n'y en a guère de nous qui ne fût digne d'occuper une place dans le martirologe et ne pût être canonisée.«

116 So wie der »milord« oder »mylord« ist der »baron allemand« eine häufig vorkommende Gestalt. Er ist meistens nicht nur wohlhabend – und daher ein ideales Opfer –, sondern auch immer ein regelrechter Tolpatsch, dem jede Anspielung entgeht und ebenso langsam im Geist wie schwer im Gemüt ist. Dafür ist die deutsche Frau oft für ihre Schönheit gelobt (*La belle allemande* von Bret, die junge Deutsche in den *Mémoires de Madame la Comtesse de* *** (an. 1744) sind hierfür zwei Beispiele unter vielen).

117 A. a. O. S. 134.
»S'il se fût agi de transiger avec un laïque, je me serais fait un scrupule de l'exposer au hasard d'un repentir: mais considérant que j'avais affaire à un prêtre, je ne songeais qu'à le plumer sans me mettre en peine des événements. A corsaire, corsaire et demi.«

118 Est-il quelque profession, quelque métier dans la vie dont nous n'ayons incessamment occasion d'entendre discourir? Le guerrier, le robin, le financier, le philosophe, l'homme d'Eglise, tous ces êtres divers recherchent également notre commerce. Chacun d'eux nous parle le jargon de son état. Comment, avec tant de moyens de devenir savantes, serait-il possible que nous ne le devinssions pas? (S. 52–53).

119 »Je reviens à mon Cordon bleu de Finance (es ist von einem fermier-général die Rede, J.-P. D.). Sa compagnie l'ayant élu pour aller en tournée, c'est à dire pour voir si les commis étaient exacts à opprimer et piller le peuple, et si l'on ne pourrait pas inventer quelque honnête moyen de le fouler encore davantage, nous rompîmes amicalement notre contrat, et je me retrouvai libre« (S. 161).

120 A. a. O. S. 182 f.
»Il me reste à répondre au reproche qu'on me fera peut-être d'avoir été un peu trop libre dans mes tableaux. Voici ce qui m'y a engagé. J'ai cru que le moyen le plus sûr de décrier les filles publiques, était de les peindre avec les couleurs les plus odieuses, et de les faire passer par les degrés les plus infâmes du métier. Au reste, quelque soit là dessus le sentiment du lecteur, je me flatte que les traits obscènes de ces Mémoires seront rachetés par l'avantage que les jeunes gens qui rentrent dans le monde pourront tirer de réflexions que je fais sur les catins, et le danger évident qu'il y a de les fréquenter. Si le succès répond à mes intentions, tant mieux. Sinon, je m'en lave les mains.«

121 Wir sprechen mit Absicht vom Autor, obwohl wir eigentlich nur vom Erzähler sprechen müßten. Aber in diesem Fall läßt alles darauf schließen, daß die narrative Stimme die politische Strategie von Fougeret de Montbron gehorsam ausführt.

122 Aus diesen wenigen Textanalysen lassen sich also schon verschiedene Typen narrativer Restauration herauskristallisieren. Die einen erfolgen in der Form eines internen »narrativen Verrats« (so wie etwa in *Anti-Pamela*). In diesem Fall verzögert der Text mehr oder weniger lange den Einsatz eines Gegenprogrammes, was unweigerlich eine Ambivalenz hervorruft, die entweder lokalisierbar ist oder im Gegenteil den ganzen Text in Mitleidenschaft zieht. Die anderen erfolgen, so wie eben in *Margot la Ravaudeuse,* aufgrund einer durchgängigen diskursiven Steuerung, die letzten Endes auf leicht rekonstruierbare ideologische Widersprüche zurückführbar ist. In anderen Texten ist die ständige punktuelle Inkursion die Marke einer taktischen territorialen Rückeroberung (so z. B. in Révérony Saint-Cyrs *Pauliska* [1800]). In jedem Fall vollzieht sich die interne Umkreisung von narrativen und diskursiven Schemata durch mechanische Gegengewichtungen. Das spezifische Gewicht jedes Elements ist Fall für Fall zu bestimmen. Es ist jedoch möglich, die besondere »mechanische Eigenschaft« gewisser Wertformen zu definieren. Der galante Tausch tendiert z. B. zu einer besonderen Form von Entropie: Falle und Gegenfalle, diskursive Werte und deren listige Aushöhlung können endlos auf der Stelle treten. In diesem Fall ermöglicht oft das ökonomische Element eine Destabilisierung, die die galante *Gegengewichtung* stört und dadurch zu narrativen Verzögerungen und Beschleunigungen führt, die ganz andere sind, als die streng kodifizierten Rhythmen von männlicher Eroberung und weiblichem Widerstand. In dieser Hinsicht ist die »narrative Widerstandszone« bestimmbar: Liebe und Begehren, sentiment und désir – und letztlich auch das Problem des Bösen. Ihre Sinnleere ist jedes Mal die Voraussetzung der textuellen Mechanik. Nur Realismus und Pornograhie unternehmen den Versuch, sie zu betreten. Sie können sie jedoch nur »decken«, nie »besetzen«.

Die Ambivalenz mancher libertinen Texte besteht nicht zuletzt darin, daß sie nur um den Preis ihrer Verführungskraft in jene Zone eindringen können – es sei denn, sie überbieten diesen Verlust durch eine entsprechende genuin libertine Gegengewichtung, nämlich die rhetorische Intensivierung ihres Themas (die Erotisierung der Schrift). Diese Flucht ist ebenso riskant wie – auf der narrativen Ebene – die prekäre Situation der Dichotomie von Henker und Opfer. Die Verstrickung von roman sentimental und roman libertin ist die daraus resultierende Konsequenz. Eine solche Ambivalenz ist für jene Textreihe die Regel, in denen sentimentale und libertine Elemente eine Art immanentes textuelles Duell führen. (Vgl. hier auch Anm. 42).

123 *Vénus en rut*, a. a. O. S. 11 f.
»Citons encore, c'est la ressource de ceux qui ne savent pas produire: tu es assez mon amie pour croire que sans ta volonté déterminée je n'aurais point écrit; livrée à la volupté, je n'ai pas eu le temps de m'instruire:
Heureux cent fois qui perd un pucelage
C'est un grand bien.«

124 Ebenda, S. 6.
»Plus habituée à jouir qu'à combiner des phrases, tu ne trouveras pas mon style assez chaud, eh bien! Je te permets d'enchérir sur mes idées; avec le feu de ton imagination et celui de tes sens, tu seras une Laïs à la mode, et mon élève me primera avant peu.«

125 Das libertine Labyrinth fängt immer mit der Verdoppelung von Dualitäten an, mit dem Double des Doubles, das jede Orientierung in der Differenzierung von Bild und Realität, Sein und Schein unmöglich macht. Die Ansatzpunkte der doppelten Verdoppelung können beliebig unterschiedlich sein. In *La Cauchoise* entsteht das libertine Labyrinth durch eine instrumentale Verdoppelung – ein »double godemichet«: »Que fit sœur Prudence? Elle donna ordre à un ferblantier de ses amis de lui faire un godemiché long de seize pouces qui fût terminé par deux têtes de vits, avec un ressort dans le milieu qui, du même coup, fît couler dans les deux matrices la lait qu'on devait mettre dedans. Le ferblantier intelligent s'acquitta parfaitement de sa commission. La sœur revêtit ce fer blanc d'un velours cramoisi, sur le milieu duquel elle attacha le plus de poils qu'elle put. On voit par cette attention, avec quel soin sœur Prudence étudiait et suivait la nature.« (a. a. O. Fayard 1985, S. 413) Die beiden Nonnen erproben sofort die Maschine, die alle sexualen Differenzen durcheinanderbringt: jede Frau ist die Frau – und der Mann – der anderen: der doppelte künstliche Phallus (also die Verdoppelung des Scheins selbst) ejakuliert kein Sperma, sondern Milch, also mütterliche Flüssigkeit... Die Verdoppelung der Verdoppelung fängt aber schon mit der Spiegelung im Boudoir an, die in keinem libertinen Text fehlt. Sie erreicht unmittelbar das Unendliche: die Körper vervielfältigen sich »à l'infini«.

126 A. a. O. S. 8.
»Un lecteur austère serait révolté de mes gentillesses; un indifférent dirait qu'après l'Académie des dames, Thérèse, la Religieuse et le fameux portier, on sait tout; j'espère te prou-

ver le contraire; je n'emprunterai rien de ces ouvrages, je
peindrai ce que j'ai vu, fait, senti; je ne veux de modèle que
moi.«

127 Ebenda.

»Un roué m'a donné l'être. Si par ce mot, qui, pour avoir eu
trop de vogue, signifie moins aujourd'hui, on entend un
homme avec quelque sorte d'esprit, s'en adjugeant libérale-
ment plus que la nature ne lui en accorda, détracteur du
mérite, fourbe, marchant à son but par la fraude et l'astuce;
sans foi, sans pudeur, sans autre crainte que celle du besoin
d'argent; égoïste parfait, rapportant tout à lui; ayant fait de
la fausseté une profonde étude, et ne connaissant point de
plaisir supérieur à celui de tromper...«

128 Ebenda, S. 9.

»Je réunissais en moi la force des habitants du Nord, et la
flamme de ceux du Midi. Elevée dans un village, tout avait
contribué à augmenter l'énergie dont la nature libérale
m'avait douée; et je me trouvais fatiguée d'une surcharge de
vie (...)«

129 Ebenda, S. 14.

»Mais je ne sais si tu m'entends, ma chère amie; j'ai joué la
prude sans m'en apercevoir; j'ai pris des tours, j'ai emprunté
des mots, au lieu de nommer uniment les choses; tu es trop
franche pour vouloir me forcer à des recherches de termes
qui m'embarassent beaucoup, et qui n'auraient pas la force
des techniques.«

130 Ebenda, S. 15.

»Il est des positions où la courtisane la plus connue a besoin
de dissimuler; nous avons notre politique; elle vaut mieux
que celle de Machiavell.«

131 Ebenda, S. 41.

»Une jeune robin m'aperçut au cours (...). Mon agréable
sénateur trouva, sans doute, ma tournure plus arrondie que
les in-folios secs sur lesquels il feignait de s'appesantir; il lui
prit fantaisie de me feuilleter; il me donna la préférence; il
aimait mieux le fait que le droit.«

132 Ebenda, S. 20.

»(...) Il fallut reprendre ses habits, dont il est si doux à une
courtisane de se passer, quand elle se trouve avec un objet
neuf pour elle et que son intention économique est d'en tirer
le meilleur parti possible...«

133 Ebenda, S. 53.

»Si jamais il me prend fantaisie d'écrire et de ruiner un
libraire, je me ferai un genre qui ne sera pas de la dernière
impiétié: je n'épuiserai point mes chapitres, afin d'avoir des
transitions plus faciles pour amener les suivants et que mon
livre, quoique décomposé, ne forme qu'un tout; mais je crois

me devoir en tenir à l'encre blanche, et laisser aux mortels qui portent barbe au menton le privilège souverain d'ennuyer trop souvent leurs frères; évitons de faire, de ce que tu liras, une portion narcotique.«

134 Ebenda, S. 30.

»(...) là les lumières augmentant sa beauté, la parure lui donna de l'éclat: les yeux se promenèrent sur un sérail masculin.«

135 Ebenda, S. 34.

»(...) Mes pieds appuyés contre le mur qui formait la ruelle me prêtaient une force supérieure; plus il me serrait de près plus je le lui rendais; l'action, et la réaction parfaitement égales, produisaient une puissance mécanique d'un mouvement très exact; mais ce bel ordre dura peu; je suis trop ardente quand je jouis la première fois pour garder une position ferme; bientôt de m'inondai de torrents de délices, et je ne sentis plus, pour trop sentir...«

136 Ebenda. S. 54.

»Tu m'as crue, mon amie, revenue de la curiosité, ou assez instruite pour n'avoir plus besoin de maîtres; tu es dans l'erreur. Avec une pratique suffissamment éclairée de l'acte mystérieux qui produit nos plaisirs et nos peines, je n'étais pas plus savante qu'une femme ordinaire; mon orgueil en souffrait, j'étais dévorée d'une secrète inquiétude. Je voulais connaître le jeu des organes par lesquels je donnais et je recevais des flammes voluptueuses; je voulais concevoir le mécanisme si compliqué des muscles fermes et flexibles, des nerfs érecteurs ou extenseurs, des glandes tuméfiées ou aplaties: je voulais palper les parties internes ou externes, dont l'existence faisait ma félicité. Je voulais apprendre où sont ces divins réservoirs qui renferment la liqueur sacrée, et découvrir comment cette sécrétion précieuse se forme, s'épure et passe par les ramifications de canaux imperceptibles. Auxquels de nos amants aurais-je pu demander ces lumières tous m'auraient répondu: Nous te croyions curieuse, Rosine, mais pas cet excès; notre talent est de sonder tes jolies profondeurs; nous laissons celles de l'anatomie à ceux qui se veulent rendre utiles, nous ne voulons que l'agréable.«

137 Die Menüs werden wie bei Sade immer genau erwähnt (so S. 44: »Un bon consommé, un chapon au gros sel, un perdreau rouge, des œufs au jus avaient formé son dîner: il avait sablé sa bouteille de Chambertin, bu trois verres de liqueur des Iles, pris son café: il était aussi frais qu'à son entrée«).

Die erotischen Szenen sind immer mit einem gewissen Brio erzählt: »La foudre, lancée par Jupiter irrité, est moins rapide, moins incendiaire que le trait dont Desmarais me frappa: je n'avais pas fini mon invitation qu'il était sur moi et dans moi. Le joli fouteur, chère amie! Taille élégante, belle peau, visage d'Adonis, vigueur de Mars, d'une souplesse, d'une vitesse inconcevables; folâtre, caressant, unique« (S. 58).

Die Beschreibung eines prächtigen Apparats wird wie bei Sade nicht nur mit wissenschaftlicher Genauigkeit geführt, sondern auch mit einem gewissen Geschmack: »J'avais vu, palpé, senti, usé beaucoup de vits; celui de mon nouvel ami réunissait tout ce que je désirais. Huit pouces étaient sa longueur; je n'ai jamais aimé plus que cela; sept à huit pouces doivent amuser toute femme de goût; sa grosseur, renforcée dans sa culasse, emplissait ma main à son milieu; sa tête, audacieusment levée, était d'un incarnat annonçant sa jeunesse, ses testicules, remplis d'un sperme abondant, promettaient ce qu'ils tenaient, des désirs répétés; un poil noir comme jais ombrait cet arbre voluptueux«. (S. 59 f.).

Die erstaunlichen körperlichen Performanzen von Rosine nehmen die von Juliette vorweg. Die strenge Ordnung der kleinen Republik sind ein zusätzlicher Ähnlichkeitszug: »La loi ordonnait qu'aucune femme ne commençat avant les autres. Elle voulait encore que celui qui introduisait une nouvelle eût l'avantage de la prendre en premier; après cela on était libre de doubler, tripler, avec qui on voulait, pourvu qu'on retînt la place comme au bal. J'appartenais donc, de droit à Mondor etc....« (S. 122). Die Analogien sind unzählig. Man wird sogar auch vermerken müssen, daß ähnlich wie bei Sade der Orgasmus mehrmals als »Krise« bezeichnet wird.

138 Zu diesem Vorfall im Leben von Sade s. Gérard Lely, *Vie du Marquis de Sade*, Pauvert/Garnier 1982, Kap. VII (»L'affaire de Marseille«) S. 170–183. Rosine, die über die Stadt sagt »Tu sais que cette ville populeuse est l'asile de la liberté, le séjour de la licence, ou, si tu aimes mieux, le paradis des femmes; on y fait ce qu'on veut, et plus qu'on ne veut; car les occasions y sont aussi près que les réverbères« (S. 70), gibt noch folgende Details an: »On mit dans ma bassinoire des pastilles à l'ambre; je bus de la crème de rose, j'en fis prendre au néophyte amoureux; je lui donnai des diabolo de Naples, dont il ne connaissait pas la force, et je me deshabillai devant lui«. (S. 71). Niemand hat bisher meines Wissens auf die Verbindung zwischen der berühmten Partie des Marquis de Sade und dieser Textstelle hingewiesen. Sie scheint mir die »literarische« Dimension der vermeintlichen »Vergiftung« wesentlich hervorzuheben.

139 Ebenda, S. 122.
»La loi ordonnait qu'aucune ne commençat avant les autres; elle voulait encore que celui qui introduisait une nouvelle eût

l'avantage de la prendre en premier; après cela on était libre de doubler, tripler, avec qui on voulait, pourvu qu'on retînt la place comme au bal.«

140 Etwas weiter sagt Rosine, indem sie den Willen zur Freiheit verherrlicht und uns daran erinnert, daß wir nur aus eigener Schuld noch in Unfreiheit leben: »Mais, me dira quelque juriconsulte entiché de son art, ces mêmes lois et ces mêmes coutumes que vous condamnez font le lien de la société. Eh! que m'importe la dissolution entière d'une société dont tous les membres sont malheureux; où chaque individu, presque en naissant, est obligé de faire le sacrifice de ses goûts, de ses désirs et de ses passions, pour ne point détruire un préjugé plus cruel et plus barbare que les hommes auxquels ils doit sa naissance? Apportons-nous ce préjugé en venant au monde? Non; la preuve que je puis en donner, c'est que ma petite république prenait le plus grand plaisir aux jeux que j'avais imaginés avant qu'on lui en eût fait concevoir de l'horreur, et que dans la suite aucun enfant ne voulait plus venir avec moi« (nachdem der Dorfpfaffe sie am Sonntag in der Kirche vor dem ganzen Dorf denunziert hat). Man erkennt in dieser feurigen Rede die Sadesche Forderung avant la lettre nach einer Universalisierung von *goûts, désirs* und *passions*.

141 Ebenda, S. 126.

»Ces messieurs, avant de se quitter, payaient galamment les femmes, ils leur faisaient un petit cadeau, de peu de valeur, dans lequel on trouvait quatre louis: j'eus une bonbonnière qui en renfermait huit: selon l'étiquette, la nouvelle recrue avait double part; ouvrant ma boîte, comme les autres, je vis ce supplément; je montrai ma répugnance à recevoir plus que mes compagnes, et, pour tout mettre au pair, je donnai deux louis à la femme de chambre qui m'avait servie, et deux aux gens; on exalta ma générosité.«

142 So z.B. die libertine Variante einer freimaurerischen Initiation S. 167: »Nous devions donner la maîtrise de l'ordre de l'adoption à une compagnonne; le vénérable m'avait nommée inspectrice, et j'étais occupée des devoirs de ma charge, lorsque je distinguai notre frère Thilleur, qui me parut mériter un caprice: je trouvais moyen, après le discours, lui donnant *l'attouchement*, de lui dire de venir chez moi; il s'y rendit, le frère, me traita en sœur et me donna tout ce qu'il avait, il obéissait à nos lois; on connaît la fin de ce couplet, adressé à l'amour:

> Au sortir de la loge
> Ton bon frère est à toi.

Mais ce n'était pas assez pour mon lendemain. La loge de maîtresse fermée, on ouvrit celle de Nymphe de la rose; grade charmant et ingénieux, inventé par le marquis de la

Salle (...) Je lorgnais le frère Sentiment, à qui je dis, lorsqu'il me donna le baiser d'union, qu'il ne tenait qu'à lui d'avoir ma rose. Il me promit de me couronner de myrte: il vint au moment que je lui avais indiqué. O que la maçonnerie est consolante.«

143 Fast so beispielhaft wie die Laufbahn der Rosine ist die narrative Strecke der Hauptfigur in *La belle allemande* von Bret (1745). Ihre Geschichte – die einer immer erfolgreicher werdenden Prostitution – wird explizit als »chemin vers la gloire« genannt. Sie ist gleichzeitig die Erzählung einer allmählichen Emanzipation von der Macht ihrer Mutter – die gleichzeitig ihre Zuhälterin ist. Der erotische Ausdruck des Textes ist jedoch bei weitem nicht so kraftvoll wie in *Vénus en rut*.

144 *Le libertin de qualité*, a. a. O. S. 151 ff.

»J'étais à causer après souper avec un virtuose célèbre et charmant compositeur (Cambini): nous parlions de la révolution de la musique en France, je l'écoutais avec avidité et je m'instruisais. Tout à coup un de ces messieurs nous aborde. »Quoi! vous parlez composition! pardieu, sans me flatter je suis d'assez bonne force. – Je n'en doute point, lui dis-je, en jetant un coup d'oeil sur l'artiste, et je serais fort aisé si vous donniez, à monsieur et à moi, quelques leçons, – Volontiers, volontiers, je ne refuse jamais mes soins. – Par exemple, monsieur veut composer un opéra et il me demande un poème. – Sa musique est faite apparemment? – Non pas, comment! – Tant pis, jamais la musique ne va bien quand on la compose pour des paroles, cela gêne un musicien et l'empêche de peindre, son imagination est refroidie. – Mais monsieur, il me semble... – Il vous semble mal. Un orchestre, morbleu, un orchestre, voilà tout ce qu'il me faut; suivez Moline, cela s'appelle faire un opéra, les paroles ne sont jamais d'accord avec la musique, mais cela n'arrête point les effets... Moi je tiens pour les effets; ai-je raison, Cambini? Monsieur cependant, quand on veut exprimer un sentiment, l'amour, par exemple... – Oui, il faut du chromatique, beaucoup de fausses quintes; on relève cela par l'accord parfait, de là on passe dans le ton relatif par la pièce mineure: appuyez-moi une septième diminuée. Si le mode est mineur, grimpez au majeur, semez-moi des bémols, accord de tierce dominante, sixte et doubles octaves... Pardieu, l'on module dans un tour de main... As-tu de la fureur dans ton opéra? – Beaucoup, monsieur le marquis. – Ah, pardieu, tu vas voir, mesure à quatre temps battue, bien ferme pour le récitatif ad libitum, avec accompagnement obligé, ensuite, un cœur en fugue à deux sujets bien sortants l'un de l'autre, parce que cela marque la dispute, le conflit de juridiction, surtout que cela crie comme le diable (...) c'est ça, hein?«

145 *Le rideau levé,* a. a. O. S. 355 f.

»Il régnait dans ce cabinet une douce chaleur; je me sentais si bien dans l'état où j'étais que je ne voulus rien mettre sur moi; j'étais d'une gaieté folle: je prétendis souper parée de mes seuls appas. Lucette, attentive, avait eu le soin d'écarter tous les domestiques et de jeter un voile épais sur la malignité de leurs regards; elle eu la complaisance d'apporter seule et de préparer tout ce qu'il fallait, et ferma les portes avec soin. Je ne fus pas contente que je ne l'eusse mise dans la situation où nous étions: je fis voler loin d'elle tout ce qui la couvrait; elle était charmante à mes yeux. Nous nous mîmes à table. Mon papa était, entre nous deux, l'objet de nos caresses, qu'il nous rendait tour à tour. Les glaces répétaient cette charmante scène; nos grâces et nos attitudes étaient variées par les saillies qu'inspirait un vin délicat; son coloris brillant y répandait même des nuances différentes: nous ressentîmes bientôt les effets de sa vertu et de nos attouchements, nos cons étaient enflammés; son vit avait repris toute sa raideur et sa dureté. Dans un état aussi animé aussi pressant, la table nous déplut; nous courûmes, nous volâmes sur le lit.«

(dt.: Honoré de Mirabeau, *Der gelüftete Vorhang oder Lauras Erziehung.* Aus dem Französischen von Eva Moldenhauer. Insel Verlag, Frankfurt 1971, S. 73 f., leicht modifiziert.)

146 *Hic et hec,* S. 256.

»Sur le pas du prélat, nous nous hâtâmes de nous plonger dans l'eau limpide, qui ne faisait que rafraîchir les charmes de nos nymphes sans les voiler; les peignoirs, qu'elles avaient quittés, étaient remplacés par les boucles éparses de leurs cheveux qui formaient un vêtement transparant aux contours arrondis de leurs tailles élégantes; l'eau ne s'élevait qu'à la hauteur de leur sein; elles se baissaient quelquefois pour en avoir jusqu'au menton, et quand elle se relevaient, l'humidité qui restait sur l'ivoire de leur gorge appétissante ressemblait à ce frais duvet qu'on aperçoit sur la prune dans sa maturité et qu'on appelle la fleur; avec quel empressement nos lèvres enflammées couraient la recueillir; que de bonds, que de folies nous fîmes dans ce délicieux bassin.«

147 Anders z. B. als in *Hic et hec,* das mit dem üblichen Purzelbaum des libertinen Non-Finito endet: »Ici se trouve une lacune très longue dans le manuscrit de cette édifiante et véritable histoire. Si nous pouvons la recouvrer, nous nous hâterons d'en faire part au public.« Der gepflegte Abschluß ist auch für das Werk von Sade charakteristisch, das mit Ausnahme von den *Cent vingt journées* (deren Unabgeschlossenheit immanente Gründe hat) in allen Texten die libertine Parataxe geschickt abschließt. Am deutlichsten in

les *Crimes de l'amour,* in denen jeder Schluß eine sorgfältig präparierte Parodie narrativer Hypotaxen bedeutet.

148 *Hic et hec* beruht ganz auf einem meisterhaft geführten Spiel zwischen Rhetorik und Erotik. Jedes Wort wird dadurch ambivalent. Erotische Szenen sind daher immer doppelt zu lesen: entweder als Erotisierung der Rhetorik oder als rhetorische Parodie erotischer Darstellungen. »Levez-vous donc! Quelle audace«, sagt z. B. die empörte Madame de Valbouillant dem unternehmungslustigen jungen Abbé. »Non, Madame«, antwortet der kecke junge Mann, »je n'en puis sortir que je n'ai obtenu mon pardon, et je l'obtiendrai si vous considérez l'empire de vos charmes; et l'effet qu'ils font sur moi, j'en conviens, il est presque incroyable! ... Et ses yeux se fixaient sur l'insolent dont l'orgueil augmentait à vue d'œil: il y a peu d'avocats aussi éloquents aux yeux d'une femme: je vis le succès du plaidoyer muet, et reprenant sa main, je la pressai sur l'orateur...« (*Hic et hec,* S. 193). Das Doppelregister von Sprache und Körper wiederholt sich hier, mit dem wesentlichen Unterschied aber, daß die Hauptfigur nicht von ungefähr ein Abbé ist.

149 Siehe diesbezüglich insb. *Erotika Biblion.* Verglichen mit diesem Text erscheint die Satire Voltaires fast zurückhaltend. Die jesuitische Kasuistik wird hier unerbittlich ins Lächerliche gezogen. Dies findet selbstverständlich ausschließlich auf der Ebene der Sexualität statt.

150 *Hic et hec,* a. a. O. S. 255.
»(...) L'évêque proposa un sirop de punch pour désaltérer la lectrice et rafraîchir ses auditeurs. Volontiers, dit la signora Magdalani, mais ne voudrait-il pas mieux prendre autrement le rafraîchissement du bain, mon frère en a de charmants, la chaleur est si vive que l'eau doit être assez échauffée par le soleil, nous n'avons point de toilette à faire, nos peignoirs ne tiennent qu'à un ruban. L'idée est charmante, dit Madame de Valbouillant, mais personne ne pourra-t-il nous voir? Non dit l'évêque, le bassin touche à ce boudoir, et personne n'y peut pénétrer, j'en ai seul la clé, et nous porterons sur le bord le punch que nous prendrons en nous baignant.«

151 Ebenda, S. 268 f.
»Le sacrifice terminé, on se relève, on se félicite en l'on redescend dans la salle à manger; de bons consommés, d'excellentes truffes à l'huile vierge, et des canapés d'anchois rétablirent les forces de nos aimables athlètes; les vins les plus fins y furent joints; quelques chansons aimables et folles égayèrent le déjeuner; et l'évêque proposa d'aller folâtrer dans quelque bosquet de l'averne, son jardin délicieux. Tout le monde applaudit, et tous, d'un pied léger et d'un front riant, suivirent le saint prélat et sa superbe sœur.«

152 *Le libertin de qualité*, a. a. O. S. 37.

»Vous avez instruit mon adolescence; c'est à vous que je dois
quantité de tours de passe-passe qui m'ont servi dans mes
premières années; vous savez si j'ai suivi vos leçons, si j'en ai
sué nuit et jour pour agrandir votre empire et vous fournir
des sujets nouveaux.«

»Mais Monsieur Satan, tout est bien changé dans ce pays,
vous devenez vieux; vous restez chez vous...«

153 Ebenda, S. 38.

»Puissent les tableaux que j'ai l'honneur *de mettre sous vos
yeux* (Hervorhebung von J.-P. D.) ranimer un peu votre
antique paillardise!«

154 Ebenda, S. 173.

»Point de fouteuse de prélats! point de monture de curé que
je n'enfile sur tous les sens (pour leur conserver l'habitude)
jusqu'à ce que rendant, dans les bras paternels de Satan, mon
âme célibataire, j'aille foutre les morts.«

155 Ebenda, S. 39.

»Jusqu'ici mon ami, j'ai été un vaurien; j'ai couru les beautés,
j'ai fait le difficile: à présent la vertu rentre dans mon cœur;
je ne veux plus foutre que pour de l'argent, je vais m'afficher
étalon juré des femmes sur le retour, et je leur apprendrai à
jouer du cul à tant par mois.«

156 Ebenda, S. 62 f.

»Je parcours des mains et des pieds les vieux charmes de ma
dulcinée... de gorge ... je lui en prêterais au besoin... Des
bras longs et décharnés, des cuisses grêles et desséchées, une
motte abbatue, un con flétri et dont l'ambre qui le parfume à
peine affaiblit l'odeur naturelle... Enfin, n'importe, je
bande; je ferme les yeux, j'arpente mon haridelle, et j'en-
fourne. Ses deux jambes sont passées par dessus mes épaules;
d'un bras vigoureux je la chausse sur mon vit. Une bosse,
d'une grandeur honnête que je viens de découvrir me sert de
point d'appui pour l'autre main. Son cou tendu m'allonge un
déplaisant visage, qui, gueule béante, m'offre une langue
appesantie que j'évite par une forte contraction de ma tête.
Enfin, je prends galop... Ma vieille sue dans son harnais; sa
charnière enrouillée s'electrise, et me rend presque coup
pour coup; ses bras perdent de leur raideur, ses yeux tour-
nent, elle les ferme à demi; et réellement, ils deviennent
supportables... Sacredieu, j'enrage, cela ne vient pas, je la
secoue ... et tout à coup la bougresse m'échappe ... Foutre,
la fureur me prend, je m'échauffe; le talon tendu contre une
colonne, je la presse, je l'enlève; la voilà qui marche... »Ah!
mon ami! mon petit! ah! mon cœur! ... Je me meurs... Ah!
je n'y comptais plus ... ah! ah! je dé... dé... charge..., mon
cher ami, je décharge.«

157 Ebenda, S. 150.

»Non complots se lient, nos trames s'ourdissent, nos ennemis nous attaquent avec les armes du ridicule, ils s'abusent sur leur prétendue supériorité: nous nous réservons bien d'autres ressources, nous minons sans bruit; tu es jeune, tu verras le fruit de nos travaux.

Une révolution, éloignée peut-être, mais certaine, menace de nouveau le monde; nous foulerons aux pieds ces hommes superbes qui osent nous dédaigner; nos commanderons encore... Puissions nous replonger les humains dans la barbarie, anéantir les sciences, arracher jusqu'au germe funeste de cette philosophie perfide qui nous abreuve d'humiliations, élever enfin sur tant de ruines, le nouvel édifice de notre grandeur! Alors un spectre de fer régira l'univers, soumis à nos caprices, dévoué à nos plaisirs. Nous disposerons en sultans des mères, des femmes, des filles de nos esclaves et nous amènerons ces âmes aviles à considérer comme un bien leur déshonneur.«

158 Das *Bordel apostolique* (1790) beginnt mit einer Bitte an den Papst Pius VI., die Eröffnung eines »bordel apostolique« in der Maison des Grands Augustins zu erlauben; die Bittschrift wird mit egalitären Forderungen verbunden. Die Frauen werden aus dem Etablissement ferngehalten, die Prälaten bekehren sich zur Sodomie und legitimieren sie mit der Beschlagnahme der Kirchengüter, die sie nunmehr daran hindert, »d'entretenir des femmes, d'avoir des sérails et même de payer des putains.« Der Text verbindet, wie manche ähnliche Pamphlete dieser Jahre, die Farce mit der politischen Anklage. Der Papst tritt höchstallerselbst auf und hält eine feierliche Rede, die Blasphemie und antiklerikale Anklagen vermischt, ermuntert dann die Prälaten, seine Prinzipien in die Tat umzusetzen, was zu einer allgemeinen Orgie Anlaß gibt (zum *Bordel Apostolique* und zu ähnlichen Kampfschriften während der Französischen Revolution s. J. P. Dubost, Manuskr. 1987 S. 425–448).

159 Ebenda, S. 150f.

»Par la Sambleu, père, voilà qui est sublime! Quelle immensité de vues! Quelle étendue de scélératesse! Quels mystères d'iniquités...(...)... Père, voulez vous connaître le vrai type de la destinée des empires, l'instrument des révolutions, la boussole de l'univers? ... Le voilà, dis-je, en mettant en évidence le cul rebondi de la belle, c'est là que viennent aboutir toutes les intrigues du sacerdoce, la morgue du Sultan, les fastes du Mogol, les caprices du despote, les fureurs du tyran, les délices ambitieux du conquérant, les richesses de deux hémisphères...« Foutre, je me sauve au milieu de la période, car Père Ambroise m'enlève Alexandrine, et la jette sur son lit pour y aboutir aussi.«

160 in *Argument du docteur, Le diable au corps,* Kap. VII.
»Cette production dramatique, de nature à ne pouvoir occuper la scène, ne se pique point d'avoir une forme théâtrale.
Qu'on cherche donc ailleurs un plan, des divisions, des Uni-
tés, de l'imbroglio, un dénouement: ici, rien de tout cela, j'en
avertis: tout y est sens dessus-dessous, sens devant derrière,
comme dans la chanson. On y dit ... ce qu'on veut ... on y
fait ... ce qu'on peut.«

161 *Monrose,* 4. Teil, a. a. O. S. 165. Vgl. auch das *Avant-Propos*
der *Matinée libertine:* »Que signifie ce petit ouvrage? – Rien.
– A-t-il une clef? – Non – Est-ce une galerie de portraits? –
Oui et non: c'est le front d'un tel, le nez d'une telle, la bouche d'une autre, mais ce n'est le visage de personne. – Est-ce
une satire? – Des gens? non; des choses et de nos mœurs?
peut-être; non pas en vue de les rendre haïssables, ce serait
dommage, – d'ailleurs on n'en viendrait pas à bout, – mais
pour qu'on rie de ce qu'elles ont de ridicules ... En un mot,
c'est le jeu d'une imagination lascive, et voilà tout« (*La Matinée libertine,* a. a. O. S. 7).

162 Dies trifft nicht nur für Dorvignys Texte zu, sondern auch
für *Caroline et Saint-Hilaire* (an. an VIII) oder auch für *Les
dévotions de Madame Bethzamooth* (an. 1789). Letzterer
Text ist eine brillant geführte Variation des Moliereschen
Stücks: die Figur des Tartuffe gibt Anlaß, wie bei Mirabeau,
zu einer scharfen politischen Kritik. Die Anklage erfolgt im
gesündesten komischen Ton. Der »Beichtvater« von
Madame Bethzamooth, Monsieur de Saint-Ognon (eine
Mischung also aus Orgon und Saint-Aignan) spricht wie
Rabelais und Voltaire zugleich. Die antiklerikale Attacke ist
transparent. Sie erfolgt aber weniger durch eine Satire à la
Voltaire als durch den Gebrauch regelrecht karnevalistischer
Sprachspiele. Der Ehemann der prüden Madame de Bethzamooth (der Name allein deutet auf das formale Verfahren:
der graphische Signifikant mutet biblisch an, der phonische
[»baise sa motte« ist obszön] ist eines Abends erleichtert, als
er den »Beichtvater« in der Oper trifft: »Le marquis jugea
que Monsieur de Saint-Ognon était un galant homme, et lui
recommanda la raison de sa femme (...) Je crois au miracle,
(...) si vous faites cette conversion« (S. 48f.). Die Substanz
der Geschichte besteht natürlich aus der Erzählung dieser
»Bekehrung«.
Das ganze Werk von Nerciat wimmelt von ähnlichen kleinen Theaterstücken. *Le diable au corps* ist z. B. ebensowohl
als Komödie wie als libertiner Roman zu interpretieren, und
L'Etourdi enthält eine Reihe von burlesken Szenen, deren
bemerkenswerteste vielleicht die Anekdote der »Laterna
magica« ist. Die Hauptfigur verkleidet sich während eines

Maskenballs als Vorführer und zeigt mit seiner Laterna magica eine »pièce curieuse«. Zu sehen ist allerdings nichts anderes als ... die Natur selbst: »Madame l'Intendante regarde à travers un verre, et charmée de l'illusion que je lui offre, ne croit admirer que l'art en voyant la nature«. So fordert sie eine hochwürdige Dame auf, zu bewundern, wie gut die Natur hier nachgeahmt ist. Der Demonstrator zeigt aber ungeschickterweise zuviel, die Zuschauerinnen merken ihren Irrtum: »Elles se plaignirent de mon impudence à l'officier de garde qui me fit arrêter au moment où je faisais le tour de la salle de bal en chantant eh! qui veut voir la pièce curieuse, la rareté, la beauté« (S. 82). Hier ist die libertine Darstellung selbst Gegenstand und Thema ihrer eigenen Ironisierung.

163 Der Stil dieses Textes weicht vom üblichen Stil Nerciats stark ab. Man vermißt die Geschwindigkeit der Repliken, die theatralische Leichtigkeit. Der Einbau sentimentaler Passagen ist auch gar nicht im Sinne der hedonistischen Einstellung des Autors. War es etwa, weil die Briefform ihm weniger lag? Oder handelt es sich um eine fehlerhafte Zuschreibung?

164 Vgl. den Recueil Clairambault-Maurepas, Paris 1879–1884, 10 Bde.

165 Der obligate Anfang (»Bonjour, ma chère Cécile...«) funktioniert hier wie ein Signal. Nach einigen Sätzen wird man jedoch stutzig: Cécile ist von Beginn an von einer unglaubhaften Souveränität. Die Botschaft ihrer Repliken ist stets eine doppelte: der Comtesse gegenüber antwortet sie wie die unwissende »Schülerin«, aber jeder ihrer Sätze richtet sich gleichzeitig an den Leser, dem gegenüber sie sich als geschickte Verführerin verhält.

166 A. a. O. S. I.

167 Nach einer Folge rhetorischer Fragen zum Geschehen sagt z. B. in *Monrose* der Erzähler: »Il faut, cher lecteur, que je me hâte de vous éclaicir de tout cela; puis je plierai bagage, car déjà notre folle capitale est dans une véritable fermentation. Certains observateurs dont la raison se sert de lunette d'approche nous annoncent un nuage affreux venant du Nord-Ouest, et porté tout droit sur la France par des vents pestilentiels. Déjà de funèbres éclairs sillonnent au loin l'obscur horizon; les plus heureux emballent et se préparent à fuir avant que l'inévitable ouragan ne commence son ravage... Disposons-nous de même à partir, mais que ce ne soit pas avant d'avoir pris décemment congé de mes lecteurs à qui je dois tant d'égards en retour de leur infatiguable indulgence« (S. 167). Die Schreibweise Nerciats ist durch und durch selbstironisch. Keine narrative Instanz bleibt

davon erspart. Hier ironisiert der Erzähler seine Rolle, dort die Figur selbst, wie z. B. in *Félicia,* Kap. II »Les romans ont coutume de débuter par des portraits de leurs héros. Comme malgré la sincérité avec laquelle je me propose d'écrire ceci ne laissera pas d'avoir l'air d'un roman, je me conforme à l'usage et vais donner au lecteur une idée de la personne« (S. 15). Die Ironie richtet sich ebensogut gegen die Illusion der Authentizität wie gegen die Vermengung libertiner und melo-dramatischer Elemente, wie sie z. B. für Louvet de Couvray charakteristisch ist. Nerciat, der davon überzeugt war, daß Louvet ihn plagiiert hatte, rächte sich, indem er *Les galanteries du jeune chevalier de Faublas* schrieb. In *Monrose* schreibt er auch in einer Fußnote: »Si la première édition de cette rapsodie va mal à cause de son trop doux dénouement, nous prierons l'ingénieux historien *Chevalier de Faublas* de nous en fabriquer un bien lugubre, bien déchirant, afin que, par des coups profondément douloureux, les lecteurs soient punis d'avoir ri au nez d'un grave traité de morale qui, pour n'effaroucher personne, avait cru devoir se masquer des chiffons de la frivolité« (*Monrose,* 1, S. 218).

168 *Monrose,* S. 103.
»La première fois vous étiez nouveau, l'on savait très bien qu'on serait appelée, qu'on vous aurait. On vous a donc servi le petit plat de façons. C'était pour vous alors, maintenant c'est uniquement pour soi qu'on vous a. Le coiffeur n'avait fait qu'émoustiller, vous arrivez tout à fait à propos pour terminer solidement ce dont le polisson n'avait fait qu'une imparfaite ébauche: tout cela, mon cher, est dans l'ordre.«

169 Vgl. die ähnliche Funktion von Mme de B*** gegenüber dem Chevalier de Faublas in Louvets Trilogie.

170 Siehe hier weiter unten S. 176–177.
In *Monrose* drückt Nerciat seine Abneigung gegen jeden »sentimentage« aus: »Je frémis du peu de politique et de l'orageux caractère de cette fille, capable de se perdre par ses éruptions de sentimentage dangereux« (4. Teil, S. 165). Die intertextuelle Relation des Werks Nerciats ist tatsächlich eine ganz andere als die der *Liaisons.* Wenn man sagen kann, daß in beiden Fällen der Text Crébillons mitklingt (s. hierzu A. Siemek, *Crébillon précurseur de Laclos?* in *Laclos et le libertinage* P. U. F. 1983 S. 48: »Laclos – comme sa Merteuil – lit Crébillon à travers un certain nombre de connotations »libertines« face auxquelles se dresse ce nouvel objet, lui aussi largement mystifié, la verteuse sensibilité rousseauiste«), so ist jedoch die Abneigung Nerciats gegen jede sentimentale Gegengewichtung auffallend. Die Zuschreibung von *L'Etourdi* scheint uns, aus diesem Grunde auch, fraglich zu sein.

171 *Monrose*, 3. Teil, S. 19ff.

»La baronne de Lienneval qui, dès le premier jour, fut aussitôt attaquée, est vaincue par le Sieur d'Aiglemont. Celui-ci parut d'abord devoir tenir ferme, l'autre alors, en rusé partisan, songea toute de suite à profiter de la circonstance; se rabattit sur le propre territoire du marquis volage, et traça des lignes hardies autour de la chambre de Flore (...) Monrose me l'a dit depuis: il se flattait alors qu'assiéger la marquise, la forcer à se rendre, et planter son drapeau sur la brèche occuperait tout juste le temps qu'il en coûterait pour se frayer un passage à travers les rochers dont était fortifié le cœur de ma vestale, qu'il se proposait bien de croquer à son tour.«

172 In *L'Echo foutromane* ist die Gleichsetzung von Revolution und phallischer Heldentat explizit, so z. B. in der Erzählung *Les secrets de Madame Conlèche*: »Cette nuit mémorable, cette nuit délicieuse était celle qui suivit la grande journée du 14 juillet 1789. En s'unissant à un français ce jour-là, il fallait présumer qu'elle épousait un héros; et la nuit qui suivait cet hymen devait par la même occasion mettre dans son conin le vit brûlant et victorieux d'un Hercule. C'est le présage qui s'en présentait naturellement; c'est du moins l'idée chatouilleuse qu'elle conçut d'un homme qui devait entrer dans son lit en sortant de la conquête de la Bastille et l'enfiler, après avoir mis le despotisme en déroute: il est bien certain que les hommes régénérés sont des demi-dieux bandants, par conséquent plus que des hommes ordinaires« (S. 34–35).

173 *Les Aphrodites*, S. 259.

»Ci-devant il n'y avoit pas eu d'exemple qu'un seul statut, un seul usage des Aphrodites eût été divulgué; mais ce n'est pas quand un nouvel ordre de choses existe, quand mille petites récréations (toutes criminelles du temps de l'ancien régime) comme la calomnie, les délations, les exécutions impromptues sont sinon encouragées, du moins tolérées, qu'ont à craindre de se livrer sans beaucoup de mystère aux leurs des citoyens infiniment actifs qui, d'accord avec la nation, reconnaissent la liberté, l'égalité, pour base de leur bonheur: qui, comme elle, méprisent toute distinction de naissance, de rang et de fortune; qui savent tirer la vraie quintessence des droits de l'homme, si heureusement dévoilés de nos jours, et ne font rien en un mot, qui n'ait pour but la paix, l'union, la concorde, suivies (surtout pour eux) du calme et de la tranquillité.«

174 So wie die *Philosophie dans le boudoir* die Tradition der libertinen Erotologie fortsetzt und endgültig definalisiert, ist Justines Lebenslauf die grausame Amplifikation – und die endgültige Pervertierung – eines narrativen Musters – der

passio der Tugendhaften, worauf *Ingénue Saxancour* insofern ganz beruht, als es sich um den Bericht einer jungen Frau handelt, die gegen ihren Willen mit einem brutalen Ehemann verheiratet wird und jahrelang von ihm gepeinigt wird. Der frühere anonyme Roman *Mémoires de Madame la Comtesse de *** (1744) ist in dieser Hinsicht ein unmittelbarer Hypotext der *Justine* von Sade. Tugend und blindes Vertrauen prädestinieren die Comtesse dafür, ewiges Opfer zu bleiben (s. J. P. Dubost, Manuskript 1987, S. 355–369), während z. B. *Pauliska ou la perversité moderne* (1800) von Réverony Saint-Cyr den Versuch unternimmt, die grausame Schrift der *Justine* narrativ wiederzuerobern (s. J. P. Dubost, Manuskr. 1987, S. 369–375).

175 Siehe Anm. 162.

176 Die Widmung ist eine regelrechte Apologie ökonomischer Tugenden:
»Dans ce siècle éclairé le négociant jouit de l'estime générale: comme les grands il sert les états et l'humanité toute entière, mais d'une manière différente: ce n'est point en remportant des victoires, en gouvernant des provinces, en administrant la justice et les finances: C'est en fournissant aux hommes l'agréable, l'utile et le nécessaire. Quels biens ses immenses travaux ne procurent-ils pas à la société! Il fait jouir ses citoyens des produits des deux mondes, et rapproche les peuples les plus éloignés etc....«
Die Gleichsetzung von Aristokratie und Libertinage wird diesem Tableau symmetrisch entgegengesetzt: »Qu'est-ce que, pour la plupart des hommes, que le bonheur si vanté d'être puissant, sinon la triste prérogative de pouvoir assouvir des plaisirs déréglés, auxquels une plus humble fortune aurait mis le frein?« (*Le pied de Fanchette*, a. a. O. S. 4 f.)

177 S. die Korrespondenz von Sade. Vgl. auch u. a. Gilbert Lely, *Notice sur les signaux*, in O. C. Supplément, Tome 1, *Lettres et mélanges littéraires écrits à Vincennes et à la Bastille*, Edition Borderie 1980, S. 43 ff.

178 S. hierzu Pierre Testud, *Rétif de la Bretonne et la création littéraire*, Droz, Genf/Paris, S. 563–615.

179 In *Les Posthumes*, 1802, Bd. 1, S. 2.
»C'est par des récits extraordinaires qui sont dans la classe des possibles, puisque l'imagination de l'homme ne peut sortir de la Nature, que je vais à deux buts également moraux, le bien-être de l'homme et la conservation par un tendre époux des jours d'une compagne chérie. Car la vraie morale consiste à travailler au bonheur des hommes.«

180 In *Les Françaises*, 1786, Bd. 3, S. 262 f.
»Est-il possible de présenter la morale aux hommes, sous la forme historique, avec le puissant excitatif, de l'exemple, du

touchant, de l'attendrissant, si l'on veut les porter à l'imitation; du riicicule, ou de l'horrible si l'on veut les porter à la fuite? Voilà le véritable état de la question. L'exposition seule la décide. Rien de plus utile, pour l'instruction des hommes, que l'histoire vraie, ou simulée; mais que dis-je simulée? Elle est toujours vraie dans les romans naturels, comme ceux de Jean-Jacques, de Richardson, de Marmontel et de la Bretonne (...) Tous les romans des hommes que je viens de citer sont donc historiques.«

181 Vgl. die Einstellung des Chevalier de Mirvel in der Figurenkonstellation der *Philosophie dans le boudoir:* »L'homme est-il le maître de ses goûts? Il faut plaindre ceux qui en ont de singuliers, mais ne les insulter jamais: leur sort est celui de la nature; ils n'étaient pas plus maîtres d'arriver au monde avec des goûts différents que nous le sommes de naître ou bancal ou bien fait« (a. a. O. S. 373). Hier spricht unmißverständlich der Marquis de Sade selbst, wie ein Vergleich mit der Korrespondenz es hinlänglich beweisen kann.

182 *Les progrès du libertinage,* a. a. O. S. 21 f.
»Elle avait toujours les yeux fixés sur les étampes, l'envie de s'instruire l'emporta sur les doctes leçons de Grand-Pine. Elle plaça un miroir à terre et mit le livre sur une table; elle voulut vérifier si la nature lui avait donné les mêmes appats qu'à ces femmes qu'elle voyait en faire usage dans ses estampes. D'une main tremblante elle leva ses jupes et regarda dans le miroir si elle possédait aussi ce centre des plaisirs. Jugez mon cher prieur, dans quel état je fus à l'aspect de tant de charmes! J'appliquais mes yeux sur l'ouverture de la cloison, je me trouvai justement en face. Je vis la plus jolie motte, le plus joli con de la terre. Ses lèvres d'un tendre rose et pur annonçaient son inactibilité (sic). Un poil léger ombrageait ce charmant réduit, et la blancheur de ses cuisses contrastait merveilleusement avec l'ébène de son poil. Tout en faisant cette visite ses yeux, naturellement tendres, s'animèrent des feux les plus vifs. Si jamais femme a réalisé la description des charmes que les poètes prêtent à Vénus, il faut convenir que Laure fut cette femme dans les premiers degrés de l'innocence.«

183 Die Fußnoten sind bei Sade oft eine Art fingierte Unterstützung des Publikums zu bestimmten Argumenten der Libertins. In diesen Zurufen von außen wird man keine Mühe haben, die Stimme von Sade selbst zu vernehmen, zumal es möglich wird, sowohl die Spuren dieser Zugehörigkeit im biographischen Material selbst zu sichern. Dies ist z. B. der Fall, wenn der Autor durch eine Fußnote historische Belege bringt und sogar manchmal auf die einschlägigen historischen Werke verweist. Da man die Lektüren von Sade

namentlich aufgrund seiner Korrespondenz mit seiner Frau ziemlich genau rekonstruieren kann (s. hierzu auch: Hans-Ulrich Seifert; *Sade als Leser und Autor,* Peter Lang 1983), ist in solchen Fällen die Zuschreibung dieser Fußnoten unproblematisch. Noch unmittelbarer tritt die Beziehung des Autors zu seinem Text zutage, wenn die Fußnote mit dem Text buchstäblich dialogiert – so etwa wenn der Autor seine Figuren direkt anredet (z. B.: »Laisse-moi te rendre cet hommage, ami charmant que je n'oublierai jamais. Tu es le seul dont je n'ai pas voulu déguiser le nom dans ces Mémoires. Le rôle de philosophe que je t'y fais jouer te convient trop bien, pour que tu ne me pardonnes pas de te désigner à l'univers entier«, *Histoire de Juliette,* a. a. O. Bd. IX, S. 133). Manchmal korrigiert der Autor seine Figuren, deren Argumente er als unzulänglich empfindet. So redet in der *Histoire de Juliette* der Autor den Libertin Braschi an, der gerade dabei ist, eine endlose Liste historischer Belege für die Grausamkeit der Menschen aufzustellen: »Allons au fait et peignons en grand. O Braschi! tu ne tous donnes que des détails! Je veux, d'un mot, offrir des masses: les proscriptions des Juifs, des Chrétiens, de Mithridate, de Marius, de Sylla, des Triumvirs, les boucheries de Théodose et de Théodora, les fureurs des Croisés et de l'Inquisition, les supplices des Templiers, l'histoire des massacres de Sicile, de Mérindol, de la Saint-Barthélémy, ceux d'Islande, du Piémont, des Cévennes, du Nouveau Monde ont coûté vingt-trois millions cent quatre-vingt mille hommes, froidement égorgés pour des opinions! L'homme qui aime le meurtre fomente des opinions, afin que l'on s'assassine pour elles.« (Ebenda S. 194). Die Liste solcher Interventionen, die zum Teil besonders humorvoll sind, wäre endlos. Es gibt einen regelrechten Paratext neben dem Haupttext. Diese Interventionspunkte sind besonders vielfältig; ihre Verbindung mit Briefen, Notizen und sonstigen biographischen Dokumenten ist materiell belegbar. Die Geschichte dieses Sadeschen Paratextes ist noch nicht geschrieben worden; sie würde aber besonders nützlich sein, um vielen heute noch bestehenden Vorurteilen entgegenzuarbeiten.

184 In vielen Texten sind ganze Stellen eindeutig als unmittelbare Vorlagen zu bezeichnen, wie z. B. manche Episoden aus Dulaurens' *Arrétin moderne;* aus den *Mémoires de Suzon;* aus *Vénus en rut;* aus den *Egarements de Julie* (1776); aus den *Délices du cloître* (1761) etc.... So ist etwa das Prinzip einer wohlgeordneten Orgie, einer Regelung der Ausschweifung durch die strenge Ordnung des Zeremoniells – Elemente also, die oft als charakteristisch für Sade beurteilt werden (s. u. a. die Seiten über Sade in Barthes *Sade, Fourier,*

Loyola, Le Seuil 1971, S. 32 ff.) – in *Vénus en rut* durchgängig vorhanden sowie die typische Sadesche Akribie in der Beschreibung des Menüs. Im gleichen Text hält auch ein Geistlicher eine mit tausend historischen Beispielen gespickte Rede, um die Sodomie zu rechtfertigen (S. 149). Libertine Thesen, die in den *Mémoires de Suzon* vertreten werden, sind schon genuin im Ton von Sade. So z. B. S. 272: »A présent que j'y réfléchis encore, il me semble que nous devons nous en prendre à nous-mêmes si nous ne sommes pas heureux sur la terre. Oui, l'homme même a forgé de ses propres mains son malheur, et aiguisé les traits qui doivent lui percer le cœur. Ne serait-il pas à désirer qu'il n'eût jamais suivi que l'instinct de la nature plutôt que de s'être soumis à des lois et à des coutumes qui n'ont été inventées que pour le malheur de l'humanité? Mais, me dira quelque juriconsulte entiché de son art, ces mêmes lois et ces mêmes coutumes que vous condamnez sont le lien de la société. Eh! que m'importe la dissolution entière d'une société dont les membres sont malheureux, où l'individu, presque en naissant, est obligé de faire le sacrifice de ses goûts, de ses désirs et de ses passions pour ne point détruire un préjugé plus cruel et plus barbare que les hommes auxquels il doit sa naissance? Apportons-nous ce préjugé en venant au monde? Non!«

Vgl. auch im *Arretin moderne* die lange antiklerikale Rede, S. 227 ff., die in ihrer Unerbittlichkeit Voltaire überbietet, Sade vorwegnimmt, aber immer noch, wie schließlich in den *Mémoires de Suzon*, in eine Doktrin der libertinen Normalität mündet. Die libertine Idee einer Normalität der Lust ist eine Art »diskursive Sperre«, die die textuelle Intervention von Sade beseitigen wird. Derartige Interventionspunkte sind so zahlreich, daß ihre exhaustive Erwähnung uns in endlose Zitatfluchten bringen würde. Hier gilt im eminenten Maße, was Roland Barthes in S/Z beschreibt: »Der Code ist eine Perspektive von Zitaten, eine Luftspiegelung von Strukturen« (a. a. O. S. 25). Der libertine Code hat zur Herstellung mancher Labyrinthe geführt, wie hier schon oft gezeigt wurde. Die libertine Normalität finalisiert jedoch alle Irrungen des Begehrens im Namen einer Teleologie der natürlichen Neigung. Die Perversion von Sade besteht in erster Linie darin, an der Stelle dieser Versöhnungsstruktur, aber unter dem gleichen Namen, die Grausamkeit einer unhaltbaren Metamorphose zu proklamieren. In der Sicht dieser souveränen Instabilität erscheint der libertine Code buchstäblich als »eine Luftspiegelung von Strukturen«.

185 Die Verbindung zur Philosophie von Spinoza ist naheliegend. Klossowski erinnert in *Sade, mon prochain* (Le Seuil,

Paris 1971, S. 122f.) an einige Konvergenzpunkte. Für Spinoza (aber auch für Kant, s. *Kritik der Urteilskraft,* insb. § 58) ist keine natürliche Finalität nachweisbar. Alle zweckmäßigen Kausalitäten sind daher pure Fiktionen. Die Argumentation von Spinoza im *Kurzen Traktat* (II, Kap. XXIV, Nr. 4 bis 6) bietet tatsächlich eine Grundlage für manche libertinen Gedankengänge. Selbstverständlich handelt es sich immer bei Sade um eine Entwendung von Argumenten – da der Libertin jeden Satz, der die Idee der Finalität negiert, als Baustein seiner Doktrin benutzt, ohne Berücksichtigung des ursprünglichen argumentativen Zusammenhangs. Die Verbindungspunkte mit den großen philosophischen Systemen sind jederzeit auffindbar. Versteckter sind allerdings eine Unzahl von lokalen Entwendungen (die natürlich immer, im vollen Sinne des Wortes, auch Sinnverdrehungen bedeuten), die sich manchmal auf ganze Seiten, manchmal auf kurze Sätze oder Ausdrücke beziehen. Wenn z.B. in *Français encore un effort* geschrieben wird: »Ce serait une absurdité palpable que de vouloir prescrire des lois universelles; ce procédé serait aussi ridicule que celui d'un général d'armée qui voudrait que tous ses soldats soient vêtus d'un habit fait sur la même mesure; c'est une justice effrayante que d'exiger que des caractères inégaux se plient à des lois égales: ce qui va a l'un ne va pas à l'autre« (in *La philosophie dans le boudoir,* a. a. O. S. 492–493), dann knüpft der Text direkt an Montesquieus *Esprit des lois,* in dem (Buch XIX, Kap. 18) auch von den »idées d'uniformité« die Rede ist, die »auf eine unfehlbare Art die mediokren Geister beeindrucken«. Wenn es im Text gleich danach heißt »Le mal de changer est-il toujours moins grand que le mal de souffrir? Et la grandeur du génie ne consisterait elle pas mieux à savoir dans quel cas il faut l'uniformité et dans quel cas il faut les différences«, dann impliziert das Argument nicht nur eine (im Kantischen Sinne) kritische Unterscheidung zwischen den Gesetzen des Verstandes und der Vorsicht des Urteils; er antwortet auch direkt auf die Kritik, die Condorcet in seiner Schrift *»Sur le vingt-neuvième livre de l'esprit des lois«* (s. Condorcet, Œuvres, Tome 1, Paris 1847–1849, Neudruck Stuttgart, Frommann 1968, S. 362ff.) an Montesquieu gerichtet hat. Die Rekonstruktion der diskursiven Angriffspunkte wäre ebenso endlos wie die der textuellen. Man weiß durch seine Korrespondenz, wieviel In-folios der Marquis de Sade ständig um sich hatte. Diese Demontage und Umkehrung der Bibliothek läßt keine Naivität der aufklärerischen Anthropologie unbehelligt. Sie ist aber nur in den seltensten Fällen explizit. Die Ironie der Entwendung fängt mit diesem Verwischen ihrer Spuren an.

186 Marcel Hénaff: *Sade. L'invention du corps libertin*, P.U.F., Paris 1978.

187 S. hierzu Jean-Luc Nancy *L'impératif catégorique*, Flammarion 1983, insb. *Le kategorèin de l'excès*, S. 7–32. Unsere Definition des Textes von Sade als »Revers« des kategorischen Imperativs verdankt der Analyse von Jean-Luc Nancy sehr viel, die die inhumane Äußerlichkeit des kategorischen Imperativs unterstreicht. Der kategorische Imperativ läßt sich aus keinem Begriff des Menschen herleiten, sondern positioniert ihn als Adressaten des Gesetzes:
»Katègorein, c'est accuser, dire la vérité accusatrice de quelqu'un, et de là affirmer, imputer et attribuer. L'impératif catégorise son destinaire: il affirme sa liberté, lui impute le mal, et le destine ou l'abandonne à la loi. De cette triple manière, l'impératif catégorise dans l'excès de toute catégorie, de tout mode propre, essence ou nature, de l'homme. Traiter l'humanité comme une fin, c'est la traiter comme ce destinataire. C'est n'avoir nul égard à aucun concept de l'homme auquel on voudrait conditionnellement le soumettre, mais seulement à l'injonction qui lui est destinée, et qui le destine. Elle ne destine à rien d'autre qu'à être ce destinaire: celui à qui, dans l'espace infini qu'il n'excède jamais, ne cesse de s'adresser le katègorèin de l'excès« (S. 31 f.).
Zur Unableitbarkeit des Gesetzes und zur Frage der Verpflichtung s. auch J.F. Lyotard, *Der Widerstreit*, Fink, München 1987, Kap. *Die Verpflichtung*, S. 183 ff.

188 Bei Sade ist die Ironie immer am Werk und sicherlich am meisten dort, wo es darum geht, die Religion zu bekämpfen. Manche Seiten stellen in dieser Hinsicht eine grausame Amplifikation von Voltaire, Fougeret de Montbron oder Dulaurens dar. Sie wird aber durch eine grundsätzliche Ironisierung der libertinen Naivität ergänzt, insofern für Sade der Hedonismus eine Frömmigkeit unter anderen ist.
Überwiegt an vielen Stellen der »schwarze Humor« (Breton wird dies in seiner *Anthologie de l'humour noir* zu würdigen wissen), so sind manche Texte einfach amüsant. Dies gilt nicht nur für die *Historiettes, contes et fabliaux*, die die mittelalterliche Tradition fortsetzen (wie Caylus es auch getan hat), sondern sogar für die *Philosophie dans le boudoir*, die in mancher Hinsicht komödienhafte Züge enthält. Hier spielt etwa Eugénie eine wichtige Rolle: ihre scheinbar naiven Fragen und ihre hohe Verschmitztheit machen aus ihr mit Abstand die gelungenste literarische Erscheinung der libertinen Figur der Initiierten.

189 Beide sprechen jedoch nicht, könnte man hier einwenden. Selbstverständlich nicht, gerade deshalb fragen wir hier nach dem Status des »Sprechens im Text«.

190 Insofern die *Histoire de Juliette* das Initiationsmuster behält,
ist die narrative Strecke der Heldin, die sie zur absoluten
Souveränität des Bösen führt, die Geschichte einer graduellen Ablösung vom Guten. Dabei spielen die Initiatoren oft
die Rolle der strengen Lehrer, insbesondere Noirceuil.
Solange Juliette noch zögert, wird sie von Noirceuil zum
Bösen gemahnt: »Juliette, me répondit Noirceuil, ce que tu
dis prouve de la faiblesse, exige de la sensibilité, et il faut être
forte et dure quand on se décide à être méchante« (a. a. O.
Bd. 8, S. 176). Erst wenn sie sich entschieden hat, böse zu
sein, wird ihre Initiation abgeschlossen sein. Nachdem sie
ihren Vater (den sie vorher zum Inzest verführt hat) vor den
Augen anderer Libertins während einer Partie erschießt, sagt
ihr Saint-Fond: »Ce n'est en vérité que d'aujourd'hui que je
te crois bien digne de nous« (Ebenda S. 455). Die Heldin hat
jedoch die Schwelle des Bösen nicht ganz überschritten: »Je
ne pense pas tout à fait comme cela, dit Clairwill, et je lui
trouve toujours le même défaut: elle ne commet le crime que
dans l'enthousiasme, il faut qu'elle bande; et l'on ne doit
jamais s'y livrer que de sang-froid. C'est au flambeau du
crime qu'il faut allumer celui des passions, tandis que ce n'est
qu'à celui des passions que je la soupçonne d'allumer celui
du crime« (Ebenda). Mit anderen Worten: um eine vollkommene *Libertine* zu sein, muß Juliette für ihre bösen Taten
verantwortlich werden. Diese müssen nicht aus der Lust am
Bösen entstehen, sondern umgekehrt: die Lust muß sich aus
dem Bösen ergeben, wie Clairwil, die nicht zufällig diesen
Namen trägt, es bald darauf mit rigoroser Klarheit erklärt.

191 Die Assimilation von Sade mit dem Terror hat eine lange
Tradition hinter sich. So konnte Rétif de la Bretonne 1796
schreiben: »Mais je connais un livre encore plus dangereux
que ceux que j'ai nommés: c'est Justine; il porte à la cruauté.
Danton le lisait pour s'exciter« (in *Monsieur Nicolas*, a. a. O.
1,33). 1797 schrieb Charles de Villers in »*Lettre sur le roman
intitulé Justine ou les malheurs de la vertu, Le Spectateur du
Nord*, Hamburg, Bd. 4: »Il est parmi les livres ce que Robespierre a été parmi les hommes. On dit que lorsque ce tyran,
lorsque Couthon, Saint-Just, Collot, ses ministres, étaient
fatigués de meurtres et de condamnations, lorsque quelques
remords se faisaient sentir à ces cœurs de bronze, et qu'à la
vue des nombreux arrêts qu'il leur fallait encore signer, la
plume échappait à leurs doigts, ils allaient lire quelques pages
de Justine et revenaient signer. Je ne garantis pas l'anecdote,
mais on la conte, on la croit en France; et c'en est assez pour
apprendre à la postérité quelle a été l'opinion des contemporains sur un ouvrage, qui, sans doute, ne parviendra pas jusqu'à elle« (a. a. O. S. 407–414). Rétif selbst hat in *Les Nuits*

Augen anderer Libertins während einer Partie erschießt, sagt ihr Saint-Fond: »Ce n'est en vérité que d'aujourd'hui que je te crois bien digne de nous« (Ebenda S. 455). Die Heldin hat jedoch die Schwelle des Bösen nicht ganz überschritten: »Je ne pense pas tout à fait comme cela, dit Clairwill, et je lui trouve toujours le même défaut: elle ne commet le crime que dans l'enthousiasme, il faut qu'elle bande; et l'on ne doit jamais s'y livrer que de sang-froid. C'est au flambeau du crime qu'il faut allumer celui des passions, tandis que ce n'est qu'à celui des passions que je la soupçonne d'allumer celui du crime« (Ebenda). Mit anderen Worten: um eine vollkommene *Libertine* zu sein, muß Juliette für ihre bösen Taten verantwortlich werden. Diese müssen nicht aus der Lust am Bösen entstehen, sondern umgekehrt: die Lust muß sich aus dem Bösen ergeben, wie Clairwil, die nicht zufällig diesen Namen trägt, es bald darauf mit rigoroser Klarheit erklärt.

191 Die Assimilation von Sade mit dem Terror hat eine lange Tradition hinter sich. So konnte Rétif de la Bretonne 1796 schreiben: »Mais je connais un livre encore plus dangereux que ceux que j'ai nommés: c'est Justine; il porte à la cruauté. Danton le lisait pour s'exciter« (in *Monsieur Nicolas*, a. a. O. 1,33). 1797 schrieb Charles de Villers in »*Lettre sur le roman intitulé Justine ou les malheurs de la vertu, Le Spectateur du Nord*, Hamburg, Bd. 4: »Il est parmi les livres ce que Robespierre a été parmi les hommes. On dit que lorsque ce tyran, lorsque Couthon, Saint-Just, Collot, ses ministres, étaient fatigués de meurtres et de condamnations, lorsque quelques remords se faisaient sentir à ces cœurs de bronze, et qu'à la vue des nombreux arrêts qu'il leur fallait encore signer, la plume échappait à leurs doigts, ils allaient lire quelques pages de Justine et revenaient signer. Je ne garantis pas l'anecdote, mais on la conte, on la croit en France; et c'en est assez pour apprendre à la postérité quelle a été l'opinion des contemporains sur un ouvrage, qui, sans doute, ne parviendra pas jusqu'à elle« (a. a. O. S. 407–414). Rétif selbst hat in *Les Nuits de Paris* (Bd. VI, 2. Teil, 1788, S. 2566–2570) den Libertin als reale Figur dargestellt, um die fiktive Dimension explizit zu verwischen. Zur Kontinuität solcher Urteile bis heute vgl. F. Laugaa-Traut, Lektüren zu de Sade, Stroemfeld, Frankfurt 1983.

192 Pierre Klossowski *Sade mon prochain* précédé de *Le philosophe scélérat*, Le Seuil, Paris 1967, S. 17.
»L'on se propose d'aborder ici l'expérience de Sade telle qu'elle s'est traduite en écriture.«

193 A. a. O. S. 19ff.

194 Der »Befehl des Libertins« ist ein präskriptiver Satz, dessen Legitimität in der Gesetzgebung der Henker verankert ist.

bedeutet. Daß die Figur des Libertins sich bei Sade auf eine so absolute und irreversible Art exponiert, liefert im voraus die narrative Entsprechung der zwei Jahrhunderte später eingetretenen »Ausnahme«. In *Der Widerstreit* knüpft J. F. Lyotard an den berühmten Satz von Adorno an und stellt die Frage der für den »Geist« der spekulativen Dialektik absoluten Inassimilierbarkeit von Auschwitz aufgrund einer »Philosophie der Sätze« in neuer Form. »Wir« (d. h. der Autor, der diese Frage formuliert, und der Leser, der *Der Widerstreit* liest) müssen angesichts von Auschwitz zugeben, daß der »Satz« des Henkers und der des Opfers nicht dialektisierbar sind. Hier muß der Geist seiner eigenen universalen Bestimmung gegenüber eine Ausnahme respektieren: »Zwei Sätze fallen da, an dem vom Historiker bezeichneten Ort und Zeitpunkt, »zusammen«, die dialektisch nicht beisammen sind. In dem einen beruft sich die Rechtfertigung des Mordes nicht auf ein allgemeines, sondern auf ein besonderes und nominales Gesetz; im anderen appelliert der Tod nicht auf eine Rechtfertigung und kann nicht im Opfer aufgehoben werden. Was »uns«, »danach« betrifft, so erhalten wir diese beiden Sätze als zwei Fälle von Schweigen.« (Ebenda S. 178 f.).

Die Tatsache, daß die Möglichkeit dieser »Ausnahme« bei Sade gleichzeitig zum Darstellungsstoff wird und daß der Henker sich mit der Sprache der Rationalität legitimiert, legitimiert uns wiederum, die Unmenschlichkeit der mimetischen Artikulation zu reflektieren. Eine hermeneutische Entsprechung zum »Schweigen« oder dem »sentiment«, das mit »Auschwitz« in die Sprache eintritt, ist die Verpflichtung, diese narrative Katastrophe nicht als individuelle Ausnahme (als Perversion), sondern als die Frage der Ausnahme dem Gesetz gegenüber zu reflektieren – als Reversion.

195 A. a. O. S. 22.
»Ou bien la raison même est exclue de sa décision autonome (l'athéisme) qui devait prévenir la monstruosité dans l'homme. Ou bien la monstruosité s'exclut à nouveau de toute argumentation possible.«

196 Ebenda.
»Sade humilie à la fois la raison par le sensible et le sensible ›raisonnable‹ par une raison perverse.«

197 Das Wort »outrage« ist insofern passend für Sade, als es die subjektiven und objektiven Konnotationen vereint, die Besonderheit des Sadeschen Übertritts definiert: outrage kommt von outre (hinweg) und fügt der Idee von Übertritt und Vorstoß die Nuance von Beleidigung hinzu. Der mit Beleidigung und Profanierung verbundene Übertritt definiert schon den Angriff des Menschen namens Sade auf das Ideal und seine Ikonen, wie die biographisch belegte Episode der »Flagella-

tion de Rose Keller« am 3. 4. 1768 es anschaulich zeigt. Siehe hierzu u. a. Gilbert Lely, a. a. O. S. 105–135.

198 »La transgression (l'outrage) paraît absurde et puérile si elle n'arrive pas à se résoudre dans un état de choses où elle ne serait plus nécessaire. Mais il est dans la nature que, cet état même, elle ne puisse jamais le trouver. Elle est donc autre chose que la pure explosion d'une énergie accumulée à la faveur d'un obstacle. La transgression est une récupération incessante du possible même, pour autant que l'état de choses existant a éliminé le possible d'une autre forme d'existence. Le possible de ce qui n'existe pas ne peut jamais rester que du possible: car si c'était ce possible que l'acte récupérait comme nouvelle forme d'existence, il la lui faudrait transgresser de nouveau, puisqu'il y aurait derechef du possible éliminé à récupérer; ce que l'acte de transgression récupère, au regard du possible de ce qui n'existe pas, c'est sa propre possibilité de transgresser ce qui existe.« A. a. O. S. 27 f.

199 Ebenda S. 28.
»Une transgression doit en engendrer une autre: or si elle se réitère ainsi, chez Sade elle ne se réitère principalement que par un même acte. *Ce n'est jamais cet acte même qui se pourrait transgresser. Chaque fois son image même se présente comme s'il n'avait jamais été exécuté.*«

200 Es wäre schlichtweg falsch, zu behaupten, daß Klossowski die inkompossible Darstellung nicht in Betracht zieht. *Le philosophe scélérat* endet nämlich gerade mit den Bemerkungen:
»Ainsi la forclusion du langage par lui-même donne à l'œuvre de Sade sa configuration singulière; d'abord un ensemble de récits, de discours, puis des tableaux qui ne valent que par l'invite sournoise d'aller voir dehors ce qui ne semble pas tenir dans le texte, alors que rien ne se voit ailleurs que dans le texte: tel un vaste district d'exposition urbaine au sein d'une cité, confondu avec la cité, où l'on passe insensiblement des objets exposés aux objets qui s'exposent fortuitement sans être exposables, en dernier lieu on s'avise que c'est vers ceux-ci que mènent les couloirs de l'exposition.« (a. a. O. S. 54).
Diese innere Äußerlichkeit, die mitten im Text die unvorzeigbaren Gegenstände des Draußen ausstellt, ist zwar als Aporie und Atopie genannt, diese wird jedoch bei Klossowski mit einer unangreifbaren Konsequenz als »forclusion du *langage* par lui même«, als eine Art Exil der *Sprache* in der Sprache aufgefaßt. In dieser Hinsicht kann seine Lektüre als die stringenteste Variante einer damals und namentlich durch die Tel Quel-Gruppe (vor der dieser Vortrag gehalten wurde) vertretene Zeichentheorie betrachtet werden.

201 Unter Ikonizität verstehen wir die Anbetung der Idole des Ideals, wie sie die Sadesche Theorie der Einbildungskraft uns

darstellt. (S. hierzu die lange philosophische Rede der Delbène in der *Histoire de Juliette* in a. a. O. Bd. 8, S. 42 ff.) Die Delbène unterscheidet zuerst zwischen empirischen und transzendentalen Vorstellungen (die sie als *idées réelles* bzw. *idées objectives* bezeichnet, S. 43). Auf der Grundlage dieser Unterscheidung baut sie dann eine Theorie der religiösen Täuschung auf. Nichts sei gewöhnlicher als die Verwechslung von Wahrnehmungen und realen Erscheinungen. Unsere Wahrnehmungen, als in sich verschieden und von uns getrennte Vorstellungen, sind jedoch nichts anderes als Modalitäten oder Seinsweisen unseres Wesens. Als Attribute, als Eigenschaften sind alle Unterschiede rein analytischer Natur. In der Realität sind sie von uns ebenso wenig zu trennen wie die Qualitäten materieller Körper von diesen zu trennen sind. Nun haben wir uns daran gewöhnt, so die philosophisch hochkompetente Libertine, unter Wirkung und Ursache alle Wesen zu nennen, die Veränderungen von Körpern verursachen oder sich aus solchen Veränderungen ergeben. Da diese Termini aber in uns »konfuse Bilder« hervorrufen, haben wir hinter den Vorstellungen von Veränderungen Wesen phantasiert, die nicht die Veränderung von Wesen wären, sondern separate, absolute Wesen, woraus die Veränderung sich erklären ließe: »Comme ces êtres excitent en nous au moins une image confuse d'être, d'action, de réaction, de changement, l'habitude de s'en servir a fait croire que l'on en avait une perception nette et distincte, et l'on en est venu enfin à imaginer qu'il pouvait exister une cause qui ne fût pas un être ou un corps, une cause qui fût réellement distincte de tout corps et qui, sans mouvement et sans action, pût produire tous les effets imaginables« (S. 44). Dieser in den Dienst der libertinen Doktrin gestellte Spinozismus bietet die philosophische Grundlage eines Ikonoklasmus, der sich bei Sade in der Form des Duells ausdrückt. Die grausame Eskalation der libertinen Imagination ist in erster Linie ein Kampf der realen (d. h. monströsen) Erscheinungen des Menschen gegen seine ideale »existence objective«. Der Übertritt, als Iteration seiner puren Möglichkeit, ermöglicht weder dieses Duell noch diese Eskalation.

202 (...) »Sade inaugure sa création originale par un coup de maître décisif: pour créer en effet le personnage qu'il imagine et répondre ainsi au type de pervers qu'il projette, il l'extrait enfin de la société licencieuse conventionnelle et particulièrement de la maison close. Par là même il rompt avec la tradition littéraire libertine et introduit le thème de la perversion dans la peinture des mœurs. Sade campe son personnage dans le monde quotidien: c'est-à-dire qu'il le trouve au cœur même des institutions et dans la fortuité de la vie sociale.« (a. a. O. S. 33)

203 A. a. O. S. 53.
»Forclusion veut dire que quelque chose reste dehors. Ce quelque chose qui reste dehors, encore une fois, c'est l'acte à faire qui moins il se fait, et plus il frappe à la porte: à quelle porte, sinon à celle de la vacuité littéraire. Les coups frappés à la porte ce sont les mots de Sade qui, s'ils retentissent à présent à l'intérieur de la littérature, n'en restent pas moins des coups frappés de dehors. Le dehors est par soi-même ce qui se passe de commentaire. Que par Sade ce dehors en vienne à se commenter comme se produisant au dedans de la pensée, voilà qui donne au texte de Sade son originalité inquiétante.«

204 So etwa Foucault in *Le langage à l'infini*, der die Problematik des Doubles, die schon im Buch über Roussel der Ausgangspunkt der Lektüre war, auch auf Sade anwendet: »In diesem riesenhaften Double, das Analogien zum Don Quijote aufweist, sterilisiert sich die Sprache als Ganzes in ein und derselben Bewegung, deren beide untrennbare Figuren die strenge und umgekehrte Wiederholung dessen ist, was schon gesagt wurde, und die nackte Nennung dessen, was als Äußerstes gesagt werden kann« (dt. Üb. in Foucault, *Schriften zur Literatur*, a. a. O. S. 98).

205 Vgl. Maurice Blanchot, *Sade*, 1949, dt. Üb. Henssel, Berlin 1963; auch J. P. Dubost, *Einführung in den letzten Text*, Stuttgart 1985, S. 16–39.

206 »(...) Le bien ne serait pas l'esprit, ne serait pas l'idée, ne serait pas la raison, mais serait le gouvernement de la raison; et le mal serait le fait que la raison est gouvernée par la matière ou, si l'on veut, en ce qui concerne les conduites, par les passions. Lorsque les passions dominent la raison, selon cette conception platonicienne, le mal commence« (*Le mal dans le platonisme et le sadisme*, a. a. O. S. 365).

207 A. a. O. S. 369.

208 Bataille: *Sade et l'homme normal*, in: a. a. O. du Marquis de Sade, Bd. 6, S. 58. »Transposés sur le plan des démarches raisonnés, les mouvements divins et déraisonnables de la violence tombent à plat: nous restons sur le sentiment d'un immense avortement.« (...) »En tant qu'elles ont pour fin de répondre à la violence, ces analyses, ces démonstrations, ces énoncés de principe, ces représentations du monde, nous en éloignent péniblement. On ne peut à la fois connaître une excitation, si grande que les crimes les plus sauvages deviennent sinon supportables, intelligibles, et se plaire à ces discussions froides.« (Ebenda.)

209 Daher auch bei Bataille eine ganz andere textuelle Ökonomie, die sich namentlich aus der Beseitigung dieser Unwahrscheinlichkeit ergibt.

210 A. a. O. Bd. 6, S. 59.

»A ne plus tenir compte des limites, à nier l'évidence sans mesure, à parler de rêves insensés comme d'une donnée, le langage de Sade, qui semble être de raison, manifeste sa nature profonde, qui est d'être le contraire d'un excès, un déraillement. En un sens, parler ne fut peut-être pour Sade qu'un moyen de parvenir à des grandes irrégularités de langage.«

211 Ebenda, S. 59. »(...) Cette proposition peut-être à volonté renversée. S'il s'agit d'un dérèglement, d'un langage qui n'en est plus un, avec une égale vérité, il est possible de redire autrement ce que j'ai dit: l'usage *irrégulier* du langage est peut-être une forme *irrégulière* de silence...«

Siehe auch S. 63: »L'irruption qu'il permit de faire au dérèglement sur le champ de la conscience ne put être (...) que déréglée. En Sade la violence fut conscience, mais dans la mesure où la conscience se laissa altérer par la violence.«

212 S. 59f.

»L'œuvre de Sade introduit les irrégularités les plus fortes, mais elle insiste parfois sur les caractères irréguliers du plus simple élément d'attrait érotique, par exemple sur une mise à nu irrégulière.«

213 Ist die Regelwidrigkeit der Sadeschen Schrift konstant, so ist ihre Tonalität von einem Text zum anderen unterschiedlich. In den *Contes et fabliaux* drücken sich etwa die Problematik des Bösen und das »Rätsel des menschlichen Herzens« durch ein Minimum von Grausamkeit aus. Hier respektiert die Schrift die Form der Hypotexte (fabliaux, contes, historiettes) und vermittelt Bosheit und Perversität durch kleine Abweichungen, die die lehrhafte Funktion dieser kleinen Genres respektiert. Der Exzeß der Darstellung wird vermieden. In diesem Sinne stellen sie die unterste Stufe der textuellen Regelwidrigkeit dar. Die libertine Stimme ist in ihnen durchaus vorhanden. Sie ertönt jedoch – mit viel Humor und Geschicktheit – in der traditionellen Form einer kurzen, formelhaft geprägten und zugleich diskreten Epimythie. Diese starke Dämpfung des Tons ist in den zwei anderen Texten zu verzeichnen, die sich an eine historische Vorlage anlehnen und sie in ähnlicher Weise sehr geschickt subvertieren: *Isabelle de Bavière* und *La Marquise du Gange*.

214 G. Bataille, *Sade et l'homme normal*, a. a. O. S. 62.

»Le dérèglement moral rendu à la pleine souveraineté ne peut être qu'absolument souverain.«

Daß die absolute Souveränität ihre eigene Aufhebung verlangt, liegt auf der Hand. Vgl. Maurice Blanchot in *Sade*: »Sade hat vollkommen begriffen, daß die Souveränität, die der energische Mensch gewinnt, indem er sich mit dem Geiste der Negation identifiziert, ein paradoxer Zustand ist. Der totale Mensch, der sich als Ganzes bejaht, wird auch als Ganzes zerstört. Er ist der Mensch aller Leidenschaften und zugleich empfindungslos. Er begann damit, sich selber zu zerstören, zuerst im Menschen, dann in Gott, dann in der Natur, und so ist er der Einzigartige geworden. Nun kann er alles, denn die Negation ist in ihm mit allem fertig geworden...« (dt. Üb. a. a. O. S. 58). Siehe auch Bataille, *Der heilige Eros,* Ullstein 1974, S. 168 ff.

215 Vgl. P. Klossowski, *Le philosophe scélérat,* a. a. O. S. 44: »(...) Sade a voulu transgresser l'acte même de l'outrage par un état permanent de mouvement perpétuel – ce mouvement que beaucoup plus tard Nietzsche a nommé: *l'innocence du devenir.* Mais Sade n'a fait qu'un instant entrevoir cette transgression de la transgression par elle-même. L'hyperbole de sa pensée le ramène à son fond de sensibilité irréductible liée à représentation de l'acte outrageant, laquelle exclut la notion même d'innocence.«

216 S. z. B. Bataille in *L'Erotisme,* dt. Üb. *Der heilige Eros,* a. a. O. S. 170 ff.

217 Vgl. M. Foucault, *Die Ordnung der Dinge,* a. a. O. S. 262 ff.

218 A. a. O. S. 64.
»Il rechercha le souverain dérèglement, mais comme un chevalier impur chercherait le Graal (...) Il ne put jamais qu'approcher de la solitude du dérèglement.«

219 Ebenda, S. 65.

220 Ebenda, S. 65.
»(...) Je ne puis avoir l'intention, au moment même où j'élève un peu la voix, de déchaîner ici ma passion. Je ne suis pas le moins du monde ici devant vous déchaîné. Je suis même exactement enchaîné. Et lorsque j'élève la voix, il ne s'agit peut-être que d'un gémissement, car je ne puis d'aucune façon trouver la moindre phrase qui réponde à ma volonté. Je suis au milieu de vous, cherchant, mais sachant que tant que je chercherai avec vous je serai limité par la recherche que nous pourrons refaire ensemble; et cette délimitation demeurera telle que la recherche ne pourra être qu'une recherche et qu'en aucune mesure son objet ne pourra apparaître devant nous.
Pour que cet objet apparaisse devant nous, du moins faudrait-il faire ce qu'il n'est pas recevable de faire quant on discourt, car c'est bien de discours qu'il s'agit en ce moment: il me faudrait parler comme parlent les poètes. Il me faudrait oublier que j'ai quelque chose à vous dire.«

221 Die regelwidrige Darstellung des Tragischen ist wie ein Schweigen der Form, wenn die Form des Tragischen durch ihre affektbezogene Finalisierung bestimmt ist. Daß bei Sade das Unsagbare nicht nur angedeutet, sondern als Form erscheint, bedeutet eine irreversible Entwendung der tragi-

schen Wertform. Die entwendete Form wird in der Entwendung gleichzeitig angedeutet und pervertiert. Siehe hierzu J. P. Dubost, *Einführung in den letzten Text*, a. a. O.

222 »Je vous enverrai le manuscrit demain ou après. J'y voulais joindre une petite dissertation à laquelle je travaille – car l'esprit me pousse aussi au printemps – *sur les dangers de la solitude et les funestes effets des prisons où elle s'exige*« schrieb der Marquis de Sade an seine Frau am 30. 4. 1781. Leider ist dieser Text nicht erhalten worden. Auch wenn wir die allzu einfache Erklärung ablehnen würden, daß das Werk des Marquis de Sade das Ergebnis einer psychologischen Abreaktion sei, ist jedoch nicht zu leugnen, daß eine Verbindung zwischen bestimmten Rachephantasien des Verzweifelten und dem Material textueller Szenen existiert. Man denke z. B. an den berühmten Brief vom 10. 2. 1783 (»Aux stupides scélérats qui me tourmentent«): Ce matin, en souffrant, je la voyais, la garce, je la voyais écorchée vive, traînée sur des chardons et jetée ensuite dans une cuve de vinaigre. Et je lui disais: Exécrable créature, voilà, pour avoir vendu ton gendre à tes bourreaux! usw. (siehe a. a. O. 12, S. 375 f.). Bekanntlich wird der Marquis de Sade, der später als Président de la Section des Piques seine Rache hätte ausüben können, im Gegenteil seine Schwiegermutter vor dem Tod retten. Hier gilt, was der Eingesperrte in seiner »grande lettre« (20. 2. 1781) schreiben wird: »Oui, je suis libertin, je l'avoue, j'ai conçu tout ce qu'on peut concevoir dans ce genre là, mais je n'ai sûrement pas fait tout ce que j'ai conçu et je ne le ferai sûrement jamais« (a. a. O. 12, S. 276). Zwischen der Vorstellung und der Ausführung liegt eine unendliche Kluft. Zwischen der Vorstellung und der Darstellung eine andere. Den Übergang phantasieren nur interpretative Sätze, die Intentionalität dort postulieren, wo die Frage der Mimesis zu stellen ist.

223 »*La Philosophie dans le boudoir* vient huit ans après la *Critique de la raison pratique*. Si, après avoir vu qu'elle s'y accorde, nous démontrons qu'elle la complète, nous dirons qu'elle donne la vérité de la *Critique*.«, in Œuvres complètes, a. a. O. Bd. 4, S. 551.

224 Die Argumentation von Lacan in dem Nachwort zur *Philosophie dans le boudoir* (a. a. O. 4, S. 551–577), *Kant avec Sade* (dt. Üb. *Kant mit Sade* in J. Lacan, *Schriften II*, a. a. O. S. 135–163) läßt sich relativ leicht resümieren. Das moralische Gesetz wird zuerst schlichtweg mit der Relation des Subjekts des Begehrens zum Signifikanten identifiziert: »La bipolarité dont s'instaure la Loi morale n'est rien d'autre que cette refente du sujet qui s'opère de toute intervention du signifiant: nommément du sujet de l'énonciation au sujet de l'énoncé. La loi morale n'a pas d'autre principe.« (S. 556). [»Die Bipolarität, auf der das mora-

lische Gesetz sich begründet, (ist) nichts weiter als jene Spaltung des Subjekts, wie sie sich jedesmal, wenn der Signifikant sich einschaltet, vollzieht: insbesondere zwischen dem Subjekt des Aussagens und dem Subjekt der Aussage.« (a. a. O. S. 140)] Diese schnellfertige Aneignung der ethischen Äußerlichkeit durch eine linguistisch vermittelte Interpretation der Position des Subjekts zu den Gegenständen seines Begehrens (wie sie zu dieser Zeit den Lacanschen Diskurs fundierte) ist jedoch höchst fragwürdig. Die atopische Logik der moralischen Verpflichtung transzendiert die Freudsche Topik (auch in ihrer Lacanschen Formulierung), insofern der Angesprochene – der Mensch (oder die Menschheit) als Adressat – sich von dem Gesetz keinen Lustgewinn versprechen kann und darf. Würde das moralische Gesetz mit solchen Manipulationen des Subjekts operieren, dann wäre es per definitionem nichts anderes als ein despotisches Gesetz – und als solches unmoralisch. Die Relation zwischen dem Menschen als Adressaten des Imperativs und seinen Mitmenschen transzendiert daher den Bereich des Begehrungsvermögens (in der Problematik Kants) und ist mit der Konstitution des gespaltenen Subjekts des Begehrens durch das ödipale Gesetz auf keinen Fall vereinbar. Lacan betont mit Recht, daß die libertine Doktrin bei Sade weniger eine Doktrin des reinen Begehrens ist, als die Frage des moralischen Gesetzes schlechthin. In diesem Punkt begegnet unsere Analyse seiner These; sie bekräftigt sie durch die konkrete literaturhistorische Rekonstruktion. Der gesamte libertine Intertext, von Aretino bis zu den revolutionären Pamphleten der 80er und 90er Jahre, kann als die textuelle Begleitung der Anweisung zur Glückseligkeit betrachtet werden. Die Texte von Sade verlassen dieses Substrat und ersetzen es durch den Diskurs der Freiheit, dessen Aporien ebenso scharf zutage treten wie in der libertinen Tradition die Aporien des Ökonomischen.

Dazu schreibt Lacan: »Qu'on se reporte seulement, pour confirmer cette perspective, à la doctrine dont Sade lui-même fonde le règne de son principe. C'est celle des droits de l'homme. C'est de ce qu'aucun homme ne peut-être d'un autre homme la propriété, ni d'aucune façon l'apanage, qu'il ne saurait en faire prétexte à suspendre le droit de tous à jouir de lui chacun à son gré. Ce qu'il en subira de contrainte n'est pas tant de violence que de principe, la difficulté pour qui la fait sentence n'étant pas de l'y faire consentir que la prononcer à la place. C'est bien l'Autre en tant que libre, c'est la liberté de l'Autre, que le discours du droit à la jouissance pose en sujet de son énonciation, et pas d'une façon qui diffère du Tu es qui s'évoque du fond tuant de tout impératif. Mais ce discours n'est pas moins déterminant pour le sujet de l'énoncé, à le susciter à chaque adresse de son équivoque contenu: puisque la jouissance, à s'avouer impudemment dans son propos même, se fait pôle dans un couple dont l'Autre est au creux qu'elle fore déjà au lieu de l'Autre pour y dresser la croix de l'expérience sadienne« (a. a. O. S. 557). [»Man möge sich, um es so zu sehen, nur die Doktrin vor Augen halten, auf die Sade selbst die Herrschaft seines Prinzips gründet. Es ist die Doktrin der Menschenrechte. Daß kein Mensch des anderen Eigentum noch jemals dessen Apanage sein könne, dürfte er nicht zum Vorwand nehmen, das Recht aller anderen aufzuheben, um aus ihm nach Belieben Genuß zu ziehen. Was ihm daher an Zwang widerfährt, geschieht nicht so sehr aus Gewalt heraus, sondern eher in Konsequenz des Prinzips, besteht doch die Schwierigkeit für denjenigen, der diesen Zwang zum Richtspruch macht, nicht so sehr darin, jemanden zur Zustimmung zu bewegen, als vielmehr, diesen Spruch an seiner Stelle zu fällen.

Den Anderen als frei also, die Freiheit des Anderen macht der Diskurs vom Recht auf Lusterfüllung zum Subjekt seines Aussagens, und zwar nicht auf eine Weise, die sich vom ›Du bist‹ unterschiede, wie sie aus dem mörderischen Grunde eines jeden Imperativs hervorgeht.

Dieser Diskurs wirkt jedoch nichtsdestoweniger bestimmend für das Subjekt der Aussage, indem er es bei jedem Anruf aus einem äquivoken Inhalt heraustreibt: macht doch das Genießen, das in seiner Rede bereits sich schamlos einbekennt, sich zum Pol in einem Paar, bei dem der andere sich in der Höhlung befindet, die es jeweils schon am Ort des Anderen bohrt, um dort das Kreuz der Sadeschen Erfahrung zu errichten.« (a. a. O. S. 141)]

Mit anderen Worten: die »Erfahrung von Sade« (man beachte die Ähnlichkeit des Ausgangspunktes mit der Lektüre Klossowskis) – und zwar der Leidensweg der Leidenschaft, die zu seinem Kreuz führt (la croix de l'expérience sadienne) –, diese Erfahrung führe Sade notwendigerweise dorthin, wo das Gesetz formulierbar wird: beim Anderen. Der Sadismus wäre dann, so Lacan, die Erscheinung der Phantasie (der Selbsttäuschung des begehrenden Subjekts) am Ort selber, wo bei Kant die Atopie des Imperativs jene subjekthafte Dimension aufhebt. Sade würde an der Stelle, wo der »gute Wille« das moralische »Subjekt« konstituiert, die Frage des Begehrens wieder stellen. Dort, wo Kant – so Lacan – das moralische Subjekt zum Guten aufruft, antworte der Text mit der Präsentation des gespaltenen Subjekts. Die Wiederholung der sadistischen Geste im Text würde, durch den unendlichen Aufschub der Realisation, die Lacansche These des »leurre du sujet« bestätigen: »D'où la peu croyable survie dont Sade dote les victimes des sévices et tribulations qu'il leur inflige en sa fable. Le moment de leur mort n'y semble motivé que du besoin de les remplacer dans une combinatoire, qui seule exige leur multiplicité. Unique (Justine) ou multiple, la victime a la monotonie de la relation du sujet au signifiant, en quoi, à se fier à notre graphe, elle consiste. D'être l'objet a du fantasme, se situant dans le réel, la troupe des tourmenteurs (voir Juliette) peut avoir plus de variété« (a. a. O. S. 562). [»Von daher die schier unglaubliche Überlebenskraft, mit der Sade die Opfer der Mißhandlungen und Torturen begabt, die er in seinen fabulösen Geschichten an ihnen verübt. Der Augenblick ihres Todes scheint einzig durch das Bedürfnis motiviert, sie innerhalb einer Kombinatorik zu ersetzen, um derentwillen allein es mehrerer bedarf. Gleichgültig, ob das Opfer allein (Justine) oder in der Mehrzahl vertreten ist, unterliegt es der Monotonie der Beziehung, wie sie das Subjekt zu dem Signifikanten unterhält, worin es unserer Skizze zufolge besteht. Indem sie das Objekt a des Phantasmas darstellt und sich im Realen ansiedelt, wird die Schar der Peiniger um so mannigfaltiger.« (a. a. O. S. 146, leicht modifiziert)]

Mit anderen Worten: der libertine Wille zum Bösen wäre die Manifestation der durch das moralische Gesetz verdeckten und verdrängten Struktur des Begehrens. Die Negation des Anderen hätte hier mit dem Kantischen Gesetz nichts mehr gemeinsam, wohl aber mit dem für Lacan einzig gültigen Gesetz: der Präsenz des Anderen im Subjekt, der Mangelstruktur des Begehrens.

Man wird sich daher nicht wundern, wenn der Text von Sade wie auch die Konfrontation von Kant und Sade für den psychoanalytischen Diskurs eine hochstrategische Relevanz bekommt. Ist nämlich der gute Wille die Verdrängung des Begehrens – oder mit anderen Worten: ist die Transzendenz des kategorischen Imperativs dem Begehrungsvermögen gegenüber die Spur einer Illusion –, so kann selbstverständlich der Sadismus nichts anderes als die Kehrseite des kategorischen Imperativs sein. Da für die Psychoanalyse die Bewegung der Erkenntnis an sich von der konstitutiven Täuschung des Begehrens nicht getrennt werden kann, muß die Kluft zwischen der Erkenntnisproblematik der ersten Kritik und der Kritik der praktischen Vernunft durch die Postulate der Psychoanalyse selbst aufgefüllt werden. So wie Lacan keinen Augenblick zögert, die absolute Andersheit des Moralischen mit dem Anderen des Selbst (als Werdegang des Subjekts zu sich selbst im Anderen der Phantasie) zu assimilieren, so zögert er auch keineswegs, die Kantischen Klüfte – die die Berechtigung der Kritik selbst sind – zu

überspringen und das Noumenon mit dem phantasmatischen Objekt (dem »objet a«) zu vermengen. Das Unvorstellbare des Dings an sich wäre, quod erat demonstrandum, in der existentialen Erfahrung Sades von seiner Unerreichbarkeit heruntergeholt – und zwar als Agens des Leidens, d. h. Gott selbst, »Etre suprême en méchanceté«, dessen unendliche Lust durch die Wiederholung des Sadeschen Aktes unaufhörlich in Leiden umzuwandeln wäre. In dem Verschwinden des Subjekts, das der sadistische Akt dem Sadisten als Lustgewinn schenken würde, würde sich das Leiden am Leben selbst lösen. Der Sadist würde durch diesen Akt das existentiale Leiden dem anderen auferlegen und sich dadurch selbst davon befreien. Die Rechnung geht auf, fehlerfrei. Dem Psychoanalytiker wird man jedoch die Gegenfrage stellen dürfen. Befreit sich nicht diese mit mechanischer Strenge vor sich gehende Beweisführung von einer anderen Unerträglichkeit, die jenseits von Lust und Leid anzusiedeln ist, und jede onto-theologische Dimension überragt – nämlich der Schrift selbst? Der Mensch Sade mag sich durch die Niederschrift einer ewigen Wiederholung des sadistischen Rituals seines Leidens am Leben gehalten haben. Hätte sich der Schreibakt in diesem Befreiungsakt erschöpft, so wäre sicherlich nicht jenes Supplement entstanden, das Lacan am Ende seines Aufsatzes nur erwähnt, um es als Unvollkommenheit der phantasmatischen Realisation abzutun: nämlich der unendliche Rest des Bösen an sich, das, als böse Darstellung, die unüberbrückbare Kluft zwischen der phantasmatischen Struktur und der mimetischen Artikulation markiert. Dazu Lacan: »Sa (d. h. Sades, JPD) carence se confirme d'une autre (impuissance, JPD) non moins remarquable: l'œuvre jamais ne nous présente le succès d'une séduction, où pourtant se couronnerait le fantasme: celle par quoi la victime, fût-ce en son dernier spasme, viendrait à consentir à l'intention de son tourmenteur, voire s'enrôlerait de son côté par l'effet de ce consentement« (a. a. O. S. 574). [»Sein Versagen bestätigt sich durch ein weiteres, das nicht minder bemerkenswert ist: Niemals führt uns das Werk den Erfolg einer Verführung vor, mit der sich das Phantasma schließlich doch noch krönen würde: eine Verführung, bei der das Opfer, und sei's in seiner allerletzten Zuckung, der Absicht seines Peinigers zustimmen würde bzw. sich seinerseits durch den Antrieb dieser Zustimmung mitreißen ließe.« (a. a. O. S. 159)]
Erlauben wir uns, in der Naivität dieser Bemerkung das Unbewußte der Theorie selber (wenigstens dessen Zipfel) zu erblicken. Lacan, der nicht müde ist, mit sakraler Arroganz alles abzutun, was eine andere Dimension als eine phantas-

mische hat, stempelt ohne mit der Wimper zu zucken das Böse, das die Wiederholung der Darstellung selbst garantiert (und auf die nur phantasmatische Wiederholung des naiven libertinen Begehrens antwortet) als Manko, Fehlen und schließlich als Scheitern ab. Daß bei Sade das Opfer Opfer an sich ist, und der Henker Henker an sich, daß zwischen Henker und Opfer nichts vorhanden ist, was eine Dialektisierung des Selbst und des Anderen ermöglichen könnte, definiert eben die mimetische Artikulation und beweist die Asymmetrie ihrer Beziehung zur phantasmatischen Szene. Ja: das Werk von Sade ist nicht die Realisation der sadistischen Szene, wie Lacan es zugeben muß. Im Gegensatz zu ihm meinen wir gerade, daß der offene Rest der phantasmatischen Szene nichts anderes als der Übergang von der Phantasie zum Text ist. Indem das Opfer den Henker bei Sade nie befriedigt, insofern auch die libertine Stimme nicht die Stimme der Phantasie, sondern die helle Stimme der »raison« selbst ist, definiert das Werk von Sade, auf dem Boden der Unausweichlichkeit der Phantasie – des Begehrens – die Frage der Freiheit – der eigenen Gesetzgebung – als Ort der sozialen Aporie par excellence: die Gemeinschaft wird unmöglich – d. h. nur auf Kosten eines unmöglichen Verzichts denkbar. Die Proklamation des Gesetzes ist notwendig und problematisch. Gerade hier deckt sich die Lektüre Lacans mit unserer: Sade negiert das Gesetz nicht, er zeigt seinen Revers: »En quoi se démontre d'une autre vue que le désir soit l'envers de la loi.« (Ebenda) [»Damit zeigt sich unter anderem Gesichtspunkt, daß die Begierde Kehrseite des Gesetzes ist.« (Ebenda)] Der Widerspruch der Argumentation von Lacan besteht darin, daß er trotzdem auf der Behauptung beharrt, daß das Werk »le fantasme sadien« sei. Das Werk als Phantasie wäre einerseits das Realisat der sadistischen Szene, andererseits als solches unzulänglich. Gerade an diesem Ort muß Lacan die Paradoxie der Komplementarität einer doppelten inhumanen Einsamkeit (der essentiellen Einsamkeit der Stimme des Gesetzes und der ihr asymmetrisch entsprechenden der libertinen Stimme) umgehen und das Werk von Sade auf nichts anderes als den Triumph der Tugend reduzieren: »Pour Sade, on est toujours du même côté, le bon ou le mauvais; aucune injure n'y changera rien. C'est donc le triomphe de la vertu: ce paradoxe ne fait que retrouver le dérision propre au livre édifiant, que la Justine vise trop pour ne pas épouser.« (Ebenda) [»Für Sade steht man ein für allemal auf einer Seite, der guten oder der schlechten; daran vermag keine Schmach etwas zu ändern. So feiert also die Tugend Triumph: erst durch dieses Paradoxon stellt sich der eigentliche Hohn des erbaulichen Buches wieder her, auf den Justine allzu direkt abzielt, damit sie sich mit ihm nicht identifizieren würde.« (Ebenda, korrigierte Üb.)] »Amen« könnte man sagen, wenn das letzte Wort nicht schon gefallen wäre. Für Lacan ist schließlich das Werk von Sade eine schwarze Theologie, und sogar nur das: »Sade s'est donc arrêté là, au point où se noue le désir à la loi«, schreibt Lacan. (Ebenda, S. 576). [»An dieser Stelle, an diesem Knotenpunkt zwischen Begierde und Gesetz, ist Sade also stehengeblieben.« (a. a. O. S. 162)]

Übersetzen wir, als »Psychoanalytiker« der psychoanalytischen Reduktion der Literatur, diesen typischen Fall von Verneinung. Also: »Lacan (bzw. Freud) s'est donc arrêté là, au point où se noue le désir à la loi«. Und wenn Sade hier weitergegangen ist, dann nicht »mit Kant« via Lacan, sondern ohne Kant, aber tatsächlich auch mit ihm, bis dorthin, wo, jenseits der gegenseitigen Bedingung des Begehrens und seines eigenen Gesetzes, die tragische Intuition der Verdoppelung des Anderen im Anderen das Phantasma dazu verdammt, sich auf die Äußerlichkeit seiner undarstellbaren moralischen Erhellung einzulassen. Diese wird, als böse Darstellung, nie *im* Gesetz sein, sondern immer *vor* ihm. Die absolute Verdunkelung des Gesetzes, die Übererhellung des Bösen, vereinen sich in der Distanz, die sie zu respektieren haben, damit das Ideal nicht in das Begehren zurückfällt. Man könnte in dieser Proklamation des modernen »Sündenfalls« (der Erscheinung der menschlichen Souveränität) das luziferische Analogon der Schrift sehen.

225 Jean-Luc Nancy, 1983, S. 14.
»Il y a l'impératif parce qu'il y a le mal. Il y a le mal, c'est-à-dire la possibilité de – et la disposition à – transgresser la loi. Il y a la loi comme commandement, parce qu'elle peut-être violée. Ce qui ne veut pas dire qu'il y aurait d'une part la loi elle-même (semblable à une loi physique, voire confondue avec elle), et d'autre part l'impératif adressé à celui qui, par accident, ne se conduirait pas spontanément selon la loi. Car l'impératif, dans ce cas (qui est du reste, le cas ordinaire les lois) ne serait pas la loi elle-même, ne se confondrait pas en tant qu'impératif avec elle. Il aurait alors, en outre, une fonction correctrice, pédagogique. Il s'adresserait en l'homme à l'enfant, non à l'homme. Mais l'impératif ne comporte ni châtiment ni récompense: c'est en cela même que consiste son caractère catégorique, et non hypothétique (distinction qui équivaut, chez Kant, à la distinction de l'impératif moral et de l'impératif technique).«

226 Siehe hier Anm. 187. Die Schwierigkeit einer Deduktion von moralischen Maximen wird von Kant in der Analytik der reinen praktischen Vernunft entwickelt. S. »Von der Deduk-

tion der Grundsätze der reinen praktischen Vernunft« in
A 73–87 (Werkausgabe Suhrkamp 1978, Bd. VII,
S. 155–165). Das moralische Gesetz ist »ein Faktum der reinen Vernunft, dessen wir uns a priori bewußt sind und welches apodiktisch gewiß ist, gegeben, gesetzt, das man auch in der Erfahrung kein Beispiel, da es genau befolgt wäre, auftreiben konnte. Also kann die objektive Realität des moralischen Gesetzes durch keine Deduktion, durch alle Anstrengung der theoretischen, spekulativen oder empirisch unterstützten Vernunft, bewiesen und also, wenn man auch auf die apodiktische Gewißheit Verzicht tun wollte, durch Erfahrung bestätigt und so a posteriori bewiesen werden, und steht dennoch für sich selbst fest« (A 81–82; Suhrkamp 1978, S. 161). Vgl. J. F. Lyotard a. a. O. S. 200–211. Die libertine Stimme beweist es, a contrario. Als Usurpator des Gesetzes verkündet der Libertin unablässig die Deduktibilität seines Willens, und zwar »durch alle Anstrengung der theoretischen, spekulativen oder empirisch unterstützten Vernunft«.

227 Bekanntlich hat G. Bataille in seinen politischen Schriften versucht, die Aporie der Modernität im Kontext des Faschismus und des Stalinismus mit seiner Auffassung von Souveränität zu verbinden. Der Marxismus beruht zwar auf einer Affirmation der menschlichen Souveränität gegenüber allen Formen der Entfremdung, diese Affirmation ist jedoch nur um den Preis eines Verzichtes auf die Souveränität möglich, wenn diese gerade in der Überwindung der unterdrückenden Normalität beruht: »Il reste néanmoins à savoir si l'homme, auquel le communisme rapporte la production, n'a pas pris cette valeur souveraine à une condition première: d'avoir renoncé, pour lui-même à tout ce qui est véritablement souverain« (a. a. O. Gallimard, Bd. 8, S. 352). Indem Bataille in *L'expérience intérieure* die Bewegung der Souveränität auf kein performatives Resultat hin tendieren läßt, sondern auf die Verschwendung an sich, auf die Erfahrung eines leeren Draußen, einer Ek-Stase, bekam für ihn die Idee der Kommunikation eine paradoxale Wendung. In *La communauté désœuvrée* (*Die undarstellbare Gemeinschaft*, Stuttgart 1988) betont Jean-Luc Nancy die Wichtigkeit der Position von Bataille, die auf den paradoxen Horizont einer »undarstellbaren Gemeinschaft« hindeutet.

228 Das anthropologische Material der Zeit ist für den Libertin ein unerschöpflicher Fundus von Belegen und Zitaten. Sade selbst nimmt als Zielscheibe seiner Kritik alle aufklärerischen Prinzipien, die ihm als Naivität vorkommen. So z. B. im *Quatrième cahier de notes ou réflexions:* »Toute la science de la morale, dit d'Alembert, est fondée sur cette

seule vérité de fait incontestable: le besoin mutuel que les hommes ont les uns des autres et les devoirs réciproques que ce besoin leur impose, d'où il résulte que tout homme qui n'a pas besoin des autres peut hardiment détruire tous (les) principes moraux« (in a. a. O. Supplément 1980, S. 193). Der Libertin verwandelt in seinen Texten diese Skepsis zur Apologie des Bösen. Die Schrift setzt dort an, wo die moralischen Prinzipien sich als empirisch präsentieren. So bilden die Humanwissenschaften eine feste Grundlage für ein empirisches Dementi der empirischen Moral. Die Monumentalität der libertinen Rede, mit ihrer endlosen Auflistung von ethnologischen, psychologischen, physiologischen, historischen Beispielen gibt das Ausmaß der Kluft wieder. Der Mensch ist sich zwar selbst sein eigenes Objekt, als solches erscheint er aber als ungreifbar, monströs und ohne Konturen. Die Humanwissenschaften liefern den Beweis des Inhumanen am Menschen.

229 Die Natur ist bei Sade nicht nur »aktive Kraft« im Sinne von Nietzsche und als solche unbewußt, sie ist schließlich unauffindbar. Die Analogie zum spinozistischen »deus sive natura« ist nicht ganz adäquat, denn die Natur ist bei Sade weniger darstellbar und lokalisierbar als bei Spinoza selbst. Indem der Libertin sich auf sie beruft, kann er jedenfalls nicht mehr als »Aktant« bezeichnet werden. Sein Wille realisiert den Befehl der Natur, und jede Modalität seines Tuns gehorcht dieser Abhängigkeit. Dies ist ein weiterer Aspekt der »narrativen Katastrophe«: der Libertin als reiner Henker transzendiert die phantasmatische Sphäre (in der das sadistische Ritual eingefangen ist). Dadurch gerät er, als narrative Funktion, in eine absolute Isolierung. Die libertine Parataxe inszeniert nicht mehr die Wiederholung des Begehrens, sie bedeutet in der narrativen Entwertung einen nächsten, irreversiblen Schritt: die narrative Maschinerie tritt auf der Stelle. Sie ist schon, zweihundert Jahre im voraus, das Modell der unfunktionalen »machine célibataire«. Wie die Maschinen von Tinguely wiederholt sie eine einzige Geste, aber auf eine viel radikalere Art. Eher müßte man an eine sich selbst fressende Maschinerie denken – wie die *Cent vingt journées* es letztlich sind.

230 »Nun ist aber der physische Mensch wirklich und der sittliche nur problematisch«: Schiller, *Über die ästhetische Erziehung des Menschen in einer Reihe von Briefen*, 3. Brief, Schiller National-Ausgabe, H. Böhlaus Nachf., 1962, Bd. 20, S. 314.

231 Vergleicht man *Français encore un effort* mit den im gleichen Jahr erschienenen Briefen Schillers »Über die ästhetische Erziehung des Menschen«, so kann man den Sadeschen

Kontrapunkt genau ermessen. Der Widerspruch zwischen dem »physischen« und dem »sittlichen« Menschen ist für Schiller erst im »lebendigen Uhrwerk des Staats« aufhebbar (s. 3. Brief). Nur durch die Versöhnung von Geist und Natur könne die Gesellschaft der Alternative zwischen »Wildheit« (qua Verachtung der Kunst und alleiniger Anerkennung der Natur) und »Barbarei« (qua »Verspottung und Entehrung« der Natur) entgehen. Die Form, die die Antithese von Einförmigkeit und Verwirrung dialektisch aufhebt, wäre die ästhetische Analogie jener höheren Moralität, in der die gegensätzlichen Elemente des physischen und des geistigen Menschen sich vereinen, ohne einander Abbruch zu tun (s. Ende des 4. Briefes). Die ästhetische Auflösung der gesetzten Antithese appelliert an einen neuen Charakter: den gebildeten Menschen. Dieser »macht sich die Natur zu seinem Freund und ehrt ihre Freiheit, indem er bloß ihre Willkür zügelt«. Wie so oft, bedeutet hier auch der Text von Sade einen regelrechten Kontrapunkt; der Position des Ideals wird Punkt für Punkt widersprochen. Formulieren Schillers Briefe das Ideal einer Versöhnung im (zugleich ästhetischen wie politischen) Ganzen, so appelliert die libertine Kampfschrift auf die republikanische Tugend (»le caractère d'un républicain«), ohne die Implikationen der Souveränität durch die Heuchelei des Ressentiments vertuschen zu wollen. So wie die libertine Stimme die Doktrin der Souveränität ohne narrativen Schutz verkündet, so plädiert auch die anonyme Stimme des Pamphletisten für die radikale Durchsetzung republikanischer Ideale samt allen daraus entstehenden Aporien. *Français encore un effort* ist das absolute Gegenbild des Schillerschen Staats als vollkommener Regulation von Gegensätzen. Für die anonyme Stimme des Pamphlets darf die Gerechtigkeit ebensowenig zu kurz kommen wie die Logik des Begehrens. Die Ablehnung der Todesstrafe setzt der Willkür des Staats eine absolute Schranke (im Gegensatz zur Rousseauistischen Logik der allgemeinen Schuldigkeit – einer absoluten Moralität, die die Inhumanität der Todesstrafe im Namen der Schuld und der Sicherheit legitimiert, s. *Contrat Social*, 2. Buch, 5. Kapitel). Die Rechtfertigung des Diebstahls, des Mords (aber auch des Mords an dem Mörder) sind hier Modalitäten des Gleichgewichts. Dieses Gleichgewicht stellt, wie immer bei Sade, den Gegenpol der dialektischen Versöhnung dar. Es entspricht eher einem produktiven als einem regulativen Modell. Der Rousseauistische Staat ist eine ideale, reibungslos funktionierende Sicherheitsmaschinerie: gerade weil der Staat sowohl politisch wie ökonomisch die Not überwindet und die Freiheit garantiert, ist die moralische Schuld jedes Bürgers unendlich: der Bürger verdankt dem Staat das Überleben (Wohlstand und Sicherheit); der Staat, als Ausdruck des volonté générale, ist die statische Aufhebung aller Regungen. Ist die Freiheit einmal errungen worden, so gilt es dann, sie mit allen Mitteln des Gesetzes zu bewahren. Das politische Modell von *Français encore un effort* ist dagegen uneingeschränkt revolutionär. Wollen die Franzosen »vraiment révolutionnaires« sein, dann müssen sie die Perspektive einer »insurrection permanente« in Kauf nehmen. Denn keine staatliche Organisation kann vor der Rückkehr der Tyrannei garantieren. Diese höchst hellsichtige Voraussicht der Entwicklung des Jakobinismus zum Bonapartismus ist bewundernswert. Sie ergibt sich aus der Übertragung der natürlichen Indifferenz ins Politische. So wie die Natur nur Bewegung kennt, so kann die revolutionäre Perspektive grundsätzlich nur amoralisch sein: die Selbsterhaltung des republikanischen Staats kann nicht statisch gedacht werden: »L'insurrection (...) n'est point un état moral; elle doit être pourtant l'état permanent d'une république; il serait donc aussi absurde que dangereux d'exiger que ceux qui doivent maintenir le perpétuel ébranlement immoral de la machine fussent eux-mêmes des êtres très moraux, parce que l'état moral d'un homme est un état de paix et de tranquillité, au lieu que son état immoral est un état de mouvement perpétuel qui le rapproche de l'insurrection nécessaire, dans laquelle il faut que le républician tienne toujours le gouvernement, dont il est membre« (a. a. O. Bd. 3, S. 498). [»Das Aufbegehren (...) ist keineswegs ein moralischer Zustand: Es muß dennoch der Dauerzustand einer Republik sein. Es wäre daher ebenso absurd wie gefährlich zu fordern, daß diejenigen, welche die Maschine in dauernder *unmoralischer* Erschütterung zu halten haben, selbst sehr *moralische* Wesen sein sollten, denn der moralische Zustand eines Menschen ist ein Zustand des Friedens und der Ruhe, wohingegen sein *unmoralischer* Zustand ein Zustand ständiger Lebendigkeit ist. Dies erleichtert dem Republikaner das unerläßliche Aufbegehren, das immer auf den ganzen Staat, dessen Glied er ist, übergreifen muß.« (*Franzosen, noch eine Anstrengung, wenn ihr Republikaner sein wollt*, aus dem Franz. v. J. Klünner, Edition Sirene, Berlin, 1984 S. 39f.)]

Das Anlehnungsmodell ist also durchaus nicht das der Organizität, des organischen Ganzen (wie bei Schiller) noch das der mechanischen Beständigkeit (wie bei Rousseau). Der nicht statische Staat, von dem *Français encore un effort* träumt, ist auf seine Art auch ein Ideal – aber wiederum nur von seiner Kehrseite aus gedacht. In diesem Staat dürften weder der republikanischen *Enthusiasmus* noch die libertine

Souveränität zu kurz kommen. Beides tut notwendigerweise permanent einander Abbruch. Diese Permanenz ist jedoch zugleich die der Ausnahme: ein privater Mord ist seltener und weniger unmoralisch (er ist sogar außerhalb der moralischen Frage) als das Ausmaß an Leiden, was Despotismus verlangt, oder als die Zahl der Opfer, die Kriege verlangen – so argumentiert der republikanische Libertin. Entgegen aller Erwartung ist jedoch diese paradoxe Sozialität durch die Imperative der Glückseligkeit bedingt: »Que les lois que nous promulgons n'aient pour but que la tranquillité du citoyen, son bonheur et l'éclat de la république. Mais après avoir chassé l'ennemi de vos terres, Français, je ne voudrais pas que l'ardeur de propager vos principes vous entraînât plus loin; ce n'est qu'avec le fer et le feu que vous pourrez le porter au bout de l'univers. Avant que d'accomplir ces résolutions, rapellez-vous le malheureux succès des Croisades. Quand l'ennemi sera de l'autre côté du Rhin, croyez-moi, gardez vos frontières et restez chez vous; ranimez votre commerce, redonnez de l'énergie et des débouchés à vos manufactures; faites refleurir vos arts, encouragez l'agriculture, si nécessaire dans un gouvernement tel que le vôtre et dont l'esprit doit être de pouvoir fournir à tout le monde sans avoir besoin de personne; laissez les trônes de l'Europe s'écrouler d'eux-mêmes: votre exemple, votre prospérité les culbuteront bientôt, sans que vous ayez besoin de vous en mêler« (a. a. O. S. 523). [»Die Gesetze, die wir öffentlich bekanntmachen, müssen die Ruhe des Bürgers, sein Glück und den Ruhm der Republik zum Ziel haben. Aber, Franzosen, wenn ihr erst den Feind von eurem Boden verjagt habt, dann will ich nicht, daß euch der Eifer, eure Grundsätze zu vertreiben, noch weiter fortreißt. Nur mit Feuer und Schwert könntet ihr sie bis zum Ende der Welt tragen. Ehe ihr solche Beschlüsse faßt, erinnert euch an den unglücklichen Ausgang der Kreuzzüge. Wenn der Feind erst auf der anderen Seite des Rheins ist, dann, glaubt mir, schützt eure Grenzen und bleibt im Lande. Dann laßt euren Handel wieder aufleben, bringt euer Handwerk wieder in Schwung und schafft Absatzmärkte; laßt eure Künste wieder aufblühen, fördert die Landwirtschaft, die so notwendig ist in einem solchen Staat wie dem euren, und deren Ziel es sein muß, alle zu beliefern, ohne auf jemanden angewiesen zu sein. Laßt die Throne Europas von selbst zusammenstürzen: Euer Beispiel, die Wohlfahrt eures Landes, wird sie bald zu Fall bringen, ohne daß ihr euch einmischen müßtet.« (a. a. O. S. 81 f.)]
Letzten Endes überwindet die citoyenneté (wie bei Schiller die Bildung) das Prinzip der permanenten Unruhe. *Français encore un effort* verlangt keine Totalität des Charakters, son-

dern im Gegenteil seine absolute Autarkie. In dieser Gesellschaft jenseits jeder übergeordneten ethischen Finalität herrscht das ökonomische Prinzip als letztliches Gegengewicht des Aneignungstriebs. Ist diese Gesellschaft nicht realer, als die des Schillerschen Ideals? Ist sie nicht seitdem die abstrakte, inhumane Realität der modernen Sozialität? Indem *Français encore un effort* keine globalen, sondern nur kontradiktorische und lokale Gültigkeiten vorschreibt, wird schließlich das unmoralische Ideal des Libertins zur Beschreibung eines Faktums. Schiller deutet auf das ideale Uhrwerk hin, das den physischen und sittlichen Menschen miteinander versöhnen würde. Der Pseudo-Diskurs im »Als-ob-Diskurs« der *Philosophie dans le boudoir* appelliert nicht an die Einbildungskraft; er bietet dafür die realen Bilder der Gesellschaft als das Moment des Gleichgewichts im permanenten Kampf unvereinbarer Interessen. Die Schärfe des entstandenen Bilds ruiniert die Schärfe der libertinen Forderung. Wenn dieser Text den Status des Traums haben sollte (wie Lacan es in *Kant avec Sade* andeutet), dann hat dieser Traum prämonitorischen Charakter. Der Schillersche Traum hingegen hat eher den Status einer Kompromißbildung. Beide sind politisch unbrauchbar. Gibt jedoch nicht derjenige mehr zu sehen, der der Blindheit des Begehrens einen paradoxalen, aber autonomen Platz ein(t)räumt?

Français encore un effort nimmt auf jeden Fall nicht nur innerhalb der *Philosophie dans le boudoir,* sondern im Vergleich zu allen anderen Texten von Sade eine eigentümliche Stellung ein: insofern die Schranke des Fiktiven eindeutig überschritten wird, ohne daß man berechtigt wäre, diesen Diskurs außerhalb des Textes anzusiedeln. Hier exponiert sich der Autor wie an keiner anderen Stelle, indem er die libertine Stimme, die bisher auf ihre eigene Grausamkeit hinwies, mit Imperativen der praktischen Vernunft vereint. Die anonyme Stimme von *Français encore un effort* hat die reine Grausamkeit der bösen Darstellung verlassen. Was ansonsten als System der Natur die Marke der fiktiven Reversion ist, bekommt hier einen ambivalenten Anweisungscharakter. Einerseits entspricht die Modalität des Diskurses einem bekannten narrativen Trick (dem des angeblich zufällig gefundenen Manuskripts). Andererseits nimmt der Text eine neue Dissonanz in Kauf: neben der Apologie des Gleichgewichts als eines genuinen Arguments der Natur treten ökonomische und politische Imperative, die teils regulativen, teils revolutionären Charakter haben. Diese seltsame Position des Textes (sowohl narrativ wie diskursiv) hebt jedoch nicht jede Eindeutigkeit auf. Wenn *Français encore un effort* zweifellos als Kontrapunkt der Schillerschen ästhetischen

Briefe betrachtet werden kann, ist das Verhältnis zu Kant nicht das bisher beschriebene. Als implizite Ästhetik des Erhabenen antwortet er auf die problematischste Stelle der *Kritik der Urteilskraft*. Wenn nämlich im Text von Sade vom Heroismus des Republikaners die Rede ist, ist der Bezug auf die Erhabenheit explizit: »Un soldat s'est tué, pendant la campagne de 92, de chagrin de ne pouvoir suivre ses camarades à l'affaire de Jemmappes. Incessamment placés à la hauteur de ces fiers républicains, nous surpasserons bientôt leurs vertus: c'est le gouvernement qui fait l'homme. Une si longue habitude du despotisme avait totalement énervé notre courage; il avait dépravé nos mœurs: nous renaissons; on va bientôt voir *de quelles actions sublimes est capable le génie*, le caractère français, quand il est libre...« (a. a. O. S. 522 f.). [»Ein Soldat tötete sich während des Feldzuges von 1792 aus Kummer, weil er seinen Kameraden nicht in das Gefecht von Jemmapes folgen konnte. Wenn wir uns ständig auf der Höhe dieser stolzen Republikaner halten, werden wir bald ihre Tugenden noch übertreffen. Die Regierung ist's, die den Menschen prägt. Die so lange Gewöhnung an den Despotismus hatte unseren Mut gänzlich geschwächt; sie hatte unsere Sitten verdorben. Unsere Wiedergeburt steht bevor; bald wird man sehen, *zu welch erhabenen Taten der französische Genius in seiner Freiheit fähig ist.*« (a. a. O. S. 80, leicht modifiziert)] (Hervorh. v. J. P. D.). Damit antwortet Sade echohaft auf den § 28 der *Kritik der Urteilskraft* (Von der Natur als einer Macht), in der es u. a. heißt: »Denn was ist das, was selbst dem Wilden ein Gegenstand der größten Bewunderung ist? Ein Mensch, der nicht erschrickt, der sich nicht fürchtet, also der Gefahr nicht weicht, zugleich aber mit völliger Überlegung rüstig zu Werke geht. Auch im allergesittetsten Zustand bleibt diese vorzügliche Hochachtung für den Krieger; nur daß man noch dazu verlangt, daß er zugleich alle Tugenden des Friedens, Sanftmut, Mitleid, und selbst geziemende Sorgfalt für seine eigene Person beweise: eben darum weil daran die Unbezwinglichkeit seines Gemüts durch Gefahr erkannt wird. Daher mag man noch so viel in der Vergleichung des Staatsmanns mit dem Feldherrn über die Vorzüglichkeit der Achtung, die einer vor dem anderen verdient, streiten: das ästhetische Urteil entscheidet für den letztern. Selbst der Krieg, wenn er mit Ordnung und Heiligachtung der bürgerlichen Rechte geführt wird, hat etwas Erhabenes an sich, und macht zugleich die Denkungsart des Volks, welches ihn auf diese Art führt, nur um so erhabener, je mehreren Gefahren es ausgesetzt war, und sich mutig darunter hat behaupten können: da hingegen ein langer Frieden den bloßen Handelsgeist, mit ihm aber den niedrigen Eigennutz, Feigheit und Weichlichkeit herrschend zu machen, und die Denkungsart des Volks zu erniedrigen pflegt« (in: A 105–106, B 107–108; Handelsgeist in C, Handlungsgeist in A, Suhrkamp Werkausgabe Bd. X, S. 187). Zwar ist der politische Kontext und die Funktion dieser Stelle innerhalb der Problematik des Dynamisch-Erhabenen mit dem Text von Sade nicht identisch. Dessen ungeachtet bilden die Position von Kant (der sich diesbezüglich, weil ohne literarische Ambivalenz und weil vom Krieg an sich die Rede ist, noch mehr exponiert, als Sade es mit seinem Text-als-Diskurs schließlich tut) und die ihr entsprechende Stelle bei Sade eine gemeinsame Front gegen die Schillersche. Die ästhetischen Briefe betrachten das spekulative Resultat der Versöhnung von Natur und Geist als eine Grundlage für das politische Tun. Ihre Ästhetik ist eine Ästhetik der Gestalt, der Formung. Die Bildung vereint beides im politisch-ästhetischen Ganzen. Dieser idealisierenden Geste gegenüber bieten die zwei hier zitierten Passagen von Kant und Sade eine ganz andere Denkfigur an: der Formlosigkeit des Todes ausgesetzt, repräsentiert der Feldherr in der Apathie seines Blicks die Überlegenheit des Gemüts über die Erhabenheit der Natur im Menschen, so wie der vor der Gefahr geschützte Beobachter beim Anblick der Naturgewalt auf die Erhabenheit der menschlichen Bestimmung hingewiesen wird. Die ambivalente Relation zwischen den zwei Situationen ist unverkennbar. Bedeutet die vorher zitierte Stelle, daß der Feldherr das Symbol dieser Erhabenheit des Menschen angesichts des Todes ist? Meint etwa Kant, daß der Krieg ein Naturphänomen ist? Findet nicht hier, im Kantischen *Diskurs* selbst, eine Reversion des Gesetzes statt, wenn auch nur im kleinen (jedoch an einer gewichtigen Stelle)? Und läßt sich nicht gerade die moralische Ambivalenz an der Zwitterposition des Feldherrn ermessen? Der Feldherr ist Symbol der menschlichen Bestimmung *und* der heroischen, militärischen Erhabenheit in einem. Diese Randerscheinung im Kantischen Diskurs ist im Detail stellvertretend für die Stellung der Ästhetik des Erhabenen insgesamt, die man nicht zu Unrecht heute als ein Grenzphänomen der Kantischen Ästhetik – und vielleicht der Ästhetik überhaupt – betrachten kann. In diesem unscheinbaren diskursiven Ereignis kündigt sich jedoch innerhalb der kritischen Philosophie von Kant eine Anomalie an, die gegenüber dem Text von Sade geradezu grandiose Proportionen annimmt. Die Relation ist jedoch nicht die von groß und klein. Entscheidend scheint uns diese Struktur einer asymmetrischen Entsprechung, als würden sich der Text von Sade und der Diskurs von Kant an

einer zwar nur winzigen, jedoch entscheidenden Stelle über-
schneiden: am Ort eines komplementären und notwendig
irreparablen Widerspruchs.

232 So z. B. Mme de Saint-Ange zu Eugénie: »Eugénie, crois-
moi, cessons l'une et l'autre d'être prudentes avec cet homme
charmant; je ne le connais pas plus que toi: regarde pourtant
comme je me livre à lui! (Elle le baise lubriquement sur la
bouche). Imite-moi« (a. a. O. Bd. 3, S. 382); so z. B. auch
Juliette an Charlotte: »Tous deux, sans quitter la place, par-
coururent une double carrière, et quand je m'en débarrassais,
le foudre inondait mes cuisses de toutes part … je le distillais
par tous les pores. – Ah toi, garce, dis-je à Charlotte, fais de
même, si tu veux connaître le plaisir« (a. a. O. Bd. 10, S. 407)
usw.

233 Die Sodomie ist nicht das »Gegenteil« oder die »Negation«
der »normalen« Begattung, sondern auf eine viel universa-
lere Art und Weise bei Sade die Operation der Umkehrung
des Gesetzes am Ort seiner Einschreibung. Als Ausklammerung der naturgegebenen Teleologie gehorcht sie dem Befehl
der bösen Natur par excellence. Sie ist das Emblem der
Reversion und der inneren Spaltung der Natur in eine gute
und eine schlechte Mutter. Als solche ist sie, wie Klossowski
es unterstreicht, mit der Homosexualität nicht identisch
(S. Klossowski, *Sade mon prochain*, a. a. O. S. 31 f.): als Symbol der »contre-généralité« realisiert sie den Befehl der
natürlichen Selbstnegation und koppelt somit die *imitatio
naturae* mit ihrer Parodie.

234 Siehe hierzu: Volker Klotz: *Erzählen als Enttöten. Vorläu-
fige Notizen zu zyklischem, instrumentalem und prakti-
schem Erzählen,* in: Erzählforschung. Ein Symposium.
Hrsg. E. Lämmert, Metzler, Stuttgart 1982 S. 319–334. Wie
sonst entwendet hier auch die Schrift Sades vorgegebene
Strukturen und führt sie zu ihrem katastrophalen Ende. In
den von V. Klotz untersuchten Texten (*Tausend und eine
Nacht, Tuti-Nameh, Decamerone, Heptameron* etc.) führt
die Ritualisierung des Erzählens in Gegenwart von Zuhö-
rern zu einer Involvierung des Adressaten, des »narrataire«
ins Erzählen, insofern die Weitererzählung sich aus der *Wirkung* des Erzählten ergibt bzw. davon abhängt. Diese Integration der Erzähleffekte in den Fortgang der Gesamterzählung nennt V. Klotz »praktisches Erzählen (…) als wirksa-
mes Handeln«. In der Terminologie der »Narratologen«
würde man sagen, daß die Einwirkung der *narration* auf den
narrataire den Übergang von einer narrativen Ebene auf die
andere ermöglicht – von der Ebene der *narration* auf die der
diegèse im Sinne von Genette. Dabei bekommt der narrataire
eine wichtige Funktion, da er sozusagen als narratives Schar-

nier funktioniert (ob er selber – wie etwa im *Decamerone* oder im *Heptameron* – zum Erzähler wird oder wie in *Tausend und eine Nacht* seine narrative Stellung behält). Die *Cent vingt journées* übernehmen dieses Schema und seine traditionelle Trägerfunktion: so wie in der italienischen oder französischen Novelle der Renaissance ist der übermittelte Stoff sensationell, außerordentlich. Außerordentlich ist nämlich auch bei Sade der Erzählstoff selber – da es sich um die Erzählung von Perversionen handelt, also um die Erzählung überraschender Ausnahmen. In all diesen Texten ist eine Überschreitung der narrativen Grenzen zu verzeichnen – eine Artikulation der erzählten Welt mit der Welt, in der die Erzählung stattfindet. In allen Fällen ist die Gesamtsituation selber eine Ausnahme, ein Grenzfall, der mit Tod und Bedrohung oder Katastrophen verbunden ist (Pest, Überschwemmung, Französische Revolution, zweiter Weltkrieg oder wie in *Tausend und eine Nacht* der individuelle Tod schlechthin). Sie sind in dieser Hinsicht alle gegen den Tod geschrieben und beweisen die Kraft des Erzählens angesichts der tödlichen Bedrohung. Die *Cent vingt journées de Sodome* sind unter all diesen Grenztexten nicht nur eine Ausnahme, sondern die Entgrenzung des ganzen Genres selber. Das Erzählen des Außerordentlichen erfährt eine letale Steigerung, die die Wirkung des Erzählens graduell zum Tod *im* Text führt. Die Steigerung der perversen Geste zum Tötungsakt verwandelt die Gesamterzählung zu einer globalen Mordmaschinerie. Ist die Wirkung des Erzählens nicht Enttöten, sondern Mord, so geht die ursprüngliche narrative Funktion verloren. Die in libertinen Texten von uns so oft vermerkte Tendenz zum Verlust des narrativen Schutzes erreicht einen letzten, unüberschreitbaren Höhepunkt. Hier wie immer ist der Text von Sade das letzte Glied einer möglichen Reihe. Die narrative Katastrophe, von der wir mehrmals sprachen, wird durch den Vergleich mit den Hypotexten der *Cent vingt journées* offenkundig: das Erzählen ist keine todesbannende Potenz mehr, die Einbildungskraft bedeutet nicht mehr die Kraft der Bilder gegen die Katastrophe. Diese narrative Katastrophe kehrt hier die Beziehung von Welt und Text um. Der Text, wie schon gesagt, »frißt sich schließlich selbst auf«.

235 Man lese noch einmal die wunderbaren Briefe aus Vincennes und aus der Bastille: »(...) J'ai fessé quelques culs, oui j'en conviens, et lui (d. h. der Lieutenant de police, J. P. D.) a risqué de faire mourir de faim un million d'âmes. Le roi est juste: qu'il décide entre nous deux et fasse rouer le plus coupable, j'y consens« (Juli 1783); »(...) Vous avez imaginé faire la merveille, je le parierais, en me réduisant à une abstinence

atroce sur le péché de la chair. Eh bien, vous vous êtes trompés: vous avez échauffé ma tête, vous m'avez fait former des fantômes qu'il faudra que je réalise. Ça commençait à se passer, et cela sera à recommencer de plus belle. Quand on a fait trop bouillir le pot, vous savez bien qu'il faut qu'il verse« (im gleichen Monat geschrieben) usw.

236 Die semantische Mehrdeutigkeit des Bilds ist evident. Im Blitz vereinen sich sowohl die Sadesche Problematik der Energie, die des Schocks (der »commotion«), die Frage der Teleologie der Natur und die Thematik des Lichts. Die Aufklärung ist nicht nur die profane Version einer Suche nach dem Licht, sie impliziert auch die Regulation seines Gebrauchs. Zuviel Licht bedeutet für die kritische Suche nichts mehr (poetische Schwärmerei), so wie zuviel Lust jede jouissance zerstört und somit die Ökonomie von Lust und Leid verunmöglicht. Im Bild des Blitzes vereinen sich auch *foutre* und *foudre* – das Emblem der göttlichen Rache und der Synkope der Sinne im Augenblick der »Krise«. Der Blitz, der sich in Justine hineinschreibt, ist im Freudschen Sinne regelrecht eine *Verdichtung* des ganzen Textes. Die blinde Gewalt der Natur fällt mit der narrativen Notwendigkeit zusammen.

237 A. a. O. Bd. 9, S. 584.
»Il était écrit dans le ciel que le repos même de la mort ne te garantirait pas des atrocités du crime et de la perversité des hommes!«

238 In der Anmerkung I zur Auflösung der Antinomie des Geschmacks (§ 56 der *Kritik der Urteilskraft*) problematisiert Kant die asymmetrische Relation zwischen den ästhetischen Ideen und den Verstandesbegriffen: »Verstandesbegriffe müssen, als solche, jederzeit demonstrabel sein (wenn unter Demonstrieren, wie in der Anatomie, bloß das Darstellen verstanden wird); d. i. der ihnen korrespondierende Gegenstand muß jederzeit in der Anschauung (rein oder empirisch) gegeben werden können.« Hingegen sind ästhetische Ideen »inexponible Vorstellungen der Einbildungskraft«, so wie die Vernunftideen »einen indemonstrablen Begriff der Vernunft nennen«. Der Anatomiker kann, so Kant, das menschliche Auge »demonstrieren« (vorzeigen), weil er den Begriff, *»den er vorher diskursiv vorgetragen hat«* (Hervorhebung von uns), »vermittelst der Zergliederung dieses Organs anschaulich macht«. Dies ist jedoch nicht für die Vernunftidee der Fall, die ein *indemonstrabler Begriff ist* (wie z. B. die Freiheit). Die Einbildungskraft wird ebensowenig die Idee »erreichen« können wie der Verstand durch seine Begriffe »die ganze innere Anschauung der Einbildungskraft«. »Da nun eine Vorstellung der Einbildungs-

kraft auf Begriffe bringen soviel heißt, als sie exponieren«, folgert daraus Kant, »so kann die ästhetische Idee *eine inexponible Vorstellung derselben* (in ihrem freien Spiele) genannt werden« (Kritik der Urteilskraft, B 241–242).

Für Kant existiert die Idee eines *Textes* aus historischen (diskursiven) Gründen nicht. Daß die »Inexponibilität« der Vorstellung sich in der *Figuralität* des Textes artikuliert und somit eine Brücke zwischen Vorstellung und Darstellung schlagen kann, ohne daß das Urteil dabei am Werke ist, ist für die Kantische *Problematik* eben *unvorstellbar*. In der Sprache von Kant wird jedoch *angedeutet* (ohne daß Kant über den diskursiven Gegenstand der Textualität verfügen könnte), daß eine Vorzeitigkeit des Denkens im Schreiben existieren kann. Sie wird zum Gegenstand keiner *Poetik*. Die Überbrückung zwischen einer Ästhetik des Schönen bzw. des Erhabenen und einer Poetik der Exponibilität des Menschen (als Vernunftidee par excellence) ist jedoch prinzipiell auf dem Boden der gleichen Problematik möglich. Wir hoffen selbst im Laufe unserer Darstellung deutlich genug darauf hingewiesen zu haben, daß die Arbeit des Denkens am Limit der Vorstellbarkeit, die die Texte von Sade bedeuten, ihr genuin libertines »Thema« (das Erotische) nicht nur transzendieren, sondern zu Darstellungsformen erweitern, die zwar die Inexponibilität des Menschen der Vernunft nach vereiteln, sie jedoch ästhetisch (und das hieße aufgrund einer exzessiven Form von Erhabenheit) exponieren. Daher ist die »verrückte Repräsentation« dieser Texte nicht nur, wie Foucault es z. B. in *Les mots et les choses* (Kap. VI,8) schrieb, als das Aufzeigen der Unermeßlichkeit des Begehrens zu verstehen, sondern auch als die Möglichkeit einer Darstellung des Inkompossiblen – des Gesetzes *und* des Begehrens. Dies ist nur möglich, wenn die Textualität sich dem größten Risiko aussetzt. In dieser Hinsicht ist die kulturelle Entsprechung dessen, was die Sadesche Schrift bedeutet und seinen Analoga in der deutschen Kultur (in erster Linie Hölderlin, aber auch z. B. Kleist) auffallend. Daß die Darstellungsgegenstände nicht vergleichbar sind, spielt letzten Endes angesichts der Problematik der Einbildungskraft nur in geringem Maße eine Rolle. Entscheidend ist die Beziehung einer extremen Form von Textualität zu der ihr vorangehenden Textreihe. Der »letzte« Text – derjenige, der den kulturellen Kreis überschreitet –, leistet um den Preis seiner »ver-rückten« Form die Anamnese der Kultur. Dadurch demonstriert er nicht nur die Inexponibilität des Gesetzes, sondern er *erinnert* auch daran. Dieser interne Exzeß der Vernunft überwindet die Antinomie von Erinnerung und Vergessen. Dadurch eben wird die Literatur, jenseits aller manipulativen Tricks (ob platonisch oder sophistisch) und jenseits jeder didaktischen Intentionalität auf eine ästhetische Art zum Träger ethischer Botschaften. Diese können nur, sowohl ethisch wie ästhetisch, in monströser Form erscheinen.

239 Siehe insb. hierzu Maurice Blanchot, *Le livre à venir* (dt. Üb. 1982).
240 J. Derrida, *Die Schrift und die Differenz* (dt. 1978), S. 108.

Methodischer Anhang

Die verwendete Terminologie lehnt sich zum größten Teil an das Vokabular der strukturalen Textanalyse, insbesondere an die Unterscheidungen von Gérard Genette, an. In bestimmten Fällen weicht jedoch unsere Terminologie von Genettes Vokabular ab. Andererseits gebrauchen wir auch eine eigenhändig entworfene Terminologie (s. z. B. mechanisch vs. athmosphärisch, narrativer Schutz etc.). Beides ergibt sich aus dem theoretischen Blickwinkel, der von einer Dichotomie ausgeht, die der gängigen Textsemiotik unbekannt ist – nämlich dem Unterschied zwischen Text und Diskurs. Aus all diesen Gründen erscheint uns eine allgemeine Präsentation des Begriffsapparats notwendig.

atmosphärisch vs. *mechanisch*: Diese Dichotomie ergibt sich aus der literarhistorischen Konfrontation zweier Schreibweisen – der realistischen Schreibweise des bürgerlichen Romans und der der libertinen Literatur. Die Unterscheidung bezieht sich auf textuelle Qualitäten, die zwei unterschiedlichen Formen mimetischer Artikulation* angehören. Die bürgerliche Romanform tendiert dazu, den diegetischen* Bereich zu autonomisieren und somit autonome Simulationen möglicher Welten hervorzurufen. Die libertine Schreibweise ist im Gegensatz dazu insofern als *mechanisch* zu betrachten, als die *mimetische Reduktion,* die die libertine Schreibweise kennzeichnet, das semantische Gewicht auf narrative Momente legt (Intrige, libertine Flucht, narrative Parataxe*, bzw. Konstitution von narrativen Labyrinthen).

Diskurs, Diskursivität vs. *Textualität*: s. Kap. I. Diese Dichotomie bietet die methodische Grundlage der Darstellung. Sie wird in Kap. I, 2, allgemein definiert und im Laufe der Darstellung induktiv entwickelt und kontextualisiert. Der Gebrauch von *discours* lehnt sich an Foucault und nicht an die textsemiotische Tradition, die den Begriff im Sinne von Prozessualität verwendet. Ausdrücke wie z. B. ›discours du texte‹ sind für unser Modell ausgeschlossen. S. auch in Kap. I.2. die Definition von *Irreversibilität* bzw. *Reversibilität.*

Diegese, diegetisch: Diese Termini, die erstmals von

Souriau verwendet wurden, sind von Genette präzise fest-
gelegt worden. Letzterer definiert die *diégèse* als erzählte
Welt (»le monde raconté«) im Gegensatz zur *narration**
als »monde où l'on raconte«. Die narrative Ebene besteht
aus allen textuellen Operationen, deren Finalität in der
Präsentation einer fiktiven Welt besteht. Die durch die
Erzählfunktionen gewährleistete Simulation möglicher
Welten transzendiert den bloßen *Handlungsablauf,* den
Genette einfach *histoire* nennt. Zur Präzisierung dieses
Punktes siehe Genette 1983 S. 13 (Erscheinungsdaten ver-
weisen auf die S. 324 angegebene Literatur). Aus diegetisch lassen sich ableiten: *Intradiegetisch, extradiegetisch,*
homodiegetisch, metadiegetisch etc. Die Termini definieren Relationen unter verschiedenen diegetischen Berei-
chen innerhalb eines Textes. Ist z. B. ein Erzähler gleichzeitig eine Figur innerhalb des erzählten Geschehens, wird
sie »infradiegetisch« genannt. Interveniert z. B. die narrative Stimme*, um eine neue Figur zu präsentieren, so wird
die dafür notwendige zeitliche Retrospektive als »hetero-
diegetisch« genannt. S. hierzu G. Genette 1972. In den
Mémoires de Suzon bekommt z. B. die einrahmende
Erzählung eine *narrative* Funktion. Diese dient dazu, die
eingerahmte Geschichte (Suzons Mémoiren selbst) auf
eine bestimmte Art zu *beleuchten.* Die eingerahmte
Geschichte wäre in der Sprache Genettes eine »métadié-
gèse«. S. hierzu Genette 1972, S. 238 ff.

Diskursivität: s. Diskurs, Diskursivität vs. Textualität.

extradiegetisch: s. intradiegetisch etc.

Dispersion (textuelle): s. *Intertext.*

Hypotext, Hypertext: hier haben wir die Terminologie
von Genette 1982 übernommen. Genette versteht in diesem Buch unter *hypertextualité* »toute relation qui unit un
texte B (que j'appellerai hypertexte) à un texte A (que j'appellerai, bien-sûr hypotexte) sur lequel il se greffe d'une
manière qui n'est pas celle du commentaire.« (a. a. O.
S. 11–12).

Hypotaxe vs. Parataxe: die Dichotomie funktioniert im
Zusammenhang mit Begriffen wie (libertine) *Flucht**, narrative Katastrophe*, textuelle Wertform*. Hypotaxe und
Parataxe beziehen sich auf narrative Formen. Die paratak-
tische Anreihung von Episoden ist ein Merkmal der libertinen Schreibweise. Sie manifestiert die Verabschiedung
narrativer Wertformen, d. h. wertkonstitutiver bzw. wert-

tradierender Konfigurationen von Handlungen. Der aristotelische *mythos* ist, als *systasis ton pragmaton,* die Definition der narrativen Hypotaxe par excellence. S. hierzu P. Ricœur 1983, insb. Kap. 2 (»La mise en intrigue«).

Die Unterscheidung zw. Parataxe und Hypotaxe ist von der Dichotomie zw. *narration* und *diégèse* nicht abhängig. Sie betrifft die gesamte textuelle Form als (narrative) Wertform*.

infradiegetisch: s. *Diegese.*

Irreversibilität, irreversibel: s. *diskurs, Diskursivität vs. Textualität.*

figural, Figuralität: damit sind genuin textuelle Eigenschaften genannt. Im Gegensatz zum Diskurs, der – außer im Fall der *Rhetorik* – auf sprachlichen Operationen beruht, die grundsätzlich anknüpfbar und fortsetzbar sind, endet immer die Welt mit dem letzten Satz eines Textes. Die textuelle Konfiguration ist somit, ob hypotaktisch oder parataktisch, zuerst eine Sinn*figur* und erst nachträglich und durch den Prozeß der Lektüre eine mögliche Bedeutung. Die fiktive Präsentation möglicher Welten hat somit immer eine figurale Notwendigkeit: sie ist, wie ein Bild oder ein Musikstück, aber auch wie jeder Satz, Sinn *als Form.* Als solche interferiert sie mit rhetorischen Operationen, die gleichermaßen grundsätzlich figuralen Charakter haben, ohne – wie sie – einer *diskursiven* Finalität zu gehorchen. Die narrative *Konfiguration* und die rhetorische *dispositio* sind in diesem Sinne dem Gebrauch nach nicht analog. Texte können jedoch durchaus spezifisch rhetorische Eigenschaften aufweisen (s. z. B. *varietas*,* *retentio** und *ornatus**).

(libertine) *Flucht*: die libertine Textform ist essentiell parataktisch. Ihr Paradigma ist die Anreihung von erotischen Episoden. Diese genuin libertine Textform und die damit verbundene semantische Entwertung bezeichnen wir als »libertine Flucht«.

(narrative) Gegengewichtung: s. narrative *Restauration.*

(narrative) *Intrige*: wird hier oft im Sinne von Handlungsschema (engl. plot structure, franz. intrigue romanesque) gebraucht. Interferiert oft mit der gängigen Bedeutung von Intrige.

Intertext, Intertextualität: es ist oft vom libertinen *Intertext* bzw. von der libertinen *Intertextualität* die Rede. Wir gebrauchen das Wort *Intertext* im Sinne einer historisch isolierbaren textuellen *Dispersion*. Die intertextuellen Relationen innerhalb dieser Dispersion tangieren sowohl die Frage der textuellen Entwertung* wie das Problem der Reversibilität* bzw. Irreversibilität* der Übersetzung diskursiver in textuelle Schemata*.

Wir sprechen in Anlehnung an M. Foucault und in Analogie zu dessen Begriff der »dispersion discursive« von »textueller Dispersion« (s. hierzu Kap. I, 2.). Diese Analogie beschränkt und präzisiert zugleich den oft vagen Gebrauch von Intertextualität. In unserer Perspektive hat der libertine Intertext aus Gründen, die im Laufe der Darstellung induktiv erbracht werden, einen Anfang und ein Ende. S. narrative Katastrophe*.

Irreversibilität: s. *Diskurs vs. Text.*

(narrative) *Katastrophe*: Der Begriff umfaßt mehrere Bedeutungen. Einerseits handelt es sich um den Prozeß der narrativen Entwertung an sich, insofern er katastrophalen Charakter hat. Die Katastrophe besteht in dem Fall in der Unauffindbarkeit rückwärtiger Übersetzungsregeln. Diskurse können in dem Fall textuelle Aussagen nicht mehr assimilieren. Andererseits geben wir auch dem Begriff eine tragische Konnotation: die Katastrophe narrativer Wertform ist nicht nur kulturell gesehen destabilisierend. Sie dramatisiert darüber hinaus die Aporien der »fines homini«. Im Fall von Sade erreicht dieses Scheitern einer Anamnese des Menschseins in der Anschauung narrativer Wertformen einen paroxystischen Höhepunkt. Hier ist die Katastrophe nicht nur die der Form, sondern in tragischer Weise die der Fähigkeit des Menschen, sein Menschsein zur sinngebenden Form zu bringen.

(narrative) *Konfiguration*: s. *Figuralität.*

Leidensweg: s. *Passio.*

mechanisch vs. *atmosphärisch*: s. *atmosphärisch.*

metadiegetisch: s. *Diegese.*

mimetische Artikulation: Die Darstellung ist immer doppelt artikuliert (*diégèse* und *narration*). Die *analytische* Unterscheidung zwischen der *narrativen* und der *diegetischen* Ebene ermöglicht uns, dieser Tatsache Rechnung zu tragen. Allerdings sollte man diesen analytischen Charakter nicht vergessen. Ein Text ist in dieser Hinsicht sozusagen ein narratives Möbiusband: die Präsentation möglicher Welten ist von der Selbstrepräsentation dieser Präsentation nicht zu trennen.

mimetische Reduktion: Die libertine Literatur kennzeichnet sich unter anderem durch ihre mimetische Reduktion: unter Verzicht auf die realistische Auffüllung von Weltinhalten bevorzugt sie die Herstellung beschränkter Handlungsszenarien, die letzten Endes die Aporie der Werte inszenieren. S. auch *mechanisch, libertine Flucht, Parataxe*.

narration: in der Terminologie von Genette die Erzählsphäre eines Textes (im Gegensatz zu der durch die *narration* präsentierten Welt (s. auch *Diegese, mimetische Artikulation*).

narrativ: Im Gegensatz zur Methode von Genette (die sich auf die Kategorisierung struktureller Textelemente beschränkt) hinterfragt unsere Beschreibung die *Finalität* textueller Formen. Dementsprechend erfährt in unserer Darstellung der Terminus eine interne Doppelung.

Einerseits bezieht er sich auf die *narration** als Finalisierung textueller Simulationen. Andererseits deutet er auf die (reversible oder irreversible) Relation zwischen diskursiven und textuellen Finalitäten. In diesem Fall bezieht sich der Terminus auf die Gesamtheit der mimetischen Artikulation als narratives Strategem innerhalb einer bestimmten diskursiven und textuellen Dispersion.

narratives Gegengewicht: s. *Restauration*; narratives *Geld*: s. *Wertform*; narrative *Hypotaxe*: s. *Hypotaxe*; narrativer *Standpunkt: s.* narrative *Stimme*.

narratives *Programm*: In der Terminologie von Greimas bedeutet ein narratives Programm stricto sensu, daß ein »énoncé de faire« ein »énoncé d'état« bedingt. Ein Subjekt S1 bewirkt bei einem anderen Subjekt S2 eine Zustandsänderung. Die Erprobung des Helden, die Gabe, der Raub, der Mord etc. ... können als ebensoviele Erscheinungsformen eines »narrativen Programms« gelten. Innerhalb eines gleichen Textes können verschiedene Programme hierarchisiert werden. Bestimmte Aufgaben müssen gelöst werden (Greimas nennt sie »programmes narratifs d'usage«), um höhere Pflichten zu erfüllen (»programmes narratifs de base«). Diese Auffassung gilt noch für geschlossene Kulturen, in denen die Entsprechung von Werterfüllung und narrativem Programm eine kulturelle Isotopie darstellt. Dies ist aber nicht mehr der Fall, wenn ein Text Wertaporien bzw. Wertverluste dramatisiert. In diesem Fall widerspiegelt sich der sozio-kulturelle Widerstreit in der textinternen Konkurrenz unterschiedlicher narrativer Programme. S. Kap. III.

narrativer *Schutz*: Exponiert sich die Figur als Wertrepräsentanz, so steht sie *vor dem Gesetz*. Da die libertine Figur die Rolle des moralischen Übertritts par excellence übernimmt, ist sie dem Urteil des Lesers notgedrungen ausgeliefert. Die narrative Maschinerie kann sie in Schutz nehmen und somit rechtfertigen. Das Limit der libertinen Entwertung ist jedesmal erreicht, wenn dieser Schutz fehlt. Die libertine Souveränität mündet in narrative Schutzlosigkeit. S. insb. III, 1, 2, und Kap. V.

narrative *Stimme*: In Anlehnung an Genette machen wir einen Unterschied zwischen dem »point de vue narratif« und der narrativen *Stimme*. Die *Stimme* meint eine textuelle *Instanz* (»wer spricht?«), während der narrative Standpunkt eine besondere Beleuchtung des Diegetischen durch die narrative Ebene ist. Diese Beleuchtung kann durch verschiedene Erzählinstanzen durchgeführt werden und somit durch einen Wechsel der narrativen Stimme. Andererseits bekommt in unserer Darstellung die Frage der Stimme eine zusätzliche Dimension. Unterschiedliche narrative Stimmen (im Sinne von Genette) können bestimmte narrative Programme* steuern bzw. miteinander konkurrieren lassen. Sie können den Standpunkt des Opfers vertreten oder verschiedentlich fokalisieren* (s. hier insb. III, 3). Die Art und Weise, wie bestimmte textuelle Strategien die Stimme des Opfers, der Natur oder des Gesetzes ertönen lassen, transzendiert jedoch die funktionale Topik Genettes. Schließlich dient die Analyse dazu, die Besonderheit der libertinen Stimme in den Texten von Sade als Merkmal einer entscheidenden qualitativen Schwelle in der Geschichte der abendländischen Literatur hervorzuheben (s. insb. V, 2.1.).

narrative *Strecke* bzw. narrativer *Weg* (s. auch *Passio*): Die Prozeßhaftigkeit der narrativen Handlungsfolge manifestiert sich oft als eine bestimmte »Strecke«, die die Hauptfiguren zu begehen haben. Entlang dieser Strecke sind die verschiedenen Proben als ebensoviele Stationen zu betrachten. Dies gilt ebensogut für heroische narrative Schemata* wie für die lange Abfolge von Proben und Leiden, die ein Opfer erlebt. Der Opfergang als Passio, der Leidensweg*, ermöglichen ebensogut die Verherrlichung der Tugend wie die Darstellung des Bösen. Diese

Umkehrbarkeit einer narrativen Ambivalenz ist für die libertine Textualität entscheidend. Hier spielt sich manches »Go-Spiel« ab. (s. insb. Anm. 174 und Kap. V.)

Parataxe s. *Hypotaxe.*

Passio bzw. *Leidensweg*: s. narrative *Strecke.*

Restauration: Um der narrativen Entwertung entgegenzuarbeiten, die die libertine Diegese mit sich bringt, kann die narrative Maschinerie den Wertverlust kompensieren. Dies geschieht vorwiegend durch interne narrative Gegengewichtungen*, die restaurativen Charakter haben. Es gilt, narrative Katastrophen durch Gegenprogramme rückgängig zu machen, um textuelle Reversibilitäten wiederherzustellen. S. narrativer *Schutz*, narratives *Programm.*

Reversibilität (textuelle): s. *Diskurs vs. Text.*

retentio: die Lücke des Codes und die Erfahrung von Wertaporien lassen sich vor allem im ersten Drittel des Jahrhunderts durch textinterne Operationen zum Ausdruck bringen, die auf den Verlust des diskursiven Substrats mit einer Enthaltung der narrativen Information antworten. Aus dieser *retentio* der Schrift entstehen subtile Textformen, die das Labyrinth des Begehrens und des Codes zu einer einzigen Textform zusammensetzen. S. insb. Kap. III, 4.

Schemata: Diskursive Formationen beruhen auf notwendigen, jedoch illegitimablen »Grundworten«. Wir nennen sie *diskursive Schemata*. Textuelle Reversibilität entsteht durch den Transport solcher Schemata in *narrative Schemata*: bestimmte Handlungsmuster können sich nicht anders legitimieren als durch ihre Rückübersetzung in diskursive Schemata. Um die Arbeit der textuellen Erfindung und deren Fluchtlinien von solchen Schemata zu unterscheiden, reden wir im Fall der textuellen Innovation von narrativen *Figuren* bzw. textueller *Figuralität.*

Surécriture: Innerhalb einer textuellen Dispersion sind die Variationsbreiten eingeengt. Erreicht eine textuelle Dispersion einen entropischen Zustand, so wird die Schrift zur Zweitschrift, zur »surécriture«. Die »surécriture« markiert das letzte Limit einer textuellen Dispersion: so z. B. die *préciosité* innerhalb des galanten Codes. Gegen Ende des Jahrhunderts erreicht die libertine »Zweitschrift« ihren höchsten wie ihren tiefsten Stand. S. insb. Kap. IV.

Textualität vs. *Diskursivität*: s. *Diskurs.*

varietas: s. *atmosphärisch*. Wie *retentio** bzw. *figural** deutet *varietas* auf die *Figuralität** der Textform hin.

Wertform: Ist die narrative Hypotaxe* die Übersetzung diskursiver Schemata* in Textform, so wird man den Text sowohl als Träger wie als Transport von Wertvorstellungen betrachten. So wie die mimetische Artikulation* die Textualität* überhaupt definiert, definiert die Untrennbarkeit von Wertvorstellung und Wertdarstellung die textuelle *Wertform*. Wir gebrauchen den Begriff in Anlehnung an die Marxsche Analyse im ersten Buch des Kapitals. Ist die libertine Literatur die Komödie des ökonomischen Daseins und die textuelle Inszenierung der Zirkulation von Wertgegenständen, so interferieren im libertinen Text zwei Wertformen: die Erzählung des erotischen Tauschs *und* narrative Wertform: »erzähltes Geld« und »Erzählgeld«. Diese Relation ist im libertinen Text prinzipiell instabil. Der »finanzielle Text« (s. Anm. 85) vereint beides zu einer einheitlichen textinternen Transaktion.

Der hier verwendete Begriff der libertinen *Entwertung* wird sowohl auf Textualität wie auf Diskursivität bezogen.

Literatur

G. Genette, *Figures III*, Le Seuil, Paris 1972
Ders.: *Palimpsestes*, Le Seuil, Paris 1982
Ders.: *Nouveau discours du récit*, Le Seuil, Paris 1983
P. Ricoeur, *Temps et récit*, Le Seuil, Paris 1983
A. J. Greimas/J. Courtès, *Sémiotique. Dictionnaire raisonné de la théorie du langage*, Hachette, Paris 1979

ANTHOLOGIE

Aus: L'Ecole des filles (1655)

Suzanne. A cette heure que vous voilà seule, conte-moi comment il va depuis le temps que je ne t'ai point vue.

Fanchon. Fort bien, ma cousine, dont je vous rends grâce, et en dépit de ma bonne bigote de mère qui m'avait tant de fois prêchée de fuir les garçons, disant qu'ils ne valaient rien et qu'ils trompaient les filles, car je vous assure que celui que j'ai ne m'a pas encore trompée.

Suzanne. Ho! ho! vraiment, il n'aurait guère de cœur et il faudrait qu'il fût bien malheureux pour en user de la sorte. Mais tu n'es pas fâchée de lui avoir permis ce que tu sais, à ce que je me puis imaginer?

Fanchon. Non, aussi vrai, ma cousine, tant s'en faut: et si c'était à recommencer, je le ferais de bon cœur, sachant ce que je sais, car je vous assure que c'est un grand soulagement d'être aimée, et que je trouve, pour moi, que je m'en trouve mieux de la moitié depuis que je me suis appliqué la peau d'un garçon dessus.

Suzanne. Tu en es seulement plus gaillarde à te voir comme tu es, et tu me portes la mine d'être un jour bien fine et rusée à ce jeu.

Fanchon. Ma cousine, ce n'est rien que cela, et j'apprends tous les jours. On est un peu honteuse au commencement, parce qu'on n'a pas accoutumé de le faire, mais, à la fin, je mettrai sous pieds toute honte, car mon ami m'apprend peu à peu à n'en point avoir. Il dit qu'il me veut rendre une des plus habiles filles qui soient capables de donner du contentement aux hommes.

Suzanne. O bien! il faut espérer cela de son amitié et de ton bon naturel. Or, pour t'y porter encore plus, il faut considérer l'avantage que tu as sur les autres filles, d'avoir un si grand plaisir qu'elles n'ont point, et t'ouvrir d'ores en avant l'esprit, pour en faire un petit commerce et considérer les raisons qu'il y a d'en user ainsi.

Fanchon. Ma cousine, cela est étrange: depuis que Robinet a couché avec moi et que j'ai vu et senti les choses, en examinant les raisons, tout ce que m'a dit par ci-devant ma mère ne me paraît plus que sottises et des contes pour amuser les petits enfants. Comment, il semble que l'on ne soit garçon et fille que pour cela, et l'on ne commence de vivre au monde que depuis que l'on sait ce que c'est et que l'on en a goûté, et tout ce que les garçons et les filles font, tout ce qu'ils pensent, tout ce qu'ils disent, il semble qu'il ne doive aboutir que là, quelle hypocrisie donc et quelle rigueur à ceux qui le veulent empêcher! je n'étais bonne auparavant qu'à filer et me taire, et à présent je suis bonne à tout ce que l'on voudra. Quand je parle maintenant avec ma mère, je me fonde en raisons et je discours comme si c'était une autre, au lieu qu'autrefois je n'osais desserrer les dents. Pour ce qui est de cela, l'esprit commence à me venir, et je mets mon nez dans les affaires où à peine aurais-je pu rien connaître auparavant, et quand ma mère y trouve à redire, je lui réponds bravement et lui fais voir son bec jaune; enfin, elle est tout étonnée de me voir et conçoit de là une meilleure opinion de moi.

Suzanne. Et cependant elle n'a rien découvert de vos affaires?

Fanchon. Non, point du tout. O! qu'elle n'a garde, vraiment; j'y donne trop bon ordre.

Suzanne. Mais en quel état sont-elles à présent?

Fanchon. Très-bien, ma cousine, excepté seulement que Robinet ne me vient pas voir si souvent que je le voudrais bien.

Suzanne. Tu es donc bien accoutumée avec lui, à ce que je vois? (...)

L'Ecole des filles, Ed. J. C. Lattès, Paris 1979, S. 118–121

Fanchon. Ma cousine, je vous dirai donc que je crains d'être devenue grosse, et si vous demandez pourquoi, c'est que toutes les fois que nous avons chevauché Robinet et moi, il a voulu que nous ayons déchargé ensemble, pour y avoir plus de plaisir, car le combat de semence contre semence est entièrement voluptueux, et je vous demande si vous ne savez point quelque autre signe que celui-là pour me faire croire que je ne le sois point?

Suzanne. O qu'oui, vraiment. Ce n'est pas tout que décharger ensemble, il faut de plus que la femme, dans le point de la décharge, si elle veut que le coup porte, tienne les fesses serrées l'une contre l'autre et ne se remue en façon quelconque que tout ne soit fait et achevé. Or, regarde si tu en as usé de la sorte.

Fanchon. Pour bien serrer les fesses, je les ai toujours serrées, et je pourrais bien être grosse de ce coup là, mais pour avoir demeuré immobile commune une souche, au milieu d'un si grand plaisir, nullement, et c'est ce qui m'est impossible; ainsi j'ai toujours remué avec le plus grand appétit du monde.

Suzanne. Eh bien, cela seul est capable de l'avoir empêché, parce qu'en se remuant ainsi cela fait aller le foutre de l'homme çà et là, et il ne tombe pas justement au lieu où il devrait dans celui de la femme, ce qui fait qu'on engrosse. Mais pour serrer les fesses tu ne t'en dois pas étonner parce qu'on ne s'en peut point empêcher, ce qui est de l'essence du plaisir d'amour de les faire serrer ainsi; car en avançant le cul en avant, elles viennent à se presser l'une contre l'autre de nécessité et à se faire petites, de la force qu'elles ont à se joindre, et à mesure qu'elles se serrent ainsi par derrière, la nature, qui ne fait rien en vain, fait batailler davantage par devant l'entrée de la matrice, en approchant contre l'homme, à cause de la commodité qu'elle y trouve, et les lèvres du con, pour engloutir mieux le membre viril et se conjoindre ainsi d'autant plus à l'objet aimé; d'où vient que chacune des parties qui souhaite passionnément cette union, dit toujours, dans l'action: serre, serre! serre! qui veut dire serre par derrière et ouvre par devant, et cela ne manque pas d'arriver ensuite, ainsi que je l'ait dit.

Fanchon. Toujours en raisonnant avec vous, vous m'apprenez quelque chose, ma cousine, et me voilà toute consolée à présent touchant les difficultés de la grossesse, que je n'appréhende plus, tant à cause de ces raisons-là que vous m'avez dites qui la peuvent empêcher, que pour les remèdes que vous avez contés. Mais ne me sauriez-vous dire d'où vient que les hommes sont plus aises que nous leur touchions le vit avec la main que toute autre partie du corps? et même quand ils ont tout mis dans la nôtre, ils se délectent encore, en faisant, à nous sentir la main qui leur patine par derrière les ballottes.

Suzanne. Cela n'est pas bien mal aisé à décider: c'est qu'un des plus grands plaisirs qu'ils reçoivent est de connaître qu'ils nous en font, comme j'ai déjà dit, et c'est en cela que consiste la plus grande bonté de l'amour, qu'il veut partager également tous les biens, en sorte que l'un n'en ait pas plus que l'autre. Or, quel meilleur moyen avons-nous de leur faire connaître qu'ils nous en font, si ce n'est en désignant avec la main l'instrument dont ils se servent pour nous en donner à gogo? Cela leur fait penser, quand nous leur touchons, que nous ne nous rebutons pas, et que nous voulons comme dire en nous-mêmes, tandis qu'ils nous regardent faire: Je prends plaisir à toucher cela avec la main, parce que c'est tout mon bien et mon bonheur, parce que je l'aime ainsi fait comme il est et que c'est par lui que je dois recevoir mon plus grand plaisir. Cela les oblige bien sensiblement de leur côté, et l'attouchement de la main est bien plus exquis et qui fait mieux examiner à la femme qui tâte ce que c'est de cet engin, par le soin qu'elle y apporte, que si elle se servait de celui de quelque autre membre. Cet attouchement aussi a bien plus de suc et de moëlle pour eux et les pénètre jusqu'au fond, et le simple maniement volontaire d'une main blanche et délicate qui se promène autour de leur bâton pastoral est suffisant pour leur expliquer tous les mouvements du cœur de leur dame. La main qui s'applique doucement sur quelque chose est comme le symbole de l'amitié qu'elle lui porte, comme aussi quand elle s'applique trop rudement elle est un témoignage de haine. Nous touchons ordinairement les choses que nous aimons avec la main: deux amis se touchent dans la main pour dire qu'ils s'aiment, mais d'un amour purement spirituel et qui ne leur permet pas de toucher autre chose; mais celui de l'homme et de la femme étant naturel et plus accompli, en ce que le corps et l'esprit y ont part, ils se touchent aussi l'engin dans la main l'un de l'autre, pour se dire qu'ils s'aiment, et une femme qui fait et souffre cela réciproquement à un homme, lui témoigne bien plus sensiblement qu'elle l'aime que si elle ne le faisait qu'à la main, car nous n'avons rien de plus cher que les couillons, et je dis, bien plus, que si elle se laissait baiser, embrasser, chevaucher, foutre, enconner, en un mot, décharger le vit en son con, et qu'elle refusât néanmoins de lui toucher le vit elle ne lui témoignerait point si véritablement qu'elle l'aime que si elle venait à lui mettre simplement la main dessus, par affection, et qu'elle refusât par crainte de se laisser faire le reste. Aussi est-ce là le comble du plaisir amoureux, quand la femme ne peut plus rien toucher à l'engin de l'homme qu'elle a tout dans le sien, elle tâche au moins de lui toucher sur le bord ce qui lui en reste dehors dans l'union des deux membres, et fait caresse à ses ballottes qui sont les ministres du plaisir. Il n'y a point de plus grandes privautés que celles qui se font de la main, et la nature qui a prévu à cela que l'homme peut recevoir deux plaisirs à la fois, qui sont celui du con et de la main, elle lui a laissé une assez grande partie et espace du vit derrière les couillons, qui ne peut entrer et qui va rendre jusqu'auprès du cul, afin que la femme pût lui toucher, mettre la main dessus, gravonner pendant le temps de la conjonction. Cela montre bien qu'il n'y a dans la composition de tous deux rien qui ne soit à dessein et dont il n'y ait des raisons, si on les voulait éplucher, et partant c'est bien abuser des moyens que la nature nous a donnés pour nous contenter que de ne les pas employer tous selon l'usage pour lequel ils ont été faits.

a.a.O. S. 202–209

Aus: L'Ecole des filles (Übersetzung)

Suzanne: Wenn ich dich schon zu dieser Stunde allein treffe: erzähle mir doch, wie es dir geht, seitdem ich dich nicht mehr gesehen habe.

Fanchon: Herzlichen Dank für Ihre Nachfrage, liebe Kusine. Es geht mir sehr gut, und dies ungeachtet meiner Frömmlerin von Mutter, die mir so oft gepredigt hatte, daß ich die jungen Männer vermeiden sollte; sie sagte mir nämlich, daß sie nichts taugen und die Mädchen nur betrügen würden; und dennoch muß ich Ihnen versichern, daß derjenige, den ich nun habe, mich noch nicht betrogen hat.

Suzanne: Hola! Wahrlich, er müßte dann recht wenig Gefühl haben oder wirklich unglücklich sein, um dies zu tun. Ich kann mir vorstellen, daß du es nicht bereust, es ihm erlaubt zu haben... na, du weißt schon.

Fanchon: Offen gesagt, liebe Kusine: weit gefehlt! Bei dem, was ich nun weiß, würde ich es, wenn ich es wiederholen sollte, recht gerne tun, denn ich versichere Ihnen, daß das Gefühl, geliebt zu werden, eine große Erleichterung mit sich bringt, und ich finde persönlich, daß ich mich doppelt so wohl fühle, seitdem ich die Haut eines jungen Mannes auf meiner gespürt habe.

Suzanne: Wie ich dich sehe, scheinst du mir recht wakker geworden zu sein, und du kommst mir so vor, als hätte dieses Spiel dich fein und schlau gemacht.

Fanchon: Gerade so ist es, liebe Kusine, und jeden Tag lerne ich etwas Neues. Am Anfang schämt man sich ein bißchen, da man es nicht gewohnt ist, aber zum Schluß werde ich jede Scham von mir ablegen, da mein Freund mir allmählich beibringt, mich davon zu befreien. Er sagt mir, er möchte aus mir, was meine Fähigkeit betrifft, die Männer zu befriedigen, das geschickteste Mädchen machen.

Suzanne: Nun gut! Seine Freundschaft und deine gute Disposition rechtfertigen solche Hoffnungen. Nun, um auf diesem Weg weiter fortzuschreiten, mußt du wohl den Vorteil bedenken, den du jetzt schon, verglichen mit anderen Mädchen, genießt, da du Vergnügen erlebst, die sie selber noch nicht kennen. Auch mußt du nunmehr deinen Geist wecken und ihn dazu benutzen, deine neue Lebensführung zu ergründen.

Fanchon: Liebe Kusine, eines finde ich doch seltsam: seitdem Robinet mit mir geschlafen hat und ich Neues gesehen und gefühlt habe, kommt mir nun alles, was meine Mutter mir bisher sagte, wie Sottisen und Kindermärchen vor. Während es doch so aussieht, als würden wir, Jungen und Mädchen, nur für diesen Zweck leben! Während das Leben für uns erst anfängt, nachdem wir wissen, worum es sich handelt, und es genossen haben und während doch alles, was die jungen Leute machen, alles, was sie denken und sagen, nichts anderes als das zum Ziele zu haben scheint! Wie streng und heuchlerisch müssen also diejenigen sein, die das verhindern wollen! Früher konnte ich nur zwei Sachen: am Spinnrad sitzen und schweigen. Heute bin ich zu allem fähig. Wenn ich jetzt mit meiner Mutter rede, fallen mir Gründe und Worte ein, als wäre sie eine andere Person, während ich früher keinen Ton von mir hören ließ. Was das betrifft, wird mein Geist langsam wach, und ich kümmere mich jetzt um Sachen, von denen ich früher kaum etwas verstanden hätte; und wenn meine Mutter dabei etwas auszusetzen hat, antworte ich ihr recht couragiert und beweise ihr dabei, daß ihre Worte gar nicht so klug waren, so daß sie schließlich baß erstaunt vor mir steht und mich langsam besser einzuschätzen weiß.

Suzanne: Und dennoch scheint sie von eurer Geschichte nichts erfahren zu haben?

Fanchon: Nein, gar nichts. Das könnte gar nicht sein, dafür bin ich zu vorsichtig.

Suzanne: Wie steht es eigentlich mit euch beiden jetzt?

Fanchon: Sehr gut, liebe Kusine, abgesehen davon, daß Robinet mich nicht so oft besucht, wie ich es möchte.

Suzanne: Du hast dich also, wie ich sehe, sehr gut an ihn gewöhnt.

(...)

a.a.O. S. 118–121

Fanchon: Liebe Kusine, ich werde Ihnen also etwas anvertrauen. Ich fürchte, daß ich schwanger geworden bin, und

329

wenn Sie mich nun fragen sollten, warum, dann würde ich Ihnen erklären, daß jedes Mal, wenn wir, Robinet und ich, geritten sind, er gewollt hat, daß es bei uns beiden gleichzeitig komme, damit wir noch mehr Lust empfänden, denn der Kampf von Samen gegen Samen ist ganz und gar wollüstig, und ich möchte Sie fragen, ob Sie kein anderes Zeichen kennen als dieses, um mir sagen zu können, ob ich es bin oder nicht.

Suzanne: Oh doch, sicher. Die gleichzeitige Entladung ist nicht alles. Wenn die Frau möchte, daß der Schuß im Augenblick der Entladung sein Ziel erreicht, muß sie die Hinterbacken fest zusammenkneifen und sich keineswegs rühren, bis alles gemacht und abgeschlossen ist. Nun, überlege dir, ob du so getan hast.

Fanchon: Die Hinterbacken halte ich auf jeden Fall immer ganz fest zusammengekniffen, daher könnte es sein, daß ich diesmal schwanger geworden bin. Aber: unbeweglich wie ein Baumstamm mitten in einem solchen Vergnügen bleiben? Nein, das war sicherlich nicht der Fall. Das ist mir sogar unmöglich: ich habe mich immer gerne und gierig bewegt.

Suzanne: Nun, das allein hat sicher gereicht, um die Sache abzuwenden, denn wenn man sich so bewegt, dann spritzt der Samen nach allen Richtungen, so daß er im Körper der Frau den Ort nicht trifft, den er hätte treffen sollen – woraus eben kommt, daß man schwanger wird. Daß du die Hinterbacken so zusammenkneifst, sollte dich aber nicht wundern. Das kann man nicht vermeiden, insofern es wesentlich zur Liebeslust beiträgt; denn dadurch, daß man mit dem Hintern nach vorne drückt, sorgt die Natur, die nichts umsonst macht, dafür, daß vorne am Eingang der Gebärmutter stärker gekämpft wird und daß man sich an den Mann näher heranrückt; dies ist ganz in ihrem Sinne. So können die Lippen unserer Möse das männliche Glied um so besser verschlingen; die Einigung mit dem geliebten Gegenstand wird dadurch um so inniger. Daher kommt es also, daß jede Partei, die diese Einigung leidenschaftlich wünscht, im Schwung der Aktion der anderen immer sagt: drücke fest, fest, fest! – was also bedeutet: drücke hinten fest und lasse vorne locker; und das andere folgt unweigerlich daraus, wie ich es eben sagte.

Fanchon: Während ich so mit Ihnen weiterhin räsonniere, bringen Sie mir also, liebe Kusine, wieder etwas

Neues bei. Und so bin ich jetzt, was die Schwierigkeiten der Schwangerschaft angeht, ganz beruhigt. Ich fürchte sie also jetzt nicht mehr – sowohl aus den Gründen, die Sie mir soeben gegeben haben, wie wegen der Abhilfe, von der Sie mir erzählt haben. Könnten Sie mir aber bitte noch sagen, woher es denn kommt, daß die Männer eine so große Lust empfinden, wenn wir ihr Glied anfassen, nämlich eine stärkere Lust, als wenn wir irgendwelchen anderen Teil ihres Körpers anfaßten? Und wenn sie es ganz in uns eingeschoben haben, empfinden sie, während sie weitermachen, großen Gefallen daran, wenn wir mit der Hand ihre Hoden hinten streicheln.

Suzanne: Das ist nicht schwer zu beantworten. Eins ihrer größten Vergnügen ist nämlich zu wissen, daß sie uns auch welches geben, wie ich schon sagte; da die höchste Güte der Liebe darin besteht, alles miteinander zu teilen, so daß der eine nicht mehr als der andere besitzt. Nun, wie könnten wir ihnen besser zu verstehen geben, daß sie uns Lust schenken, wenn nicht dadurch, daß wir mit unserer Hand auf das Instrument zeigen, das sie besitzen, um uns davon in Überfülle zu geben? Wenn wir es anfassen, denken sie, daß wir uns davor nicht ekeln und daß wir gleichsam vor uns hin leise sagen, während sie uns dabei anschauen: »Ich empfinde ein großes Vergnügen daran, es mit der Hand anzufassen, weil es mein ganzes Gut und Glück ist, und weil ich es so, wie es ist, gerne mag, und weil ich damit die höchste Lust erreichen muß.« Das verpflichtet sie ihrerseits sehr. Die Berührung mit der Hand ist also viel hinreißender. Sie erlaubt der Frau, die das mit einiger Sorgfalt tut, dieses Instrument viel besser einzuschätzen, als wenn sie irgendein anderes Körperglied anfassen würde. Es hat auch für sie viel mehr Reiz und Substanz und erfüllt sie mit Lust bis ins Innerste; die einfache willentliche Manipulation einer zarten und weißen Hand, die nur um ihren Pastoralstab herumflattert, reicht aus, um ihnen alle Herzensregungen ihrer Dame erkennen zu lassen. Eine Hand, die etwas sanft anrührt, ist ein Symbol für die Freundschaft, die sie empfindet, so wie auch eine harte Bewegung von ihr Haß und Abneigung verrät. Was wir mögen, fassen wir gewöhnlich an: zwei Freunde fassen sich an, um sich ihre Freundschaft mitzuteilen, aber diese reine geistige Liebe verbietet ihnen, etwas anderes anzufassen. Da die Liebe zwischen Mann und Frau viel natürlicher und vollkommener ist, insofern Körper und Geist daran Anteil haben, fassen sie sich auch gegenseitig dieses Teil an, um sich dadurch zu sagen, daß sie sich lieben; und eine Frau, die das einem Mann macht und es ihrerseits von ihm erduldet, gibt ihm ihre Liebe viel deutlicher zu erkennen, als wenn sie es nur durch Handanfassen tun würde, denn nichts ist uns lieber als dieser Didymus. Ich würde sogar behaupten, daß wenn sie sich vögeln, küssen, bereiten, ficken und aufschnallen lassen würde, oder – mit einem Wort – das Glied in ihre Scheide sich entladen ließe – sie ihm ihre Liebe nicht so deutlich beweisen würde, als wenn sie aus Zärtlichkeit nur sein Glied anfassen würde, es aber aus Furcht ablehnen würde, sich das andere gefallen zu lassen. Daher ist es der Höhepunkt der Liebeslust, wenn die Frau, die das Instrument des Mannes, das in ihrem eigenen ganz steckt, nicht mehr anfassen kann, wenigstens versucht, am Rande die Stellen zu berühren, die trotz der Einswerdung der zwei Teile noch erreichbar bleiben, und ihm dabei die Hoden streicheln, die die Ausführer der Lust sind. Die Freiheit, die sich unsere Hände nehmen können, sind die höchsten, und die Natur, die vorgesehen hat, daß der Mann gleichzeitig zweierlei Lust empfindet (durch die Scheide und durch unsere Hände), hat einen ziemlich breiten Raum hinter dem Hodensack ausgespart, der nicht hineindringen kann und ihm bis zum Arsch reicht, damit die Frau ihn da anfassen kann, ihre Hand hier legen kann und während der Paarung daran herumwuseln kann. Das beweist eben, daß in der Gestaltung beider Geschlechter alles mit Absicht geschehen ist, daß alles seine Gründe hat, die wir entdecken können, wenn wir uns die Mühe geben, sie zu untersuchen. Daher heißt es auch, die Mittel, die die Natur uns zur Verfügung gestellt hat, mißbrauchen, wenn wir sie nur im beschränkten Maße anwenden und ihre Zwecke nicht voll erfüllen (...).

a.a.O. S. 202–209

Aus: Le Meursius Français, 1680 (?)

Cléante: Où fuyez-vous donc, Octavie? Quoi, vous l'avez accordé à Médor et vous me le refusez! Vous vous moquez de moi.

Octavie: De bonne foi, Cléante, je n'en puis plus; ce combat m'a tellement affaibli que je ne saurais me soutenir sur mes jambes. De grâce, laissez-moi coucher en repos sur ce lit.

Cléante: Quoi, vous reprenez déjà votre chemise? Quittez la, je vous prie, et me permettez au moins de contempler toutes les beautés de votre corps, si vous ne voulez pas que j'en jouisse. Que mes yeux se contentent, si vous ne voulez pas que mes autres sens se satisfassent.

Octavie: Eh bien, j'ai quitté ma chemise, me voyez-vous? Contemplez-moi bien, et me laissez aller en repos.

Cléante: O corps mille fois plus beau que celui de Vénus! Pouvez-vous, Tullie, regarder ces belles fesses sans les admirer? Ah! Souffrez que je les baise et que je les manie. Ah, ah, qu'elles sont fermes et blanches! On dirait deux montagnes couvertes de neige séparées par une même vallée. Oui, peu s'en faut que je ne donne la préférence à ce beau cul par dessus toutes les autres parties du corps; ah! que ces attouchements me plaisent et m'excitent; ah! je n'en puis plus, je suis tout en feu.

Octavie: Et moi aussi, voilà l'effet de vos badineries, vous m'avez mise en un état de ne pouvoir rien vous refuser. Mais faites vîtement, car je fonds; quelle posture voulez-vous?

Cléante: N'en changez point, et demeurez comme vous êtes: je vous enconnerai par derrière; car la vue de vos fesses me charme. Baissez un peu la tête; bon, voilà qui est bien; tenez-vous ferme.

Octavie: Ah, que vous êtes entrés rudement! Vous me brûlez, vous avez le membre tout en feu: vîte, et vîte, je n'en puis plus, je décharge déjà, ah, ah, Cléante, ah!...

Tullie: Serrez-la bien avec vos deux mains sous les hanches, et approchez ses fesses de votre ventre le plus que vous pouvez: poussez ferme, et tirez: bon, voilà qui est déjà fait. Ça, Médor, c'est à vous de succéder à Cléante; je vois que vous n'êtes pas mal en état de vous défendre.

Octavie: Un peu de trêve, Tullie, je vous en prie; je suis lasse, affaiblie, et épuisée; un moment de repos, je vous en conjure.

Tullie: Bagatelles! Il y a un moment que tu faisais la vigoureuse, et présentement tu fais semblant de n'avoir plus de forces; à d'autres, tu te moques de nous.

Octavie: Je crois qu'on frappe à la porte; écoutez, Médor.

Médor: Sans doute, j'entends quelqu'un.

Octavie: Retirez-vous donc l'un et l'autre; adieu, Médor, adieu, Cléante, mon cœur, mon amour, et mes délices: adieu!

Tullie: Pourquoi s'alarmer? Nos maris sont absents, et j'ai donné si bon ordre aux domestiques qu'ils n'ont pas lieu de rien soupçonner de nous; tout est en sûreté. J'entends qu'on leur parle bas; nous saurons qui c'est, avant qu'ils partent.

Octavie: Ce peut être de la part du gouverneur.

Tullie: Sans doute; car c'est un homme qui aime son divertissement, et qui se plait à passer des nuits entières à rire et à boire avec la jeune noblesse de la ville. Pour moi, j'approuve fort sa conduite; car une vie exempte des plaisirs de Vénus et de Bacchus n'est pas une véritable vie: et cette manière d'agir lui a attiré l'amitié de tous les honnêtes gens.

Octavie: Il en est pourtant qui ne l'approuvent pas, et qui le font passer pour être trop libre.

Tullie: Je sais de qui tu veux parler: ce sont des personnes entêtées de leur propre sagesse, qui ne louent rien qu'elles-mêmes, et qui ne peuvent qu'approuver que les mœurs fades et insipides: reliquis iniqui judices aequi sibi. Fuyons leurs yeux, fuyons devant ces faux sages; ce sont des harpies qui ont la figure humaine, et sont ennemies de tout ce qui a forme d'homme; ce sont des misanthropes, qui, sous les apparences d'une juste censure, gâtent et salissent tout ce qu'il y a de plus beau, et rendent criminelles les actions mêmes les plus innocentes. Bien que leur critique nous soit odieuse, nous devons néanmoins nous en garder avec beaucoup de soin; et au milieu même de nos divertissements et de nos entretiens, quand ils sont publics, nous devons avoir beaucoup d'égard pour l'honnêteté.

Octavie: Mais, Tullie, dis-moi un peu quelle manière de

vie tu appelles honnête? Car on ne s'accorde point là-dessus, il n'y a rien de si équivoque.

Tullie: L'honnêteté, Octavie, ne consiste que dans l'apparence: honestum est honestum videri. Ces hommes n'approfondissent jamais les choses, et comme leur esprit est limité, ils ne peuvent examiner que ce qui tombe sous les sens. Revêtons-nous des apparences de la vertu dans nos actions même les plus criminelles, nous passerons pour honnêtes dans l'esprit des plus sévères critiques et des plus austères censeurs des plaisirs de la vie. C'est à quoi, Octavie, nous devons nous appliquer sans imiter de certaines femmes qui vivent sans ménagement, qui ne peuvent aimer sans rendre leur passion connue, et qui ne trouveraient, pour ainsi dire, aucun plaisir dans la volupté si elles n'en faisaient part à tout le monde. Cette conduite est bien dangeureuse; car outre que notre condition nous assujettit à garder plus de mesure que les hommes, je trouve encore le plaisir bien plus doux quand il n'est su que de celui avec qui je le prends que si plusieurs autres en avaient la connaissance. Et il est infiniment plus agréable de se divertir en persuadant au monde qu'il n'en est rien, que de rendre sa passion publique. C'est là mon sentiment, et je trouve que c'est la fin et le charme le plus piquant de la volupté.

Octavie: C'est un chose étrange que nous soyions obligés de nous gêner dans des actions qui devraient être entièrement libres.

Tullie: Que veux-tu, ma pauvre enfant, ce sont des lois injustes et rigoureuses que ces faux sages nous ont imposées, et desquelles nous ne pouvons nous éloigner sans donner occasion à ces ridicules réformateurs de crier contre nous, de nous accabler d'injures, et de noircir notre réputation par la médisance la plus atroce. Pour eux, ils se cachent à nos yeux; ils sont masqués, et font tout leur possible pour se dérober à notre pénétration. Faisons-en de même, Octavie, ce monde n'est qu'une comédie: nous louons ou blâmons dans les spectacles ce que les autres font et disent sur le théâtre; mais de ce qui se passe derrière nous n'en parlons point. Il en est de même dans la vie civile: les actions que les hommes voient sont exposées à leur censure; et celles qui se font dans le secret en sont exemptes. Mais si nous voyions au dedans de ces sages ce qui s'y passe, si nous pouvions pénétrer jusque dans leur cœur pour y étudier leurs, passions, ah! que ne découvririons-nous point dans l'intérieur de ces faux dévots, qui, sous le voile d'une trompeuse humilité, et d'une sévérité de mœurs affectée, nous prêchent la vertu. Ah, que nous verrions de débauches, de désordres et de déréglements! O, si nous les voyions! Mais finissons, voici Cléante.

Cléante: Je viens vous annoncer une nouvelle. Le gouverneur nous a envoyé prier, Médor et moi, d'aller passer quelques heures avec lui. Que devons-nous faire, ma Tullie? Quel conseil nous donnez-vous, Octavie?

Octavie: Ce que l'honnêteté exige de vous.

Médor: Quoi? Nous séparer si tôt?

Octavie: Il faut obéir. Les prières des Grands doivent passer pour des commandements; allez-vous en: baisezmoi, Cléante!

Octavie: Hélas! mes délices s'en vont avec vous. Baisezmoi, Médor. O, la plus chère moitié de mon âme!

Médor: Ah, que ce baiser m'est doux! mais, Octavie, donnez-moi la joie entière.

Octavie: Non, c'en est fait, je ne la donnerai pas.

Cléante: Ni à moi aussi?

Tullie: Ni à l'un ni à l'autre; vous êtes des importuns; cédez au temps, non pas à l'Amour.

Octavie: Ah, que vous avez de peine à sortir! Allez vite, nous nous reverrons; adieu, Cléante, adieu, Médor.

Tullie: Enfin, les voilà partis. Eh bien, Octavie, te voilà bien abusée; tu croyais recevoir tout au moins vingt inondations de semences, et à peine as-tu été arrosée de la huitième. Fie-toi une autre fois aux choses de ce monde.

Octavie: Mes forces n'étaient pas proportionnées à un si grand travail. J'aurais bien pu aller jusques à la dixième, mais c'est tout. Car n'appelle point plaisir ce qui fatigue le plaisir. Croirais-tu même, Tullie, que ce badinage me tient tellement le cœur et l'esprit alertes que j'aurais bien de la peine à dormir quand je voudrais? Causons un peu.

Tullie: Je le veux bien, pour passer le temps plus joyeusement; mais qu'est-ce que je vois à terre? C'est un billet; il sera sans doute tombé de la poche de Cléante ou de Médor. Tiens, fais-en la lecture.

Octavie: Les caractères tracés sans art et sans ordre font d'abord voir qu'ils sont de la main d'une fille.

Marianne à Médor,
Salut, &c

Malheureuse que je suis! Faut-il que je vous prévienne et que je vous donne le salut que vous devriez m'avoir souhaité le premier? Quel cruel destin vous a empêché de venir à l'heure que vous m'aviez promis, pour satisfaire mon amour? En quel état pensez-vous que mon manquement de parole m'ait réduite? Je ne puis vivre ni mourir; ah, que cette impuissance m'est douloureuse! D'un côté, je trouve que la mort est le seul soulagement aux maux dont mon âme est accablée, et de l'autre le seul espoir que j'ai de vous revoir me fait souhaiter de vivre. Imaginez-vous donc quel combat je souffre, puisque je suis entre la vie et la mort. Si vous venez, je vivrai; si vous ne venez pas, la mort m'est inévitable; n'en doutez pas, puisqu'il n'y a que vous qui soyiez capable de me donner des plaisirs. Les objets qui seraient agréables à d'autres me déplaisent; et je suis absente à moi-même depuis que je ne vous vois plus. Si vous ne venez, je ne pourrai résister à tant de maux à la fois; mes chagrins et mes inquiétudes me consumeront, et vous aurez le plaisir d'avoir causé la mort à une personne qui vous aime avec tant de passion. Laissez-vous attendrir, mon cher Médor, par mes prières et par mes soupirs; venez rendre la vie à une mourante, et ne méprisez pas un amour aussi tendre que le mien. Je vous attends avec impatience. Adieu.

Octavie: Je t'assure que Marianne écrit fort bien. Médor est heureux d'être aimé d'une fille si tendre et si spirituelle. Je croyais qu'il n'y avait que Cléante qui eût part à ses faveurs.

Tullie: Tu te trompais; et l'amour qu'elle avait pour Médor ne pouvait pas être plus violent. Une nuit qu'elle était couchée, elle se trouva dans des inquiétudes extrêmes; elle souhaitait son amant et ne le possédait pas. Sa gouvernante lui demanda ce qu'elle avait et pourquoi elle ne dormait pas. Ah, ma chère Térence (c'est ainsi qu'elle s'appelait), suis-je en état de reposer? Je vous ferais pitié, si vous saviez ce que je souffre. Ah, Médor, mon cher Médor, il n'y a que vous seul qui puissiez éteindre le feu qui me consume. En disant cela elle ne faisait que se tourner, tantôt d'un côté tantôt de l'autre. Enfin, on eût dit que son lit était d'épine et qu'elle n'y pouvait pas trouver une place commode pour dormir. La pauvre Térence était assez embarassée; elle faisait tout ce qu'elle pouvait pour la consoler. Ce n'est rien, lui disait-elle, je vous guérirai de votre maladie; ayez bonne espérance, et ne vous affligez pas tant d'inquiétudes qui seraient nuisibles à votre santé. Je ferai en sorte que vous aurez demain satisfaction. Ces paroles remirent un peu Marianne et elle s'endormit aussitôt. D'abord que le jour fût venu, Térence se leva et alla trouver Médor dans sa chambre; elle lui raconta ce qui se passait et le pria de venir avec elle pour soulager une pauvre enfant qui mourait d'amour pour lui. La tante de Marianne était heureusement allée le jour auparavent à une maison de plaisance distante de Rome de deux milles. Médor suivit cette bonne vieille et trouva celle qu'il attendait avec impatience, négligemment étendue sur le lit. Elle voulut se lever quand elle le vit, mais il l'en empêcha; elle pleurait de joie, et lui dit tout ce que l'amour qui s'est rendu le maître du cœur d'une femme peut inspirer de tendre et de passionné. Elle lui raconta dans quelles inquiétudes elle avait passé la nuit et le querella amoureusement de ce qu'il était cause de tous ses chagrins. Médor tâcha de se justifier, mais enfin la paix se fit entre eux du consentement de l'un et de l'autre. Voici de quelle manière elle fut conclue. Médor prit la cuisse de Marianne, et la mit justement sur la jointure du bras droit; il posa ensuite des oreillers sous les fesses de cette belle et éleva la cuisse droite sur son épaule gauche. Après qu'ils furent ainsi préparés, Térence prit en main le membre de Médor et le plongea dans un pot d'huiles de senteur; ce qu'elle fit avec prudence, car le vit de Médor est fort gros et fort dur quand il bande. Le con de Marianne était extrêment petit et étroit. Cela fait, Médor pria Marianne de conduire elle-même son instrument dans le lieu du combat, ce qu'elle fit; mais il fallut plus de six rudes secousses pour le faire rentrer à moitié. Il fit tant néanmoins qu'à la fin il le cacha tout entier. Ah! Médor, que me faites vous, lui disait-elle, transportée de joie. Que le plaisir que vous me causez est grand! Ah! je n'en puis plus! Je me meurs, mon cher, et je vous, ah, ah, cou... couler; je sens... dans toutes mes veines, ah! je me pâme! ... Et moi aussi, dit Médor; ah, mon amour, je fonds, ah divine Marianne! ah! ah! Quoi? disait Térence, tous deux à la fois? Que Vénus vous aime! Ils perdirent la parole pour quelque temps et ne revinrent de leur extase que pour se donner mille baisers. Médor, qui croyait être au ciel, ne voulut point déconner; Marianne en fut ravie; et se considérant l'un et l'autre, leur imagination s'échauffa tellement qu'ils furent aises une seconde fois.

Octavie: Ah, je me sens une démangeaison terrible; tu racontes les choses avec tant de naïveté qu'il semble qu'on les touche et qu'on les voye.

Le Meursius Français, B.N. Enfer 277 S. 311 ff.

Aus: Le Meursius Français (Übersetzung)

*Cléante**:* Wo laufen Sie denn hin, Octavie? Wie? Sie haben Médor ihre Gunst verstattet und wollten mich verschmähen? Gewiß, Sie scherzen nur.

Octavie: Nein, im ganzen Ernst, Cléante, ich kann nicht mehr. Dieser Kampf hat mich geschwächt, daß ich mich nicht mehr auf den Beinen halten kann. Lassen Sie mich in Ruhe auf dem Bette liegen, ich bitte Sie.

Cléante: Wie? Sie nehmen Ihr Hemd schon wieder? Legen Sie es doch weg, und erlauben Sie mir wenigstens, alle Schönheiten Ihres Körpers zu betrachten, wenn Sie mir den Genuß derselben versagen; erlauben Sie mir, daß ich meine Augen weiden darf, wenn meine anderen Sinne unbefriedigt bleiben sollen.

Octavie: Nun, ich habe mein Hemd weggelegt; sehen Sie mich nun? Betrachten Sie mich recht und lassen Sie mich nachher in Ruhe.

Cléante: Welch ein Körper! Tausendmal reizender als der Körper der Liebesgöttin! Können Sie diese schönen Hemisphären sehen, Tullie, ohne sie zu bewundern? Ha! Erlauben Sie, daß ich sie küsse, daß ich sie befühle. Ach, ach! wie fest und weiß sie sind! Man sollte meinen, es wären zwei mit Schnee bedeckte Berge, die ein Thal trennt. Ja, ich gebe diesem schönen Hintern beinahe den Vorzug vor allen übrigen Theilen Ihres Körpers. Ha! wie diese Berührungen mich entzücken und reizen! Ach! ich kann nicht mehr, ich bin ganz in Feuer.

Octavie: Und ich auch. Das haben Sie von Ihren Possen. Sie haben mich dahin gebracht, daß ich Ihnen nun nichts mehr abschlagen kann. Aber machen Sie geschwind, denn ich schmelze schon; was für eine Stellung wollen Sie?

Cléante: Bleiben Sie in der Lage, worin Sie jetzt sind. Ich will Ihnen von hinten meine Aufwartung machen, denn der Anblick ihrer schönen Hintertheile entzückt

---

* In der hier wiedergegebenen deutschen Übersetzung (Priapische Romane, Boston o. D., B. N. Enfer 749) sind die Eigennamen verändert worden: Siegwart für Cléante, Albert für Médor, Charlotte für Octavie, Leonore für Tullie etc.

mich. Bücken Sie den Kopf ein wenig. Schön! So ist's recht; und nun liegen Sie fest.

Octavie: Ach, mit welcher Heftigkeit sind Sie eingedrungen! Sie verbrennen mich, Ihr Speer ist ganz in Feuer. Geschwind! Hurtig! Ich kann nicht mehr! Ich zerfließe schon! Ach, ach, Cléante! ach!

Tullie: Umschließen Sie sie mit beiden Händen recht unter den Hüften und drücken Sie Ihren Hintern so sehr an sich, als Sie nur können; stoßen Sie recht und ziehen Sie sie zu sich, So! Nun ist es schon vorbei. Jetzt, Médor, ist es an Ihnen, Cléante abzulösen; wie ich sehe, sind Sie in gutem Vertheidigungszustande.

Octavie: Einen kleinen Stillstand, Tullie, ich bitte dich; ich bin müde, matt und erschöpft. Ich beschwöre dich, einen Augenblick Ruhe.

Tullie: Possen! So eben stelltest du dich so rasch, und jetzt willst du uns überreden, du hättest keine Kräfte mehr. Das magst du anderen gewiß weiß machen; du treibst nur deinen Spaß mit uns.

Octavie: Mich dünkt, es klopft jemand an die Thür. Hören Sie Médor.

Médor: Allerdings; ich höre jemanden.

Octavie: So begebt euch beide fort. Lebe wohl, Médor; lebe wohl, Cléante, mein Engel, mein Theurer, mein Geliebter; lebt wohl!

Tullie: Warum beunruhigst du mich? Unsere Männer sind abwesend und den Bedienten habe ich so genaue Befehle ertheilt, daß sie keinen Anlaß haben, uns irgendworüber in Verdacht zu ziehen; wir sind völlig sicher. Ich höre, daß man leise mit ihnen spricht, wir werden erfahren, wer es ist, ehe sie fortgehen.

Octavie: Es ist vielleicht von seiten des Gouverneurs.

Tullie: Ohne Zweifel; denn das ist ein Mann, der sein Vergnügen liebt und gern in Gesellschaft des jungen Adels in der Stadt ganze Nächte mit Trinken und Lachen zubringt. Ich für meinen Theil billige seine Aufführung sehr; denn ein Leben, das Venus und Bacchus nicht mit ihren Freuden würzen, ist kein wahres Leben. Sein Betragen hat ihm auch die Freundschaft aller Leute von Ehre erworben.

Octavie: Dennoch gibt es viele, die ihn tadeln und ihn als ausschweifend verschreien.

Tullie: Ich weiß, wen du meinst; das sind Leute, die von ihrer eigenen Weisheit überaus eingenommen sind, die nichts loben als sich selbst, nichts billigen können als traurige und unschmackhafte Sitten. Reliquis iniqui judices, aequi sibi. Laß uns ihre Blicke vermeiden! Laß uns diese falschen Weisen fliehen! Das sind Harpien in menschlicher Gestalt, Feinde von allem, was einem Menschen nur ähnlich sieht; Misanthropen, die unter dem Schein eines gerechten Tadels alles, was schön ist, lästern und begreifen und selbst die unschuldigsten Handlungen zu Verbrechen machen. So verhaßt uns aber auch ihr Tadel ist, müssen wir uns doch mit vieler Sorgfalt vor ihm hüten und sogar mitten in unseren Ergötzlichkeiten und Unterhaltungen, wenn sie öffentlich sind, viel Achtung für die Sittsamkeit bezeigen.

Octavie: Aber Tullie, sage mir einmal, welche Lebensart nennst du ehrbar und sittsam? Denn man ist über diesen Punkt nicht einig und es gibt nichts Zweideutigeres als dies.

Tullie: Die Sittsamkeit, Octavie, besteht bloß im Schein. Honestum est honestum videri. Die Menschen gehen niemals auf den Grund der Dinge, und da ihr Verstand beschränkt ist, so können sie nur das untersuchen, was in die Sinne fällt. Wenn wir, selbst bei unseren strafbaren Handlungen den Schein der Tugend annehmen, so werden wir vor dem Richterstuhl der schärfsten Beurtheiler und der strengsten Zensoren der Freuden des Lebens für ehrliebend gehalten werden. Dieser Verstellung müssen wir uns befleißigen, Octavie, ohne gewissen Weibern nachzuahmen, die in den Tag hinein leben, nicht lieben können, ohne ihre Leidenschaft ruchbar zu machen, und die, so zu reden, kein Vergnügen im Genuß der Wollust finden würden, wenn sie es nicht der ganzen Welt mittheilten. Diese Aufführung ist sehr gefährlich; denn außer, daß unser Geschlecht uns größerem Zwang unterwirft als die Männer, so finde ich das Vergnügen weit angenehmer, wenn es bloß derjenige weiß, mit dem ich es theile, als wenn mehrere davon unterrichtet wären; und es ist unendlich süßer, sich zu ergötzen und die Welt zu überreden, daß man es nicht thue, als seine Leidenschaften öffentlich kund zu machen. Dies ist meine Meinung und ich halte dieses für den Endzweck und den höchsten Reiz der Wollust.

Octavie: Es ist doch sonderbar, daß wir genöthigt sind, uns bei Handlungen, die gänzlich frei sein sollten, Zwang anzuthun.

Tullie: Was willst du machen, liebes Kind? Das sind ungerechte und strenge Gesetze, welche diese vorgeblichen Weisen uns auferlegt haben und die wir nicht übertreten dürfen,
ohne diesen lächerlichen Reformatoren Gelegenheit zu
geben, über uns zu schreien, uns mit Schmach zu überhäufen
und unseren Ruf durch die abscheulichste Verleumdung
anzuschwärzen. Sie aber verbergen sich vor unseren Augen,
gehen verlarvt umher, und thun ihr Möglichstes, um sich
unseren Nachforschungen zu entziehen. Laß uns das Näm-
liche thun, Octavie; diese Welt ist nichts als ein Schauspiel.
Wir loben und tadeln in den Vorstellungen dasjenige, was die
anderen auf dem Theater thun und sprechen; aber von dem,
was hinter demselben vorgeht, sagen wir nichts. Ebenso ist
es im bürgerlichen Leben; die Handlungen, welche die Menschen sehen, sind ihrer Beurtheilung ausgesetzt. Die aber im
Geheimen begangen werden, sind davon befreit. Wenn wir
aber sehen könnten, was im Inneren dieser Weisen vorgeht,
wenn wir bis in ihr Herz dringen könnten, um die Leidenschaften derselben zu studieren, ha! was würden wir nicht
alles entdecken! unter welchem Lichte würden sich diese
Scheinheiligen uns darstellen, die unter dem Mantel einer
trügerischen Demuth und der angenommenen der Sitten uns
Tugend predigen! Ha! welche Unordnungen, Sittenlosig-
keiten und Ausschweifungen würden wir erblicken! Oh,
wenn wir sie sehen könnten! Aber genug davon; hier kömmt
Cléante.

Cléante: Ich muß Ihnen eine Neuigkeit melden. Der Gouverneur hat hergeschickt und Médor und mich bitten lassen,
einige Stunden bei ihm zu verbringen. Was sollen wir thun,
meine Tullie? Was rathen Sie uns Octavie?

Octavie: Was der Wohlstand von Ihnen fordert.

Médor: Wie? Wir sollten uns so geschwind trennen?

Octavie: Es thut mir leid.

Tullie: Sie müssen gehorchen; die Bitten der Großen gelten immer für Befehle. Gehen Sie; geben Sie mir einen Kuß
Cléante.

Octavie: Ach! Sie nehmen alle meine Freuden mit sich hin
weg. Küssen Sie mich Médor. O theuerste Hälfte meines
Lebens!

Médor: Ha! wie süß ist dieser Kuß! Aber, Octavie, gewähren Sie mir die höchste Gunst.

Tullie: Nein. Das ist vorbei; ich verstatte Ihnen nichts
mehr.

Cléante: Mir auch nicht?

Tullie: Keinem von beiden. Ihr seid beschwerliche Leute. Schickt euch in die Zeit und zähmt eure Begierden.

Octavie: Ach! wie schwer kommt es euch an, uns zu verlassen. Geht geschwind; wir werden uns wiedersehen. Lebe wohl Cléante! Lebe wohl Médor!

Tullie: Endlich sind sie fort. Nun Charlotte, du bist sehr zu kurz gekommen; du glaubtest wenigstens zwanzigmal glücklich zu werden und hast kaum achtmal die Freuden des Genußes empfunden. Traue künftig wieder auf Dinge dieser Welt.

Octavie: Meine Kräfte waren einer so großen Arbeit nicht angemessen. Ich hätte es wohl bis zum zehnten Mal aushalten können, aber auch nicht mehr. Nenne das nicht Vergnügen, was im Genuß desselben ermüdet. Glaubst du wohl, Tullie, daß dieses Spiel meine Sinne und mein Gemüth so munter erhält, daß ich schwer würde schlafen können, wenn ich auch wollte? Laß uns ein wenig schwatzen.

Tullie: Recht gern, um die Zeit desto angenehmer zu vertreiben. Aber was liegt hier auf der Erde? Ein Billett? Ganz gewiß ist es aus Cléantes oder Médors Tasche gefallen. Hier, lies es einmal.

Octavie: Man sieht gleich, daß es die Hand eines Frauenzimmers ist, denn es ist recht unleserlich und schlecht geschrieben.

Marianne an Médor

Ich Unglückliche! Muß ich dir zuvorkommen und dir meinen Gruß bringen, den du hättest wünschen sollen, mir zuerst abzustatten? Was für ein grausames Schicksal hat dich verhindert, zu der mir versprochenen Stunde zu kommen, um meine Liebe zu befriedigen? In welchen Zustand glaubst du wohl, daß deine Wortbrüchigkeit mich versetzt hat? Ich kann weder leben noch sterben. Ach! wie schmerzhaft ist mir dies Unvermögen! Von einer Seite finde ich, daß der Tod allein die Leiden lindern kann, die meine Seele niederdrücken; und von der anderen macht die bloße Hoffnung, dich wieder zu sehen, mir das Leben wünschenswerth! Stelle dir nun den Kampf vor, den ich erdulde, da ich zwischen Leben und Tod schwebe. Kömmst du, so werde ich leben, kömmst du nicht, so ist mein Tod unvermeidlich. Zweifle nicht daran, denn du allein bist fähig, mir Freude zu geben. Gegenstände, die anderen angenehm sein würden, mißfallen mir; und ich bin von mir selbst getrennt, seitdem ich dich nicht mehr sehe. Wenn du nicht kömmst, so werde ich so vielen Übeln, die mich auf einmal bestürmen, nicht mehr widerstehen können; Kummer und Sorgen werden mich verzehren, und du wirst das Vergnügen haben, einem Mädchen, das dich mit so vieler Leidenschaft liebt, den Tod verursacht zu haben. Laß dich durch meine Bitten und meine Seufzer erweichen, mein lieber Médor, komm, gib einer Sterbenden das Leben wieder, und verschmähe nicht eine so zärtliche Liebe, als die meinige ist. Ich erwarte dich mit Ungeduld. Lebe wohl.

Octavie: In Wahrheit, Marianne schreibt sehr gut. Médor ist glücklich, daß er von einem so zärtlichen und geistvollen Mädchen geliebt wird. Ich glaube, Cléante allein hätte Antheil an ihrer Gunst gehabt.

Tullie: Du irrest dich. Ihre Liebe für Médor könnte nicht heftiger sein. In einer Nacht, als sie sich niedergelegt hatte, befand sie sich in außerordentlicher Unruhe; ihre Wünsche riefen den Geliebten und blieben unbefriedigt. Ihre Hofmeisterin fragte sie, was ihr fehlte und warum sie nicht schlief. Ach! erwiderte sie, meine liebe Terenzie (so hieß die Hofmeisterin), bin ich im Stande zu schlafen? Sie würden Mitleid mit mir haben, wenn Sie wüßten, was ich leide. Ach! Médor, mein lieber Médor, du allein kannst das Feuer löschen, das mich verzehrt! Indem sie das sagte, warf sie sich beständig von einer Seite auf die andere. Mit einem Worte, man hätte glauben sollen, ihr Bett wäre voller Dornen, und sie könnte keinen bequemen Platz darin finden, um zu ruhen. Die arme Terenzie war in großer Verlegenheit; sie that alles, was in ihren Kräften stand, um ihr Trost einzusprechen. – Es ist nichts, sagte sie, ich will Sie von ihrer Krankheit heilen; fassen Sie Muth und ängstigen Sie sich nicht durch so viele Bewegungen, die ihrer Gesundheit schädlich sein würden. Ich will mir Mühe geben, daß Sie morgen befriedigt werden. Diese Worte beruhigten Marianne ein wenig und sie schlief sogleich ein. Kaum war der Tag angebrochen, so stand Terenzie auf und ging zu Médor auf sein Zimmer; sie erzählte ihm, was geschehen war und bat ihm, mitzukommen, um ein armes

Kind zu trösten, das aus Liebe zu ihm stürbe. Mariannes Tante war glücklicherweise den Tag vorher auf ein Lusthaus, zwei Meilen von Rom, gereist. Médor folgte der guten Alten und fand seine Schöne, die ihn mit Ungeduld erwartete, nachlässig auf das Bett hingestreckt. Sie wollte aufstehen, da sie ihn sah, er ließ es aber nicht zu; sie weinte vor Freude und sagte ihm alles, was die Liebe, die sich eines weiblichen Herzens bemeistert hat, Zärtliches und Leidenschaftliches einflößen kann. Sie erzählte ihm, in welcher Unruhe sie die Nacht zugebracht hätte und beklagte sich liebevoll über ihn, daß er die Ursache aller ihrer Leiden wäre. Médor suchte sich zu rechtfertigen; endlich aber wurde mit Einwilligung beider Theile der Frieden zwischen ihnen geschlossen, und zwar auf folgende Art: Médor nahm Mariannes linken Schenkel und legte ihn genau auf das Gelenk seines rechten Armes, schob hierauf einige Kissen unter den Hintern des Mädchens und hob ihren rechten Schenkel auf seine linke Schulter. Nach dieser Vorbereitung nahm Terenzie Médors Instrument in die Hand und tauchte es in einen Topf mit wohlriechendem Öl: dies that sie aus Vorsicht, weil es sehr dick und hart ist, wenn es zum Kampfe sich anschickt, und Mariannes Gröttchen war außerordentlich klein und enge. Hierauf bat Médor Marianne, seinen Liebling selbst auf das Schlachtfeld zu führen; sie that es, aber erst nach mehr als sieben heftigen Stößen gelang es ihm, halb einzudringen, doch ließ er nicht nach, bis er endlich ganz hineinkam. – Ach, Médor, was machen Sie aus mir? rief sie außer sich vor Freude, Sie verursachen mir ein unnennbares Vergnügen. Ach! ich kann nicht mehr! ich sterbe! mein lieber – ich fühle – ach, ach! meine Lebensgeister verlassen mich! – Und mich auch, versetzte Médor, ach! meine Liebe! ich zerschmelze! ach! göttliche Marianne! Ach, ach! – Wie? rief Terenzie, beide zugleich? Euch schenkt die Liebe ihren besten Segen. Sie verloren eine Zeitlang die Sprache und kamen bloß aus ihrer Verzückung wieder zu sich, um einander tausend Küsse zu geben. Médor, der im Himmel zu sein glaubte, wollte sein Plätzchen nicht verlassen; dies war Marianne sehr lieb, und indem eins das andere so betrachtete, erhitzte sich ihre Einbildungskraft dermaßen, daß sie zum zweiten Mal glücklich wurden.

Octavie: Ach! Ich finde einen unbeschreiblichen Kitzel

in mir; du erzählst alles auf eine so reizende Art, daß man
glaubt, die Gegenstände selbst zu sehen und an allem Theil
zu nehmen. Ich wollte, Médor wäre hier und liebkoste
Marianne. Ich glaube, daß diese Stellung sehr wollüstig ist
(...)

in: Priapische Romane, Boston, o. D.
B.N. Enfer 749, S. 335–350.

Aus: Vénus dans le cloître (1682?)

Angélique: – (...) Mais je ne suis pas encore satisfaite, tes baisers n'ont rien que de commun; donne-m'en un à la florentine.

Agnès. – Je crois que tu es folle. Est-ce que tout le monde ne baise pas de la même manière? Que veux-tu dire par ton *baiser à la florentine?*

Angélique. – Approche-toi de moi, je vais te l'apprendre.

Agnès. – Oh Dieu! tu me mets toute en feu! Ah! que cette badinerie est lascive! Retire-toi donc! Ah! comme tu me tiens embrassée! Tu me dévores!

Angélique. – Il faut bien que je me paye des leçons que je te donne. Voilà de la façon que les personnes qui s'aiment véritablement se baisent, enlaçant amoureusement la langue entre les lèvres de l'objet qu'on chérit: pour moi je trouve qu'il n'y a rien de plus doux et de plus délicieux, quand on s'en acquitte comme il faut, et jamais je ne le mets en usage que je ne ressente par tout mon corps un chatouillement extraordinaire et un certain je ne sais quoi, que je ne te puis exprimer qu'en te disant que c'est un baiser qui se répand universellement dans toutes les plus secrètes parties de moi-même, qui pénètre le plus profond de mon cœur, et que j'ai droit de le nommer *un abrégé de la souveraine volupté.* Et toi, tu ne dis rien! quel sentiment t'a-t-il causé?

Agnès. – Ne te l'ai-je pas assez fait connaître, quand je t'ai dit que tu me mettais toute en feu? Mais d'où vient que tu appelles ces sortes de caresses *un baiser à la florentine?*

Angélique. – C'est parce qu'entre les Italiennes, les dames de Florence passent pour être les plus amoureuses, et pour pratiquer le baiser de la manière que tu l'as reçu de moi. Elles y trouvent un plaisir singulier, et disent qu'elles les font à l'imitation de la colombe qui est un oiseau innocent, et qu'elles y rencontrent je ne sais quoi de lascif et de piquant, qu'elles n'éprouvent point et ne goûtent pas dans les autres. Je m'étonne comment l'abbé et le feuillant ne t'apprirent point cela pendant ma retraite, car ils ont fait l'un et l'autre le voyage d'Italie, et apparemment s'y sont rendus savants dans toutes les pratiques les plus secrètes de l'amour, qui sont particulières à ceux du pays.

Agnès. – Vraiment j'avais bien l'esprit autre part qu'à ces simples badineries, lorsqu'ils me vinrent voir, pour m'en souvenir à présent! Je sais bien qu'il n'y eut point de caresses ni de sottises dont leur fureur ne s'avisât; mais quoi! le plaisir que j'y prenais était si grand, et le ravissement que ces transports me causaient si excessif, qu'il ne me restait pas assez de liberté de jugement pour y réfléchir.

Angélique. – Il est vrai que les doux moments où l'on goûte cette volupté nous occupent tellement que nous ne sommes pas capables de nous distraire par aucune application de notre mémoire, ni de faire un *agenda* sur-le-champ de tout ce qui se passe au-dedans de nous-mêmes. Je ne doute pas néanmoins que l'abbé ou le feuillant n'aient poussé leur galanterie jusque-là; car, outre que tu as une bouche divine, ils sont parfaitement instruits de toutes les manières les plus douces et les plus engageantes de ceux qui savent passionnément aimer.

Agnès. – Hélas! pour des personnes consacrées aux autels et dévouées à la continence, ils n'en savent que trop!

Angélique. – Vraiment, tu fais bien ici la plaisante, et ceux qui ne te connaîtraient pas croiraient que tu parles sérieusement. Mais veux-tu que je te dise ma pensée? Je crois qu'ils n'en sauraient trop savoir, mais qu'ils en pourraient moins pratiquer; car il est certain qu'ayant la direction des âmes, ils doivent avoir une parfaite connaissance tant du bien que du mal, pour en faire un juste discernement, et pour nous exhorter avec force à la poursuite et à l'amour de l'un, et nous prêcher avec un même zèle la fuite et la haine de l'autre. Mais ils ne font rien moins que cela, et les mauvais livres où ils puisent leur lumière corrompent aussi bien leur volonté qu'ils éclairent leur entendement.

Agnès. – Je crois que tu abuses des termes, et que tu ne penses pas que parmi les savants il n'y a point de livre qui de sa nature porte le titre de défendu, et que le seul usage que nous en faisons lui donne la qualité de bon, de mauvais ou d'indifférent.

Angélique. – Ah Dieu! je crois que tu rêves de parler de la sorte, et tu dois convenir avec moi qu'il y a de certains livres dont toutes les parties ne valent rien et dont les instructions sont essentiellement opposées à la bonne morale et à la pratique de la vertu. Que veux-tu dire de *L'École des filles* et de cette infâme *philosophie* qui n'a rien que de fade et d'insipide, et dont les forts raisonnements ne peuvent persuader que les âmes basses et vulgaires, ni toucher que celles qui sont à demi corrumpues, ou qui d'elles-mêmes se laissent aller à toutes sortes de faiblesses?

Agnès. – J'avoue que ce livre-là peut être mis au rang des choses inutiles, et même de celles qui sont défendues. Je voudrais pouvoir racheter le temps que j'ai employé à en faire la lecture; il n'a rien qui m'ait plut et que je ne condamne. L'abbé qui me le fit voir m'en donna un autre qui est presque sur la même matière, mais qui la traite et qui la manie avec bien plus d'adresse et de spiritualité.

Angélique. – Je sais de quel livre tu veux parler; il ne vaut pas mieux pour les mœurs que le précédent, et quoique la pureté de son style et son éloquence aisée aient quelque chose d'agréable, cela n'empêche pas qu'il ne soit infiniment dangereux, puisque le feu et le brillant qui y éclatent en beaucoup d'endroits ne peuvent servir qu'à faire couler avec plus de douceur le venin dont il est rempli, et l'insinuer insensiblement dans les cœurs qui sont un peu susceptibles: il a pour titre *L'Académie des dames*, ou *Les Sept Entretiens satyriques d'Aloïsia*. Je l'ai eu plus de huit jours entre les mains, et celui de qui je le reçus m'en expliqua les traits les plus difficiles et me donna une intelligence parfaite de tout ce qu'il a de mystérieux. Surtout il m'en interpréta ces paroles, qui sont dans le septième entretien, »*amori vera lux*«, et me découvrit le sens anagrammatique qu'elle cache sous la simple apparence de l'inscription d'une médaille. Je crois que c'est de ce livre dont tu as eu dessein de me parler?

Agnès. – Assurément. Ah! Dieu! qu'il est ingénieux à inventer de nouveaux plaisirs à une âme soûle et dégoûtée! De quelles pointes et de quels aiguillons ne se sert-il pas pour éveiller la convoitise la plus endormie, la plus languissante, et celle même qui n'en peut plus! Que d'appétits extravagants! que d'objets étrangers et que de viandes inconnues il présente! Mais je vois bien que je n'y suis pas encore si savante que toi.

Angélique. – Hélas! mon enfant, la science que tu ambitionnes ne pourrait que t'être préjudiciable. Il faut que les plaisirs que nous nous proposons soient bornés par *les lois,* par *la nature* et par *la prudence,* et toutes les maximes dont ce livre pourrait t'instruire s'éloignent presque également de ces trois choses. Crois-moi, toutes les extrémités sont dangereuses, et il est un certain milieu que nous ne pouvons quitter sans tomber dans le précipice. *Aimons,* il n'est pas défendu; *cherchons la volupté* tant qu'elle est légitime, mais évitons ce qui ne peut être inspiré que par la débauche, et ne nous laissons point séduire par les persuasions d'une éloquence qui ne nous flatte que pour nous perdre, et qui ne s'exprime bien que pour nous porter plus facilement au mal.

Agnès. – Oh! la belle morale! et que tu sais bien dorer la pilule quand il te plait! Ce n'est pas que je me rende à tes raisons, et que je ne blâme toutes les choses que tu condamnes, mais je ne puis m'empêcher de rire quand je te vois prêcher la réforme avec tant de feu et que je t'entends parler à des sourds et à des aveugles, tels que sont nos sens qui ne veulent recevoir de règles que celles qu'ils se proposent eux-mêmes.

Angélique. – Il est vrai, et j'avoue que c'est mal employer le temps, c'est-à-dire inutilement, que de travailler à réprimer le vice et à élever la vertu, dans la corruption du siècle où nous sommes. La maladie est trop grande et la contagion trop universelle pour y apporter du remède par de simples paroles, et pour qu'elle puisse être guérie par un appareil qui ne peut agir que sur l'esprit. Ce n'est aucunement là mon dessein, mais j'ai seulement été bien aise de te faire connaître que je n'approuve point le libertinage de ceux qui ne goûtent jamais de parfaits plaisirs s'ils ne les vont chercher dans les leçons d'une imagination corrumpue, au-delà des bornes les plus inviolables de la nature, et jusque dans la licence la plus dissolue des fables passées.

Je ne suis point ennemie des délices, ni attachée à cette vertu incommode dont notre siècle n'est pas capable, et je sais que l'âme la plus noble ne peut être maîtresse de ses passions, ni purgée des autres infirmités humaines, tant qu'elle sera attachée à notre corps.

Agnès. – Ah! ce retour me plaît, et cette indulgence raisonnable peut être reçue. Car quel mal peut-on trouver dans la volupté quand elle est bien réglée? Il faut bien, de nécessité, donner quelque chose au tempérament du corps, et compatir aux faiblesses de nos esprits, puisque nous les recevons tels que la nature nous les baille, et qu'il ne dépend pas de nous d'en faire le choix. Nous ne sommes pas responsables des fantaisies du penchant et des inclinations qu'elle nous donne. Si ce sont des fautes, c'est elle qui en est coupable et qui en doit être blâmée, et on ne peut reprocher aux hommes les vices qui naissent avec eux, ou qui ne procèdent que de leur naissance.

Angélique. – Tu as raison, ma mignonne, et je ne puis t'exprimer la joie que je ressens lorsque ces paroles me font voir le progrès que tu as fait par mes instructions. Mais ne nous fatiguons pas davantage l'esprit à la recherche des crimes d'autrui; supportons ce que nous ne saurions réformer, et ne touchons point à des maux qui décourriraient sans doute l'impuissance de nos remèdes. Vivons pour nous-mêmes et sans nous faire malades des infirmités étrangères; établissons dans notre intérieur cette paix et cette tranquillité spirituelle qui est le principe de la joie, et le commencement du bonheur que nous pouvons raisonnablement désirer.

Agnès. – Pour moi, je suis déjà dans cette paisible jouissance du repos et de la quiétude d'esprit, où je puis dire que je n'ai pu arriver que par ton moyen. Ce sont des obligations que je ne pourrai jamais assez reconnaître comme je le souhaiterais; car il faut que pour toutes ces peines que tu as prises à me tirer de l'erreur où j'étais, tu te contentes de l'amitié que je t'ai jurée, et qu'elle te tienne lieu de toute autre récompense.

Angélique. – Hélas! mon enfant, que pourrais-tu m'offrir qui me plût davantage! Je préfère tes caresses à tous les trésors du monde; un seul de tes baisers me charme et me comble de biens. Mais voici quelqu'un qui vient: séparons-nous afin de leur ôter le soupçon qu'ils pourraient avoir de nos entretiens. Baise-moi, ma chère enfant.

Agnès. – Je le veux, et *à la florentine.*

Angélique. – Ah! tu me ravis! tu me transportes! Je n'en puis plus! tu me causes mille plaisirs.

Agnès. – En voici assez pour le présent. Adieu, Angélique. C'est sœur Cornélie qui s'approche.

Angélique. – Je la vois. C'est sans doute pour me donner quelque ordre de la part de madame. Adieu, Agnès! adieu, mon cœur, mes délices, mon amour!

Abbé du Prat, *Vénus dans le cloître*, Edition Bibliothèque des Curieux, B.N. Enfer 1430, S. 99–107

Aus: Vénus dans le cloître (Übersetzung)

Angélique: (...) Ich bin noch nicht ganz befriedigt, deine Küsse sind nicht anders als gewöhnlich. Gib mir einen nach der Art der Florentinerinnen.

Agnès: Ich glaube, daß du verrückt bist. Küßt nicht etwa jede auf die gleiche Art? Was meinst du mit einem Kuß »nach der Art der Florentinerinnen«?

Angélique: Komm doch näher, ich werde es dir beibringen.

Agnès: O Gott! du setzt meine ganzen Sinne in Flammen! Ach, was für ein lasziver Scherz! Zieh dich bitte zurück, ah, wie du mich umarmst! Du verschlingst mich aber!

Angélique: Ich muß mich wohl für die Lehren, die ich dir erteile, bezahlen. So küssen sich halt die Leute, die sich wirklich lieben, die Zunge schlängelt sich zärtlich durch die Lippen des geliebten Gegenstands. Ich finde persönlich nichts süßer und reizender als das, wenn es richtig ausgeführt wird, und niemals mache ich davon Gebrauch, ohne in meinem Körper ein außerordentlich starkes Kitzeln und ein ganz unbestimmbares Gefühl zu empfinden, das ich nur definieren könnte, indem ich dir sage, daß es ein Kuß ist, der in meinem ganzen Körper ausstrahlt und bis in die verborgensten Stellen hineindringt, der die tiefsten Regionen meines Herzens durchdringt, und den ich berechtigt bin, als ein Extrakt der höchsten Wonne zu bezeichnen. Und du, du sagst nichts! Welches Gefühl hat es bei dir hervorgerufen?

Agnès: Habe ich es dir nicht schon zu wissen gegeben, als ich dir sagte, daß du meine ganzen Sinne in Brand setztest? Woher kommt es aber, daß du solche Liebkosungen einen »Kuß nach der Art der Florentinerinnen« nennst?

Angélique: Das kommt daher, daß unter den Italienerinnen die Frauen aus Florenz anscheinend zu den leidenschaftlichsten gehören und das Küssen auf die Art praktizieren sollen, die du eben von mir erfahren hast. Sie finden ein besonderes Vergnügen daran und sagen, daß sie dabei die Taube nachahmen, die ein unschuldiger Vogel ist, und daß sie hierdurch einen undefinierbaren lasziven Reiz empfinden, dessen Genuß und Empfindung sie bei den anderen Küssen nicht kennen. Es wundert mich, daß der Abbé und der Mönch dir das während meiner Klausur nicht beigebracht haben, denn sie haben beide die Italienreise gemacht und sind anscheinend dort in den geheimsten Künsten der Liebe, so wie sie den Einwohnern dieses Landes eigen sind, recht kundig geworden.

Agnès: Als sie zu mir kamen, war meine Aufmerksamkeit wirklich zu sehr auf anderes als auf solche Spielereien gerichtet, als daß ich mich noch daran erinnern könnte! Ich weiß zwar, daß es keine Liebkosung, keine Torheit gibt, die ihrer Leidenschaft nicht eingefallen wäre, aber die Lust, die ich dabei empfand, die Entzückung, in die ich während dieser Aufwallungen geriet, waren so groß, daß mir zuwenig Urteilsfreiheit übrigblieb, um daran noch zu denken.

Angélique: Die süßen Augenblicke, in denen wir diese Wollust genießen, beschäftigen uns tatsächlich so sehr, daß wir nicht in der Lage sind, unsere Aufmerksamkeit durch irgendwelche Anstrengung unseres Gedächtnisses abzulenken; noch können wir uns im Augenblick *Notizen* machen von dem, was in unserem Inneren stattfindet. Dennoch zweifele ich nicht daran, daß der Abbé oder der Mönch ihre galanten Spiele bis dorthin getrieben haben. Abgesehen davon, daß du einen himmlisch schönen Mund hast, sind sie über das süßeste und das bezauberndste Benehmen der leidenschaftlichsten Liebhaber vollkommen unterrichtet.

Agnès: Ach! Dafür, daß sie ihr Leben dem Altar und der Enthaltsamkeit gewidmet haben, wissen sie viel zu sehr!

Angélique: Der Spott fällt dir jetzt wahrlich leicht! Diejenigen, die dich nicht kennen würden, würden fast glauben, daß du ernst sprichst. Willst du aber meine Meinung hören? Ich denke, daß sie nie zuviel wissen können, daß sie aber ihr Wissen weniger in die Tat umsetzen sollten. Insoweit die Seelenführung in ihren Händen liegt, sollte ihre Kenntnis vom Guten und vom Bösen um ihres Unterscheidungsvermögens willen gleich tief sein, damit sie uns mit genügend Überzeugungskraft ermahnen können, das eine zu lieben und zu suchen und uns mit gleichem Eifer dazu bringen, das andere zu hassen und vor ihm zu fliehen. Das ist aber gerade, was sie nicht tun, und die schlechten Bücher, aus denen sie ihr Wissen schöpfen, korrumpieren im gleichen Maße ihren Willen, wie sie ihren Verstand aufklären.

Agnès: Ich glaube, daß du übertreibst, und daß du wohl nicht denkst, daß unter den Wissenden ein Buch jemals von sich aus verdienen würde, als verbotene Lektüre zu gelten, insofern der Gebrauch allein, den wir von ihm machen, ihm die Eigenschaft von gut, schlecht oder gleichgültig verleihen kann.

Angélique: Ach, Gott, ich glaube, daß du träumen mußt, um so zu reden, und daß du mit mir sicherlich darüber einig sein mußt, daß ganze Teile bestimmter Bücher gar nichts wert sind, da deren Anweisungen der guten Moral und der rechten Ausübung der Tugend grundsätzlich zuwiderlaufen. Was würdest du überhaupt von der *Ecole des filles* und von deren verruchten Philosophie sagen, bei der alles fade und geschmacklos ist, deren starke Argumente nur die niederen und die groben Seelen überzeugen können und nur diejenigen treffen, die schon halb verdorben sind oder von selbst allen denkbaren Lastern zum Opfer fallen?

Agnès: Ich gebe zu, daß dieses Buch zu den unnützlichsten zählt, ja den verbotenen Lektüren zuzuordnen ist. Ich möchte sogar die Zeit wieder abkaufen können, die seine Lektüre mich gekostet hat. Es gibt nichts, was mir an ihm gefallen hätte oder das ich nicht verurteilen würde. Der Abbé, der es mir zu sehen gegeben hat, hat mir noch ein anderes gegeben, das fast dasselbe Thema hat, es aber viel geschickter und viel geistreicher behandelt.

Angélique: Ich weiß, von welchem Buch du reden möchtest; was die Sitten betrifft, ist es nicht viel mehr wert als das andere, und obwohl die Reinheit seines Stils und seine geschickte Rhetorik etwas Angenehmes an sich haben, ist es nichtsdestoweniger unendlich gefährlich, insofern das Feuer und die Brillanz, die an manchen Stellen in ihm glänzen, nur noch dazu gut sein können, das Gift, das in ihm steckt, angenehmer fließen zu lassen, damit es sich unbemerkt in die Herzen einschleicht, die einigermaßen aufnahmefähig sind. Es hat zum Titel *L'Académie des dames* oder *Les sept entretiens satyriques d'Aloïsia.* Ich habe es länger als eine Woche in den Händen gehabt; derjenige, von dem ich es erhielt, erklärte mir die schwierigsten Anspielungen und verhalf mir zu einer vollkommenen Erkenntnis seiner geheimnisvollsten Seiten.

Vor allem interpretierte er vor mir jene Worte, die im siebten Gespräch vorzufinden sind« »amori vera lux« und entdeckte mir den anagrammatischen Sinn, der in ihnen unter dem bloßen Anschein einer Medailleninschrift versteckt ist. Ich glaube, daß es sich um das Buch handelt, von dem du mir gerade sprechen wolltest.

Agnès: Sicherlich. O Gott, wie ingeniös ist dieses Buch in der Erfindung neuer Gelüste für eine gesättigte und blasierte Seele! Wieviel Stacheln und Spitzen verwendet es, um die stumpfeste, die lahmste Begierde zu erwecken, und sogar diejenige, die ganz am Ende ihrer Kräfte ist! Wieviel extravagante Wünsche! Wieviel fremde Gegenstände und wieviel ungesehenes Fleisch stellt es dar! Aber ich sehe wohl, daß ich noch nicht so wissend bin wie du.

Angélique: Ach! mein liebes Kind, die Wissenschaft, die du zu erwerben anstrebst, könnte dir nur schädlich werden. Die Freuden, die wir anbieten, müßten durch die Gesetze begrenzt sein, durch Natur und Vorsicht und alle Maximen, die dieses Buch dir beibringen könnten, liegen fast gleichmäßig weit von diesen drei Prinzipien entfernt. Glaub mir, alle Extreme sind gefährlich, und wir können eine gewisse mittlere Stellung nie verlassen, ohne sofort in den Abgrund zu stürzen. *Lieben wir,* das ist nicht verboten, *streben wir nach der Wollust,* solange sie im Rahmen des Legitimen bleibt, aber vermeiden wir alles, was nur von der Liederlichkeit inspiriert werden kann, und lassen wir uns nicht durch die Überzeugungskraft einer Redekunst verführen, die uns nur schmeichelt, um uns ins Verderben zu stürzen und sich nur deswegen so gut ausdrückt, damit sie uns um so leichter zum Bösen hin verführen kann.

Agnès: Ach, was für eine schöne Moral! Wie gut verstehst du es, wenn du es gerade brauchst, eine bittere Pille zu verschlucken! Zwar hast du mich überzeugt und ich tadle auch alles, was du verurteilst; trotzdem kann ich nur lachen, wenn ich dich mit so viel Feuer für moralische Besserung plädieren höre und merke, daß du dabei nur für Taube und Blinde sprichst – was unsere Sinne eben sind, da sie keine anderen Regeln für sich akzeptieren als diejenigen, die sie sich selbst festlegen.

Angélique: Fürwahr! Ich gestehe dir, daß es ein schlechter und sogar unnützer Gebrauch von Zeit ist, in einem so verdorbenen Jahrhundert wie unserem an der Bekämpfung der Laster und der Erhöhung der Tugend zu wirken. Die Krankheit ist zu weit fortgeschritten und die Ansteckung zu weit verbreitet, um dem Übel durch Worte allein beizukommen. Zu ihrer Heilung sind andere Instrumente nötig als solche, die nur auf den Geist wirken. Hierin liegt sicherlich meine Absicht nicht, allein war es für mich eine Freude, dich wissen zu lassen, daß ich die Libertinage derjenigen nicht billige, die die Gelüste des Fleisches erst vollkommen genießen können, wenn sie sie von den Lehren einer verdorbenen Einbildungskraft erwarten, jenseits der unverletzlichsten Grenzen der Natur und bis in die ungehemmteste Liederlichkeit vergangener Fabeln hinein. Weder bin ich eine Feindin von Sinnesfreuden noch bin ich an diese unbequeme Tugend gebunden, zu der unser Jahrhundert nicht fähig ist, und ich weiß zudem, daß die edelste Seele weder ihre Leidenschaften beherrschen noch von allen anderen menschlichen Gebrechen geheilt werden kann, solange sie mit unserem Körper verbunden ist.

Agnès: Ah, diese Berechtigung behagt mir sehr, und diese vernünftige Nachsicht ist annehmbar. Was soll nämlich an der Wollust schlecht sein, wenn sie gut reguliert ist? Wir müssen wohl oder übel dem Temperament unserer Körper Zugeständnisse machen und mit den Schwächen unseres Geistes fürliebnehmen, da wir sie so erhalten haben, wie die Natur selbst sie uns gegeben hat und da es nicht in unserer Macht liegt, hierin die Wahl zu treffen. Für die Einfälle, für den Hang und die Neigungen, die sie uns einflößt, sind wir nicht verantwortlich. Sollten sie Sünden und Fehler sein, dann ist die Schuld ihr allein zuzuschreiben und man muß dann nicht uns, sondern sie dafür tadeln. Man kann den Menschen jedoch nicht die Laster, die mit ihnen zusammen zur Welt kommen, oder aus ihrer Geburt abzuleiten sind, vorwerfen.

Angélique: Hierin bist du im Recht, meine Hübsche, und ich kann dir die Freude nicht ausdrücken, die deine Worte mir bereiten. Sie bestätigen mir, welche Fortschritte du nun dank meinen Anweisungen und Lehren gemacht hast. Grübeln wir aber nicht länger über die Laster anderer, dulden wir vielmehr, was wir nicht zu verbessern wüßten, und rühren wir jene Übel nicht an, die zweifelsohne die Grenzen unserer Heilkunst offenlegen würden. Leben wir für uns selbst, ohne uns wegen der Gebrechen anderer krank zu machen, stiften wir in unserem Innern jenen Frieden und jene Ruhe des Geistes, die die Voraussetzung der Freude ist und mit der das Glück ansetzt, das wir uns vernünftigerweise erhoffen dürfen.

Agnès: Was mich betrifft, bin ich schon ganz im Besitz jener Ruhe und jener geistigen Gelassenheit, zu der ich fürwahr nur durch deine Hilfe gelangen konnte. Meine Schuld dir gegenüber werde ich nie bekennen können, wie ich es wollte, so mußt du für all deine Bemühungen, mich aus dem Irrtum, in dem ich eingefangen war, zu erlösen, mit der Freundschaft, die ich dir schwor, fürliebnehmen, die für dich jede andere Belohnung ersetzen soll.

Angélique: Ach, mein liebes Kind, was könntest du mir schenken, das mir lieber wäre? Deine Liebkosungen sind mir viel mehr wert als alle Schätze der Welt, ein einziger deiner Küsse bezaubert und erfüllt mich mit tausend Freuden. Ich höre aber jemanden kommen. Trennen wir uns, um ihnen jeden Verdacht in bezug auf unsere Unterhaltungen zu nehmen. Küss mich, liebes Kind.

Agnès: Ich will es, und zwar nach der Art der Florentinerinnen.

Angélique: Ah! du entzückst mich! du berauschst mich! Ich kann nicht mehr! Du erfüllst mich mit tausend Genüssen.

Agnès: Es ist vorerst genügend. Adieu, Angélique, Schwester Cornelia nähert sich jetzt.

Angélique: Ich sehe sie. Wahrscheinlich wird sie einen Befehl von Madame weitergeben. Adieu, Agnès, Adieu, mein Herz, meine Wonne, meine Liebe!

a.a.O. S. 99–107

Aus Thérèse philosophe (1748)

Apostrophe aux théologiens sur la liberté de l'homme

Répondez, théologiens fourbes ou ignorants qui créez nos crimes à votre gré: qui est-ce qui avait mis en moi les deux passions dont j'étais combattue, *l'amour de Dieu et celui du plaisir de la chair?* Est-ce la nature ou le diable? Optez. Mais oseriez-vous avancer que l'une ou l'autre soient plus puissants que Dieu? S'ils lui sont subordonnés, c'est donc Dieu qui avait permis que ces passions fussent en moi, c'était son ouvrage. Mais, répliquerez-vous, Dieu vous avait donné la raison pour vous éclairer. Oui, mais non pas pour me décider. La raison m'avait bien fait apercevoir les deux passions dont j'étais agitée, c'est par elle que j'ai conçu par la suite que, tenant tout de Dieu, je tenais de lui ces passions dans toute la force où elles étaient. Mais cette même raison qui m'éclairait ne me décidait point. Dieu cependant, continuerez-vous, vous ayant laissée maîtresse de votre volonté, vous étiez libre de vous déterminer pour le bien ou pour le mal. Pur jeu de mots. Cette volonté et cette prétendue liberté n'ont de degrés de force, n'agissent que conséquemment aux degrés de force des passions et des appétits qui nous sollicitent. Je parais, par exemple, être libre de me tuer, de me jeter par la fenêtre. Point du tout: dès que l'envie de vivre est plus forte en moi que celle de mourir je ne me tuerai jamais. Tel homme, direz-vous, est bien le maître de donner aux pauvres, à son indulgent confesseur, cent louis d'or qu'il a dans sa poche. Il ne l'est point: l'envie qu'il a de conserver son argent étant plus forte que celle d'obtenir une absolution inutile de ses péchés, il gardera nécessairement son argent. Enfin, chacun peut se démontrer à soi-même que la raison ne sert qu'à faire connaître à l'homme quel est le degré d'envie qu'il a de faire ou d'éviter telle ou telle chose, combiné avec le plaisir et le déplaisir qui doit lui en revenir. De cette connaissance acquise par la raison, il résulte ce que nous appelons *la volonté et la détermination*. Mais cette volonté et cette détermination sont aussi parfaitement soumises aux degrés de passion ou de désir qui nous agitent qu'un poids de quatre livres détermine nécessairement le côté d'une balance qui n'a que deux livres à soulever dans son autre bassin.

Mais, me dira un raisonneur qui n'aperçoit que l'écorce: ne suis-je pas libre de boire à mon dîner une bouteille de vin de Bourgogne ou une de Champagne? Ne suis-je pas maître de choisir pour ma promenade la grande allée des Tuileries ou la terrasse des Feuillants?

Je conviens que dans tous les cas où l'âme est dans une indifférence parfaite sur sa détermination, que dans les circonstances où les désirs de faire telle ou telle chose sont dans une balance égale, dans un juste équilibre, nous ne pouvons pas apercevoir ce défaut de liberté: c'est un lointain dans lequel nous ne discernons pas les objets. Mais rapprochons-les un peu, ces objets, nous apercevrons bientôt distinctement le mécanisme des actions de notre vie, et dès que nous en connaîtrons une nous les connaîtrons toutes, puisque la nature n'agit que par un même principe. (...)

Je demande encore a mon dialogueur qu'il me dise qu'est-ce qui l'empêche de penser comme moi sur la matière dont il s'agit ici, et pourquoi je ne peux pas me déterminer à penser comme lui sur cette même matière. Il me répondra sans doute que ses idées, ses notions, ses sensations le contraignent de penser comme il fait. Mais de cette réflexion, qui lui démontre intérieurement qu'il n'est pas maître d'avoir la volonté de penser comme moi ni moi celle de penser comme lui, il faut bien qu'il convienne que nous ne sommes pas libres de penser de telle ou telle manière. Or, si nous ne sommes pas libres de penser, comment serions-nous libres d'agir puisque la pensée est la cause et que l'action n'est que l'effet? Et peut-il résulter un effet *libre* d'une cause qui n'est *pas libre*? Cela implique contradiction.

Pour achever de nous convaincre de cette vérité, aidonsnous du flambeau de l'expérience. Grégoire, Damon et Philinte sont trois frères qui ont été élevés par les mêmes maîtres jusqu'à l'âge de vingt-cinq ans. Ils ne se sont jamais quittés, ils ont reçu la même éducation, les mêmes leçons de morale, de religion. Cependant Grégoire aime le vin, Damon aime les femmes, Philinte est dévot. Qui est-ce qui a déterminé les trois différentes volontés de ces trois frères? Ce ne peut être ni l'acquis, ni la connaissance du bien et du mal moraux puisqu'ils n'ont reçu que les mêmes préceptes par les mêmes maîtres. Chacun d'eux avait donc en lui différents principes, différentes passions qui ont décidé ces diverses volontés, malgré l'uniformité des connaissances acquises. Je dis plus: Grégoire, qui aimait le vin, était le plus honnête homme, le plus sociable, le meilleur ami lorsqu'il n'avait pas bu, mais dès qu'il avait goûté de cette liqueur enchanteresse, il devenait médisant, calomniateur, querelleur, il se serait coupé la gorge par goût avec son meilleur ami. Or Grégoire était-il maître de ce changement de volonté qui se faisait tout à coup en lui? Non, certainement, puisque de sang-froid il détestait les actions qu'il avait été forcé de commettre dans le vin. Quelques sots, cependant, admiraient l'esprit de continence dans Grégoire, qui n'aimait point les femmes, la sobriété de Damon, qui n'aimait point le vin, et la piété de Philinte, qui n'aimait ni les femmes ni le vin mais qui jouissait du même plaisir que les deux premiers par son goût pour la dévotion. C'est ainsi que la plupart des hommes sont dupes de l'idée qu'ils ont des vices et des vertus humaines.

Concluons. L'arrangement des organes, les dispositions des fibres, un certain mouvement des liqueurs donnent le genre des passions, les degrés de force dont elles nous agitent, contraignent la raison, déterminent la volonté dans les plus petites comme dans les plus grandes actions de notre vie. C'est ce qui fait l'homme passionné, l'homme sage, l'homme fou. Le fou n'est pas moins libre que les deux premiers puisqu'il agit par les mêmes principes: la nature est uniforme. Supposer que l'homme est libre et qu'il se détermine par lui-même, c'est le faire égal à Dieu.

Aus Boyer d'Argens, *Thérèse philosophe,*
L'Enfer de la Bibliothèque Nationale, Bd. 5, Fayard 1986

Aventure de trois capucins en partie fine avec la Bois-Laurier

Chère Thérèse, dit la Bois-Laurier en poursuivant ses propos, je me rappelle fort à propos une plaisante aventure qui m'arriva ce même jour avec trois capucins. Elle te donnera une idée de l'exactitude de ces bons Pères à observer leurs vœux chasteté.

Après être sortie de chez le courtisan dont je viens de te parler, et avoir dit adieu à ma compagne, comme je tournais le premier coin de rue pour monter dans un fiacre qui m'attendait, je rencontrai la Dupuis, amie de ma mère, digne émule de son commerce, mais qui en exerçait les travaux dans un monde moins bruyant.

– Ah! ma chère Manon, me dit-elle en m'abordant, que je suis ravie de te rencontrer! Tu sais que c'est moi qui ai l'honneur de servir presque tous nos moines de Paris. Je crois que ces chiens-là se sont tous donné le mot aujourd'hui pour me faire enrager: ils sont tous en rut. J'ai, depuis ce matin, neuf filles en campagne pour eux en diverses chambres et quartiers de Paris, et je cours depuis quatre heures sans en pouvoir trouver une dixième pour trois vénérables capucins qui m'attendent encore dans un fiacre bien fermé sur le chemin de ma petite maison. Il faut, Manon, que tu me fasses le plaisir d'y venir: ce sont de bons diables, ils t'amuseront.

J'eus beau dire à la Dupuis qu'elle savait bien que je n'étais pas un gibier de moines, que ces Messieurs ne se contentaient pas des plaisirs de fantaisie, de ceux de la petite oie, mais, qu'il leur fallait au contraire des filles dont les ouvertures fussent très libres:

– Parbleu! répliqua la Dupuis, je te trouve admirable de t'inquiéter des plaisirs de ces coquins-là! Il suffit que je leur donne une fille, c'est à eux à en tirer tel parti qu'ils pourront. Tiens, voilà six louis qu'ils m'ont mis en mains, il y en a trois pour toi. Veux-tu me suivre?

La curiosité autant que l'intérêt me détermina. Nous montâmes dans mon fiacre et nous nous rendîmes près de Montmartre à la petite maison de la Dupuis.

Un instant après entrent nos trois capuchons qui, peu accoutumés à goûter d'un morceau aussi friand que je paraissais l'être, se jettent sur moi comme trois dogues affamés. J'étais dans ce moment debout, un pied élevé sur une chaise, nouant une de mes jarretières. L'un, avec une barbe rousse et une haleine infectée, vint m'appuyer un baiser sur la *parole,* encore cherchait-il à chiffonner avec la langue. Un second tracassait grossièrement sa main dans mes tétons. Et je sens le visage du troisième, qui avait levé ma chemise par-derrière, appliqué contre mes fesses tout près du trou mignon. Quelque chose de rude comme du crin, passé entre mes cuisses, me farfouillait le quartier de devant. J'y porte la main. Qu'est-ce que je saisis? La barbe du père Hilaire qui, se sentant pris et tiré par le menton, m'applique, pour m'obliger à lâcher prise, un assez vigoureux coup de dents dans une fesse. J'abandonne en effet la barbe, et un cri perçant, que la douleur m'arrache, en impose heureusement à ces effrénés et me tire pour un moment de leurs pattes. Je m'assis sur un lit de repos près duquel j'étais. Mais à peine eus-je le temps de m'y reconnaître que trois instruments énormes se trouvent braqués devant moi.

— Ah! mes Pères, m'écriai-je, un moment de patience, s'il vous plaît: mettons un peu d'ordre dans ce qui nous reste à faire. Je ne suis point venue ici pour jouer la vestale: voyons donc avec lequel de vous trois je...

— C'est à moi! s'écrièrent-ils tous ensemble sans me donner le temps d'achever.

— A vous, jeunes barbes? reprit l'un d'eux en nasillant. Vous osez disputer le pas à Père Ange, ci-devant Gardien de..., Prédicateur du Carême de..., votre supérieur? Où est donc la subordination?

— Ma foi, ce n'est pas chez la Dupuis, reprit l'un d'eux sur le même ton: ici Père Anselme vaut bien Père Ange.

— Tu as menti, répliqua ce dernier en apostrophant un coup de poing dans le milieu de la face du très Révérend Père Anselme.

Celui-ci, qui n'était rien moins que manchot, saute sur le Père Ange. Tous deux se saisissent, se collettent, se culbutent, se déchirent à belles dents. Leurs robes, relevées sur leurs têtes, laissent à découvert leurs misérables outils qui, de saillants qu'ils s'étaient montrés, se trouvent réduits en forme de lavettes. La Dupuis accourt pour les séparer, elle n'y réussit qu'en appliquant un grand seau d'eau fraîche sur les parties honteuses de ces deux disciples de saint François.

Pendant le combat, Père Hilaire ne s'amusait point à la

moutarde. Comme je m'étais renversée sur le lit, pâmée de rire et sans forces, il fourrageait mes appas et cherchait à manger l'huître disputée à belles gourmades par ses deux compagnons. Surpris de la résistance qu'il rencontre, il s'arrête pour examiner de près les débouchés. Il entrouvre la coquille: point d'issue. Que faire? Il cherche à nouveau à percer: soins perdus, peines inutiles. Son instrument, après des efforts redoublés, est réduit à l'humiliante ressource de cracher au nez de l'huître qu'il ne peut gober.

Le calme succéda tout à coup aux fureurs monacales. Père Hilaire demande un instant de silence: il informe les deux combattants de mon irrégularité et de la barrière insurmontable qui fermait l'entrée du séjour des plaisirs. La vieille Dupuis essuya de vifs reproches, dont elle se défendit en plaisantant. Et, en femme qui sait son monde, elle tâcha de faire diversion par l'arrivée d'un convoi de bouteilles de vin de Bourgogne, qui furent bientôt sablées.

Cependant les outils de nos Pères reprennent leur première consistance. Les libations bachiques sont interrompues de temps à autre par des libations à Priape. Tout imparfaites que fussent celles-ci, nos frappards semblent s'en contenter, et tantôt mes fesses, tantôt leur revers servent d'autel à leurs offrandes.

Bientôt une excessive gaieté s'empare des esprits. Nous mettons à nos convives du rouge, des mouches. Chacun d'eux s'affuble de quelqu'un de mes ajustements de femme: peu à peu je suis dépouillée toute nue et couverte d'un simple manteau de capucin, équipage dans lequel ils me trouvent charmante.

— N'êtes-vous pas trop heureux, s'écria la Dupuis qui était à moitié ivre, de jouir du plaisir de voir un minois comme celui de la charmante Manon?

— Non, ventrebleu! répliqua Père Ange d'un ton bachique. Je ne suis point venu ici pour voir un minois, c'est pour foutre un con que je m'y suis rendu! J'ai bien payé, ajouta-t-il, et ce vit que je tiens en mains n'en sortira ventredieu pas qu'il n'ait foutu fût-ce le diable!

Écoute bien cette scène, me dit la Bois-Laurier en s'interrompant, elle est originale. Mais je t'avertis (peut-être un peu tard) que je ne puis rien retrancher à l'énergie des termes sans lui faire perdre toutes ses grâces.

La Bois-Laurier avait trop élégamment commencé pour ne pas la laisser finir de même. Je souris. Elle continua ainsi le récit de son aventure:

— Fût-ce le diable! répéta la Dupuis en se levant de dessus sa chaise et élevant la voix du même ton nasillant que celui du capucin. Hé bien! baise, dit-elle en se troussant jusqu'au nombril. Regarde ce con vénérable, qui en vaut bien deux. Je suis une bonne diablesse... Fous-moi donc, si tu l'oses, et gagne ton argent!

Elle prend en même temps Père Ange par la barbe et l'entraîne sur elle en se laissant tomber sur le petit lit. Le Pere n'est point déconcerté par l'enthousiasme de sa Proserpine, il se dispose à l'enfiler et l'enfile à l'instant.

A peine la sexagénaire Dupuis eut-elle éprouvé le frottement de quelques secousses du Père que ce plaisir délicieux, qu'aucun mortel n'avait eu la hardiesse de lui faire goûter depuis plus de vingt-cinq ans, la transporte et lui fait bientôt changer de ton:

— Ah! mon Papa, disait-elle en se démenant comme une enragée, mon cher Papa! Fous donc... donne-moi du plaisir... je n'ai que quinze ans, mon ami. Oui, vois-tu? je n'ai que quinze ans... Sens-tu ces allures? ... Va donc, mon petit chérubin! ... Tu me rends la vie... tu fais une œuvre méritoire...

Dans l'intervalle de ces tendres exclamations, la Dupuis baisait son champion, elle le pinçait, elle le mordait avec les deux uniques chicots qui lui restaient dans la bouche.

D'un autre côté le Père, qui était surchargé de vin, ne faisait que *haniquiner*, mais, ce vin commençant à faire son effet, la galerie, composée des Révérends Pères Anselme, Hilaire, et de moi, s'aperçut bientôt que Père Ange perdait du terrain et que ses mouvements cessaient d'être régulièrement périodiques.

— Ah! bordel! s'écria tout à coup la connaisseuse Dupuis, je crois que tu débandes... Chien, si tu me faisais un pareil affront...

Dans l'instant l'estomac du Père, fatigué par l'agitation, fait *capot*, et l'inondation portant directement sur la face de l'infortunée Dupuis au moment d'une de ses exclamations amoureuses qui lui tenait la bouche béante, la vieille se sentant infectée de cette *exlibation* infecte, son cœur se soulève et elle paie l'agresseur de la même monnaie.

Jamais spectacle plus affreux et plus risible en même

temps! Le moine s'appesantit, s'écroule sur la Dupuis, celle-ci fait de puissants efforts pour le renverser de côté, elle y réussit. Tous deux nagent dans l'ordure, leurs visages sont méconnaissables. La Dupuis, dont la colère n'était que suspendue, tombe sur Père Ange à grands coups de poings. Mes ris immodérés et ceux des deux spectateurs nous ôtent la force de leur donner du secours. Enfin nous les joignîmes et nous séparâmes les champions. Père Ange s'endort, la Dupuis se nettoie. A l'entrée de la nuit, chacun se retire et gagne tranquillement son manoir.

a. a. O. S. 155–164

Effets de la peinture et de la lecture

Tout fut porté par vos ordres dans ma chambre. Je dévorai des yeux ou, pour mieux dire, je parcourus tour à tour pendant les quatre premiers jours l'histoire du *Portier des Chartreux*, celle de *La Tourière des Carmélites*, *L'Académie des Dames*, *Les Lauriers ecclésiastiques*, *Thémidore*, *Frétillon*, etc., et nombre d'autres de cette espèce, que je ne quittai que pour examiner avec avidité des tableaux où les postures les plus lascives étaient rendues avec un coloris et une expression qui portaient un feu brûlant dans mes veines.

Le cinquième jour, après une heure de lecture, je tombai dans une espèce d'extase. Couchée sur mon lit, les rideaux ouverts de toutes parts, deux tableaux – les *Fêtes de Priape*, *les Amours de Mars et de Vénus* – me servaient de perspective. L'imagination échauffée par les attitudes qui y étaient représentées, je me débarrassai des draps et des couvertures et, sans réfléchir si la porte da ma chambre était bien fermée, je me mis en devoir d'imiter toutes les postures que je voyais. Chaque figure m'inspirait le sentiment que le peintre y avait donné. Deux athlètes, qui étaient à la partie gauche du tableau des *Fêtes de Priape*, m'enchantaient, me transportaient par la conformité du goût de la petite femme au mien. Machinalement, ma main droite se porta où celle de l'homme était placée, et j'étais au moment d'y enfoncer le doigt lorsque la réflexion me retint. J'aperçus l'illusion, et le souvenir des conditions de notre gageure m'obligea de lâcher prise.

Que j'étais bien éloignée de vous croire spectateur de mes faiblesses, si ce doux penchant de la nature en est une, et que j'étais folle, grands dieux, de résister aux plaisirs inexprimables d'une jouissance réelle! Tels sont les effets du préjugé: ils sont nos tyrans. D'autres parties de ce premier tableau excitaient tour à tour mon admiration et ma pitié. Enfin je jetai les yeux sur le second. Quelle lascivité dans l'attitude de Vénus! Comme elle, je m'étendis mollement. Les cuisses un peu éloignées, les bras voluptueusement ouverts, j'admirais l'attitude brillante du dieu Mars. Le feu dont ses yeux, et surtout sa lance, paraissaient animés passa dans mon cœur. Je me coulai sous les draps, mes fesses s'agitaient voluptueusement comme pour porter en avant la couronne destinée au vainqueur.

– Quoi! m'écriai-je, les divinités mêmes font leur bonheur d'un bien que je refuse! Ah! cher amant! je n'y résiste plus. Parais, comte, je ne crains point ton dard, tu peux percer ton amante, tu peux même choisir où tu voudras frapper, tout m'est égal, je souffrirai tes coups avec confiance, sans murmurer. Et pour assurer ton triomphe, tiens! voilà mon doigt placé.

Le comte gagne sa gageure et jouit enfin de Thérèse

Quelle surprise! Quel heureux moment! Vous parûtes tout à coup, plus fier, plus brillant que Mars ne l'était dans le tableau. Une légère robe de chambre qui vous couvrait fut arrachée.

– J'ai eu trop de délicatesse, me dites-vous, pour profiter du premier avantage que tu m'as donné: j'étais à ta porte d'où j'ai tout vu, tout entendu, mais je n'ai pas voulu devoir mon bonheur au gain d'une gageure ingénieuse. Je ne parais, mon aimable Thérèse, que parce que tu m'as appelé. Es-tu déterminée?

– Oui, cher amant! m'écriais-je, je suis toute à toi. Frappe-moi, je ne crains plus tes coups.

A l'instant vous tombâtes entre mes bras. Je saisis sans hésiter la flèche qui, jusqu'alors, m'avait paru si redoutable, et je la plaçai moi-même à l'embouchure qu'elle menaçait. Vous l'enfonçâtes sans que vos coups redoublés m'arrachassent le moindre cri. Mon attention, fixée sur l'idée du plaisir, ne me laissa pas apercevoir le sentiment de la douleur.

Déjà l'emportement semblait avoir banni la philosophie de l'homme maître de lui-même, lorsque vous me dites avec des sons mal articulés:

— Je n'userai pas, Thérèse, de tout le droit qui m'est acquis. Tu crains de devenir mère, je vais te ménager. Le grand plaisir s'approche, porte de nouveau ta main sur ton vainqueur dès que je le retirerai, et aide-le par quelques secousses à... il est temps, ma fille, je... de... plaisirs...

— Ah! je meurs aussi! m'écrirai-je, je ne me sens plus, je... me... pâ... me...

Cependant j'avais saisi le trait, je le serrais légèrement dans ma main qui lui servait d'étui, et dans laquelle il acheva de parcourir l'espace qui le rapprochait de la volupté. Nous recommençâmes, et nos plaisirs se sont renouvelés depuis dix ans dans la même forme, sans trouble, sans enfants, sans inquiétude.

Voilà je pense, mon cher bienfaiteur, ce que vous avez exigé que j'écrivisse des détails de ma vie. Que de sots, si jamais ce manuscrit venait à paraître, se récrieraient contre la lascivité, contre les principes de morale et de métaphysique qu'il contient! Je répondrais à ces sots, à ces machines lourdement organisées, à ces espèces d'automates accoutumées à penser par l'organe d'autrui, qui ne font telle ou telle chose que parce qu'on leur dit de les faire, je leur répondrais, dis-je, que tout ce que j'ai écrit est fondé sur l'expérience et sur le raisonnement détaché de tout préjugé.

Curieuse réflexion de Thérèse pour prouver que les principes renfermés dans son livre doivent contribuer au bonheur des humains

Oui, ignorants! la nature est une chimère, tout est l'ouvrage de Dieu. C'est de lui que nous tenons les besoins de manger, de boire et de jouir des plaisirs. Pourquoi donc rougir en remplissant ses desseins? Pourquoi craindre de contribuer au bonheur des humains en leur apprêtant des ragoûts variés propres à contenter avec sensualité ces divers appétits? Pourrai-je appréhender de déplaire à Dieu et aux hommes en annonçant des vérités qui ne peuvent qu'éclairer sans nuire?

Elle donne un résumé de tout ce qu'il renferme

Je vous le répète donc, censeurs atrabilaires, nous ne pensons pas comme nous voulons. L'âme n'a de volonté, n'est déterminée que par les sensations, que par la matière. La raison nous éclaire, mais elle ne nous détermine point. L'amour-propre (le plaisir à espérer ou le déplaisir à éviter) sont le mobile de toutes nos déterminations. Le bonheur dépend de la conformation des organes, de l'éducation, des sensations externes, et les lois humaines sont telles que l'homme ne peut être heureux qu'en les observant, qu'en vivant en honnête homme. Il y a un Dieu, nous devons l'aimer parce que c'est un Être souverainement bon et parfait. L'homme sensé, le philosophe, doit contribuer au bonheur public par la régularité de ses mœurs. Il n'y a point de culte. Dieu se suffit à lui-même: les génuflexions, les grimaces, l'imagination des hommes, ne peuvent augmenter sa gloire. Il n'y a de bien et de mal moral que par rapport aux hommes, rien par rapport à Dieu. Si le mal physique nuit aux uns, il est utile aux autres: le médecin, le procureur, le financier, vivent des maux d'autrui, tout est combiné. Les lois établies dans chaque région pour resserrer les liens de la société doivent être respectées, celui qui les enfreint doit être puni parce que, comme l'exemple retient les hommes mal organisés, mal intentionnés, il est juste que la punition d'un infractaire contribue à la tranquillité générale. Enfin, les rois, les princes, les magistrats, tous les divers supérieurs, par gradations, qui remplissent les devoirs de leur état, doivent être aimés et respectés parce que chacun d'eux agit pour contribuer au bien de tous.

a. a. O. S. 182–190

Aus: Thérèse philosophe (Übersetzung)

An die Theologen über die menschliche Freiheit

Antwortet mir, ihr unwissenden oder hinterhältigen Theologen, die ihr unsere Verbrechen nach eurem Gutdünken bestimmt: wer hatte nun die zwei Leidenschaften, die in mir zusammenkämpften – nämlich die Liebe zu Gott und das Verlangen nach den Gelüsten des Fleisches – in mich hineingepflanzt? War es etwa die Natur oder der Teufel? Entscheidet euch. Möchtet ihr aber behaupten, daß die eine oder die andere mächtiger sei als Gott selbst? Sind diese ihm unterstellt, dann hat Gott erlaubt, daß seine Leidenschaften in mir wohnen, dann war es also sein Werk. Gott wird Ihnen aber, so werdet ihr mir antworten, zu Ihrer Aufklärung die Vernunft gegeben haben. Ja, aber doch nicht, damit ich mich entscheide. Zwar konnte ich dank der Vernunft die beiden Eigenschaften, die mich bewegten, entdecken, zwar konnte ich dank ihr später einsehen, daß – da ich alles Gott verdanke – ich diese Leidenschaften und die ganze Kraft, die ihnen innewohnte, ihm auch nur verdanken konnte. Dieselbe Vernunft aber, die meinen Geist erhellte, konnte mir nicht zur Entscheidung verhelfen. Dennoch, so werdet ihr fortsetzen, stand es Ihnen frei, insofern Gott Ihnen gestattet hatte, über Ihren Willen zu verfügen, sich für das Gute oder für das Böse zu entscheiden. Reine Wortspielerei! Dieser Wille, diese vermeintliche Freiheit, erreichen einen gewissen Grad an Kraft und Wirkung nur der entsprechenden Quantität von Kraft gemäß, die die Leidenschaften und die Begierden, die uns ergreifen, an sich schon haben. Ich bin z. B. anscheinend frei, mich zu töten, indem ich mich aus dem Fenster werfe. Dem ist aber gar nicht so. Sobald die Lebenslust in mir stärker wiegt als die Lebensmüdigkeit, werde ich keinen Selbstmord begehen. Dieser Mensch zum Beispiel, werdet ihr vielleicht sagen, kann wohl darüber entscheiden, ob er die hundert Louisdor, die er in der Tasche hat, den Armen oder etwa seinem langmütigen Beichtvater geben wird. Keineswegs: da die Lust, sein

Geld zu bewahren stärker ist als die Lust, eine unnötige Absolution für seine Sünden zu bekommen, wird er mit Sicherheit sein Geld behalten. Schließlich kann jeder sich selbst beweisen, daß die Vernunft nur dazu gut ist, den Menschen erkennen zu lassen, wie hoch die Lust bei ihm ist, dieses oder jenes zu tun oder zu lassen, verbunden mit der Lust oder der Unlust, die für ihn daraus resultieren soll. Aus dieser dank der Vernunft erworbenen Erkenntnis ergibt sich das, was wir Wille und Bestimmung nennen. Dieser Wille und diese Bestimmung sind aber vom jeweiligen Grad der Leidenschaft oder des Begehrens, der uns bewegt, ebenso gänzlich abhängig, wie ein vier Pfund schweres Gewicht eine Waagschale, auf der nur zwei Pfund liegen, dazu zwingt, sich zu erheben. Bin ich aber nicht frei, so wird mir mein Räsonneur erwidern, zum Abendessen eine Flasche Bourgogne anstatt einer Flasche Champagne zu trinken? Bin ich nicht Herr über die Auswahl meiner Promenade: entweder die große Allee der Tuilerien oder die Terrasse der Feuillants? Ich gebe zu, daß jedes Mal, wo die Seele in bezug auf ihre Entscheidung im Zustand vollkommener Gleichgültigkeit ist, wenn die Wünsche also, dies oder das zu tun, einander die Waage halten, dieses Gleichgewicht uns daran hindert, diesen Mangel an Freiheit einzusehen. Hier liegt alles in einer Ferne, die uns nicht ermöglicht, die Gegenstände deutlich zu erkennen. Lassen wir sie aber näher rücken, und bald werden wir den Mechanismus unserer Handlungen klar herausfinden; und sobald uns eine von ihnen verständlich wird, werden wir sie alle erkennen, da die Natur in uns aufgrund eines einzigen Prinzips wirkt (...)

Ich bitte meinen Gesprächspartner noch darum, mir zu sagen, was ihn daran hindert, in dieser Angelegenheit wie ich zu denken, und warum ich mich nicht dazu entscheiden kann, wie er selbst zu denken. Er wird mir wahrscheinlich antworten, daß seine Einstellungen, seine Auffassungen, seine sinnlichen Eindrücke ihn dazu zwingen, so zu denken, wie er eben denkt. Aus dieser Überlegung heraus, die seinem Gewissen den Beweis bringt, daß er ebensowenig über seinen Willen Herr sein kann, so zu denken, wie ich selbst denke, wie ich es meinerseits sein könnte, muß ich aber notgedrungen den Schluß ziehen, daß wir über unsere Einstellungen nicht frei verfügen können. Wie könnten wir denn frei handeln, wenn wir nicht über unser Denken frei bestimmen können, da das Denken die Ursache ist und die Handlung nur deren Wirkung? Hierin liegt ein Widerspruch. Lassen wir, um von dieser Wahrheit ganz überzeugt zu sein, die Leuchtkraft der Erfahrung uns behilflich sein. Grégoire, Damon und Philinte sind drei Gebrüder, die bis in ihr 25. Lebensjahr von den gleichen Lehrern erzogen wurden. Sie haben einander nie verlassen, sie haben dieselbe Erziehung genossen, die gleichen moralischen und religiösen Lehren wurden ihnen erteilt. Nun trinkt Grégoire gerne, während Damon ein Liebhaber von Frauen ist und Philinte ein Betbruder. Wer hat nun die drei unterschiedlichen Willensarten dieser drei Gebrüder bestimmt? Dies kann weder die Gewohnheit noch die moralische Erkenntnis von gut und böse sein, da die selben Vorsätze von den selben Lehrern ihnen beigebracht wurden. Jeder von ihnen trug also in sich unterschiedliche Prinzipien, trotz der Einhelligkeit erworbener Kenntnisse. Ich würde sogar mehr sagen: Grégoire, der gerne trank, war der redlichste, der umgänglichste Mensch, der beste Freund, aber sobald er von dieser verhexenden Flüssigkeit getrunken hatte, redete er schlecht über andere; er wurde verleumderisch, streitsüchtig, er hätte sich mit seinem besten Freund bis zum Blut gestritten. War denn Grégoire der Herr über diesen plötzlichen Wandel in seinem Willen? Sicherlich nicht, da er im nüchternen Zustand jene Taten verabscheute, die er als Betrunkener nicht umhin konnte, zu verrichten. Trotzdem haben einige Dummköpfe die Keuschheit von Grégoire, die Zurückhaltung im Trinken von Damon, der ohnehin keinen Wein mochte, und die Frömmigkeit von Philinte, der weder Wein noch Frauen mochte und dennoch in seinem Hang zur Frömmigkeit die gleiche Wollust empfand wie die beiden anderen, bewundert. So lassen sich die meisten Menschen durch ihre Vorstellungen über menschliche Laster und Tugenden täuschen.

Kommen wir zum Schluß. Die Zusammensetzung der Organe, die Disposition unseres Nervensystems, eine bestimmte Bewegung unserer Körperflüssigkeiten bestimmen über die Besonderheit unserer Leidenschaften, über ihre Erregungskraft, sie üben einen Zwang auf unsere Vernunft aus, bestimmen unseren Willen in den kleinsten wie in den größten Handlungen unseres Lebens. Das gerade macht den leidenschaftlichen Menschen, den Weisen oder den Wahnsinnigen aus. Dabei ist der Wahnsinnige nicht weniger frei als die zwei ersteren, da er aufgrund der gleichen Prinzipien handelt: die Natur wirkt ja gleichmäßig. Gehen wir davon aus, daß der Mensch frei ist und daß er sich selbst bestimmt, so machen wir ihn Gott selbst ebenbürtig.

a.a.O. S. 50–53

Abenteuer von drei Kapuzinern, die mit der Bois-Laurier eine Partie veranstalten.

Liebe Thérèse, setzte die Bois-Laurier fort*, mir fällt im rechten Augenblick ein lustiges Abenteuer wieder ein, das ich am gleichen Tag mit drei Kapuzinern erlebte. Du wirst dir damit eine Vorstellung machen können, wie diese guten Brüder ihrem Keuschheitsgelübde treu bleiben.

Nachdem ich den Höfling verlassen hatte, von dem ich dir gerade gesprochen habe, und mich von meiner Gefährtin verabschiedet hatte; just im Augenblick, da ich in die erste Straße bog, um in meine Kutsche zu steigen, die auf mich wartete, traf ich die Dupuis, die Freundin meiner Mutter (sie wetteiferte ihr übrigens in ihrem Geschäft nach, übte jedoch ihren Beruf in einer weniger turbulenten Welt aus).

– Ah, meine liebe Manon, redete sie mich an, wie froh bin ich, dich zu treffen! Du weißt, daß ich gerade die Ehre habe, nahezu allen Mönchen von Paris zu dienen. Ich glaube, daß diese Hunde sich heute alle zusammen geschworen haben, mich in Rage zu bringen: sie sind alle brünstig. Seit heute morgen halte ich neun Mädchen im Einsatz für sie in verschiedenen Zimmern und Vierteln von Paris und seit vier Uhr renne ich überall herum, auf der Suche nach einer zehnten, wegen drei ehrenwerten Kapuzinern, die in einer gut geschlossenen Kutsche auf dem Weg zu meinem Landhaus noch auf mich warten. Liebe Manon, du mußt mir unbedingt einen Gefallen tun und mit mir dorthin gehen. Es sind lustige Teufel, sie werden dich bestimmt unterhalten.

---

* Der zweite Teil von *Thérèse philosophe* besteht zu zwei Drittel aus der *Histoire de Madame Bois-Laurier*.

Vergeblich versuchte ich der Dupuis zu erklären, daß sie wohl wissen sollte, daß ich kein Mönchswild sei und daß diese Herren sich nicht mit den kleinen Details zufriedenstellen – denjenigen der »petite oie«[*] –, sondern im Gegenteil Mädchen brauchen, die ihnen sehr freie Angebote machen.

– Bei Gott! erwiderte die Dupuis, es wundert mich von dir, daß du dir über die Lust dieser Schurken Gedanken machst! Ich soll ihnen nur ein Mädchen besorgen, welchen Vorteil sie daraus holen, ist ihre Sache. Nimm, hier sind sechs Louis, die sie mir in die Hand gedrückt haben, drei sind für dich. Nun, willst du mir jetzt folgen?

Die Neugierde und das Interesse bewogen mich im gleichen Maße. Wir stiegen in meine Kutsche und begaben uns zum Landhaus der Dupuis, in der Nähe von Montmartre.

Eine Weile später treten unsere drei Kapuziner ein. Da sie es kaum gewohnt waren, ein so appetitliches Stück zu bekommen, wie dasjenige, das ich in ihren Augen darstellte, stürzen sie sich auf mich wie drei ausgehungerte Doggen. Ich stand in diesem Augenblick mit einem Fuß auf einem Stuhl und war damit beschäftigt, an einem meiner Strumpfbänder einen Knoten zu machen. Der erste, einer mit rotem Bart und stinkendem Mundgeruch, drückt mir einen Kuß auf die *Sprache* und versucht dabei, mit seiner Zunge in ihr herumzuwühlen. Der zweite fummelt grob an meinen Brüsten, und ich spüre das Gesicht des dritten, der von hinten meinen Rock hochgezogen hatte, an meinen Hinterbacken, ganz dicht am kleinen hübschen Loch, angelegt. Etwas anderes, so hart wie Roßhaar, hatte sich einen Weg durch meine Schenkel gebahnt und schnüffelte in meinem vorderen Revier herum. Ich lange mit der Hand hin und wonach greife ich? Nach dem Bart von Pater Hilarius, der, sobald er spürt, daß ich ihn packe und an seinem Kinn ziehe, mir ziemlich heftig eine Hinterbacke anbeißt. Ich lasse darauf seinen Bart frei und stoße einen schrillen Schrei aus, was diese Besessenen einen Augenblick beeindruckt und mir erlaubt, mich aus ihren Patschen zu befreien. Ich setze mich zum Ausruhen auf ein daneben liegendes Bett. Kaum habe ich mich aber von meiner Aufregung erholt, da sehe ich

---

[*] »La petite oie«: die Präliminarien. Vgl. z. B. La Fontaine: »Menus détails: baisers donnés et pris, / La petite oie: enfin ce qu'on appelle / En bon Français les préludes d'amour.« (Contes).

schon drei überdimensionale Instrumente auf mich gerichtet.

– Ach, liebe Väter, schrie ich, bitte gedulden Sie sich etwas, bringen wir eher etwas Ordnung in das, was wir nun vorhaben. Ich bin nicht hierhergekommen, um die Prüde zu spielen. Sehen wir zuerst, mit welchem von ihnen ich…

– Mit mir! schrien alle drei wie ein Mann, ohne mich meinen Satz zu Ende sprechen zu lassen.

– Was, mit euch Jungbärtchen, entgegnete einer von ihnen im näselnden Ton. Ihr wagt es, den Vorrang dem Pater Angelus streitig zu machen, dem früheren Wärter von…, dem Fastenzeitprediger zu…, eurem Vorgesetzten? Wo bleibt hier denn die Hierarchie?

– Tja, wir sind hier nicht bei der Dupuis, erwiderte ein anderer im gleichen Ton, hier ist Pater Anselmus genauso viel wert wie Pater Angelus.

– Du hast gelogen, sagte letzterer darauf, indem er einen ordentlichen Faustschlag mitten ins Gesicht des hochwürdigen Anselmus versetzte.

Dieser aber, der alles andere als unbeholfen war, stürzte sich auf Pater Anselmus. Beide packten einander am Kragen, purzeln übereinander, schlagen und beißen sich wie wilde Tiere. Ihre auf dem Kopf umgestülpte Kutte lassen ihre erbärmlichen Apparate ungedeckt erscheinen, die vorher so stolz hervortraten und jetzt nur noch wie Waschlappen herunterhängen. Die Dupuis rennt heran, um sie zu trennen; was ihr erst gelingt, nachdem sie einen großen Eimer kaltes Wasser auf die Schamteile beider Jünger vom heiligen Franziskus ausleert.

Während dieses Kampfes verlor Pater Hilarius seine Zeit nicht. Da ich vor Lachen nicht mehr konnte und mich außer Kräften auf das Bett geworfen hatte, hantierte er nun in meinen Reizen herum und versuchte dabei, die Auster zu essen, die sich seine beiden Gefährten mit Faustschlägen streitig machten. Überrascht von dem Widerstand, auf den er nun stößt, hält er an, um die Ausgänge näher zu erkunden. Er hält die Schale halb geöffnet: kein Ausgang! was tun? Er versucht, erneut zu bohren, aber jede Anstrengung, jede Bemühung ist umsonst. Nach vermehrten Kraftanwendungen muß leider sein gedemütigter Apparat vor der Auster, die er nicht schlucken kann, spucken.

Auf die Wutanfälle meiner Mönche folgte plötzlich die Stille. Pater Hilarius bittet um einen Augenblick des Schweigens. Er informiert die beiden Kampfhelden über meine Verformung und über das Hindernis am Eingang der Stätte aller Gelüste*. Die alte Dupuis mußte harte Vorwürfe über sich ergehen lassen, die sie scherzend abwehrte. Als weltkundige Frau versuchte sie dann, ihre Aufmerksamkeit durch die Ankunft einer Ladung Bourgogne-Flaschen abzulenken, die sogleich geöffnet wurden.

Inzwischen gewinnen die Instrumente unserer lieben Väter ihre frühere Festigkeit wieder. Bacchantische Trankopfer werden von Zeit zu Zeit durch priapische Opfer unterbrochen. So unvollkommen diese auch waren, gaben sich anscheinend meine Schlagbrüder damit zufrieden. Als Altar dienten manchmal meine Hinterbacken, manchmal deren Revers. Bald bemächtigte sich eine allgemeine Heiterkeit unserer Köpfe. Wir setzten unseren Trinkgästen Rouge und Schminkpflästerchen auf, jeder von ihnen wird mit einem meiner Kleidungsstücke herausgeputzt. Allmählich stehe ich nackt ausgezogen da, mit lediglich einer Kapuzinerkutte auf den Schultern, und mache in dieser Erscheinung einen bezaubernden Eindruck auf sie.

– Nun, sind Sie jetzt nicht etwa zufrieden, schreit die Dupuis im halbbetrunkenen Zustand, den Anblick eines so schönen Gesichtchens wie das der Manon zu genießen?

– Nein, verdammt noch mal, antwortete Pater Angelus mit bacchischer Stimme. Ich bin nicht hierhergekommen, um ein Gesichtchen zu sehen, sondern um eine Fotze zu ficken! Ich habe gut bezahlt, und dieses Glied, das ich in meinen Händen halte, wird bei Gott diesen Raum nicht verlassen, ehe es jemanden gefickt haben wird, und wenn es der Teufel selbst auch sein sollte!

Die Bois-Laurier unterbrach ihren Bericht. Schenke nun dieser neuen Szene deine ganze Aufmerksamkeit, sagte sie mir, sie ist nämlich sehr originell. Aber ich warne dich – vielleicht etwas zu spät: ich kann an der Kraft des Aus-

---

* Diese physische Anomalie, die dem Leser zu Beginn der Geschichte verraten wird (s. a.a.O. S. 133) wird zum narrativen Movens par excellence der Geschichte. Ihr ganzes Leben lang wird Manon die Männer foppen, indem sie ihnen verkaufen wird, was die Natur ihr selbst verwehrte.

drucks nichts ändern, ohne ihr ihren Reiz ganz wegzu-
nehmen.

Die Bois-Laurier hatte ihre Geschichte zu gut angefangen, um sie nicht im gleichen Ton zu beenden. Ich lächelte
ihr zu. Mit folgenden Worten setzte sie die Geschichte
ihres Abenteuers fort:

– Und wenn es auch der Teufel selbst sein sollte! wiederholte die Dupuis, indem sie sich von ihrem Stuhl auf-
richtete, ihre Stimme im gleichen näselnden Ton erhebend.
Also, fick doch, sagte sie ihm, und zog dabei ihren Rock
bis zum Nabel hoch. Schau dir doch diese ehrenwerte
Fotze an, die wohl zwei von der Sorte wert ist. Ich bin
nämlich keine schlechte Teufelin. Fick mich doch, wenn
du es wagst, und verwerte somit dein Geld!

Gleichzeitig zieht sie Pater Angelus beim Bart und
zwingt ihn, sich mit ihr zusammen aufs kleine Bett zu
werfen. Der Mönch läßt sich durch den Eifer seiner Pro-
serpina nicht aus der Fassung bringen, er bereitet sich, sie
zu nehmen, und nimmt sie unverzüglich.

Kaum hatte die Sechzigjährige die Reibung einiger
Stöße zu spüren bekommen, fühlte sie sich von dieser ent-
zückenden Lust, die ihr seit fünfundzwanzig Jahren kein
Sterblicher mehr zu schenken gewagt hatte, überwältigt.
Sie nimmt sofort einen anderen Ton:

– Ach, mein Papa, sagte sie, indem sie sich wie eine
Wilde bemühte, mein lieber Papa, fick mich doch...
schenk mir bitte Lust... ich bin erst fünfzehn, mein
Freund. Ja, siehst du? Ich bin erst fünfzehn... Fühlst du es
an meinen Bewegungen nicht?... Komme doch, mein
Engelchen, du gibst mir das Leben wieder... du machst da
eine verdienstvolle Tat...

Zwischen ihren zärtlichen Ausrufen küßte die Dupuis
ihren Athleten, sie kniff ihn, biß ihn mit den zwei einzigen
Zahnstücken, die ihr im Munde noch übrigblieben.

Der Mönch seinerseits, der mit Wein mehr als voll war,
keuchte nur angestrengt, aber der Wein übte nun seine
Wirkung aus, so daß das ganze Publikum (Anselmus,
Hilarius und ich) bald merkte, daß Pater Angelus an
Boden verlor und daß die Regelmäßigkeit seiner Bewe-
gungen nachließ.

– Ach, Mist! schrie plötzlich die erfahrene Dupuis, ich
glaube, daß er mir einfach abschlafft... Du Hund, solltest
du mich je so beleidigen...

In diesem Augenblick *kentert* der von der Anstrengung erprobte Magen des Mönchs, und die Überschwemmung fällt auf das Gesicht der unglücklichen Dupuis, gerade im Augenblick, da einer ihrer Liebesausrufe ihr den Mund weit offen stehen ließ. Die Alte fühlt sich plötzlich von dieser abscheulichen *Opferrückgabe* erfüllt, so daß ihr davon schlecht wird und sie den Aggressoren mit gleichem Geld zurückzahlt.

Kein so entsetzliches und zugleich so lächerliches Spektakel ist jemals gesehen worden! Der Mönch wird nun immer schwerer, er fällt mit aller Wucht auf die Dupuis, diese macht die größten Anstrengungen, um ihn zur Seite zu wälzen; es gelingt ihr schließlich. Beide wälzen sich im Dreck, ihre Gesichter sind unkenntlich geworden. Die Dupuis, deren Wut nur aufgehoben war, verprügelt den Pater Angelus mit tausend Schlägen. Der Lachanfall, der mich und die beiden anderen schüttelt, hindert uns, ihnen zu Hilfe zu eilen. Schließlich packen wir sie beide und trennen sie. Pater Angelus schläft ein, die Dupuis wäscht sich. Beim Einbruch der Nacht zieht sich jeder Mönch zurück, um zu seinem Kloster ruhig zurückzukehren.

a. a. O. S. 155–164

Über die Wirkungen von Bildern und Büchern

Alles wurde in mein Zimmer gebracht, wie Sie es verordnet hatten. Während der drei ersten Tage verschlang ich mit den Augen, oder eher gesagt überflog ich die Geschichte des *Portier des chartreux,* diejenige der *Tourière des carmelites, L'Académie des dames, Les lauriers ecclésiastiques, Thémidore, Frétillon* etc. und viele andere Bücher dieser Art, von denen ich nur wegließ, um die Bilder gierig zu betrachten, in denen die laszivsten Posen mit einem Ausdruck und mit einem Kolorit wiedergegeben waren, die Feuer in meinen Adern legte.

Am fünften Tag geriet ich, nachdem ich eine Stunde gelesen hatte, in eine Art Ekstase. Ich lag auf meinem Bett, die Vorhänge waren nach allen Seiten weit aufgezogen, zwei Bilder – die *Feste des Priapus* und *die Liebschaften von Mars und Venus* – dienten mir als Perspektive. Da

meine Einbildungskraft durch die in den Bildern dargestellten Haltungen in Aufruhr gebracht wurde, befreite ich mich von meinen Bettüchern und Decken und, ohne zu überlegen, ob die Tür meiner Zimmer verschlossen war, bemühte ich mich, alle Posen, die ich vor den Augen hatte, nachzuahmen. Jede Gestalt ließ mich die Gemütslage nachempfinden, die der Maler ihr verliehen hatte. Zwei Athleten auf der linken Seite der *Feste des Priapus* übten auf mich einen besonderen Zauber, die Ähnlichkeit zwischen dem Geschmack der kleinen Frau und meinem eigenen ließ mich in Verzückung geraten. Rein mechanisch suchte meine Hand die Stelle, wo die Hand des Mannes lag, und ich wollte gerade den Finger hineinstecken, als eine Überlegung mich zögern ließ. Ich wurde der Täuschung gewahr, und die Erinnerung an unsere Wette*
zwang mich, meine Hand zurückzuziehen.

Wie wenig ahnte ich, daß Sie der Zuschauer meiner Schwächen waren – falls man diese süßen Neigungen als solche bezeichnen darf, und welche Torheit von mir, o ihr Götter, den unaussprechlichen Freuden der Wollust zu widerstehen! So wirken sich eben Vorurteile aus. Sie sind unsere Tyrannen. Andere Teile des gleichen Bildes erregten in mir Mitleid und Bewunderung. Schließlich erhob ich meine Augen auf das zweite. Wie lasziv war die Haltung der Venus! Ich streckte mich wie sie sanft hin. Meine Schenkel waren leicht gespreizt, meine Arme lagen wollüstig in offener Haltung ausgestreckt, ich bewunderte die brillante Pose des Mars. Das Feuer seiner Augen und vor allem seiner Lanze drang in mein Herz. Ich schlüpfte unter die Decke, meine Hinterbacken regten sich begehrlich hin und her, als wollten sie schon dem Sieger die Krone hinhalten, die ihm bestimmt war.

– »Was!« sagte ich laut, »die Götter selbst verdanken ihr Glück einem Gut, das ich selbst ablehne.« Ach, liebster Mann, ich kann nicht mehr widerstehen. Erscheine nun, Graf, ich fürchte deinen Stachel nicht, du kannst deine Geliebte durchbohren, du kannst dir die Stelle aussuchen, auf die du zielen möchtest, alles ist mir gleich willkom

---

* Der Comte de C... läßt seine galante Bibliothek in Thérèses Wohnung bringen mit der Auflage, daß diese – die sich ihm bisher verweigert hat – ihm verspricht, trotz der Verführung von Texten und Bildern – auf jede Masturbation zu verzichten.

men, ich werde deine Schläge vertrauensvoll erdulden, ohne zu murren. Und damit dein Sieg sicher wird, schau! jetzt ist mein Finger schon in der Stellung.

Der Graf gewinnt seine Wette und besitzt endlich Thérèse

Was für eine Überraschung! Was für ein glücklicher Augenblick! Sie erscheinen plötzlich, stolzer und glänzender als Mars selbst im Bild. Ein leichter Nachtrock, der Sie bedeckte, wurde Ihnen prompt entrissen.

– Ich war zu rücksichtsvoll, sagten Sie mir, um von dieser ersten vorteilhaften Situation zu profitieren. Ich stand an der Tür und sah und hörte von dort alles, aber ich wollte mein Glück nicht einer erfindungsreichen Wette verdanken. Ich erschien, liebe Thérèse, nur weil du mich gerufen hast. Bist du nun willig?

– Ja, geliebter Mann, schrie ich auf, ich gehöre dir ganz. Schlage mich, ich fürchte deine Stöße nicht mehr.

In diesem Augenblick fielen Sie in meine Arme. Ich griff ohne zu zögern nach dem Pfeil, der mir bis dahin so furchterregend erschien, und steckte ihn selber an die Öffnung, die er bedrohte. Sie führten ihn ein, ohne daß Ihre vermehrten Stöße den geringsten Schrei aus mir gelockt hätten. Meine Aufmerksamkeit, die ganz der Vorstellung der Lust galt, ließ mich den Schmerz nicht verspüren.

Schon schien die Begeisterung die Philosophie des sich selbst beherrschenden Mannes verbannt zu haben, als sie mir in schlecht artikulierten Lauten sagten:

– Liebe Thérèse, ich werde von allen Rechten, die mir zustehen, Gebrauch machen. Du fürchtest, Mutter zu werden, und ich werde dich schonen. Der Höhepunkt der Lust naht heran, lange mit deiner Hand auf deinen Sieger, sobald ich ihn zurückziehen werde, und hilf ihm durch einige Reibungen, zu... es ist Zeit... Mädchen, ich... vor... Lust...

– Ach, ich sterbe auch, schrie ich aus, ich fühle mich nicht mehr, ich falle in... Ohn... macht...

Ich hatte den Pfeil ergriffen, preßte ihn leicht in meiner Hand, die ihm als Etui diente, in der er die Strecke, die ihn noch vom Höhepunkt der Wollust trennte, durchlief. Wir begannen von neuem. Seit zehn Jahren haben sich unsere Freuden in der gleichen Form ohne Sorge, ohne Kinder, ohne Unruhe wiederholt.

Das ist also, lieber Gönner, der Bericht über die Einzelheiten meines Lebens, den Sie wahrscheinlich von mir erwartet haben. Wieviel Narren würden, falls dieses Manuskript erscheinen sollte, gegen seine Laszivität, gegen die moralischen und metaphysischen Prinzipien, die in ihm enthalten sind, rebellieren! Diesen törichten Menschen, diesen schwerfälligen Maschinen, diesen Automaten, die daran gewohnt sind, durch die Stimme der anderen zu denken, die dies und das deswegen tun, weil man es ihnen befohlen hat, würde ich entgegnen, daß das, was ich geschrieben habe, auf der Erfahrung und auf dem von jeder vorgefaßten Meinung entfernten Räsonnement beruht.

Erstaunliche Überlegungen von Thérèse, um zu beweisen, daß die in ihrem Buch enthaltenen Prinzipien zum Glück aller Menschen beitragen müssen.

Ja, ihr Unwissenden, die Natur ist eine Chimäre. Alles ist Gottes Werk. Die Bedürfnisse wie Essen, Trinken und der Genuß jeder Lust verdanken wir ihm. Warum sollten wir also erröten, wenn wir seine Absichten erfüllen? Warum sollten wir uns fürchten, zum menschlichen Glück beizutragen, indem wir den Menschen allerlei Reizvolles zubereiten, damit sie alle diese Bedürfnisse befriedigen können? Könnte ich befürchten, Gott oder den Menschen zu mißfallen, wenn ich Wahrheiten verkünde, die uns aufklären und niemandem schaden können?

Sie gibt ein Resümee von allem, was in ihm enthalten ist.

Ich wiederhole es also, ihr griesgrämigen Zensoren: wir denken nicht, die wir es gerne möchten. Die Seele hat nur durch die Sinne einen Willen, sie ist nur durch sie, nur durch die Materie vorbestimmt. Die Vernunft erhellt uns, aber sie bestimmt uns nicht. Die Eigenliebe (die Lust, die wir uns erhoffen oder die zu vermeidende Unlust) sind der Beweggrund all unserer Entscheidungen. Das Glück hängt von der Konstitution der Organe ab, von der Erziehung und von den äußeren Empfindungen, und die menschlichen Gesetze sind so geartet, daß der Mensch nur glücklich sein kann, wenn er sie befolgt und als honnête homme lebt. Es gibt einen Gott. Wir müssen ihn lieben, weil er ein souveränes und vollkommenes Wesen ist. Der vernünftige Mensch, der Philosoph, muß zum öffentlichen Glück durch die Regelhaftigkeit seiner Sitten beitragen. Es gibt keinen Kult, Gott genügt sich selbst. Kniefälle und Fratzen oder die menschliche Einbildungskraft können seine Glorie nicht erhöhen. Gut und Böse gibt es im Moralischen nur in bezug auf die Menschen, niemals in bezug auf Gott. Wenn das physische Übel dem einen schädlich ist, ist es dem anderen nützlich: der Arzt, der Staatsanwalt, der hohe Beamte leben vom Unglück des anderen; alles ist miteinander verbunden. Die in jeder Gegend zur Befestigung der gesellschaftlichen Bande festgelegten Gesetze müssen respektiert werden; wer sie übertritt, muß bestraft werden; da das Beispiel diejenigen Menschen in Schranken hält, deren Organe in schlechter Verfassung sind und deren Absichten schädlich sind, ist es rechtens, wenn die Bestrafung eines Missetäters zum allgemeinen Frieden beiträgt. Schließlich müssen die Könige, die Fürsten, die Magistrate, jede Obrigkeit, die alle auf allen Stufen der Macht die Aufgabe ihrer Stellung erfüllen, geliebt und geachtet werden, weil jeder von ihnen zum Gemeinwohl beiträgt.

a. a. O. S. 182–190

Aus: Vénus en rut (1771) (?)

– Tu m'as crue, mon amie, revenue de la curiosité, ou assez instruite pour n'avoir plus besoin de maîtres; tu es dans l'erreur. Avec une pratique suffisamment éclairée de l'acte mystérieux qui produit nos plaisirs et nos peines, je n'étais pas plus savante qu'une femme ordinaire; mon orgueil en souffrait, j'étais dévorée d'une secrète inquiétude, je voulais connaître le jeu des organes par lesquels je donnais et je recevais des flammes voluptueuses; je voulais concevoir le mécanisme, si compliqué, des muscles fermes ou flexibles, des nerfs érecteurs ou extenseurs, des glandes tuméfiées ou aplaties: je voulais palper les parties internes ou externes, dont l'existence faisait ma félicité. Je voulais apprendre où sont ces divins réservoirs qui renferment la liqueur sacrée, et découvrir comment cette sécrétion précieuse se forme, s'épure et passe par les ramifications de canaux imperceptibles. Auquel de mes amants aurais-je pu demander ces lumières? Tous m'auraient répondu:

– Nous te croyons curieuse, Rosine, mais pas à cet excès: notre talent est de sonder tes jolies profondeurs; nous laissons celles de l'anatomie à ceux qui veulent se rendre utiles, nous ne voulons être qu'agréables.

Le hasard me servit, je fus à Toulon voir lancer un vaisseau de guerre: fatiguée de parcourir cette ville dont la position est si enchanteresse, et d'examiner ce qu'une femme voit si mal, je m'étais assise au Champ de Mars. Un jeune chirurgien de marine prit place à côté de moi; la conversation s'ouvrit; nous parlâmes vaisseaux, modes, fortifications, spectacle, etc. Puisqu'il est décidé que tout homme parlera de son métier, voilà mon bourgeois d'Épidaure qui m'amène à ses talents et me détaille les cures incurables faites par sa jolie main, oui, jolie; aussi eut-il soin de me la montrer. Il était embarrassé de m'offrir les secours de son art, me voyant une santé aussi brillante que celle d'Hébé; ne pouvant parler du présent, il pensa au futur.

– Madame habite cette province, je m'en aperçois à cet accent agréable et cadencé qui, dans sa bouche, a tant de charmes; si jamais un sort contraire vous soumettait à quelque accident chirurgical, j'ose vous supplier de ne me pas oublier: ce que je sais, ce que j'apprendrai, tout est à vous; et, dans cette infortune, Desmarais serait à vos ordres.

– Vous êtes obligeant, monsieur, lui répondis-je, et méritez, en revanche, d'être obligé; vous me parlez avec une douceur qui annonce une âme franche et sensible; j'habite C..., vous voyez que je suis voisine; comment pourrai-je reconnaître?... Je le regardais; mes yeux scélérats n'ont jamais fixé impunément un jeune homme; quelques regards encore plus déterminés ne lui permirent de proférer qu'un:

– Ah! madame, en vérité!...

Son embarras me pénétra; une coquette s'en serait moquée, une vraie courtisane, préférable à ces femmes fausses, ne méprise jamais celui qui est subjugué par ses charmes. Je lui rendis sa première hardiesse.

– Point de compliments, lui dis-je, monsieur, nous sommes jeunes, nous sommes d'un sexe différent, les égards les réunissent; vous pouvez m'être utile pour un dessein, j'en serai reconnaissante: venez me trouver chez la dame Béatrix, chez qui je loge; et, si vous consentez à m'obliger, je resterai quelques jours ici.

Tu devines, ma chère, que la tête pensa lui tourner; rendez-vous donné et reçu pour le lendemain à mon lever: 8 heures sonnent, on me l'annonce; je reste au lit, il entre; le voilà près de moi.

Pour lui peindre ma singulière envie en termes clairs, il fallait commencer par lui montrer que je n'étais qu'une femme galante; pourquoi ne pas le lui prouver? Je lui découvris, insensiblement, mes vues et mes appas: il aurait mal fait, dans ce moment, une démonstration anatomique, mais j'étais sûre d'une physique transcendante; je le voyais tout de flamme; je n'étais pas moins ardente: un drap fin et léger faisait ma couverture, il m'assommait; je fis un mouvement, qui envoya tout au diable: ce fut la première minute d'une jouissance très flatteuse. Desmarais, ne se contenant plus, me couvrit la gorge de baisers si répétés que je craignis d'être dévorée par ce lutin.

– Il est inutile de mettre trop d'obstacle à votre ardeur, lui dis-je, mon cher; je sens que je l'ai provoquée, mais faisons notre petit marché. Je veux des leçons sur telles, telles parties (tu as vu ce que je demandais), si vous consentez à me les donner, sans réserve, je n'en aurai pas davantage pour vous.

— Eh! madame, répondit-il, ne vous ai-je pas tout offert, sans vous connaître? Dans ce moment où je vois mille beautés, sans en être possesseur, exigez ma vie, elle est à vous; demain, aujourd'hui, ce matin nous commencerons; mais, de grâce, accordez-moi une heure; si vous m'ordonniez de vous obéir à l'instant, impossible, impossible, mon âme est anéantie, ou plutôt elle attend de vous une nouvelle existence.

Pendant ces phrases, mon visage devait être rayonnant; peu à peu, je lui offrais la vue de mes plus secrets agréments, je n'y tenais plus; je voyais chez lui les symptômes les plus majestueux; aurais-je fait la bégueule, pour la première fois? Non; et si tu trouves que j'ai trop longtemps retardé son bonheur, la seule raison est que je voulais l'enchaîner, et en faire un maître docile.

— Viens, lui dis-je, beau jeune homme, viens prouver à ton écolière qu'elle ne s'est point trompée.

La foudre, lancée par Jupiter irrité, est moins rapide, moins incendiaire que le trait dont Desmarais me frappa: je n'avais pas fini mon invitation qu'il était sur moi et dans moi. Je joli fouteur, chère amie! Taille élégante, belle peau, visage d'Adonis, vigueur de Mars, d'une souplesse, d'une vitesse inconcevables; folâtre, caressant, unique.

Je lui prodiguai les richesses de mon tempérament; tout en me le mettant, il me disait sans cesse, et de mille façons, qu'il n'avait pas conçu qu'une femme pût être aussi ravissante; je soutenais sa bonne opinion; je déchargeai jusqu'à me fatiguer, ce qui était rare: succulent comme un chapitre complet de cordeliers, il faisait jaillir la source du plaisir jusqu'au fond de sa retraite: jamais, jamais je n'avais été si délicieusement perforée.

Je le priai de me laisser faire un peu de toilette; il apporta mes flacons; il en avait un sur lui d'une eau qu'il dit précieuse, et dont l'odeur suave portait au cerveau une douce ivresse; il voulut me laver lui-même, il me parfuma et me passa une chemise; voulant s'assurer si j'avais repris la fraîcheur qu'il me désirait, il imprimait sa bouche sur tout ce qui s'offrait à ses yeux avides; il se fixait sur ma jolie motte, qui, sans vanité, a toujours été reconnue charmante; relevée, grassette, potelée, elle est ombragée par un poil châtain clair, si bien planté des mains de l'obligeante nature qu'il forme un triangle équilatéral dont plus d'un galant géomètre a voulu prendre les heureuses proportions. Il craignait, m'ayant vu porter la main plus bas, que je ne sentisse quelques légères cuissons; en homme de l'art, il sépara mes lèvres, avec une adresse singulière, et ne découvrant que feuilles de roses:

— Amour, s'écriait-il, tu n'eus jamais de temple aussi fraîchement décoré!

Il en baisa l'entrée, et agitant sa langue avec mignardise, il me força à une preuve de sensibilité, qui l'enchanta:

— Ô Vénus, tu n'eus jamais un esclave comme le mien!

Plus adroit que Ganymède, il voulut que je prisse du chocolat; me le versant, il était la complaisance même; me présentant ma tasse, il me baisa la main avec un air de gratitude qui me pénétra.

Nous étions dans un climat brûlant; je n'avais qu'une robe de mousseline des Indes, il était en veste; l'inspection qu'il avait faite et ses suites firent sauter un bouton de bazin qui me laissa voir mon Desmarais bandant comme l'arc de Cupidon: je voulais faire un cours d'anatomie, pouvais-je ne pas m'arrêter à des détails qui y étaient analogues? J'avais vu, palpé, senti, usé beaucoup de vits; celui de mon nouvel ami réunissait tout ce que je désirais. Huit pouces étaient sa longueur; je n'ai jamais aimé plus que cela; sept à huit pouces doivent amuser toute femme de goût; sa grosseur, renforcée dans la culasse, emplissait ma main à son milieu; sa tête, audacieusement levée, était d'un incarnat annonçant la jeunesse; ses testicules, remplis d'un sperme abondant, promettaient ce qu'ils tenaient, des plaisirs répétés; un poil noir comme jais ombrait cet arbre voluptueux; c'était un vit tel que Cléopâtre n'en eut jamais; il m'offrait ses secours dans un moment où j'étais affamée; j'avais été réduite à une abstinence forcée, de trente heures; juge combien il me devenait nécessaire?

Desmarais, voyant avec quelle complaisance je le patinais et le branlais, non par cette triste nécessité qui nous y détermine trop souvent, mais pour l'amuser, sauta sur mon lit comme un écureuil, et, en moins de quatre minutes, me fit décharger autant de fois; il me priait, si tendrement, de l'avertir quand je voudrais finir, par un baiser, plus appuyé que les autres, que je le lui promis. Trois fois encore je lui donnai le signal convenu, trois fois il m'arrosa par une pluie féconde: ô! mon amie, comment ne meurt-on pas dans les bras d'un aussi aimable enfileur! Je craindrais qu'il ne me fit oublier les autres hommes si je ne sentais que mon épigraphe peint mon état habituel. Que veux-tu? Nous dinâmes ensemble; nous soupâmes ensemble; nous couchâmes ensemble; et, pendant huit jours, j'ai plus foutu avec lui qu'avec huit autres pâles mortels.

Nous réglâmes nos amusements et nos études; il me fit connaître un artiste qui avait, en cire, un système complet d'anatomie; mon cher Desmarais me donna dix leçons sur les parties sexuelles de l'homme, et six sur celles de la femme: je sus à peu près ce que je voulais; et après avoir fait mes remerciements au galant démonstrateur, forcée à le quitter, je sentis, pour la première fois, mes yeux humides; avant cette épreuve, je ne m'aurais pas soupçonnée de cette faiblesse; mon adage était:

— Un perdu, cent retrouvés.

Ici cet un en valait quatre, et j'étais excusable; je me livrai donc à ma sensibilité: il trouva moyen de me le mettre encore pendant qu'on chargeait ma voiture, je ne le voulais pas, je ne pus résister.

— Adieu, cher Esculape, adieu; ton scalpel a fait, je crois, une blessure à mon cœur.

Aus *Vénus en rut* (1771)
in *L'Enfer der la Bibliothèque Nationale,* Bd. 6
Œuvres anonymes du XVIIIe siècle (IV), Bd. 6,
Fayard 1987 S. 143–148
Nach der Ausg. v. 1771, B.N. Enfer 47

Aus: Vénus en rut (Übersetzung)

Du hast, liebe Freundin, gemeint, meine Neugierde wäre schon befriedigt oder ich wüßte schon zuviel, um noch auf Lehrer angewiesen zu sein; Du irrst wohl. Trotz einer hinreichend aufgeklärten Handhabung des geheimnisvollen Aktes, der unsere Lust und unser Leid verursacht, wußte ich nicht mehr als jede beliebige Frau. Mein Hochmut litt daran, eine geheime Unruhe verzehrte mich. Ich wollte das Zusammenspiel von Organen kennen, das die sinnliche Glut verursachte, die ich empfand und selber gab. Ich wollte den so komplizierten Mechanismus der kräftigen und gelenkigen Muskeln, der erigierenden und streckenden Sehnen, der flachen und schwellenden Drüsen kennen; ich wollte die inneren und äußeren Teile betasten, denen ich meine Wollust verdankte. Ich wollte wissen, wo diese göttlichen Drüsen sind, die die heilige Flüssigkeit enthalten, und entdecken, wie sich diese wertvolle Sekretion bildet, wie sie sich läutert und durch die Verästelung kaum sichtbarer Kanäle durchfließt. Egal welchen meiner Liebhaber ich auch hätte fragen mögen, so hätte mir jeder geantwortet: wir hielten Dich schon für neugierig, Rosine, jedoch nicht bis zu einem solchen Exzeß. Unser Talent besteht darin, Deine hübschen Tiefen zu erkunden; die der Anatomie überlassen wir denjenigen, die sich nützlich machen wollen. Wir aber wollen nur das Angenehme.

Der Zufall war mir günstig. Ich ging nach Toulon, um dem Stapellauf eines Kriegschiffes beizuwohnen. Da ich müde wurde, durch diese Stadt (die so bezaubernd liegt) herumzugehen, setzte ich mich auf dem Marsfeld auf eine Bank. Ein junger Marinearzt setzte sich neben mich. Wir kamen ins Gespräch; wir sprachen über Schiffe, über die Mode, über Festungen, Theatervorstellungen etc. Da es unvermeidlich ist, daß ein Mann dann über seinen Beruf spricht, kommt mein Bourgeois aus Epidauros dazu, von seinen Talenten zu sprechen; er erzählt mir alle unheilbaren Heilungen, die seine Hand (seine hübsche Hand) verrichtet hat. Und da diese Hand hübsch war, bemühte er sich sehr, sie mir zu zeigen. Leider konnte er mit der Hilfe seiner Kunst nicht aufwarten, da meine Gesundheit so glänzend war wie die von Hebe selbst. Da er also nicht von der Gegenwart reden konnte, dachte er an die Zukunft:

– Madame wohnt sicherlich in der Gegend, das höre ich an diesem angenehmen und singenden Akzent, der in ihrem Mund so charmant wirkt. Falls Sie durch irgendeine Laune des Schicksals auf eine Operation angewiesen sein sollten, würde ich Sie bitten, sich meiner zu erinnern. Alles, was ich bis heute weiß, alles, was ich noch hinzulernen werde, gehört Ihnen. In einem solchen Mißgeschick wären Ihre Wünsche für Desmarais ein Befehl.

– Ich bin Ihnen sehr verpflichtet, Monsieur, antwortete ich, und als Gegenleistung verdienen Sie selbst, mir nun verpflichtet zu werden. Der zärtliche Ton Ihrer Stimme läßt mich eine aufrichtige und empfindsame Seele erahnen. Ich wohne in C...; wie Sie sehen, sind wir also Nachbarn. Wie könnte ich mir wieder merken... Ich schaute ihn an; meine freche Augen haben einen jungen Mann nie umsonst fixiert. Einige noch entschiedenere Blicke gaben ihm nur noch die Möglichkeit, verwirrt zu antworten:

– Ach, Madame, wahrlich...

Diese Verwirrung traf mich ins Innerste. Eine kokette Frau hätte hier nur Grund zum Spott gefunden, aber eine wahre Kurtisane, die solchen unredlichen Frauen vorzuziehen ist, verachtet niemals denjenigen, der von ihren Reizen überwältigt ist. Ich erwiderte seine erste Kühnheit mit den Worten:

– Keine Komplimente, Monsieur, wir sind jung, unterschiedlichen Geschlechts, eine gegenseitige Zuvorkommenheit vereint uns; Sie können mir zu irgendeinem Zweck nützlich sein, ich werde Ihnen dafür dankbar sein. Warten Sie mir bitte bei Frau Beatrix auf, bei der ich wohne; und wenn Sie mich gerne verpflichten wollen, werde ich einige Tage hier bleiben.

Du kannst Dir vorstellen, meine Liebe, daß ihm fast schwindelig im Kopf wurde. Ein Rendez-vous für den nächsten Morgen, und zwar vor meinem Bett beim Aufstehen, wird unverzüglich gegeben und angenommen. Es schlagen acht Uhr. Man kündigt ihn an, ich bleibe im Bett. Er tritt ein. Nun ist er neben mir.

Um ihm meinen sonderlichen Wunsch in einer klaren Sprache mitzuteilen, mußte ich ihm zuerst zu erkennen geben, daß ich nichts anderes als eine galante Frau sei.

Warum hätte ich es ihm nicht beweisen sollen? Ich ent-
hüllte ihm nach und nach meine Absichten – und gleichzeitig auch meine Reize. Er hätte in diesem Augenblick
Schwierigkeiten gehabt, einen Vortrag über Anatomie zu
machen, dafür konnte ich aber mit einer transzendenten
Physik sicher rechnen. Er war ganz Feuer. Ich brannte
nicht weniger. Ein feines, leichtes Tuch diente mir als
Decke, es belästigte mich. Ich machte eine Bewegung, die
alles über den Bettrand warf und eröffnete hiermit die
ersten Augenblicke einer recht heiteren Wonne. Desmarais, der sich nicht mehr beherrschen konnte, deckte meine
Brust mit so vielen Küssen, daß ich befürchten mußte, von
diesem Wildfang verschlungen zu werden.

– Es ist unnötig, Ihrem Schwung zuviel Hindernisse in
den Weg zu stellen, mein Lieber; ich spüre, daß ich die
Ursache Ihres Eifers bin, aber schließen wir zuerst unser
kleines Geschäft ab. Ich möchte über diese und jene Teile
belehrt werden (Du weißt schon, was ich verlangte); wenn
Sie sich darauf einlassen, mir diese Kenntnisse ohne Vor-
enthaltung beizubringen, werde ich Ihnen meinerseits
dementsprechend wenig verweigern.

– Ach, Madame, antwortete er, habe ich Ihnen nicht
schon alles geschenkt, ohne Sie zu kennen? Verlangen Sie
mein Leben in diesem Augenblicke, da ich tausend Reize
sehe, die ich noch nicht besitze: es gehört Ihnen. Morgen,
heute, heute morgen beginnen wir damit; aber gewähren
Sie mir davor eine Stunde, ich flehe Sie an. Wenn Sie mir
den Befehl geben würden, Ihrer Bitte auf der Stelle nach-
zugehen, könnte ich es nicht. Unmöglich, nein, unmöglich. Meine Seele ist vernichtet, oder vielmehr erwartet sie
von Ihnen ein neues Leben.

Während dieser Worte strahlte wahrscheinlich mein
Gesicht. Nach und nach bot ich ihm die Ansicht meiner
geheimsten Reize an, ich konnte nicht mehr widerstehen;
die prachtvollsten Symptome waren bei ihm schon zu bemerken. Hätte ich etwa zum ersten Mal die Prüde spielen
sollen? Nein, und wenn Du nun findest, daß ich sein
Glück wohl zu lange verzögert habe, dann nur deswegen,
weil ich ihn bändigen und aus ihm einen fügsamen Herrscher machen wollte.

– Komm, sagte ich ihm dann, schöner junger Mann,
und beweise deiner Schülerin, daß sie sich nicht geirrt hat.
Der vom erzürnten Jupiter geworfene Blitz ist nicht so

schnell und nicht so verheerend wie der Pfeil, den er in mich abschoß. Ich hatte meine Aufforderung kaum zu Ende ausgesprochen, und schon war er auf mir und in mir. Welch hübscher Ficker, meine liebe Freundin! Eine anmutige Taille, eine schöne Haut, das Gesicht eines Adonis, die Kraft von Mars, eine unglaubliche Schnelligkeit und Geschmeidigkeit, scherzhaft ausgelassen, zärtlich, einzigartig.

Ich schenkte ihm den Reichtum meines Temperaments; während er mich vernaschte, sagte er mir andauernd und in allen Tönen, daß er nie geglaubt hätte, daß eine Frau so bestrickend sein könnte; ich untermauerte diese gute Meinung, die er von mir hatte; ich erreichte einen Höhepunkt nach dem anderen, bis zur Erschöpfung (was bei mir selten war). Saftig wie ein ganzes Kloster von Franziskanern, ließ er die Quelle der Lust bis in die tiefsten Tiefen seines Schlupfwinkels hervorsprudeln. Niemals, aber wirklich niemals, hatte mich ein Mann auf eine so entzückende Art penetriert.

Ich bat ihn darum, etwas Toilette machen zu dürfen. Er brachte mir Parfümflaschen. Er trug bei sich eins, das vom kostbarsten Wasser sein sollte; dessen lieblicher Geruch stieg auf die süßeste Art zu Kopf; er wollte mich selber waschen; er parfümierte mich und ließ mich ein Hemd anziehen; da er sich vergewissern wollte, ob ich die Frische zurückgewonnen hatte, die er sich von mir erhoffte, drückte er seinen Mund auf alles, was sich seinen Augen anbot. Er starrte meine hübsche Feige an, die – ich sage es ohne Eitelkeit – immer als besonders reizend eingeschätzt wurde. Sie ist schön geformt, drall, rundlich, von einem dunkelblonden Haar bedeckt; die recht verbindliche Natur hat es so gut gesät, daß es ein gleichseitiges Dreieck bildet, dessen glückliche Proportionen viele galante Geometer haben messen wollen. Als er sah, daß meine Hand etwas tiefer langte, befürchtete er, daß es mir leicht brennen würde. Als kundiger Fachmann trennte er meine Lippen mit erstaunlicher Geschicklichkeit auseinander und entdeckte nur Rosenblätter.

– O Liebe, sagte er, keiner deiner Tempel wurde jemals so frisch geschmückt wie dieser.

Er küßte dessen Eingang, bewegte schelmisch seine Zunge hin und her und forderte einen Beweis meiner Sensibilität, der ihn entzückte.

– O Venus, niemand war dir jemals so ergeben wie ich!
Geschickter als Ganymed, wollte er dann, daß ich Schokolade trinke. Er goß mir auf eine Art ein, die von höchster Zuvorkommenheit zeugte. Während er mir die Tasse hinhielt, küßte er meine Hand mit einem Ausdruck von Dankbarkeit, der mich zutiefst berührte.

Das Wetter war besonders heiß, ich trug nur einen leichten Rock aus Musselin, er hatte eine Weste an. Die Erkundung, die er soeben gemacht hat, und deren Folgen, ließen einen Knopf wegspringen, was mich einen Desmarais erblicken ließ, der wie Cupidos Bogen spannte. Hätte ich, die ich eine Anatomievorlesung hören wollte, mich für Details, die wohl mit dem Stoff zusammenhingen, etwa nicht interessieren sollen? Ich hatte bisher viele Glieder angesehen, angetastet, gerochen, und verbraucht. Das meines Freundes vereinte in sich alles, was ich mir nur wünschte. Es war acht Zoll lang – mehr mochte ich nie. Sieben bis acht Zoll sollen jede Frau von gutem Geschmack vergnügen. Es war an seinem Boden etwas breiter und füllte in seiner Mitte meine Hand. Die rosenrote Farbe seines stolz aufgerichteten Kopfes zeugte von blutjunger Kraft; seine mit Sperma prall gefüllten Testikel versprachen, was sie hielten, nämlich wiederholtes Vergnügen. Ein pechschwarzes Haar beschattete diesen Baum der Lust. Es war ein Glied, wie es Kleopatra selbst sicherlich nie genossen hat. Es eilte mir in einem Augenblick zu Hilfe, da ich am Hungern war; ich war nämlich zu einer dreißig Stunden langen Enthaltsamkeit genötigt worden. Dementsprechend hatte ich es nötig, wie Du es Dir vorstellen kannst.

Als Desmarais merkte, mit welcher Aufmerksamkeit ich es betastete und bewegte – nicht etwa aus jener traurigen Notwendigkeit heraus, die uns allzuoft dazu bringt, es zu tun, sondern rein zu seinem Vergnügen –, sprang er wie ein Eichhörnchen auf mein Bett und brachte mich viermal in ebenso vielen Minuten zum Höhepunkt. Er bat mich so zärtlich, ihm jedesmal durch einen heftigeren Kuß zu erkennen zu geben, wann ich es beenden wollte, daß ich es ihm versprach. Dreimal noch gab ich ihm das vereinbarte Zeichen, dreimal überschwemmte er mich mit fruchtbarem Regen. Oh, meine liebe Freundin, warum sterben wir nicht in den Armen eines so angenehmen Beschälers? Würde ich nicht fühlen, daß mein Titel meinen gewöhnlichen Zustand treffend benennt, so hätte ich fürchten können, wegen ihm alle anderen Männer zu vergessen. Was soll ich Dir noch sagen? Wir aßen zu Mittag zusammen, wir waren abends am gleichen Tisch, am Abend schliefen wir zusammen; und ich habe acht Tage lang mit ihm öfter Liebe gemacht, als was ich mit acht fahlen Sterblichen ansonsten gemacht hätte.

Wir organisierten unsere Vergnügungen und unser Studium. Er ließ mich einen Künstler kennenlernen, der ein komplettes anatomisches System aus Wachs hatte. Ich bekam von meinem lieben Desmarais zehn Unterrichtsstunden über die Geschlechtsteile des Mannes und zehn über die weiblichen. So erfuhr ich ungefähr alles, was ich wissen wollte; und als ich mich bei meinem galanten Vortragenden bedankte, spürte ich zum ersten Mal Tränen in meinen Augen. Vor dieser Probe hätte ich mich einer solchen Schwäche nicht für fähig gehalten; war doch meine Devise »Einer verloren, hundert wieder gewonnen.«

In diesem Fall war dieser eine vier andere wert und das rechtfertigt mich eben. So wehrte ich mich gegen meine Empfindsamkeit nicht. Er schaffte es noch, mich, während man in meinen Wagen einlud, herzunehmen. Ich wollte es nicht, aber ich konnte auch nicht widerstehen.

– Adieu, lieber Äskulap, Adieu. Dein Skalpell hat, glaube ich, eine Wunde in mein Herz geschnitten.

a. a. O. S. 143–148

Aus: Félicia ou mes fredaines
von A. de Nerciat (1775)

Chapitre Premier
Echantillon de la pièce.

»Quoi! c'est tout de bon, me disait, il y a quelque temps, un de mes anciens favoris, vous écrivez vos aventures et vous vous proposez de les publier! – Hélas, oui, mon cher: cela m'a pris tout d'un coup comme bien d'autres vertiges, et vous savez que je ne m'amuse guère à me contrarier. Il faut tout dire, je ne me prive jamais de choses qui me font plaisir. – Vous en avez donc beaucoup à composer votre roman? – Beaucoup: je vais passer et repasser mes folies en parade, avec la satisfaction d'un nouveau colonel qui fait défiler son régiment un jour de revue; ou, si vous voulez, d'un vieil avare qui compte et pèse les espèces d'un rem-boursement dont il vient de donner quittance. – C'est beaucoup dire, mais, entre nous, quel est votre but en écri-vant? – De m'amuser. – Et de scandaliser l'univers! – Les gens trop susceptibles n'auront qu'à ne pas me lire. – Ils y seront forcés, car votre petite vie... – Courage, monsieur, dites-moi des injures... Mais vous avez beau me blâmer, je veux griffonner, et si vous me mettez de mauvaise humeur... – Oh! oh! des menaces! Et que ferez-vous? – Un petit présent; c'est à vous que je dédierai mon livre, à vous; bien entendu qu'il y aura au frontispice, en toutes lettres, votre nom et vos qualités. – Le tout serait noir... Mais je me rétracte, belle Félicia. Oui, j'avais tort. Il est bien maladroit à moi de n'avoir pas senti d'abord toute l'utilité d'un ouvrage tel que celui dont vous vous occupez. – A la bonne heure, présentement je suis contente de vous. – Et puis-je me flatter que voudrez bien le dédier à quelque autre?...«

Sa frayeur était amusante: il me vint une idée qui me fit rire de bon cœur. Le rire est contagieux pour tout le monde: les larmes le sont pour les femmes en particulier; mon marquis (c'en était un) rit donc avec moi sans savoir encore à quoi je devais mes joyeuses convulsions; il fallut ensuite le lui apprendre. »Je pensais, lui dis-je, que si j'étais dans le cas d'user de ressources, pour ne pas manquer de... vous m'entendez? Il y aurait moyen de rançonner tous les hommes de ma connaissance, en les menaçant, comme vous, d'une dédicace. Pour en être à l'abri, l'un serait taxé à dix corvées, l'autre à vingt, tel à plus, tel à moins, selon mon caprice ou les facultés de chacun. Ce serait, comme tout à l'heure avec vous, à qui ne serait pas le mécène de mon ouvrage. Hein! Vous sentez où cela va? Qu'en pensez-vous? Ne ferais-je pas une belle récolte? – La spéculation est admirable. Les pauvres gens! Je vous connais, vous ne manquerez pas d'exécuter l'heureux projet dont votre imagination vient d'accoucher. Nous serons tous rançonnés. – En serez-vous fâché, marquis? – Bien au contraire, et pour vous le prouver, je vais me racheter sur-le-champ... Il le fit. – Mais, lui dis-je ensuite, ne voyez-vous pas, mon cher, que pour que mon idée bizarre pût me devenir bonne à quelque chose, il faudrait que je ne fusse plus ni jeune ni belle, car maintenant, Dieu merci, je n'en suis pas encore à prendre les gens au collet. – Il s'en faut tout. – Eh bien donc si j'étais vieille et laide, ceux à qui je serais dans le cas de dédier auraient aussi vieilli, et je n'aurais plus à tirer que sur des infirmes la plupart insolvables. – En effet, et à qui dédierez-vous donc? – A la galante jeunesse, aux amateurs des folies dont vous me connaissez l'amour; et je recevrai tous les hommages de reconnaissance qu'on voudra bien m'offrir. – De mieux en mieux. Voilà ce qui s'appelle aller au solide. Dans ce cas, je retiens un exemplaire, et vous allez trouver bon que je dépose un accompte du prix de ma souscription.« Il le fit.

Combien d'auteurs envieront mon sort! on me paie d'avance, et les pauvres diables ont, les trois quarts du temps, bien de la peine à retirer quelque faible rétribution de leurs ouvrages, après y avoir mis la dernière main.

Chapitre II
Qui dit beaucoup en peu de mots.

Les romans out coutume de débuter par les portraits de leurs héros. Comme, malgré la sincérité avec laquelle je me propose d'écrire, ceci ne laissera pas d'avoir l'air d'un roman, je me conforme à l'usage et vais donner aux lecteurs une idée de ma personne.

Trop modeste pour dire de moi-même un bien infini, je laisse parler à ma place ceux qui me connaissent, qui m'adorent et ne cessent de me louer. Tous s'accordent à me juger la plus belle et la plus jolie femme de mon siècle. Cependant il peut y avoir de la prévention de leur part; je consens d'égaler, mais je ne veux surpasser personne. Au reste, il est prouvé que des traits aussi réguliers que les miens et aussi gracieux en même temps, sont la chose du monde la plus rare; que j'ai seule la taille *svelte* d'une belle Anglaise, tous les grâces d'une jolie Française, le maintien noble d'une princesse espagnole et les allures agaçantes d'une beauté de Florence ou de Naples. On sait que mes yeux grands et noirs ont un charme puissant qui enivre d'amour les hommes les plus froids et captive les plus volages. On connaît mes cheveux, uniques pour la longueur, la couleur et la quantité; mon teint, ma fraîcheur ne se décrivent pas. On admire mes dents, qui sont du plus bel émail, merveilleusement rangées; mais on redoute leurs morsures incurables. Les connaisseurs les plus difficiles prétendent que c'est tout au plus si la robuste Jeanne, de belliqueuse et chaste mémoire, avait la gorge aussi ferme que moi, et si la tendre Sorel l'avait aussi blanche; tout le reste à proportion tout au moins. Cependant je ne pense pas à m'enorgueillir de ces rares avantages, simples effets d'un hasard heureux. Je serai peut-être fondée à tirer plus de vanité de beaucoup d'autres perfections que je ne dois qu'à moi-même. Par exemple, je peins très bien, je joue de plusieurs instruments, je chante à ravir, je danse comme une grâce, je monte à cheval à étonner et je manque rarement une perdrix au vol. Mais est-ce encore à ces talents que je dois mon bonheur?... Il en est un dans lequel la nature perfectionnée par l'art... Chut! j'allais presque dire une sottise.

Chapitre XX
Où le beau Chevalier se montre à son avantage.

Le charmant d'Aiglemont fut d'une exactitude qui surpassa l'espérance de Sylvina et la mienne. Il parut chez nous le lendemain dès midi. Sylvina était encore au lit: je prenais dans ma chambre une leçon de clavecin.

Déjà savante, je touchai une sonate qui m'était assez familière; mais la présence du chevalier me jeta dans un trouble si grand, je perdis à tel point l'attention que le pièce exigeait, que je m'embrouillai et mis le maître de fort mauvaise humeur. Il n'eût pas été fâché de briller par le talent de son écolière, aux yeux d'un homme qui passait pour un excellent amateur de musique. Le maître jouait une partie de violon. »Donnez monsieur, lui dit l'aimable chevalier, je vais accompagner et vous aiderez à mademoiselle à se remettre.« A peine il tint le violon que cet instrument, qui criait un peu sous les doigts du maître, rendit des sons délicieux. Soudain ce doux frisson qu'une mélodie pure excite dans les organes sensibles s'empara des miens et me rappela tout entière à la musique. Nous reprîmes la sonate du commencement; jamais je n'avais aussi bien touché: d'Aiglemont accompagnait avec une justesse, une expression si analogue au genre, une imitation si parfaite, qu'il me mettait hors de moi. Si je ne l'avais pas d'avance éperdument aimé, dans ce moment il m'aurait pénétré d'amour. Mon jeu faisait sur lui la même impression: je l'entendais de temps en temps soupirer: le délire de son âme prêtait de nouvelles beautés à son exécution, de nouvelles grâces à sa figure.

Sylvina, avertie de la visite du chevalier, fut bientôt debout et vint nous trouver dans cet aimable désordre qu'inventa la coquetterie pour piquer les désirs. Une partie de ses beaux cheveux blonds, échappée du chignon, flottait sur un cou d'albâtre. Un manteau de lin mal attaché laissait voir les trois quarts d'une gorge qu'à seize ans elle ne pouvait avoir eu plus belle; ses bras blancs et dodus étaient sans gants, une simple jupe, courte et collante, caressait une croupe... des cuisses... de la plus éblouissante proportion et laissait briller la jambe la mieux tournée. Il fallait être aussi jolie que je l'étais et avoir un peu d'avance pour pouvoir, dans ce moment, lui disputer l'objet de nos communs désirs. D'Aiglemont lui prodigua des éloges qu'elle méritait. Mais tous les échos de ses compliments étaient pour moi; des yeux, que je n'ai qu'à lui, me disaient le plus tendrement du monde: »C'est à vous, adorable Félicia, que tous mes hommages s'adressent; avec votre tante j'exerce mon esprit, mais vous seule avez mon cœur.«

Sa commission était faite: il en rendit compte et l'on ne manqua pas de lui en donner une nouvelle, afin de lui prouver combien on était satisfait de la première. On lui prodigua mille louanges délicates sur son talent pour la musique: le maître assurait que nous avions le bonheur de connaître l'un des plus habiles amateurs du royaume. Il ne nous fallut pas d'autres prétextes pour prier notre nouvel ami de nous donner tous les moments dont il pourrait disposer. Ma tante ne se lassait point de nous entendre; nous, de concerter et de nous donner, dans la parfaite intelligence de notre exécution, une image de celle de nos âmes, qui brûlaient de se confondre bientôt aussi heureusement que nos accords.

D'Aiglemont fut retenu à diner; il s'était bien aperçu que ma tante n'avait pas moins de goût pour lui que moi-même; c'est pourquoi, soit coquetterie, soit adresse, il affecta pendant tout le repas de lui donner une sorte de préférence. Je n'aurais su comment prendre la chose si, de temps en temps, quelques regards dérobés ne m'avaient assurée que tout ce qu'il disait de flatteur à ma rivale n'avait pour objet que de lui faire prendre le change. D'ailleurs j'avais déjà dans ma poche un certain billet, et la possession de cet écrit important me promettait d'avance tout ce que je désirais y trouver à l'ouverture.

Chapitre XXIV
Qui apprend aux gens à bonne fortune à ne rien oublier dans les maisons où ils couchent.

On me laissa reposer jusqu'à l'arrivée d'un maître qui venait à dix heures. Je vis sans inquiétude que pendant mon sommeil on avait mis un peu d'ordre dans mon appartement, enlevé les restes de notre collation et serré les hardes que j'avais laissées éparses sur le parquet. Je pris deux leçons de suite sous les yeux de Sylvina, dont je n'observais pas assez la physionomie pour y découvrir des nuages. Nous dinâmes encore tête à tête, sans qu'elle me laissât rien soupçonner de ce qu'elle me préparait. Mais aussitôt qu'on eut desservi, sa colère éclata. Je lui vis un visage, des regards...« Petite malheureuse, me dit-elle s'emparant d'un de mes bras et le secouant avec fureur, venez, dites-moi ce que vous avez fait cette nuit.« Un coup de foudre n'aurait pas été plus terrible pour moi. Je pâlis... je faillis à me trouver mal. »Parlez sans détour: je veux être instruite; avouez sur-le-champ votre équipée, sinon je vais vous envoyer de ce pas dans un lieu où vous aurez tout le temps de pleurer votre détestable libertinage.« Je n'hésitai pas, après cette menace, qui peignit à l'instant à mon imagination des malheurs pires que la mort. J'embrassai les genoux de Sylvina et les baignai de larmes. »Hèlas! ma chère tante, dis-je, pénétrée de douleur et pouvant à peine articuler, si vous savez de quelle faute je puis être coupable, épargnez-moi la honte de vous l'avouer. – Ce n'est pas de votre faute qu'il s'agit, effrontée; elle n'est que trop évidente à mes yeux: c'est le nom de votre indigne complice qu'il faut que vous me confessiez sur l'heure. A qui appartient cette montre que j'ai trouvée ce matin accrochée au dossier d'un lit écroulé et tout souillé de votre infamie?... Serait-ce par hasard ce petit gredin de Belval que je soupçonnais dès longtemps, et qui enfin... – M. Belval, ma tante! (Malgré mon humiliation, je dis cela d'un ton piqué, qui voulait presque dire: *M. Belval n'est pas mon fait*...) – Et qui donc? (Elle bouillait d'impatience et de colère et martyrisait mon bras). – Eh bien, ma tante... – Eh bien? – M. le chevalier. – M. d'Aiglemont? – Oui, ma tante. – Les indignes!« En même temps; je suis repoussée d'un coup qui me jette presque à bas, la montre est brisée sur le parquet; et Sylvina tombe furieuse dans une chaise longue, où, la tête inclinée et les poings fermés contre les yeux, elle demeure quelques minutes sans proférer une parole...

J'étais debout dans un coin, consternée, les yeux noyés de larmes, à qui je n'osais donner l'issue; j'attendais en tremblant ce qui pouvait m'arriver quand ma tante sortirait de ses sombres réflexions. La porte s'ouvrit, on annonça M. le chevalier d'Aiglemont. Il suivait de si près qu'à peine son nom prononcé je le vis près de nous. S'il eût fait attention à mes regards, il y eût lu sans peine que sa présence et surtout certain air de parfait contentement n'était point à propos dans un instant aussi critique; mais il ne s'occupait que de l'étrange distraction de ma tante qui, sans bouger de son siège et n'ayant qu'à peine tourné la tête avec une mine foudroyante, avait repris sa première attitude. A la fin, pénétré d'étonnement, il jeta les yeux sur moi; d'un mouvement de tête, je conduisis les siens sur les débris de la montre: il fut au fait. »Qu'attendez-vous, monsieur, dit alors Sylvina, se tournant brusquement vers lui, qu'attendez-vous pour vous retirer d'un lieu où tout ce que vous voyez doit vous apprendre que vous êtes de trop? Venez-vous insulter à ma confiance abusée? Vous réjouir du spectacle de mon chagrin? Voyez la prudente compagne de vos plaisirs! Ne vous a-t-elle pas de grandes obligations? Ne l'avez-vous pas rendue fort heureuse?«

D'Aiglemont était trop homme du monde pour répondre à cette sortie par rien de malhonnête; il se connaissait, d'ailleurs, deux torts également difficiles à réparer: l'un d'avoir trahi nos amours par son étourderie, l'autre, plus grand encore, d'avoir irrité peut-être pour jamais une femme dont il sentait bien que le ressentiment ne portait pas en entier sur ce qui m'était relatif. Il la laissa donc s'exhaler en reproches et joua tout au mieux l'humilité, le contrit... Cependant, je m'aperçus qu'il reprenait par degrés de l'assurance, voyant que, tout en grondant, on le contemplait avec des yeux... qui déjà n'exprimaient plus la colère. Il se surpassait ce jour-là: un habit riche et d'un goût exquis, une coiffure merveilleuse, la parure la plus soignée prêtaient à sa belle figure mille grâces nouvelles... Il saisit habilement un jour favorable, se prosterna devant la terrible Sylvina, s'avoua seul coupable, conta les particularités de l'armoire: mais de manière à persuader que, s'il ne s'y fût pas trouvé enfermé au moment qu'il y songeait le moins, il eût su se procurer pendant notre absence un poste bien plus propice à ses véritables désirs. Il ajouta que, sans le besoin que j'avais eu de quelques hardes de nuit, il aurait péri dans son cachot, s'y étant évanoui; que je lui avais sauvé la vie; qu'égaré par la reconnaissance, il avait mésusé de mon attendrissement pour parvenir à certain but... que j'ignorais absolument, et dont je ne m'étais doutée que lorsqu'il n'était plus temps de me défendre ou d'appeler du secours. Il ne tint ainsi qu'à ma tante de se faire honneur de ce qui m'était arrivé. Cette justification, la rare beauté de l'orateur, le désir de se tromper elle-même désarmaient insensiblement sa colère; elle oubliait de retirer des mains du coupable une des siennes qu'il couvrait de baisers; elle écoutait deux fripons d'yeux, qui lui disaient avec un grand air de vérité: »*Pourquoi me voulez-vous tant de mal quand vous êtes la seule cause de ma faute? C'était vous que je méditais de surprendre; et je ne suis déjà que trop malheureux de n'avoir pas réussi.*«

Aus: Félicia ou mes fredaines von A. de Nerciat (Übersetzung)

Erstes Kapitel
Das vom Ganzen eine Ahnung gibt

»Was! sagte mir vor kurzem einer meiner früheren Liebhaber, Sie schreiben einfach Ihre Abenteuer und gedenken sogar, sie zu veröffentlichen! – Leider ist es so, mein Lieber. Das ist plötzlich in mich gefahren, wie andere Sorten von Einfällen auch, und Sie wissen, daß ich nicht gerne meinen Bedürfnissen zuwiderhandle. Man muß alles sagen, und auf daß, was mir Spaß macht, verzichte ich nie. – Sie haben also doch einiges dabei empfunden, als Sie Ihren Roman geschrieben haben? – Sogar sehr: ich werde meine Torheiten immer wieder Revue passieren lassen, mit der Genugtuung eines frisch ernannten Obersten, der sein Regiment während einer Truppenschau defilieren läßt; oder wenn Sie wollen, mit der Genugtuung eines alten Geizigen, der das Geld einer Rückzahlung, die er soeben quittiert hat, zählt und wiegt. – Das heißt schon viel verraten, aber unter uns: was ist Ihr Ziel, wenn Sie schreiben? – Mich zu vergnügen. – Und die ganze Welt skandalisieren! – Die zu empfindlichen Leute sollen mich einfach nicht lesen. – Sie werden es doch tun müssen, denn Ihr kleines Leben... – Nur Mut, Monsieur, beleidigen Sie mich nun bitte... Sie können mich noch so tadeln, ich werde trotzdem Papier bekritzeln, auch wenn Sie mich in schlechte Laune bringen sollten... – Oh, oh! Drohungen also? Und was werden Sie machen? – Ich mache Ihnen ein kleines Geschenk: ich werde Ihnen mein Buch widmen. Ja, Ihnen; selbstverständlich wird Ihr Name am Frontispiz in vollen Buchstaben gedruckt sein, mit Name und allen Ihren Titeln. –

Das wäre nicht gerade schmeichelhaft... Aber ich ziehe alles zurück, schöne Felicia. Ja, ich hatte unrecht. Es war von mir besonders ungeschickt, all den Nutzen eines Werks, wie dasjenige, mit dem Sie sich nun beschäftigen, nicht auf Anhieb verstanden zu haben. – Das höre ich aber gerne! Nun bin ich mit Ihnen zufrieden. – Darf ich mir nun auch einbilden, daß Sie es jemandem anders widmen wollen? ...«

Seine Furcht war ergötzlich. Mir kam ein Gedanke, der mich herrlich lachen ließ. Das Lachen ist bei allen anstek-kend, wie Tränen es insbesondere für Frauen sind; mein Marquis (es war einer) lachte also mit mir, ohne zu wissen, welchem Umstand ich diese Heiterkeit verdankte, die mich so schüttelte; ich mußte es ihm danach erklären. »Ich dachte, sagte ich ihm, daß wenn ich in der Situation wäre, nach Hilfsmitteln zu suchen, um nicht in Not... Sie verstehen mich wohl? Ich könnte nämlich dann von allen Männern, die ich kenne, ein Lösegeld verlangen. Ich bräuchte nur ihnen mit einer Widmung zu drohen, wie ich es soeben bei Ihnen gemacht habe. Um dem zu entgehen, müßte der eine zehnmal Fronarbeit leisten, der andere zwanzigmal, dieser mehr, jener weniger – je nach meiner Laune und den Fähigkeiten eines jeden entsprechend. Jeder würde sich um das Mäzenat meines Buches, so wie Sie vorhin, drücken. Nun? Sie sehen doch, wohin das läuft. Und was denken Sie dazu? Würde ich nicht einiges einheimsen? – Diese Spekulation ist bewundernswert. Arme Leute! Ich kenne Sie, Sie werden es sich nicht entgehen lassen, das glückliche Vorhaben, das sich Ihre Einbildungskraft erzeugt hat, zu verwirklichen. Sie werden von uns allen ein Lösegeld verlangen. – Würde es Sie etwa verärgern, Marquis? – Im Gegenteil; um es Ihnen zu beweisen, werde ich mich sogar auf der Stelle wieder abkaufen... Was er auch tat. – Sehen Sie jedoch nicht, mein Lieber, sagte ich ihm danach, daß, damit mir meine kuriose Idee in irgendeiner Weise zugute kommt, ich sowohl die Jugend wie die Schönheit hätte verlieren müssen? Ich bin Gott sei Dank weit davon entfernt, die Leute so am Kragen packen zu müssen. – Unendlich weit sogar. – Nun, wenn ich alt und häßlich wäre, wären diejenigen, denen ich Bücher widmen könnte, auch älter geworden, und ich sollte nur zahlungsunfähige, alte gebrechliche Männer erleichtern müssen. – In der Tat. Wem würden Sie es also widmen? – Der galanten Jugend, den Liebhabern aller Torheiten, deren Liebe Sie wohl kennen; dann werde ich aber alle Dankbarkeitsbezeigungen erhalten, die man mir gerne geben will. – Das wird immer besser. Das nennt man Bodenständigkeit. In diesem Fall bestelle ich ein Exemplar im voraus, und Sie werden es sicherlich nicht für schlecht halten, wenn ich Ihnen gleich eine erste Anzahlung meiner Subskription gebe.« Er tat es auch.

Wieviele werden mein Los beneiden! Man zahlt mir im voraus, und diese armen Teufel von Schriftstellern haben die meiste Zeit die größte Mühe, ein bißchen Geld für ihre Werke zu bekommen, nachdem sie sie ganz zu Ende geschrieben haben.

Kapitel II
Das viel in wenig Worten sagt

Romane beginnen gewöhnlich mit dem Porträt ihres Helden. Da dieses Buch, trotz der Ehrlichkeit, zu der ich mich beim Schreiben verpflichte, nichtsdestoweniger das Aussehen eines Romans haben wird, füge ich mich dem Gebrauch und gebe nun den Lesern ein Bild meiner Person.

Da ich zu bescheiden bin, um unendlich Gutes über mich zu schreiben, lasse ich an meiner Stelle diejenigen sprechen, die mich kennen, mich anbeten und ständig lieben. Alle sind sich darüber einig, mich als die schönste und hübscheste Frau meiner Zeit zu betrachten. Möglicherweise bekunden sie dadurch ihrerseits eine gewisse Unvoreingenommenheit. Ich bin gerne anderen ebenbürtig, möchte jedoch niemandem überlegen sein. Im übrigen steht außer Zweifel, daß so regelmäßige und anmutige Gesichtszüge wie meine das seltenste von der Welt sind und daß ich die *schlanke* Taille einer schönen Engländerin habe, dazu alle Reize einer hübschen Französin, das stolze Auftreten einer spanischen Fürstin und das aufreizende Verhalten einer Schönheit aus Florenz oder Neapel. Man weiß, daß meine großen schwarzen Augen einen machtvollen Zauber ausüben, der die kältesten Männer bestrickt und die untreuesten von ihnen gefangen hält. Man kennt meine Haare, deren Länge, Farbe und Fülle einzigartig ist; mein Teint, die Frische meiner Haut lassen sich nicht beschreiben. Man bewundert meine Zähne, deren Email äußerst schön glänzt und die wunderbar angeordnet sind. Aber man fürchtet ihre unheilbaren Bisse. Die anspruchsvollsten Kenner behaupten sogar, daß die Brüste der kräftigen Johanna, die uns als so keusch und kriegslustig in

Erinnerung geblieben ist, kaum fester und die der zarten Sorel kaum weißer als meine waren. Alles übrige mindestens dem vorigen entsprechend. Ich denke jedoch nicht daran, wegen dieser seltenen Vorteile, die lediglich einem glücklichen Zufall zu verdanken sind, überheblich zu werden. Eher wäre ich berechtigt, mir auf viele andere Vollkommenheiten, die ich mir allein verdanke, etwas einzubilden. Ich male zum Beispiel sehr gut, spiele viele Instrumente, singe hervorragend, tanze wie eine Grazie, reite bewundernswert und verpasse selten ein Rebhuhn, wenn ich auf eins schieße. Verdanke ich etwa mein Glück diesen Talenten? ... Eines gibt es aber noch, bei dem die Natur, wenn sie durch die Kunst verbessert wird ... still! ... ich hätte fast eine Sottise gesagt.

Kapitel XX
In welchem der schöne Chevalier sich in einem ganz vorteilhaften Licht zeigt

Der charmante D'Aiglemont war von einer Pünktlichkeit, die Sylvinas Erwartung und meine übertraf. Er erschien bei uns am nächsten Tag schon um die Mittagszeit. Sylvina lag noch im Bett; ich hatte in meiner Stube eine Cembalostunde.

Ich wußte schon viel und spielte gerade eine Sonate, die mir ziemlich vertraut war; die Gegenwart des Chevaliers verursachte bei mir eine solche Verwirrung, daß ich mich verhedderte und den Lehrer in schlechte Laune versetzte. Er hätte gerne dank dem Talent seiner Schülerin vor einem Mann brilliert, der als ein exzellenter Musikkenner galt. Der Lehrer spielte den Violinenteil. »Geben Sie mir bitte die Violine, Monsieur, sagte ihm der liebenswürdige Chevalier, ich werde begleiten und Sie werden Mademoiselle helfen, sich wieder zu fangen.« Kaum hatte er die Violine in den Händen, als er aus diesem Instrument, das unter den Händen meines Lehrers etwas stöhnte, die entzükkendsten Laute holte. Das süße Schaudern, das eine reine Melodie in sensiblen Organen hervorruft, bemächtigte sich meiner und erweckte meine ganze Aufmerksamkeit für die Musik wieder. Wir wiederholten die Sonate von Beginn an. Ich hatte noch nie so schön gespielt. D'Aiglemont begleitete mich mit einer Genauigkeit, mit einem

dem Genre so passenden Ausdruck, mit einer so vollendeten Nachahmung, daß ich außer mich geriet. Hätte ich ihn
schon im voraus nicht über alles geliebt, so hätte meine
Liebe für ihn mich in diesem Augenblick ganz bewältigt.
Mein Spiel übte auf ihn den gleichen Eindruck: ich hörte
ihn von Zeit zu Zeit seufzen. Seine hingerissene Seele ließ
sein Spiel noch schöner werden und verlieh seiner Gestalt
zusätzliche Reize. Sylvina, die vom Besuch des Chevalier
unterrichtet wurde, stand bald auf und betrat das Zimmer
in dieser liebenswerten Unordnung, die die Koketterie
erfunden hat, um die Begierde zu erregen. Ein Teil ihrer
schönen blonden Haare hatte sich von ihrem Dutt gelöst
und flatterte auf einem alabasterweißen Hals. Ein schlecht
zusammengeschnürter Leinenmantel ließ dreiviertel einer
Brust erblicken, die sie mit ihren sechzehn Jahren nicht
schöner haben konnte; sie trug an ihren weißen, rund-
lichen Armen keine Handschuhe; ein einfacher kurzer und
eng anliegender Rock liebkoste die wohlproportionier-
testen Schenkel und Hüften und brachte das wohlgeform-
teste Bein zur Geltung. Man mußte so hübsch sein, wie ich
es war, um in dieser gegenseitigen Rivalisierung um den
gemeinsamen Gegenstand unseres Begehrens etwas Vor-
sprung zu haben. D'Aiglemont lobte sie, wie sie es verdiente. Aber das Echo all seiner Komplimente galt mir
selbst. Augen, wie ich sie nur bei ihm gesehen habe, sagten
mir auf die lieblichste Art: »An Sie allein, verehrungswür-
dige Felicia, richten sich meine Lobreden.« Was Ihre
Tante angeht, ist nur mein Geist tätig, Ihnen aber gilt mein
Herz.« (...)
D'Aiglemont mußte zum Abendessen bleiben, er hatte
wohl bemerkt, daß er meiner Tante ebensogut gefiel wie
mir selbst; daher tat er den ganzen Abend lang so, als
würde er ihr den Vorzug geben. Ich hätte nicht gewußt,
wie ich das interpretieren sollte, wenn nicht von Zeit zu
Zeit verstohlene Blicke mir nicht versichert hätten, daß
alle Schmeicheleien, die er an meine Rivalin richtete, keinen anderen Zweck hatten, als sie in die Irre zu leiten. Im
übrigen hatte ich schon in meiner Tasche einen gewissen
Zettel, und der Besitz dieses wichtigen Dokuments ließ
mich im voraus alles erhoffen, was ich mir wünschte, in
ihm zu entdecken, wenn ich den Umschlag öffnen würde.

Kapitel XXIV
Woraus diejenigen, denen das Schicksal günstig war,
lernen sollten, in den Häusern, in denen sie
geschlafen haben, nichts zu vergessen.

Man ließ mich bis zur Ankunft des Lehrers, der erst um
zehn Uhr kommen sollte, im Bett ausruhen. Ich bemerkte,
ohne deswegen unruhig zu werden, daß man während
meines Schlafes etwas Ordnung in meine Gemächer gebracht hatte, daß man die Reste unserer kleinen Zwischen-
mahlzeit beseitigt und meine Kleider, die auf dem Boden
herumlagen, zusammengetragen hatte. Ich bekam zwei
Unterrichtsstunden nacheinander in der Anwesenheit von
Sylvina, deren Gesicht ich zuwenig Gelegenheit hatte, zu
beobachten, um in ihm Nuancen entdecken zu können...
Wir aßen noch zu zweit am gleichen Tisch, ohne daß ich
die Überraschung ahnen konnte, die sie mir bald bereiten
sollte. Kaum wurde aber der Tisch abgedeckt, als sie ihrer
Wut freien Lauf ließ. Ihr Gesicht, ihre Blicke waren furchterregend. »Kleines Luder, sagte sie mir, indem sie mich
am Arm packte und wild schüttelte, kommen Sie, sagen
Sie mir, was Sie heute nacht gemacht haben.« Ein Blitzschlag wäre für mich nicht so erschreckend gewesen. Ich
wurde blaß, und wäre beinahe in Ohnmacht gefallen.
»Reden Sie mit mir ohne Umwege, ich möchte wissen:
gestehen Sie mir unverzüglich Ihr Abenteuer, ansonsten
schicke ich Sie auf der Stelle zu einem Ort, wo Sie genügend Zeit haben werden, um ihrer abscheulichen Libertinage nachzuweinen.« Nach dieser Drohung, die in mir
sofort die Vorstellung eines größeren Unglücks als der
Tod selbst erweckte, zögerte ich nicht mehr. Ich küßte
Sylvinas Knie und überströmte sie mit meinen Tränen.
»Ach, liebe Tante, sagte ich aus tiefstem Schmerz in kaum
artikulierten Tönen, wenn Sie selbst wissen, was meine
Schuld sein kann, dann ersparen Sie mir wenigstens die
Schande, sie Ihnen gestehen zu müssen. – Kleine Unver-
schämte! Es geht mir nicht um Ihre Schuld, die in meinen
Augen allzu evident ist, sondern um den Namen Ihres ehr-
würdigen Komplizen, den Sie mir an Ort und Stelle gestehen müssen. Wem gehört diese Uhr, die ich heute morgen
am Kopf Ihres Bettes hängen sah, das völlig zertrampelt
und von den Spuren Ihrer Ruchlosigkeit ganz besudelt
war? Könnte es zufällig dieser kleine Schurke von Belval

sein, den ich seit langem verdächtigte und schließlich... –
Oh! Monsieur Belval meine Tante! (trotz der Demütigung, die ich empfand, sagte ich es in einem pikierten Ton,
der fast hieß: *Monsieur Belval ist nicht mein Fall*...) –
Und wer denn sonst? (sie kochte vor Ungeduld und folterte aus Wut meinen Arm) – Nun, meine Tante... – Ja,
und?... – Monsieur le Chevalier – Monsieur D'Aiglemont? – Ja, meine Tante... – Die Unwürdigen! –« Ich
werde gleichzeitig mit einem Schlag zurückgestoßen, der
mich fast zu Boden wirft, die Uhr zerschellt am Parkett,
Sylvina läßt sich wütend in eine Chaiselongue fallen, wo
sie, mit gesenktem Kopf und die Fäuste vor den Augen
haltend, einige Minuten wortlos bleibt...

Ich stand in einer Ecke und war völlig konsterniert.
Meine Augen standen voll Tränen und ich wagte es nicht,
zu weinen; ich wartete zitternd auf das, was jetzt kommen
würde, wenn meine Tante aus ihrem düsteren Grübeln
wieder herauskommen würde. Die Tür ging auf, man meldete Monsieur D'Aiglemont. Er folgte seiner Meldung so
prompt, daß ich ihn neben uns sah, während sein Name
noch nachhallte. Hätte er meinen Blicken Aufmerksamkeit geschenkt, so hätte er ohne Mühe aus ihnen herauslesen können, daß seine Gegenwart und vor allem eine gewisse Nuance gänzlicher Zufriedenheit in seinem Auftreten in einem so kritischen Augenblick nicht ganz angebracht waren. Er war aber nur mit der seltsamen Zerstreuung meiner Tante beschäftigt, die ohne ihren Sitz zu verlassen, und nachdem sie ihn mit vernichtendem Blick
angeschaut hatte, in ihre frühere Haltung wieder versunken war. Er schaute mich schließlich mit tiefer Verwunderung an; durch eine Bewegung meines Kopfes lenkte ich
seine Blicke auf die Reste seiner zerschellten Uhr. Er war
gleich informiert. »Worauf warten Sie, Monsieur«, sagte
dann Sylvina, indem sie sich ihm plötzlich zuwandte, »um
sich aus einem Ort zurückzuziehen, in dem alles, was Sie
zu sehen bekommen, darauf hindeutet, daß Sie in ihm
zuviel sind? Sind Sie etwa hierhergekommen, um mein
mißbrauchtes Vertrauen noch zu beleidigen? Oder um
sich am Anblick meines Kummers zu ergötzen? Schauen
Sie sich die vorsichtige Gefährtin Ihrer Vergnügungen an!
Ist sie Ihnen nicht sehr verpflichtet? Haben Sie sie nicht
etwa im höchsten Maße glücklich gemacht?« D'Aiglemont
war zu sehr ein Mann von Welt, um eine solche Rede un

ehrlich zu erwidern. Ihm war bewußt, in zwiefacher Hinsicht, eine nicht wiedergutzumachende Schuld begangen zu haben. Erstens hatte er unsere Liebe durch seine Unaufmerksamkeit verraten, zweitens, und das war noch gravierender, hatte er vielleicht für immer eine Frau verletzt, deren Ressentiments, wie er es zu gut fühlen konnte, nur zum Teil meiner Person allein gelten konnten. Er ließ sie sich deswegen in Vorwürfen ergehen und spielte auf die geschickteste Art Demut und Reue. Dennoch merkte ich, daß er seine Fassung allmählich wieder gewann, als er merkte, daß man – während man so mit ihm schimpfte – ihn mit Augen ansah, die schon keine Wut mehr ausdrückten. An diesem Tag übertraf er sich: ein reicher, höchst eleganter Anzug, eine wunderschöne Frisur, die beste Garnitur verliehen seiner schönen Figur tausend neue Reize. Er nutzte diese Situation geschickt aus, kniete vor die furchterregende Sylvina hin, nahm die Schuld ganz auf sich, erzählte die Details der Episode im Schrank, drehte sie aber geschickt genug, um sie überzeugen zu können, daß, wenn er dort nicht in einem völlig unvorhergesehenen Augenblick eingeschlossen worden wäre, er sich während unserer Abwesenheit einen Posten hätte aussuchen können, der für seine eigentlichen Zwecke viel günstiger gewesen wäre. Er fügte noch hinzu, daß, wenn er nicht zufällig Kleider aus dem Schrank hätte holen sollen, er darin gestorben wäre, da er schon in Ohnmacht gefallen war; daß ich ihm also das Leben gerettet hätte; daß er dann, von der Dankbarkeit verführt, mein Erbarmen mißbraucht hätte, um ein gewisses Ziel zu erreichen... das ich übrigens völlig ignoriert hätte und erst geahnt, als es zu spät war, um mich zu wehren oder nach Hilfe zu schreien.

Nach diesen Worten konnte mich meine Tante für das Geschehnis nur noch entschuldigen. Diese Rechtfertigung, die seltene Schönheit des Redners, der Wunsch, sich selbst zu täuschen, hatten ihre Wut nach und nach eingedämmt. Sie vergaß, aus den Händen des Schuldigen eine ihrer Hände zurückzuziehen, die er nun mit Küssen bedeckte. Sie schenkte zwei schelmigen Augen Gehör, die ihr nun mit dem höchsten Anschein von Wahrhaftigkeit sagten: *»Warum sind Sie mir so übel gesinnt, während Sie die einzige Ursache meiner Schuld sind? Sie wollte ich überraschen; und ich bin schon unglücklich genug, daß dies mir nicht gelungen ist.«*

Aus: Les Mémoires de Suzon (1778)

Quand mon cordelier fut entièrement rétabli, comme ses visites recommençaient, je ne pouvais me trouver seule avec mon cher maître qu'à la dérobée. Je leur partageais mes faveurs avec tant de prudence qu'ils ne me soupçonnaient ni l'un ni l'autre d'infidélité. A la fin, cependant, le masque qui couvrait mon hypocrisie tomba, et je ne tardai point à être connue pour ce que j'étais.

Mon maître de musique m'envoyait son commis pour me donner leçon lorsque ses affaires ne lui permettaient pas de venir lui-même. Ce jeune homme, quoique bien moins savant que son maître, en savait assez pour moi. Les complaisances qu'il avait pour moi pendant les leçons, son air doux et honnête me plaisaient beaucoup. J'aurais bien désiré qu'il me fît quelques avances, mais ce jeune homme était toujours très froid. Ennuyée à la fin de le voir toujours demeurer dans les bornes du respect à mon égard, je lui fis quelques agaceries qu'il comprit mieux que je ne devais m'y attendre, et l'affaire se termina. Quoique ce fût avec moi qu'il chantât sa première messe, il ne me parut pas novice et je jugeai dès ce moment qu'il mériterait un jour l'applaudissement de toutes les femmes qui sauraient apprécier son mérite. Cette nouvelle intrigue ne put demeurer longtemps cachée à mon maître de musique, qui médita dès lors une vengeance conforme à son caractère.

Tous les dimanches, je me rendais au couvent des cordeliers pour entendre jouer mon maître de musique. Je me plaçais ordinairement à côté de lui: c'était là que nous convenions des jours où nous nous verrions dans la semaine. Ce fut aussi le lieu qu'il choisit pour se venger.

Il avait ordonné à son commis de ne se rendre à l'église que lorsque l'office serait commencé, et il lui avait fait promettre, sous peine de le chasser de chez lui, qu'il exécuterait tout ce qu'il lui prescrirait.

Le fils d'un homme du village, qui venait tous les dimanches faire aller les soufflets de l'orgue, avait aussi un personnage à remplir, et il l'avait chargé d'apporter avec lui un petit soufflet.

Dès que mon maître m'aperçut, il me fit force caresses

comme à son ordinaire. Ensuite, il voulut prendre quelques libertés, mais je m'y opposai sous prétexte que l'endroit n'était pas sûr et qu'il pourrait venir quelqu'un.

— Vous n'avez rien à craindre, me dit-il, mon commis, qui est la seule personne qui pourrait venir, est parti ce matin pour aller voir son père qui demeure à quarante lieues d'ici, et ne reviendra que ce soir.

Rassurée par tout ce qu'il me dit, je lui laissai faire tout ce qu'il voulut. D'abord, une chaise penchée contre la muraille nous tint lieu du lit le plus commode. Et je proteste que l'affaire ne s'en fit pas moins bien. Ceci était à Peine une faible esquisse de ce que mon amant se promettait de faire. Il me dit de me mettre à genoux, d'incliner le corps jsuqu'à terre, et de m'appuyer sur les deux mains. Ainsi placée, il me baisa ce qu'on appelle en levrette. Tout en me besognant, il allongeait ses mains par-dessus mon dos sur le clavier de l'orgue, et jouait dans les temps nécessaires. Comme il faisait deux affaires à la fois, je ne sais dans laquelle il réussissait le mieux. Tout ce que je puis dire, c'est que j'étais fort contente du mouvement de la mesure. Et si, dans les pièces qu'il joua, il fit quelque faux ton, je ne m'en aperçus point.

Lorsque, après une abondante effusion de liqueur de part et d'autre, je voulus me relever, je sentis qu'il grimpait sur mon dos. Il fallut, malgré moi, céder au poinds de son corps. Il était à peine ainsi placé que le commis entra. Son arrivée parut d'abord le déconcerter. Il ne fut cependant pas longtemps à se remettre:

— Tu seras sûrement étonné, lui dit-il, des libertés que je prends avec ta maîtresse. Mais apprends, mon ami, qu'elle était à moi avant de t'appartenir. Tiens, crois-moi, prends ton parti aussi gaiement que je l'ai pris quand je t'ai soupçonné, avec quelque fondement, d'être mon rival. Voilà Madame dans une posture propre à donner du plaisir. Deux trous très appétissants semblent être deux rivaux qui se disputent la préférence. Choisis celui que tu voudras, peu m'importe. Pourvu que tu me branles pour m'amuser pendant que je suivrai l'office, je serai content.

Le jeune homme ne se fit pas prier et m'encula. Je fis un cri qui aurait été entendu de toutes les personnes qui étaient dans l'église s'il ne se fût confondu avec toutes les voix qui chantaient les louanges de Dieu.

J'avais conservé jusqu'alors mon second pucelage.

J'ignorais même le plaisir que les hommes trouvaient à cette jouissance. Pendant que nous étions tous trois fort occupés, l'enfant entra, ainsi qu'il lui avait été ordonné. A la vue du spectacle qu'il avait devant les yeux, il allait se retirer quand mon maître de musique l'appela:

— Mets, lui dit-il, le bout de soufflet que tu tiens à ta main dans le cul de ce bourge-là, et souffle de toutes tes forces. Comme il commence à perdre haleine, je veux que tu le ranimes par ce moyen-là.

L'enfant, à cet ordre ridicule, partit d'un éclat de rire, et n'en exécuta pas moins ce qui lui avait été ordonné. Le groupe que nous formions était si singulier, la scène devint à la fin si comique, que l'organiste, malgré son grand flegme, perdit tout son sérieux et oublia tout ce qui se passait au chœur. On avait beau sonner pour l'avertir qu'il devait jouer, il n'entendait rien, et il interrompit tellement l'office qu'un moine se détacha pour l'avertir que la messe était suspendue par rapport à lui.

A-t-il jamais été surprise semblable à celle de ce révérend en voyant ce qui se passait dans l'orgue! Le bruit qu'il fit en entrant nous fit à tous quatre tourner la tête du côté de la porte. Jamais, aussi, surprise ne fut égale à la nôtre, ou plutôt nous étions tous quatre pétrifiés.

Le moine, élevant la voix, nous reprocha dans les termes les plus durs l'action infâme que nous venions de commettre.

— Je ne suis plus étonné, dit-il en adressant la parole à mon maître de musique, de ce que l'orgue m'a paru si sourd aujourd'hui. Vous deviez au moins attendre que l'office fût fini pour faire l'expérience de votre nouveau soufflet. Je vous somme de vous trouver au Chapitre que je ferai assembler après la messe pour y rendre compte des horreurs que vous venez de commettre.

Pendant tout ce discours, le petit paysan était décampé. Le commis n'avait pas tardé à faire de même. Je me disposais, pour éviter toute apostrophe injurieuse, de suivre leur exemple, quand le cordelier m'arrêta, me chargea d'injures outrageantes et me menaça de me faire chasser de leur église si jamais j'étais assez hardie pour oser y reparaître. Confuse et n'ayant point un mot à dire pour ma défense, je me retirai chez moi, d'où je ne sortis que pour quitter le village.

L'Enfer de la Bibliothèque Nationale
Œuvres anonymes du XVIIIe siècle (I), Bd. 3
Fayard 1985, S. 308–313
Nach der Ausg. v. 1778 (B. N. Enfer 705)

Aus: Les Mémoires de Suzon (Übersetzung)

Als mein Franziskaner endgültig wieder gesund wurde und mir seine Besuche wieder erstattete, konnte ich meinen Musiklehrer nur noch heimlich treffen. Ich gab mich beiden gleichzeitig mit so kluger Vorsicht hin, daß weder der eine noch der andere von meiner Untreue ahnte. Schließlich fiel jedoch die Maske meiner Heuchelei und bald darauf wurde ich als diejenige erkannt, die ich tatsächlich war. Wenn seine Geschäfte ihm nicht erlaubten, mich selbst zu unterrichten, schickte mein Musiklehrer seinen Gehilfen zu mir. Dieser junge Mann, der viel weniger wußte als sein Meister, wußte dennoch genügend für mich. Die Zuvorkommenheit, die er während der Unterrichtsstunden bekundete, sein anmutiges und offenes Aussehen gefielen mir sehr. Ich hätte es gerne gesehen, wenn er von sich aus einige Schritte getan hätte. Dieser junge Mann war aber immer recht zurückhaltend. Da ich zum Schluß ärgerlich war, daß seine Haltung zu mir immer in den Schranken des Respekts blieb, schäkerte ich manchmal mit ihm, was er über meine Erwartungen hinaus sofort verstand, so daß diese Präliminarien ein Ende fanden. Obwohl er mit mir seine erste Messe sang, erschien er mir nicht unerfahren zu sein, und schon von diesem Tag an dachte ich, daß er künftig bei allen Frauen, die seine Verdienste zu schätzen wüßten, viel Applaus ernten würde. Diese Intrige konnte meinem Musiklehrer nicht lange geheim bleiben; er überlegte sich eine seiner Gemütslage angemessene Rache.

Jeden Sonntag begab ich mich zum Franziskanerkloster, um meinen Musiklehrer spielen zu hören. Ich setzte mich gewöhnlich neben ihn; dort vereinbarten wir, an welchem Tag wir unter der Woche uns wieder treffen sollten. Das ist auch der Ort, den er sich zum Schauplatz seiner Rache auserkoren hatte.

Er hatte seinem Gehilfen die Anweisung gegeben, sich erst nach Beginn des Gottesdienstes zur Kirche zu begeben, und ihm angedroht, er würde ihn auf die Straße setzen, falls er seinen Anweisungen nicht bis ins Detail folgen sollte.

Der Sohn eines Mannes vom Dorf, der jeden Sonntag die Balgen der Orgel betätigte, hatte auch eine Rolle zu spielen. Er hatte von ihm verlangt, daß er einen kleinen Balg mit in die Kirche bringen sollte.

Sobald mein Musiklehrer mich erblickt hatte, überhäufte er mich wie üblich mit Liebkosungen. Danach wollte er sich die Freiheit nehmen, etwas mehr zu unternehmen, aber ich widersetzte mich seinen Absichten unter dem Vorwand, daß der Ort nicht sicher sei, da jederzeit jemand kommen könne.

– Sie haben nichts zu befürchten, sagte er mir. Mein Gehilfe, der die einzige Person ist, die jetzt kommen könnte, ist heute morgen seinen Vater besuchen gegangen, der vierzig Meilen weit von hier wohnt; er wird erst heute abend zurückkommen. Durch diese Worte beruhigt, ließ ich ihn alles machen, was er mit mir machen wollte. Ein an die Wand angelehnter Stuhl erwies sich als ein sehr praktischer Bettersatz. Ich schwöre sogar, daß wir unser Geschäft nicht deswegen schlechter verrichteten. Dies gibt aber nur eine Vorahnung dessen, was sich mein Liebhaber ausgedacht hatte. Er verlangte von mir, daß ich mich hinknie, indem ich den Oberkörper zum Boden neigen und mich auf beiden Händen stützen sollte. In dieser Position vögelte er mich – wie man zu sagen pflegt – »en levrette«. Während er mich so maßnahm, streckte er die Hände zur Klaviatur hin und spielte, ohne aus dem Rhythmus zu kommen. Da er beides gleichzeitig machte, konnte ich nicht unterscheiden, welches der beiden Register ihm am besten lag. Alles, was ich nur sagen kann, ist, daß sowohl die Bewegung wie der Takt mir behagten. Und falls er in den Stücken, die er spielte, falsch gespielt haben soll, ist dies mir völlig entgangen.

Als ich mich, nach gegenseitigen ausgiebigen Ergießungen, wieder aufrichten wollte, spürte ich, daß er auf meinen Rücken hochkam. Ich war unter dem Gewicht seines Körpers ihm ganz ausgeliefert. Kaum war er in dieser Stellung, als sein Gehilfe hereinkam. Sein Eintritt schien ihn zuerst aus der Fassung zu bringen, er faßte sich aber rasch wieder:

– Was ich mir mit deiner Mätresse erlaube, wird dich sicher wundern, sagte er ihm. Aber wisse nur, lieber Freund, daß sie mir gehörte, bevor sie deine geworden ist. Komm, glaub mir, du solltest dich mit der Situation genau so fröhlich abfinden, wie ich es selber tat, als ich nicht ganz ohne Gründe den Verdacht hegte, daß du mein Rivale geworden wärest. Schau doch: Madames Stellung ist für die Lust besonders geeignet. Zwei appetitliche Löcher sehen wie zwei Rivalen aus, die sich deine Wahl streitig machen würden. Entscheide dich, wie du es möchtest, mir ist es egal; wenn du mir nur zu meiner Belustigung – während ich den Gottesdienst verfolge – einen abwichst, bin ich zufrieden. Der junge Mann ließ es sich nicht zweimal sagen und fickte mich arsch. Ich stieß einen Schrei aus, den alle Leute in der Kirche gehört hätten, wenn er sich nicht mit allen Stimmen vermengt hätte, die Gottes Lob gerade sangen. Ich hatte bis zu diesem Tage meine zweite Jungfräulichkeit behalten. Mir war sogar die Lust, die die Männer daran finden, unbekannt. Während wir alle drei auf diese Art recht beschäftigt waren, trat das Kind wie vorgeschrieben ein. Als seine Blicke auf dieses Spektakel fielen, wollte es wieder gehen, aber mein Musiklehrer rief es wieder hinein:

– Steck den Balg, den du in den Händen hälst, ins Arschloch dieses verdammten Burschen und blase so stark du kannst! Er läßt nämlich langsam nach; ich will, daß du ihn damit wieder belebst.

Als er diesen grotesken Befehl vernahm, lachte das Kind lauthals. Trotzdem führte er aus, was von ihm verlangt wurde. Die Gruppe, die wir alle zusammen bildeten, war so ungewohnt, die Szene wurde zum Schluß so komisch, daß der Organist trotz seiner Selbstbeherrschung jeden Ernst verlor und völlig vergaß, was sich im Chor abspielte. Man gab ihm vergeblich mit einem Glöckchen Zeichen, er solle nun endlich mal zu spielen anfangen, aber er hörte nichts mehr. So störte er dermaßen den Gottesdienst, daß ein Mönch zu uns kam, um ihm mitzuteilen, daß die Messe wegen ihm unterbrochen würde.

Kann es sein, daß jemand eine stärkere Überraschung je erlebt haben kann, als dieser ehrwürdige Vater beim Anblick dessen, was sich an der Orgel abspielte! Das Geräusch seines Eintritts ließ uns alle zur Tür hinschauen. Nichts ließe sich auch mit unserer Überraschung vergleichen. Oder vielmehr: wir standen alle vier da wie zu Stein verwandelt.

Der Mönch erhob seine Stimme und warf uns im heftigsten Ton die gerade begangene Schandtat vor.

– Ich wundere mich nicht mehr, redete er den Musiklehrer an, daß mir die Orgel heute so taub zu sein schien. Sie hätten wenigstens das Ende des Gottesdienstes erwarten können, um ihren neuen Balg zu erproben. Ich fordere Sie auf, sich zum Kapitelsaal zu begeben, wo ich die Brüder nach der Messe versammeln werde, damit Sie uns über diese Greueltaten Rechenschaft abgeben.

Während dieser Rede hatte sich der kleine Dorfbursche aus dem Staub gemacht, und der Gehilfe folgte ihm bald danach. Ich wollte selbst Anstalten machen, um jeder Schimpfrede zu entgehen, ihrem Beispiel zu folgen, als der Franziskaner mich anhielt und mit verletzenden Beleidigungen überhäufte; er drohte mir an, mich aus der Kirche zu verjagen, falls ich so dreist sein sollte, um jemals zu wagen, wieder zu erscheinen. Ich war äußerst verwirrt und hatte nichts zu meiner Verteidigung zu sagen; so zog ich mich in mein Haus zurück, aus dem ich erst wieder herauskommen sollte, um das Dorf zu verlassen.

a. a. O. S. 308–313

L'Enfer de la Bibliothèque Nationale
Œuvres anonymes du XVIIIe siècle (I), Bd. 3
Fayard 1985, S. 308–313
Nach der Ausg. v. 1778, B. N. Enfer 705

Aus: La Cauchoise (1782)

Enfin arriva ce grand jour, que l'abbé croyait être un vrai jour de triomphe pour lui. Il vint me prendre sur les deux heures de l'après-midi dans un carrosse de remise qui nous conduisit au château d'un très grand seigneur, à quelques lieues de Paris. Nous allions chez M. le C.D. On sait avec quel soin ce prince a embelli cette maison. D'un terrain sec et aride, il a fait la plus belle campagne du monde. Nous y arrivâmes sur les quatre heures, nous n'y allions que pour nous divertir. Nous y trouvâmes très bonne compagnie, il y avait même des dames de la première distinction. On ne s'en étonnera pas beaucoup: toutes les femmes sont faites naturellement pour aimer le plaisir. Il semblait qu'on eût fait le choix des cavaliers. Tous étaient également et généralement beaux, grands et bien faits. Quant au reste, tout était enchanteur à la vue: une maison superbe, de beaux jardins, des appartements magnifiques, une compagnie nombreuse. Pouvait-on rien voir de plus satisfaisant? On nous introduisit d'abord dans une grande galerie où il y avait six tables de jeu. Personne ne se dérangea. C'est la première loi de ceux qui aiment bien le plaisir, rien n'est en effet si ridicule que de se gêner. Mon abbé, après avoir bien considéré la compagnie:

– Vous ne m'avez point, me dit-il, averti que M. le comte serait ici, je ne m'étonne pas si vous y êtes venue.

Je lui protestai que je ne savais pas ce qu'il voulait dire. Je lui proposai même de sortir.

– Non, me répliqua-t-il, mais promettez-moi que vous ne le mettrez pas de vos plaisirs.

Je le lui promis. Cela fut cause qu'en visitant les beautés du palais enchanté que nous habitions, il me laissa la liberté de dire un petit bonjour de civilité indispensable au comte, à qui je fis entendre de me remettre le nénuphar en question, dont il s'était chargé. Il me fit concevoir par un sourire que je serais satisfaite. Effectivement, un instant après il m'en fit faire la remise sous enveloppe par une dame de la société, qui me tira à cet effet dans le coin d'une croisée. Elle me glissa adroitement la dose sans que notre apprenti vicaire de saint Pierre s'en aperçût. Comme le jaloux observait mes démarches, je lui dis que cette dame m'avait demandé la cause de l'absence d'une de mes amies qui faisait très rarement faux bond à notre société. Munie de ma maligne drogue, je tins toujours fidèle compagnie à mon calotin. Il était enchanté de ma conduite. Nous nous promenâmes dans le jardin jusqu'à huit heures. Une cloche alors nous rappelle dans l'appartement, c'était le signal dont on était convenu pour indiquer l'heure du plaisir. Nous nous rendîmes dans la galerie où je comptai quarante personnes, sans les laquais et les femmes de chambre qui devaient nous aider. Le maître du logis dit à toute la compagnie qu'il fallait se préparer au souper. Et il ajouta que les cavaliers devaient connaître leur devoir. Aussitôt, tout le monde défila, et passa dans différents cabinets où chacun se déshabilla. Des laquais vinrent s'informer qui étaient ceux qui voulaient être en chemise de taffetas. Nous étions vingt femmes, il y en eut huit qui acceptèrent ces chemises. Les autres méprisèrent ces vains ornements: je fus de ce nombre. Parmi les hommes, il n'y en eut que trois qui prirent le taffetas, desquels était mon petit collet, apparemment par un reste de pudeur. Les habillements de chaque galant et de chaque maîtresse étaient mis dans un endroit séparé, et chaque vêtement avait son numéro. On évita par ce moyen la confusion qui, sans cette précaution, se serait immanquablement glissée dans un si grand nombre d'habits. Sur les neuf heures, on donna un second coup de cloche pour se mettre à table. De quarante personnes que nous étions, vingt s'assirent à deux tables qui étaient dressées dans un salon magnifique, les autres vingt devaient prendre leurs ébats pour amuser ceux qui mangeaient. Je ne ferai point un détail minutieux des mets qu'on nous servit, tous étaient bons et échauffants. Pour abréger, jamais je n'ai fait un repas plus voluptueux et plus délicat. Le salon était une pièce admirable, parfaitement carrée, ayant vue d'un côté sur le jardin de la maison, et de l'autre sur la campagne. On avait eu soin de poser le long des murs vingt petits sofas, ce qui doit suffire, je pense, pour démontrer au lecteur la grandeur du salon. Il n'y avait de chaises que pour ceux qui étaient à table. On avait posé aux quatre coins du salon quatre fontaines, qui coulaient dans de grandes écailles de marbre blanc, au fond desquelles on trouvait du romarin, des œillets, du jasmin et de la lavande. Ces herbes, trempées des odeurs suaves qui coulaient des fontaines, servaient à ceux qui venaient de combattre pour leur purificatoire. Deux domestiques, de sexes différents, et dans l'aimable abandon de la simple nature, se tenaient à chaque fontaine, chacun une serviette à la main, qu'ils présentaient dans l'occasion requise. On avait eu aussi l'industrie de mettre quatre grandes glaces un peu penchées. Elles étaient là pour rendre tous les objets à la vue de ceux qui mangeaient, pendant que d'autres s'escrimaient sur les sofas. A côté de ces glaces étaient deux enfants charmants, chacun de l'âge de onze ans, garçon et fille, qui, tous deux, nus comme la main, s'excitaient à la jouissance en courant l'un après l'autre et en se fuyant mutuellement comme s'ils se fussent craints. J'espère que, malgré la longueur, peut-être ennuyeuse, de la description de cette fête importante, le lecteur rendra les armes et se trouvera amplement dédommagé par les particularités du fait dont je vais faire ici le détail le plus complet.

Toute l'assemblée veillait attentivement sur les démarches des deux enfants. Nous vîmes, d'abord qu'ils se furent joints, le garçon s'approcher de la fille, et placer son corps le long des côtés de celle-ci. Un instant après, levant les pieds de terre, il sauta sur le dos de sa proie, qu'il saisit avec ses deux mains. Il approcha ensuite le plus qu'il put le bas de son ventre du cul de la fillette, et fit faire à cette partie de petits mouvements très prompts, dont l'issue ne paraissait pas devoir être équivoque. Il ne fut permis à notre petit galant de rester en cette position que pendant un temps extrêmement court. La petite commère n'était pas disposée à se prêter à ses caresses. Elle n'avait plié les jambes que fort peu, elle put donc aller en avant et lui échappa. Ce même instant ne nous fit voir aucune agacerie de la part du petit égrillard, c'est-à-dire de la part du garçon, car la péronnelle se conduisit toujours en fille modeste. Mais le moment d'après nous commençâmes à observer tout le jeu que nous avions déjà vu, et qui fut répété à bien des différentes reprises. L'égrillard, après s'être muni l'estomac de quelques bonbons qu'il mangea, fut retrouver sa poulette. Dès qu'il fut près d'elle, il ne tarda pas à se poser sur le corps de son amante, mais avant qu'il eût eu le temps de se cramponner, la petite cruelle sut se soustraire à son embrassement. Elle se sauva derrière un sofa. L'ardent amoureux l'y suivit, mais l'ingrate eut recours à la force pour s'en débarrasser. Elle fit plusieurs égratignures au persécuteur, qu'il ne prit pas pour des caresses. Mais cette petite leçon ne le rendit pas sage pour longtemps, car au bout d'une petite demi-heure, après avoir pris quelques restaurants, il recommença ses tendres attaques, auxquelles la fillette ne parut pas plus disposée à se rendre qu'auparavant. En vain parvint-il à grimper sur son dos à trois reprises différentes, elle ne lui permit jamais de rester en cette posture. Pour s'en défaire, elle s'assit sur un fauteuil. Le galant y fut presque aussitôt qu'elle, et fit de nouvelles tentatives qui ne furent pas plus heureuses que les précédentes. L'amoureux, rebuté, cessa des poursuites qui lui avaient si mal réussi pendant près de deux heures. N'était-ce pas bien maladroit de sa part? Mais patience: après un temps de repos assez long, ses accès de tendresse lui reprirent. Est-il un cœur qu'on ne vienne à bout de fléchir à force de temps et de persévérance? Cette insensible, qui jusqu'à ce moment avait fait voir une résistance si opiniâtre, va nous apprendre qu'il est bien difficile de se défendre toujours des tendres sollicitations d'un bien-aimé. Le chaud amant, qui s'aperçut peut-être que le moment favorable était arrivé, se jeta avec une nouvelle ardeur sur sa maîtresse qui, pour la forme, parut vouloir s'échapper, mais avec une lenteur qui ne faisait que trop connaître sa situation alors présente. L'égrillard passionné tint ferme, et ne l'abandonna pas. La donzelle se vit contrainte alors de céder. Elle se prêta aux plus tendres caresses. En un mot, le petit garçon fut heureux, et la revêche maîtresse fut pour lui une fouterie qui ne finissait plus. On cessa alors de les examiner l'un et l'autre. Mais quand nous les revîmes au bout de quelques heures, l'amant nous parut retombé dans une indifférence qui semblait nous annoncer que le moment où il avait été heureux fouteur nous était échappé. Il passait alors près de la coquine sans la regarder. Pendant qu'elle était étendue sur le sofa, il se tint à son tour tranquille d'un autre côté. Il fut une bonne heure et demie sans montrer ni gaieté ni vivacité. Il prit pour ainsi dire un air sournois et ennuyé.

Ce tableau de l'amour naissant m'avait ranimé l'esprit, et je ne crains pas d'avoir déplu à mon lecteur en lui faisant connaître les progrès prompts que fait faire le petit Cupidon à tous ceux qui ont le bonheur de vivre sous ses lois.

On voyait aussi, aux deux extrémités de ce salon, deux tablettes dorées et surmontées d'un groupe de fouteurs en

sculpture. Dans chacune des ces tablettes on avait réuni une collection d'ouvrages dramatiques et autres, propres à inspirer du goût aux personnes qui composaient cette fête. Pour ne laisser rien à désirer aux lecteurs de l'invention générale d'un pareil amusement, je vais donner ici le catalogue de cette bibliothèque, divisée en deux parties, dont l'une était remplie par l'histoire et la poésie, et l'autre était consacrée uniquement à la dramaturgie. (...)
(...)

On n'avait pas omis de placer des tablettes en musique sur lesquelles étaient notées, comme une espèce de vaudeville, les paroles qui suivent:

Chanson

Foutons tous tant que nous sommes,
Et laissons-nous foutrailler:
Le plus grand plaisir des hommes
Réside en ce seul métier.
Faisons si bien que la fouterie,
Avant la mort,
Nous serve toujours pour l'autre vie
De passeport.

Ce couplet avait été distribué à tous les convives en entrant. Par ce moyen, tel foutait qui chantait, et tel chantait qui bandait à l'aise. Peut-on raffiner au-dessus de pareilles galanteries! Tous ceux qui voulurent foutre s'emparèrent des sofas. Je n'avais garde d'en prendre un, je voulais faire auparavant un tour de mon métier. Nous nous mîmes vingt personnes à table. Il n'y avait que deux femmes et mon abbé en chemise de taffetas. Lorsque tout le monde fut placé, on convint qu'à chaque service chacun visiterait les pièces de son voisin pour voir leur état, et que celui qui débanderait serait condamné à recevoir de chaque convive trois chiquenaudes sur le bout du vit. La société se soumit sans murmure à cette loi, qui nous fit tous beaucoup rire par la singularité d'imagination qui l'avait dictée. L'abbé, qui bandait comme un carme, s'apprêtait à rire bientôt aux dépens de quelqu'un, mais au premier verre qu'il voulut boire j'eus soin de mettre du nénuphar. Je lui tâtai ensuite le priape: il l'avait des plus bandants de la compagnie. Je redoublai en conséquence la dose tant et si souvent que j'en vis bientôt l'heureux effet, car nous n'étions pas encore au troisième service que le pauvre calotin ne dressait déjà plus. Je me rendis alors sa dénonciatrice. Il fut obligé de montrer son pauvre nerf qui était mol, flasque et froid comme glace. L'abbé fut condamné tout d'une voix. (...) Il eut beau faire pendant tout le reste du repas, ni les artichauts frits, ni le vin de Champagne, ni même les liqueurs les plus propres à porter dans son sang l'ardeur de la volupté, ne lui rendirent sa première vigueur. Il commençait à enrager vers le milieu du dessert: il fixait les yeux sur tous les miroirs pour mieux s'exciter. Rien, il est vrai, n'était plus propre à faire bander car, par le moyen d'une seule glace, on réunissait quelquefois toutes les scènes de fouterie de la salle. (...) Le pauvre abbé avait beau regarder tous ces tableaux vivants, rien ne lui rendait ce qu'il avait perdu. Vers les onze heures et demie, il fallut pourtant faire place aux fouteurs fatigués et devenir nous-mêmes de nouveaux athlètes. Tout le monde se leva donc alors de table. On conduisit le pauvre abbé tout honteux dans la galerie. On se partagea en deux bandes qui se rangèrent sur deux lignes, et le champion impuissant fut condamné à passer trois fois dans le milieu pour recevoir la petite galanterie dont on allait le gracieuser. Il reçut par ce moyen cent dix-sept pichenettes, qui ne le firent pas mieux bander qu'auparavant. Après quoi l'on retourna au salon. L'abbé devint alors le sujet de la conversation, et le pauvre diable, confus et décontenancé, se mit sur un sofa et tâcha de s'escrimer de son mieux auprès de moi, mais il eut beau faire, après avoir passé une demi-heure entière à se tourmenter et me tracasser sans en devenir plus chaud pour cela, il fut forcé sur le minuit de se retirer comme s'il eût été un nouvel Abélard. Pour lors, aussi dégoûtée qu'ennuyée de ses froides caresses, j'appelai le comte, mon cher amant, autant pour mon propre plaisir que pour parachever sans délai le désastre de son rival.

L'Enfer de la Bibliothèque Nationale
Œuvres anonymes du XVIIIe sìcle (1), Bd. 3
Fayard 1985, S. 432–444
Nach d. Ausg. von 1782, B. N. Enfer 679

Aus: La Cauchoise (Übersetzung)

Schließlich kam dieser große Tag, den der Abbé sich als seinen Triumphtag vorstellte. Er holte mich gegen zwei Uhr mit einer Mietkutsche, die uns bis zum Schloß eines sehr mächtigen Herrn führte, einige Meilen von Paris entfernt. Wir fuhren also zu Herrn Kardinal D. Man weiß, mit welcher Sorgfalt dieser Fürst dieses Haus verschönert hat. Aus einem trockenen, unfruchtbaren Boden hat er die schönste Landschaft der Welt entstehen lassen. Wir kamen dort um vier Uhr an; wir wollten nur zu unserem Vergnügen hin.

Wir befanden uns dort in der besten Gesellschaft, es gab sogar Damen von höchstem Range. Dies wird uns allerdings nicht wundern: alle Frauen sind von Natur aus für die Lust bestimmt. Man hatte allem Anschein nach die Kavaliere sorgfältig ausgewählt. Alle waren ohne Ausnahme gleichmäßig schön, groß und gut gebaut. Ansonsten war alles bezaubernd schön: ein prächtiges Haus, schöne Gartenanlagen, prachtvolle Räume, eine zahlreiche Gesellschaft. Hätte man Angenehmeres sehen können? Man führte uns zuerst zu einer großen Galerie, wo um sechs Tische herum gespielt wurde. Niemand ließ sich durch unsere Ankunft stören. Das ist das oberste Gesetz all derjenigen, die der Lust gerne frönen: nichts ist so lächerlich, wie sich dabei stören zu lassen. Nachdem er die Gesellschaft gut beobachtet hatte, sagte mir der Abbé:

– Sie hatten mich nicht gewarnt, daß der Graf hier sein sollte; nun wundert es mich nicht mehr, daß Sie hierhergekommen sind.

Ich beteuerte ihm, daß ich nicht wüßte, was er dabei wohl meinen könnte. Ich bot ihm sogar an, selber wegzugehen.

– Nein, erwiderte er, aber versprechen Sie mir, daß Sie ihn an Ihren Vergnügungen nicht teilnehmen lassen werden.

Ich versprach es ihm. Deswegen ließ er mich, während wir alle Sehenswürdigkeiten des Zauberpalastes, in dem wir uns befanden, bewunderten, der Höflichkeit halber einige Worte mit dem Graf wechseln, den ich darum bat, mir die versprochene Seerose zu geben, die er hatte besorgen sollen. Er ließ mich durch ein Lächeln erhoffen, daß ich Grund haben werden sollte, zufrieden zu sein. Tatsächlich ließ er sie mir eine Weile später durch eine Dame der Gesellschaft überreichen, die mich zu diesem Zwecke an der Kreuzung zweier Gänge in eine Ecke führte. Sie überreichte mir die Rose mit einer behenden Geste, so daß unser anlernender Vikar vom heiligen Petrus nichts bemerkte. Da der Eifersüchtige jede meiner Handlungen beobachtete, sagte ich ihm, daß diese Dame mich nach dem Grund für die Abwesenheit einer meiner Freundinnen gefragt hatte, die Veranstaltungen unserer Gesellschaft nur selten ohne Grund fern blieb. Mit meiner tückischen Droge versehen, leistete ich meinem Pfäffchen immer ganz treu Gesellschaft. Er war mit meinem Benehmen äußerst zufrieden. Wir gingen im Garten bis acht Uhr abends spazieren. Eine Glocke holte uns dann in die Wohnungen zurück – das war das gewohnte Signal, um die Stunde des Vergnügens anzukündigen. Wir begaben uns in die Galerie, wo ich gut vierzig Personen zählte, ohne die Lakais und die Dienstmädchen, die uns helfen sollten. Der Hausherr teilte der ganzen Runde mit, man solle sich nun für das Abendessen bereit machen, und er fügte hinzu, die Kavaliere müßten nun wissen, was ihre Aufgabe sei. Alles geriet in Bewegung und begab sich zu verschiedenen Umkleideräumen, wo sich jeder auszog. Lakais kamen, um zu erfahren, wer ein Tafthemd anhaben wollte. Wir waren zwanzig Frauen. Acht nahmen diese Hemden an. Die anderen verachteten diese unnütze Zierate. Ich gehörte zu ihnen. Unter den Männern nahmen nur drei den Taft; zu ihnen zählte eben mein Schwarzrock – wahrscheinlich aufgrund eines Restes von Scham. Die Kleider jedes Galanten und jeder Mätresse lagen in einem separaten Raum, jedes Kleidungsstück trug eine eigene Nummer; so vermied man die Konfusion, die bei einer so großen Anzahl von Kleidern ansonsten unweigerlich eingetreten wäre. Gegen neun Uhr ertönte ein zweiter Glockenschlag, als Zeichen dafür, daß man nun zu Tisch gehen sollte. Von den vierzig Leuten, die da waren, setzten sich zwanzig an zwei verschiedene Tafeln, die in einem entzückenden Salon gedeckt waren; die restlichen 20 sollten sich im Raume tummeln, um die Gäste zu unterhalten. Ich werde jetzt nicht im Detail beschreiben, was uns aufgetischt wurde. Alle Gerichte waren hervorragend und von anregender Wirkung. Um es kurz zu sagen: niemals habe ich so wollüstig und so delikat gegessen. Der Salon war ein bewundernswertes, vollkommen viereckiges Zimmer, das auf einer Seite zum Garten hinausschaute und auf der anderen Seite zur offenen Landschaft. Man hatte dafür Sorge getragen, daß an den Wänden entlang zwanzig kleine Sofas lagen. Diese Angabe wird, so glaube ich, ausreichen, damit der Leser sich eine Vorstellung von der Größe des Salons machen kann. Stühle gab es nur für diejenigen, die am Tisch saßen. Man hatte in allen vier Winkeln des Raumes vier Brunnen eingebaut, die sich in große Schalen aus weißem Marmor ergossen, in denen man Rosmarin, Nelken, Jasmin und Lavendel fand. Diese Kräuter, vom süßen Geruch des Brunnenwassers genäßt, dienten denen, die gerade gekämpft hatten, zur Reinigung. Zwei Dienstleute unterschiedlichen Geschlechts standen im lieblichen Gewand der Natur vor jedem Brunnen mit einem Tuch in den Händen, das sie bei Gelegenheit den Gästen hinhielten. Man hatte auch daran gedacht, zwei leicht geneigte Spiegel hinzustellen. Sie waren da, um den Tischgenossen alle Gegenstände vorzuführen, während die anderen sich auf den Sofas tummelten. Neben diesen Spiegeln standen zwei reizende Kinder, jedes etwa elf Jahre alt, nackt wie die Hand; sie regten sich gegenseitig an, indem sie einander jagten und voreinander flohen, als ob jedes das andere gefürchtet hätte. Ich hoffe, daß trotz der vielleicht etwas langwierigen Beschreibung dieses Festes der Leser nicht aufgeben wird und durch die Besonderheit des Ereignisses, das ich nun möglichst detailliert evozieren werden, reichlich entschädigt sein wird.

Die ganze Versammlung verfolgte die Handlungen der beiden Kinder aufmerksam. Wir sahen, bevor sie sich vereinten, wie sich der Knabe dem Mädchen näherte und seinen Körper an ihren anschmiegte. Ein Augenblick später machte er einen Satz und sprang auf denRücken seiner Beute, die er mit beiden Händen anfaßte. Er brachte danach seinen Unterleib so nahe wie er konnte an den Hintern des Mädchens und machte mit diesem Teil seines Körpers sehr rasche Bewegungen, deren Zweck zu keinem Mißverständnis Anlaß zu geben schien. Unserem kleinen Galan wurde nur für eine sehr kurze Zeit erlaubt, in dieser Position zu bleiben. Seine kleine Gefährtin war nicht gewillt, sich seinen Liebkosungen hinzugeben. Sie hatte die Beine nur leicht gebeugt, sie konnte also etwas nach vorne rücken und entging ihm. Der ausgelassene kleine Kerl hörte eine Weile auf, das Weiblein anzurühren, das sich immer noch als bescheidenes Mädchen benahm. Bald darauf sahen wir aber erneut sich abspielen, was wir vorhin gesehen hatten; dieses Spiel wurde mehrfach wiederholt. Nachdem sich der freche Knabe den Bauch mit Bonbons gestopft hatte, suchte er wieder seine kleine Mieze auf. Sobald er neben ihr war, legte er sich sogleich an den Körper seiner Geliebten, bevor er aber Zeit gehabt hätte, sich an ihr festzuhalten, gelang es der grausamen Göre, sich von seiner Umarmung zu lösen. Sie versetzte ihrem Verfolger einige Kratzer, die er für keine Liebkosungen hielt. Diese kleine Lektion ließ ihn jedoch nicht lange vernünftig bleiben, denn eine halbe Stunde später, nachdem er sich etwas restauriert hatte, setzte er mit seinen zarten Angriffen wieder an, denen das Mädchen offensichtlich nun nicht besser gewillt war, nachzugeben. Dreimal gelang es ihm vergebens, auf ihren Rücken zu steigen, sie aber erlaubte ihm nie, sich in dieser Position zu behaupten. Um ihn loszuwerden, setzte sie sich in einen Sessel. Der Galan war aber fast ebenso schnell dort angelangt als sie selbst und unternahm neue Versuche, die ihm nicht besser als die anderen glückten. Der nunmehr entmutigte Liebhaber gab seine Verfolgungen auf, die ihm zwei Stunden lang so schlecht gelungen waren. War es vielleicht nicht sehr ungeschickt von ihm? Gedulden wir uns aber. Nach einer ziemlich langen Ruhepause überfielen ihn seine Zärtlichkeitsanfälle von neuem. Gibt es ein Herz nur, das man nicht mit viel Zeit und Ausdauer endlich zum Nachgeben zwingt? Die Unempfindliche, die bis dahin einen so hartnäckigen Widerstand gezeigt hatte, wird uns gleich bestätigen, wie schwierig es ist, sich gegen die zarten Bestrebungen eines Liebhabers zur Wehr zu setzen. Der warme Verehrer, der vielleicht gemerkt hatte, daß der günstige Augenblick nunmehr gekommen war, warf sich mit neuem Eifer auf seine Mätresse, die rein dem Äußeren nach ihm entgehen zu wollen schien; sie tat es jedoch mit einer Langsamkeit, die ihre gegenwärtige Disposition nur allzu deutlich zu erkennen gab. Der leidenschaftliche kleine Bursche blieb fest und ließ sie nicht los. Das Mädel wurde dann gezwungen, nachzugeben. Sie ließ sich auf seine zarten Liebkosungen ein. Mit einem Wort: der Knabe wurde glücklich, seine Widerspenstige gab sich nun für ihn einer nicht enden wollenden Begattung hin. Man hörte auf, ihnen Aufmerksamkeit zu schenken. Als wir sie aber einige Stunden später wieder sahen, schien uns der Liebhaber in eine Gleichgültigkeit zurückgefallen zu sein, die andeuten ließ, daß der Augenblick des Triumphs unseres kleinen Zuchthengstes uns entgangen war. Er ging nun an der Gewitzten vorbei, ohne sie anzuschauen. Während sie auf dem Sofa lag, hielt er auf einer anderen Seite still. Gut anderthalb Stunden lang verharrte er dort, ohne die geringste Fröhlichkeit und Lebhaftigkeit zu zeigen. Er setzte eine gleichsam verschlossene und gelangweilte Miene auf.

Diese Szene der ersten erwachenden Liebe hatte meinen Geist geweckt; ich denke, daß ich meinem Leser nicht mißfallen habe, indem ich ihm die schnellen Fortschritte vor Augen geführt habe, die der kleine Cupido bei denjenigen macht, die das Glück haben, unter seinem Gesetz zu leben.

Man sah auch an den zwei Enden dieses Salons zwei goldene Regale, auf denen die Skulptur einer Gruppe koitierender Menschen stand. In jedem dieser Regale hatte man eine Sammlung dramatischer Werke und Texte anderer Art zusammengestellt, die geeignet waren, Teilnehmer dieses Festes Anregungen zu verschaffen. Um dem Leser nichts von der Arrangierung einer solchen Vergnügungspartie zu verschweigen, gebe ich nun den Katalog dieser Bibliothek an, die in zwei Teile gegliedert war. Im ersten waren Geschichte und Poesie, im zweiten ausschließlich dramatische Werke. Hier zunächst die Romane und das in

Versen Verfaßte.*

(...)

Und eine Anzahl mehr oder weniger bekannter Broschüren.

Das ist alles, was man zu lesen bekam. Es fehlten noch einige Büchertitel (...) Man hatte nicht vergessen, einige Partituren hinzustellen, auf denen folgende Worte wie eine Art Vaudeville geschrieben standen:

Lied

Vögeln wir allesamt
Lassen wir uns reiten und pimpern
Die höchste Lust in Menschenhand
Ist im Beruf allein zu finden
Seien wir so tüchtig
Daß vor dem Tod
Das Vögeln uns diene als Paß
Beim Übergang zum anderen Leben

Dieses Couplet wurde beim Eingang allen Gästen verteilt. Dadurch sang, wer vögelte und vögelte, wer sang. Kann man über solche Galanterien hinaus noch mehr raffinieren? All diejenigen, die hopsen wollten, bemächtigten sich der Sofas. Ich wollte keins nehmen, da ich vorher einen meiner Streiche spielen wollte. Zwanzig von uns begaben

---

* Hier folgt eine Liste von 49 Titeln. Darunter befindet sich eine Reihe real existierender libertiner Texte (z. B. Pirons *Ode à Priape, Le portier des chartreux, La Foutromanie, Thérèse philosophe, L'optimisme des pays chauds* (d. h. Lyndamine ou l'optimisme des pays chauds), *L'Arétin moderne* von Dulaurens, *La tourière des Carmélites, L'Ecole des filles, Les lauriers ecclésiastiques* usw.); sowie andere, frei erfundene Titel (*La Cazzopottamachie* ou histoire originale, physique et morale des cons, des vits et des couilles, par laquelle on démontre des choses, *Le Manbuel des solitaires* ou l'oraison des cinq doigts, en vers, *La Félicité parfaite* ou l'art de foutre par principes d'économie, en joignant la délicatesse au sentiment et à la volupté usw.) Hinzu kommen noch einige ebenso frei erfundene Zuschreibungen, wie *Le roi de Sodome*, par Bussy-Rabutin, *L'élection du général des cordeliers*, par le fameux Rousseau, *Le Bordel ou le Jean-Foutre puni*, comédie en prose et en 5 actes de l'Abbé Caylus etc.

sich zu Tisch. Nur zwei Frauen und mein Abbé waren in Tafthemden. Als sich nun alle gesetzt hatten, einigte man sich darüber, daß bei jedem neuen Gericht jeder von uns die Teile seines Nachbarn inspizieren sollte, um ihren Zustand zu überprüfen. Wer etwa abspannen sollte, müßte drei kleine Schläge auf die Spitze seines Glieds bekommen. Die Gesellschaft unterwarf sich ohne zu murren diesem Gesetz, das angesichts der eigentümlichen Einbildungskraft, die einem solchen Einfall zu Pate stand, uns besonders erheiterte. Der Abbé, der wie ein Karmeliter spannte, wollte sich schon auf Kosten von jemand anderem lustig machen, aber ich vergaß nicht, beim ersten Glas, das er trinken wollte, Seerosenpulver hineinzuschütten. Ich betastete danach seinen Priapus. Er gehörte zu den steifesten in der ganzen Runde. Ich wiederholte dementsprechend die Dosis so oft, daß ich bald deren glückliche Wirkung feststellen konnte, denn noch vor dem dritten Gang stand seine Hochwürden schon nicht mehr. Ich machte mich alsbald daran, den Abbé zu denunzieren. Er wurde gezwungen, sein Ding zu zeigen, das nunmehr schlapp und weich herunterhing und eiskalt geworden war. Er wurde einstimmig verurteilt (...) Er machte während des ganzen Essens vergeblich Anstrengungen: weder die gebratenen Artischocken noch der Champagner und nicht einmal die Liköre, die am meisten geeignet gewesen wären, das Feuer der Wollust an seine Adern zu legen, gaben ihm seine ersten Kräfte zurück. Während des Nachtisches geriet er allmählich in Wut. Er starrte alle Spiegel an, um sich zu erregen. Nichts wäre in der Tat besser geeignet gewesen, ihn wieder spannen zu lassen, denn ein einziger Spiegel reichte, um alle Szenen des Saals zu versammeln (...) Der arme Abbé betrachtete vergeblich alle diese lebende Bilder. Nichts konnte ihm zurückschenken, was er verloren hatte. Gegen halb zwölf mußten wir jedoch den müden Fickern Platz machen und selbst neue Athleten werden. Jeder stand also auf. Man führte den armen beschämten Abbé in die Galerie. Dort teilte man sich in zwei Gruppen, die zwei Reihen bildeten und der impotente Kampfheld wurde verurteilt, dreimal durch dieses Spalier zu gehen, um die kleine Galanterie, mit der man ihn beschenken sollte, zu erhalten. So bekam er ziebzehn kleine Schläge, die ihn nicht besser spannen ließen als vorhin. Daraufhin begab man sich zum Salon zurück. Der

Abbé wurde zum Gegenstand aller Gespräche. Der arme Teufel, ratlos und konsterniert, setzte sich auf ein Sofa und machte bei mir große Anstrengungen. Es war aber nichts zu machen. Nachdem er eine halbe Stunde lang vergeblich sich selbst gepeinigt und mich verärgert hatte, ohne deswegen wärmer zu werden, wurde er gegen Mitternacht genötigt, sich wie ein neuer Abelard zurückzuziehen. Durch seine kalten Liebkosungen ebenso gelangweilt wie angeekelt, ließ ich meinen lieben Graf zu mir kommen, sowohl für mein eigenes Vergnügen wie um das Debakel seines Rivalen zu vollenden.

a. a. O. S. 432–444

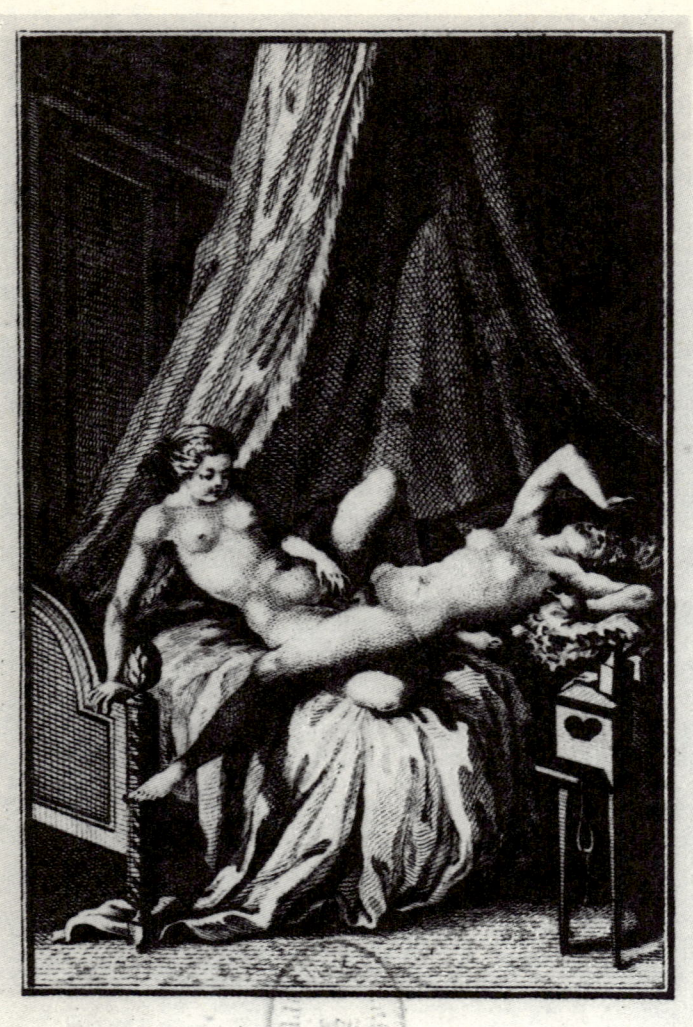

Bibliographie

I. Textkorpus im engeren Sinne

L'Académie des dames: s. Le Meursius français
Aretino, *Ragionamenti*
    34, 38–42, 143, 196
    Sonneti lussuriosi
    38
d'Argens (Jean-Baptiste Boyer d'A.), *Thérèse philosophe* ou Mémoires pour servir à l'histoire du P. Dirrag et de Mademoiselle Eradice (1748), zit. nach *L'Enfer de la Bibliothèque Nationale,* œuvres anonymes du XVIIIe siècle (III), Bd. 5, Fayard 1986
    53, 175
    Anm. 99
    + *Anthologie,* S. 359–382
Bastide (Jean-François de), *La petite maison* (1753 od. 54)
    Anm. 85
Bordel apostolique, institué par Pie IV, Pape, en faveur du clergé de France, qui ouvrira le lendemain de la Nativité, dans la salle des Grands Augustins, A Paris, De l'Imprimerie de l'Abbé Grosier, ci-devant soi-disant Jésuite, an. 1790, B.N. Enfer 602
    Anm. 158
Antoine Bret, *La belle allemande,* 1745, B.N. Y^2 7445
    Anm. 116
La Cauchoise (an. 1782, zit. nach *L'Enfer de la Bibliothèque Nationale,* œuvres anonymes du XVIIIe siècle, 1, Bd. 3, Fayard 1985.
    Anm. 125
    s. *Anthologie* S. 418–430
Code du Bordel de Cythère, in *Lyndamine ou l'optimisme des pays chauds,* Sur l'imprimé de Londres, à Larnaka, chez Giovane della rosa, an. 1794, B.N. Enfer 53
    Anm. 113
Crébillon-fils: *Les égarements du coeur et de l'esprit,* 1738, zit. nach *Romanciers du XVIIIe siècle,* Bibliothèque de la Pléiade, tome 2, Gallimard 1965.
    112–120, 172
    Anm. 87
L'Echo foutromane, Sur l'imprimé à Démocratis, aux dépends des fouteurs démagogues, an. 1792, B.N. Enfer 70
    163

Anm. 172

L'Ecole des filles ou la philosophie des dames zit. nach Editions Jean-Claude Lattès, 1979

50–53, 55–58

Anm. 10

+ *Anthologie* S. 323–332

Fougeret de Montbron (Louis-Charles), *Margot la ravaudeuse,* 1750, zit. nach Collection Aphrodite Classique, Eurédif 1977

131–135, 140, 154

Anm. 122

Histoire du Prince Apprius, Extraite des Fastes du Monde, depuis sa création. Manuscrit persan trouvé dans la Bibliothèque de Schah Hussein, Roi de Perse, détrôné par Mamouth, en 1722, Traduction Françoise par Monsieur Esprit, gentilhomme Provençal, servant dans les Troupes de Perse. Imprimé à Constantinople, an. 1729, B.N. Enfer 234

68–75, 76, 77

Anm. 23, 148

Choderlos de Laclos (P. A.): *Les liaisons dangereuses* ou lettres recueillies dans une société et publiées pour l'instruction de quelques autres, par M. C... de L..., 1782

133, 160, 174 f

Anm. 94

Mémoires de Suzon soeur de D. B. portier des Chartreux. Ecrits par elle même, an. 1778, zit. nach *L'Enfer de la Bibliothèque Nationale,* 3, œuvres anonymes du XVIIIe siècle, Fayard 1985

128–131

Anm. 184

+ *Anthologie,* S. 411–417

Le Meursius Français (od. L'Académie des dames), A Venise, chez Pierre Arretin, an. 1680 (?), B. N. Enfer 277

34, 37, 38, 50–67, 69, 70, 76, 89, 143, 194

Anm. 25, 47

+ *Anthologie,* S. 334–347

Mirabeau (Honoré Gabriel de Riquetti, comte de Mirabeau), *Erotika Biblion,* 1783, zit. nach *L'Enfer de la Bibliothèque Nationale,* 1, œuvres érotiques de Mirabeau, Fayard 1985

155

Anm. 149

Ders.: *Le libertin de qualité,* 1780, ebenda.

147, 148, 153–157

Ders.: *Le rideau levé ou l'éducation de Laure* (1788), ebenda

149, 162

Ders.: *Hic et Hec* ou l'élève des RR. PP. Jésuites, 1798, zit. nach *L'Abbé IL ET ELLE (Hic et haec),* ebenda.

151–153

Molière, *Dom Juan,* 1665, zit. nach œuvres Complètes, Bibliothèque de la Pléiade, Gallimard 1971
  60, 82, 89–100, 108, 113, 115, 118, 120, 140, 143, 172, 222, 224
  Anm. 46
Nerciat (Andréa de) *Les Aphrodites* ou fragments thalipriapiques
pour servir à l'histoire du plaisir, zit. nach Ed. Bibliothèque des
curieux, Paris 1910
  161–163
Ders.: *Le diable au corps,* oeuvre posthume du très recommanda-
ble Docteur Cazonné, Membre Extraordinaire de la joyeuse
Faculté Phallocoïropygoglottomique, 1803, zit. nach Editions
Borderie, La bibliothèque oblique, 1980
  158, 159
Ders.: *L'Etourdi,* A Lampsaque, 1784, B. N. Res. Y² 1644
  158, 160
  Anm. 162, 163
Ders.: *Félicia ou mes fredaines,* 1775, zit. nach Collection Aphrodite classique, Euredif 1979
  s. *Anthologie* S. 395–410
Ders.: *La Matinée libertine,* 1787, zit. nach Collection Aphrodite
classique, Euredif 1979
  159–162
  Anm. 161
Ders.: *Monrose* ou suite de Félicia, par le même Auteur, o. O.
1795, B.N. Enfer 451–452
  158–160
La perle des plans économiques ou la chimère raisonnable, 2. Teil
von den *Mémoires de Suzon,* 1778, B.N. Enfer 705
  129, 131
  Anm. 113
du Prat (Abbé) *Vénus dans le clôître* ou la religieuse en chemise,
entretiens curieux de l'Abbé du Prat, 1682 (?), zit. nach Les clas-
siques interdits, Ed. J. C. Lattès 1979
  53–59
  + *Anthologie* S. 349–359
Prévost (Abbé), *Histoire du chevalier des Grieux et de Manon
Lescaut,* 1738, zit. nach œuvres de Prévost, Presses Universitaires
de Grenoble, 1978, Bd. 1
  76–88, 89, 129, 172
Les progrès du libertinage, historiette trouvée dans le portefeuille
d'un carme réformé. Publiée par un novice du même ordre. De
l'imprimerie de l'abesse de Mont Martre. L'an second de la
liberté. Avec l'approbation des danseuses de l'Opéra, an. 1792,
zit. nach *L'Enfer de la Bibliothèque Nationale,* Oeuvres anonymes du XVIIIe siècle, tome 4, Fayard 1986
  175, 177
Requête et décret en faveur des putains, des Fouteuses, des Mac-

II. Erwähnte Texte

moderne, mémoires récents d'une polonaise (an VI) Anm. 112, 174

Rousseau (Jean-Jacques), *Du contrat social* (1762) Anm. 48, 229

Ders.: *Les rêveries du promeneur solitaire* (1782) 153 Anm. 164

de la Solle (Henri-François), *Mémoires de deux amis* ou les aventures de Messieurs Barniwal et Rinville (1754) Anm. 85, 105

Sorel (Charles), *La vraye histoire comique de Francion,* (1623) Anm. 10

Tirso de Molina, *El condenado por desconfiado* (1627); *El burlador de Sevilla* (1630) 90

d'Urfé (Honoré), *L'Astrée* (1607–1627) 91

de Villers (Charles), *Lettre sur le roman intitulé Justine ou les malheurs de la vertu,* in *Le Spectateur du Nord,* Hamburg (1797) Anm. 191

Personenregister

Verzeichnis der Illustrationen

1. Frontispiz von *Justine ou les Malheurs de la vertu,* 1791, Paris, Bibliothèque Nationale, Enfer 515.
2. Aus *Mémoires de Saturnin,* 1787, in: Borel: Cent vignettes érotiques gravées par Elluin, Images Obliques, Editions Borderie, Paris 1978, S. 70.
3. Frontispiz der *Académie des dames,* Paris, Bibliothèque Nationale, Enfer 277.
4. Aus *La philosophie dans le boudoir,* 1795, Paris, Bibliothèque Nationale, Enfer 535.
5. Aus *Mémoires de Saturnin,* 1787, in: Borel: Cent vignettes érotiques gravées par Elluin, Images Obliques, Editions Borderie, Paris 1978, S. 62.
6. Aus *Mémoires de Saturnin,* 1787, in: Borel: Cent vignettes érotiques gravées par Elluin, Images Obliques, Editions Borderie, Paris 1978, S. 54.
7. Aus *Mémoires de Saturnin,* 1787, in: Borel: Cent vignettes érotiques gravées par Elluin, Images Obliques, Editions Borderie, Paris 1978, S. 68.
8. Aus Mirabeau, *Ma conversion ou le libertin de qualité,* 1783, Paris, Bibliothèque Nationale, Enfer 1288.
9. Aus *Les progrès du libertinage,* an II, Paris Bibliothèque Nationale, Enfer 752.
10. Aus *Justine ou les Malheurs de la vertu,* 1791, Bd. 2, Paris, Bibliothèque Nationale, Enfer 516.
11. Aus *Justine ou les Malheurs de la vertu,* 1791, Bd. 9, Paris, Bibliothèque Nationale, Enfer 523.
12. Aus *Justine ou les Malheurs de la vertu,* 1791, Bd. 6, Paris, Bibliothèque Nationale, Enfer 520.
13. Aus *Justine ou les Malheurs de la vertu,* 1791, Bd. 8, Paris, Bibliothèque Nationale, Enfer 522.
14. Aus *Les Mémoires de Suzon,* 1778, Paris, Bibliothèque Nationale, Enfer 705.
15. Aus Mirabeau, *Ma conversion ou le libertin de qualité,* 1783, Paris, Bibliothèque Nationale, Enfer 1288.
16. Aus *Justine ou les Malheurs de la vertu,* 1791, Bd. 7, Paris, Bibliothèque Nationale, Enfer 521.
17. Titelseite der *Académie des dames,* Paris, Bibliothèque Nationale, Enfer 277.

18. Aus *Mémoires de Saturnin,* 1787, in: Borel: Cent vignettes érotiques gravées par Elluin, Images Obliques, Editions Borderie, Paris 1978, S. 55.
19. Aus *Les Mémoires de Suzon,* 1778, Paris, Bibliothèque Nationale, Enfer 705.

KULTURGESCHICHTE

Stephen Mennell
Die Kultivierung des Appetits
Die Geschichte des Essens
vom Mittelalter bis heute

»Es ist der Gesundheit und selbst dem Vergnügen nachteilig, so heißhungrig zu essen, wie ich es tue.«
Montaigne

Ursula Walz
Eselsarbeit für Zeisigfutter
Die Geschichte des Lehrers

»Ich wundere mich, daß er einfacher Volksschullehrer geblieben ist. Er muß einen Feind in der Schulverwaltung gehabt haben.«
Bertolt Brecht

Henri Stierlin
Astrologie und Herrschaft

»Die Wissenschaft von den Plänen des Himmels war die Quelle der Macht. Dies ist der Kern der langen Geschichte der Beziehungen zwischen den Königen und der Welt des Himmels, die Henri Stierlin uns erzählt.«
Pierre Grimal

Philippe Ariès
Zeit und Geschichte

»Meine Geschichte, ich gebe es zu, war eher eine poetische Verwandlung der Geschichte, ein Mythos der Geschichte. In jedem Fall handelte es sich um eine fortdauernde Intimität mit der Gegenwart der Vergangenheit.«
Philippe Ariès

athenäum

athenäum

Savignystr. 53
6000 Frankfurt a.M. 1